La Vie Des Riches Et Des Pauvres Ou Les Obligations De Ceux Qui Possèdent Les Biens De La Terre Ou Qui Vivent En Pauvres...

Jean Girard de Villethierry

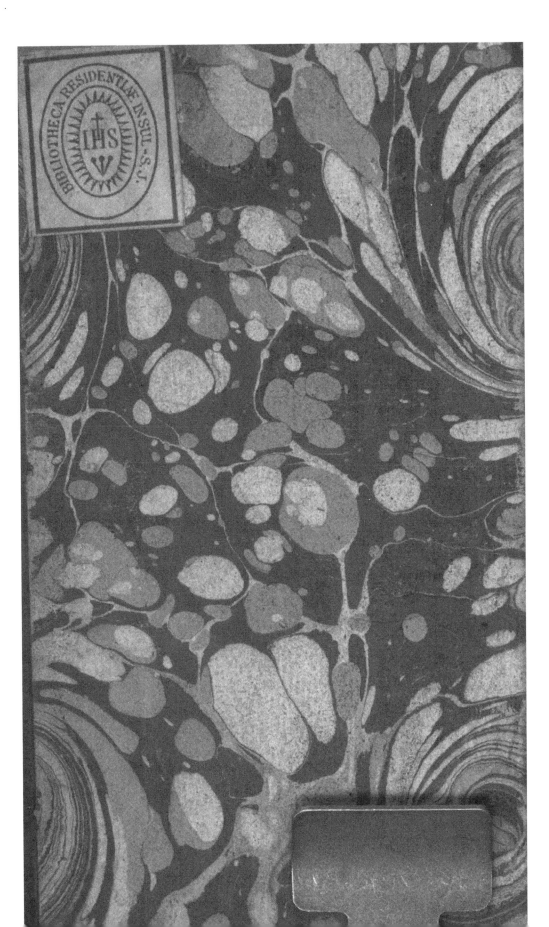

LA VIE
DES RICHES
ET
DES PAUVRES,

OU

LES OBLIGATIONS DE CEUX
qui possédent les biens de la terre,
ou qui vivent dans la pauvreté,
prouvées par l'Ecriture & par les
saints-Peres.

par le Sieur DE VILLETHIERRY

A PARIS,

Chez G. F. QUILLAU, Imprimeur-Juré-
Libraire de l'Université, ruë Galande, près
la Place Maubert, à l'Annonciation.

___

M. DCCXL.

Avec Approbation & Privilege du Roy.

PRÉFACE.

CE Livre pourra fans doute être d'un très-grand ufage ; car il regarde une infinité de perfonnes, ou plûtôt il convient à tout le monde. En effet, où trouver des gens qui ne foient pas compris dans le nombre des riches, ou des pauvres ? Ce font là deux états qui partagent le genre humain ; & tous les hommes font, ou avantagés des biens de la fortune, ou réduits à la pauvreté. Ainfi ils ont tous intérêt de s'inftruire des maximes que l'on propofe dans cet Ouvrage ; parcequ'elles font toutes de pratique, & qu'elles regardent la conduite de ceux qui vivent dans l'une ou dans l'autre de ces conditions.

L'on parle d'abord aux riches : car leurs obligations font les plus importantes & les plus étendues. Ils font expofés à de très-grandes tentations ; ils ont de très-grands écueils à éviter ; ils font obligés de combattre contre un très-grand nombre

d'ennemis ; & par conséquent ils ont
un très-grand besoin d'instruction ;
afin de connoître les dangers qui les
menacent, de se donner de garde
des précipices qui les environnent,
& de se préparer à résister aux ennemis qui les assiégent de toutes parts.

L'on tâche de leur expliquer avec
toute la netteté possible, tout ce
qu'ils doivent sçavoir par rapport
aux différentes dispositions où ils
peuvent se trouver. On leur décrit
d'abord la nature des biens temporels ; on leur fait voir qu'ils sont
vains & imaginaires ; qu'ils nuisent
très-souvent à ceux qui les possédent ; qu'ils les détournent & les
éloignent de la vertu, & de la véritable félicité ; & que par conséquent
c'est à tort qu'on leur donne le nom
de bien. On les avertit de ne point
s'élever, & de ne se croire pas plus
grands ni plus heureux, lorsqu'ils
en jouissent : car ce seroit se glorifier d'un pur néant, & fonder son bonheur sur ce qui est presque toujours
une source de disgraces & de malheurs. On leur représente qu'ils ne
peuvent abuser plus honteusement
de leurs biens, que de s'en servir

pour opprimer leurs inférieurs &
les pauvres, ou pour goûter les
joyes & les voluptés du siécle; &
qu'ils ne doivent les regarder que
comme des moyens que Dieu leur
donne pour s'exercer dans la pratique des bonnes œuvres.

L'on prend de là occasion de
traiter de l'aumône; l'on parle de
son excellence & de son mérite; l'on
prouve qu'elle est d'une obligation
indispensable pour tous les riches.
On leur explique en particulier
quelle portion de leurs biens ils doivent y employer, & les régles qu'il
est à propos qu'ils observent pour la
faire selon l'esprit de l'Ecriture &
des saints Peres, & afin d'en tirer plus
de fruit.

L'on répond ensuite aux fausses
raisons qu'ils alléguent ordinairement pour s'en exempter; & l'on
fait voir qu'elles ne sont qu'une pure illusion, & qu'elles ne sçauroient
justifier leur attache aux biens de la
terre, ni excuser leur dureté envers
les pauvres.

L'on combat enfin l'avarice, qui
est le péché dominant de la plûpart
des riches. On leur prouve qu'il ne

leur eft point permis d'augmenter leurs biens à l'infini; & qu'ils font injuftes de retenir pour eux feuls des chofes qui par leur nature font communes a tous les hommes, & qu'ils fe rendent coupables de la mort de tous ceux qu'ils refufent d'affifter, pendant qu'ils gardent dans leurs coffres des tréfors infinis. On leur repréfente qu'ils font les efclaves, & non pas les maîtres de leur argent; qu'ils augmentent leurs peines & leurs inquiétudes à mefure qu'ils augmentent leurs poffeffions; & que bien - loin d'amortir & d'éteindre leurs paffions par tant d'acquifitions différentes qu'ils font de jour en jour, ils les fortifient & les enflamment de plus en plus. On les accufe même de folie de s'interdire à eux-mêmes la jouiffance de leurs propres biens, & de fe dénier les chofes les plus néceffaires, pour accumuler leurs revenus, qui pafferont bientôt entre les mains d'héritiers ingrats, & ferviront à entretenir leur luxe & leur vanité, & peut-être même leurs débauches.

Toutes ces maximes étant très-importantes, & pouvant même être regardées comme capitales dans la vie Chrétienne, nous avons soin de les prouver & de les confirmer par l'Ecriture, par les saints Peres, par les Auteurs Ecclésiastiques, & par la doctrine de l'Eglise, afin que les Fidéles les respectent au moins, à cause des sources sacrées où elles ont été puisées, & qu'ils s'y soumettent plus volontiers.

Mais nonobstant que nous ayons pris cette précaution, il pourra fort bien arriver que les mondains & les avares se plaindront de nous, & qu'ils diront que nous portons les choses trop loin, & que nous établissons des régles qui ne sont pas en usage, & qui condamnent la conduite d'une infinité de personnes qui passent souvent pour sages & pour très-bien réglées. Nous ne serons pas même surpris qu'ils tiennent un tel langage, ni qu'ils forment des plaintes de cette nature : car comment pourrions-nous nous promettre que des gens qui font leur idole de la fortune, qui ne pensent qu'à devenir riches, qui regardent comme un souverain bonheur, de vivre ici-bas dans l'abondance, approu-

vaſſent qu'on leur diſe, qu'il faut
craindre la poſſeſſion des grands
biens, qu'elle fomente & entretient
très-ſouvent les paſſions, & qu'elle
eſt toujours dangereuſe par rapport
au ſalut ? Comment pourrions-nous
eſpérer que ceux qui ne recherchent
des richeſſes temporelles, que pour
ſe donner toutes leurs aiſes, pour
vivre dans le luxe & dans la molleſſe, & pour ſe conformer aux modes
& aux coutumes du ſiécle, trouvaſ-
ſent bon que l'on avance que les riches ne doivent prendre ſur leurs
biens que leur ſimple néceſſaire, &
donner tout leur ſuperflu aux pauvres ; qu'ils ſont obligés de s'abſte-
nir de la plûpart des plaiſirs du ſiécle, de renoncer aux voluptés, &
de faire la guerre à leurs paſſions,
bien-loin de leur obéir & de les ſatisfaire ; & qu'il faut qu'ils vivent
ici-bas comme des pélerins & des
étrangers, qui ont une autre patrie,
& qui ſont citoyens d'un autre monde ? Comment enfin pourrions-nous
prétendre que ceux qui croyent que
leurs richeſſes les relevent au-deſſus
de tous les autres hommes, & leur
donnent droit de les dominer, &

souvent même de les opprimer, con-
sentissent, sans en former aucunes
plaintes, qu'on leur interdise toute
sorte de domination, & que l'on enseigne qu'ils ne sont riches que pour
protéger les foibles, pour défendre
ceux que l'on opprime, & pour faire
du bien aux pauvres ?

Comme leurs plaintes seront injustes, & qu'elles n'auront point
d'autre fondement que leurs passions & les erreurs dont ils seront
prévenus, il faudra les négliger ;
mais prier en même temps le Seigneur d'éclairer leurs yeux, d'amol-
lir la dureté de leurs cœurs, & de
les rendre dociles à la voix de la vérité. Qu'ils se plaignent donc tant
qu'ils voudront, qu'ils crient, qu'ils
nous accusent ; nous les laisserons
dire, sans nous relâcher en aucune
maniere des saintes maximes que
nous avons établies, ou plûtôt que
nous avons réçues de la main de la
tradition, & que nous devons tranf-
mettre saines & entieres à la postérité.

Nous aurons même sujet de nous
consoler, lorsque nous verrons que
les mondains & les avares se révol-

teront contre les régles que nous
leur propofons ; car ce fera une marque prefque certaine qu'elles font
droites & légitimes , & que nous ne
flatons point leurs paffions & leurs
defirs déréglés ; l'Evangile nous ap-
prenant que ceux qui marchent par
des voyes corrompues , & qui s'a-
bandonnent au péché , haïffent la lumiere , & fe révoltent contre la vérité , parcequ'ils craignent qu'elle
ne découvre leur injuftice, & qu'elle
ne les condamne.

L'on prévoit encore que ceux qui
ne jouiffent que d'une fortune médiocre , diront peut-être que tout ce
que l'on repréfente aux riches ne
les regarde point , & qu'il eft inutile
qu'ils s'y appliquent , parceque
n'ayant point de fuperflu , ils ne font
pas obligés de faire l'aumône , &
qu'on ne fçauroit les accufer d'avarice , quelque conduite qu'ils puiffent tenir , puifqu'ils ne travaillent
que pour fe procurer le fimple néceffaire , & que tous leurs foins n'a-
boutiffent qu'à faire fubfifter leur famille. Mais on leur répondra qu'ils
ne doivent pas pour cela fe difpenfer de lire & de méditer les Inftruc-

tions que ce petit Volume contient ;
car quoiqu'ils ne poffedent pas de
grands biens, ils ne laiffent pas néanmoins d'être quelquefois riches par
rapport à la médiocrité de leur état
& de leur condition. S'ils étoient
éclairés des véritables lumieres, &
s'ils s'examinoient avec tout le foin
& toute l'exactitude qu'il feroit
néceffaire, ils reconnoîtroient eux-
mêmes qu'ils pourroient peut-être
fe retrancher plufieurs chofes, &
qu'ils font véritablement riches, lorfqu'ils fe comparent à ceux qui font
au-deffous d'eux, & qui languiffent
dans la mifere.

Et d'ailleurs n'ont-ils pas les mêmes paffions que ceux qui jouiffent
de grands biens ? Ne font-ils pas capables de fe complaire dans leurs
poffeffions, quoique médiocres, d'y
mettre leur confiance, de s'en élever, d'en tirer vanité, d'en abufer
pour les plaifirs & pour les voluptés,
& d'en faire un très-mauvais ufage ?
Ne peuvent-ils pas fe difpenfer mal-
à-propos des aumônes qui leur conviennent, & qui font proportionnées à leur état ? N'arrive-t-il pas
même quelquefois qu'ils ont plus

d'attache à leurs biens que les riches; qu'ils craignent avec excès de
les perdre, & qu'ils voudroient les
augmenter à l'infini, s'il leur étoit
poffible ; & par conféquent ils font
pleins d'avarice, & ils ont tort de
dire que ce que l'on propofe aux riches ne les regarde point. Ils doivent au contraire s'en inftruire aveq
beaucoup de foin, afin de ne tomber
pas dans les défauts que l'on remarque dans ceux qui vivent dans l'opulence,& qu'ils condamnent fouvent
eux-mêmes avec la derniere févérité.

L'on paffe enfuite aux pauvres,
& on leur explique auffi leurs obligations, afin de contribuer autant
qu'on en fera capable à leur fanctification & à leur falut éternel. Ce
qu'on leur dit des avantages & du bonheur de la pauvreté, pourroit les furprendre, & leur paroître un paradoxe,
s'ils s'arrêtoient aux faux préjugés
des mondains, & s'ils écoutoient les
defirs déréglés de la nature corrompue. Car ceux qui fuivent l'efprit &
les maximes du monde, craignent &
fuyent la pauvreté, & la regardent
comme un très-grand malheur. La
nature corrompue ne s'en accom-
mode point non plus, parcequ'elle

veut vivre à son aise, qu'elle aime
la joye & les plaisirs, & qu'elle s'ef-
force sans cesse de se les procurer; ce
qu'elle ne sçauroit faire sans le secours des richesses. Mais l'on espere
que ceux d'entr'eux qui suivront les
lumieres de la Foi, qui régleront
leurs jugemens par les maximes de
l'Evangile, qui seront humbles, &
qui aimeront la pénitence, demeureront facilement d'accord que la
pauvreté est très - avantageuse, &
qu'ils la considereront comme un
état très-saint & très-parfait. En effet
elle affranchit d'une infinité de soins
& de troubles ceux qui l'aiment &
qui s'y soumettent volontiers; elle
les rend en quelque maniere indé-
pendans des Grands & des riches;
car ne leur demandant rien, ils ne
sont pas obligés de les rechercher,
de leur faire la cour, ni d'user envers
eux de flateries basses & serviles. Elle
leur inspire une sainte générosité, qui
leur fait mépriser toutes sortes de
périls, & entreprendre les choses les
plus difficiles, lorsqu'il s'agit de soutenir la gloire de Dieu & les intérêts
de l'Eglise, de défendre la justice &
la vérité, & de s'opposer aux désordres & à la corruption du siécle. Elle

les garantit de plusieurs péchés aufquels les riches fuccombent trèsfouvent. Elle les fait marcher avec sûreté dans les voyes du falut : elle les rend même conformes à J. C. ce qui eft le comble de leur gloire & de leur bonheur.

Mais un état fi faint & fi heureux devient très-fouvent pernicieux à ceux qui y font réduits, parcequ'ils en abufent, & qu'ils le corrompent par leur vie peu réglée, par leurs inclinations perverfes, par leurs plaintes, par leurs murmures, & par les excès aufquels ils s'abandonnent. Il arrive de-là qu'ils fouffrent plufieurs tribulations fans aucun mérite, que la privation des biens temporels ne leur en procure point d'éternels, & qu'ayant été accablés de maux pendant leur vie, ils en éprouveront d'autres après leur mort infiniment plus grands.

C'eft pour les garantir d'un tel malheur qu'on leur repréfente qu'ils doivent honorer, refpecter & aimer la pauvreté; qu'il faut non feulement que leurs mains s'abftiennent de prendre & de ravir le bien d'autrui, mais que leur cœur foit détaché de toutes les chofes temporelles, & qu'il

renonce même aux defirs empreffés
de s'enrichir ; qu'ils font obligés de
vivre dans une profonde humilité ,
de rendre toutes fortes d'honneurs
& de déférences aux Grands & aux
riches , de n'avoir d'eux-mêmes que
des fentimens bas & ravalés , & de fe
mettre par leur propre choix à la derniere place , & fans attendre qu'on
les y réduife ; qu'ils doivent fouffrir
volontiers & même avec joye les
peines, les mortifications , & toutes
les tribulations qui font une fuite de
leur état; que bien-loin de fe plaindre de la divine Providence , & de
murmurer contre elle , ils doivent la
louer & la benir , de les avoir établis
dans un genre de vie qui les met à
l'abri d'une infinité de tentations, &
qui leur donne tant de facilités pour
opérer leur falut.

Ces maximes regardent particulierement ceux qui ont toujours été
pauvres , ou qui le font devenus par
des malheurs extraordinaires, & fans
qu'il y ait eu de leur faute. Mais pour
ce qui eft de ceux qui fe font ruinés
par leur luxe & leur vanité, par leur
jeu exceffif, par leurs diffolutions &
par leurs débauches, l'on ajoute qu'il
faut qu'ils regardent leur indigence

comme une peine dûe à leurs péchés, qu'ils s'y foumettent par efprit
de pénitence, qu'ils s'en fervent pour
appaifer la juftice divine qu'ils ont
irritée par leurs crimes, & qu'ils faffent tous leurs efforts pour fe fancti-
fier par la privation des biens temporels, après s'être fouillés & corrom-
pus par l'abus qu'ils en ont fait, lorfqu'ils en avoient la jouiffance.

Ce font-là les principales vérités
que nous expliquons aux riches &
aux pauvres dans ce petit Volume,
après nous en être nous-mêmes inftruits dans les Livres facrés & dans
les Ecrits des faints Peres. Nous fou-
haitons de tout notre cœur qu'elles
leur foient utiles, & qu'elles contribuent à leur édification ; & dans la
confiance que nous avons en leur
charité, nous efpérons qu'ils voudront bien prier le Seigneur de nous
faire la grace d'en profiter nous mêmes, afin que nous ne foyions pas
femblables à des canaux de fer & de
bronze, qui portant dans les jardins &
dans les campagnes des eaux falutai-
res, n'en retiennent point pour eux-
mêmes, n'en profitent en aucune
maniere, & demeurent fecs & arides
après s'en être déchargés.

TABLE
DES CHAPITRES
contenus en ce Volume.

VIE DES RICHES, LIVRE I.

APPROBATION.

J'AI lû par ordre de Monseigneur le Garde des Sceaux plusieurs Ouvrages imprimés, tous du même Auteur, qui ont pour titres, le premier : *Le Chrétien dans la tribulation & dans l'adversité* : Le second, *le véritable Pénitent* : Le troisième, *la Vie des Justes* : Le quatrième, *des Vertus Théologales & Cardinales* : Le cinquième, *le chemin du Ciel* : Le sixième, *la Vie des Clercs* : Le septième, *le Chrétien étranger sur la terre* : Le huitième, *des Eglises & des Temples des Chrétiens* : Le neuvième, *la Vie des Riches & des Pauvres*. Ils m'ont tous paru dignes d'une nouvelle édition. En Sorbonne, ce 23 Février 1734. **DE MARCILLY.**

PRIVILEGE DU ROY.

LOUIS PAR LA GRACE DE DIEU, ROY DE FRANCE ET DE NAVARRE : A nos amés & féaux Conseillers les Gens tenans nos Cours de Parlement, Maîtres des Requêtes ordinaires de notre Hôtel, Grand-Conseil, Prevôt de Paris, Baillifs, Sénéchaux, leurs Lieutenans Civils, & autres nos Justiciers qu'il appartiendra; SALUT. Notre bien amé GABRIEL-FRANÇOIS QUILLAU, Imprimeur-Libraire à Paris, Nous ayant fait remontrer qu'il souhaiteroit faire imprimer & donner au Public plusieurs Livres intitulés *Le Chemin du Ciel, la Vie des Clercs ; la Vie des Riches & des Pauvres ; le véritable Pénitent ; des Vertus Théologales & Cardinales ; le Chrétien étranger sur la terre ; la Vie des Justes ; des Eglises & des Temples des Chrétiens ; le Chrétien dans la tribulation,* par le Sieur DE VILLETHIERRY ; *Histoires choisies ou Livres d'Exemples*, *tirées de l'Ecriture Sainte* ; *Nouveau Teſtament traduit ſuivant la Vulgate* ; s'il Nous plaiſoit lui accorder nos Lettres de Privilege ſur ce néceſſaires ; offrant pour cet effet de les imprimer ou faire imprimer en bon papier ou en beaux caractéres, ſuivant la feuille imprimée & attachée pour modele ſous le contreſcel des Préſentes : A CES CAUSES, voulant traiter favorablement lédit Expoſant, Nous lui avons permis & permettons par ces Préſentes, d'imprimer ou faire imprimer leſdits Livres ci-deſſus ſpécifiés, en un ou pluſieurs Volumes, conjointement ou ſéparément, & autant de fois que bon lui ſemblera, ſur papier & caractéres conformes à ladite feuille imprimée & attachée ſous notredit Contreſcel, & de les vendre, faire vendre & débiter par tout notre Royaume, pendant le tems de *ſix années* conſécutives, à compter du jour de l'expiration des précédens Priviléges. Faiſons défenſes à toutes ſortes de perſonnes de quelque qualité & condition qu'elles ſoient d'en introduire d'impreſſion étrangere dans aucun lieu de notre obéiſſance, comme auſſi à tous Imprimeurs, Libraires & autres, d'imprimer, faire imprimer, vendre, faire vendre, débiter, ni contrefaire aucuns deſdits Livres ci deſſus expoſés, en tout ni en partie, ni d'en faire aucuns Extraits ſous quelque prétexte que ce ſoit d'augmentation, correction, changemens de titre, ou autrement, ſans la permiſſion expreſſe & par écrit dudit Expoſant, ou de ceux qui auront droit de lui, à peine de confiſcation des Exemplaires contrefaits, de trois mille livres d'amende contre chacun des contrevenans, dont un tiers à Nous, un tiers à l'Hôtel-Dieu de Paris, l'autre tiers audit Expoſant, & de tous dépens, dommages & interêts ; à la charge que ces Préſentes ſeront enregiſtrées tout au long ſur le Regiſtre de la Communauté des Imprimeurs & Libraires de Paris dans trois mois de la date d'icelles ; que l'impreſſion de ces Livres ſera faite dans notre Royaume & non ailleurs, & que l'Impétrant se conformera en tout aux Réglemens de la Librairie, & notamment à celui du 10 Avril 1725. Et qu'avant que de les exposer en vente, les manuscrits ou imprimés qui auront servi de copie à l'impression desdits Livres, seront remis dans le même état où les Approbations y auront été données ès mains de notre très-cher & féal Chevalier Garde des Sceaux de France le Sieur CHAUVELIN, & qu'il en sera ensuite remis deux Exemplaires de chacun dans notre Bibliotheque publique; un dans celle de notre Château du Louvre, & un dans celle de notre très-cher & féal Chevalier Garde des Sceaux de France le Sieur CHAUVELIN; le tout à peine de nullité des Présentes : Du contenu desquelles vous mandons & enjoignons de faire jouir l'Exposant, ou ses ayans causes, pleinement & paisiblement, sans souffrir qu'il leur soit fait aucun trouble ou empêchement. Voulons que la copie desdites Présentes qui sera imprimée tout au long au commencement ou à la fin desdits Livres, soit tenue pour dûement signifiée, & qu'aux copies collationnées par l'un de nos âmes & féaux Conseillers & Sécretaire, foi soit ajoutée comme à l'Original. Commandons au premier notre Huissier ou Sergent de faire pour l'exécution d'icelles tous Actes requis & nécessaires, sans demander autre permission, & nonobstant Clameur de Haro, Chartre Normande & Lettres à ce contraires : CAR tel est notre plaisir. DONNE' à Versailles le dix-huitiéme jour de Mars l'an de grace mil sept cent trente-quatre, & de notre Régne le dix-neuviéme. Par le Roy en son Conseil.

SAINSON.

Regiftré fur le Regiftre VIII. de la Chambre Royale & Syndicale de la Librairie & Imprimerie de Paris, N°. 685. Fol. 689. conformément aux anciens Réglemens, confirmés par celui du 28 Fevrier 1723. A Paris, le 22 Mars 1734.

Signé, G. MARTIN, *Syndic.*

LA VIE

LA VIE
DES RICHES.
LIVRE PREMIER.

❖❖❖❖❖❖❖❖❖❖❖❖❖❖❖❖❖❖❖❖❖

CHAPITRE PREMIER.

Que les biens de la terre sont vains en eux-
mêmes, qu'ils ne sont grands & consi-
dérables que dans l'imagination des
hommes, & qu'ils ne méritent pas mê-
me qu'on leur donne le nom de bien.

UISQUE nous entrepre-
nons de traiter des devoirs
& des obligations des ri-
ches, il est à propos de donner aux Lecteurs dès l'en-
trée de cet Ouvrage, une idée claire &
distincte des biens de la terre, & de leur
expliquer leur nature & leurs proprie-
tés ; car ils jugeront ensuite plus faci-

A

lement de l'eſtime qu'il en faut faire,
& de la conduite que doivent tenir
ceux qui les poſſedent, & qui en ont
l'adminiſtration. Or tout ce que nous
en pouvons dire, après avoir conſulté
l'Ecriture & les ſaints Peres, c'eſt qu'ils
ſont vains en eux-mêmes, qu'il n'y a
que l'imagination des hommes qui les
faſſe paroître grands & eſtimables, &
qu'ils ne méritent pas même qu'on leur
donne le nom de bien.

Le ſaint homme Job & le Roy Prophéte nous marquent clairement la vanité & le neant des biens de la terre,
lorſqu'ils nous aſſurent que ceux qui les
eſtiment, & qui les regardent comme
quelque choſe de grand, ſont prévenus
de fortes paſſions, ou qu'au moins ils
vivent dans un ſommeil létargique; &
que s'ils peuvent s'élever audeſſus des
faux préjugés de leurs paſſions, & ſortir
de ce ſommeil funeſte, ils reconnoîtront alors leur véritable pauvreté,
qu'ils verront clairement que ce qu'ils
ont recherché avec tant d'ardeur, n'eſt
qu'un neant, & qu'ils ſe trouveront les
mains vuides. *Lorſque le riche s'endor-*
Job. 17.
35.
mira, dit Job, *il n'emportera rien avec*
lui : il ouvrira les yeux, & il ne trouvera
Pſal. 75.
rien. Les riches, dit auſſi David, *ſe ſont*
6.
tous endormis : & ſe réveillant après leur

fommeil, ils n'ont rien trouvé dans leurs mains. *Certes*, dit-il encore, *tout homme vivant eft un abîme de vanité : l'homme paffe fa vie dans des ombres, & c'eft en vain qu'il s'inquiéte.*

Salomon après avoir amaffé des trefors infinis, élevé des palais fuperbes, & gouté toutes fortes de plaifirs, prononce auffi que tout eft vain, & que les richeffes les plus grandes ne font qu'un neant. *J'ai fait faire*, dit-il, *des ouvrages magnifiques ; j'ai bâti des maifons ; j'ai planté des vignes ; j'ai fait des jardins & des clos, où j'ai mis toutes fortes d'arbres fruitiers ; j'ai fait faire des réfervoirs d'eaux pour arrofer les plantes des jeunes arbres. J'ai eu des ferviteurs & des fervantes, & un grand nombre d'efclaves nés en ma maifon, un grand nombre de bœufs, & des troupeaux de brebis plus que n'en ont jamais eu tous ceux qui ont été avant moi dans Jerufalem. J'ai auffi amaffé une grande quantité d'or & d'argent, & les richeffes des Rois & des Provinces. J'ai eu des Muficiens, & des Muficiennes, & tout ce qui fait les délices des enfans des hommes, des coupes & des vafes pour fervir le vin. Et j'ai furpaffé en richeffes tous ceux qui ont été avant moi dans Jerufalem..... Je n'ai rien refufé à mes yeux de tout ce qu'ils ont defiré, &*

Ecclef. 2.
4 5 & fe-
quenti-
bus.

A ij

j'ai permis à mon cœur de jouir de toutes
sortes de plaisirs, & de prendre ses délices
dans ce que j'avois préparé, & j'ai cru que
mon partage étoit de jouir ainsi de mes
travaux. Et me retournant ensuite vers
tous les ouvrages que mes mains avoient
faits, & tous les travaux où j'avois pris
une peine si inutile, j'ai reconnu qu'il n'y
avoit que vanité & affliction d'esprit dans
toutes ces choses, & que rien n'est stable
sous le Soleil. Vanité des vanités, s'écrie
encore Salomon, & tout est vanité. Que
retire l'homme de tout le travail qui l'occupe sous le Soleil. L'avare n'aura jamais
assez d'argent, & celui qui aime les richesses n'en recueillera point de fruit: c'est
donc là encore une vanité.

Le lit est si resserré, dit Isaïe, que si
deux personnes s'y mettent, l'une tombera ;
& la couverture est si étroite qu'elle n'en
peut couvrir deux. C'est-là justement le
caractére des biens temporels. Ils sont
si bornés & si resserrés qu'ils ne peuvent suffire à plusieurs personnes. Si les
uns les possedent, il faut que les autres
en soient privés ; & l'on voit tous les
jours qu'ils ne sçauroient satisfaire les
desirs de ceux qui les recherchent, qu'on
est encore affamé après en avoir joui
& qu'on a beau boire de ces eaux bour-
beuses, on n'étanche jamais sa soif -

Eccles. 1.
2. 3.

Et cap. 5.
9.

Isa. 28.
20.

Tu comedes & non saturaberis. Qui bibe- Mich. 6.
14.
rit ex hac aqua, sitiet iterum. Et par con- Joan. 4.
13.
sequent ils ne sont pas de véritables
biens, & ils n'en ont que les apparences.

Et aussi le même Prophéte Isaïe, à Cap. 33.
l'exemple de David, compare ceux qui 6.
regardent les biens de la terre comme
quelque chose de grand & de fort considerable, à des gens affamés, qui s'imaginent assister pendant leur sommeil à
un festin magnifique, & qui à leur ré-
veil se trouvent aussi vuides & aussi pauvres qu'ils l'étoient auparavant. Et il
conclut ensuite que la vertu & la crainte
du *Seigneur* est le véritable trésor du
Juste, & que la sagesse & la science
sont les richesses du salut : *Divitia sa-*
lutis sapientia & scientia : timor Domi-
ni ipse est thesaurus ejus.

Les autres Prophétes nous marquent Ezech. 7.
aussi l'inutilité & l'insuffisance de tous 19.
S phon.
les biens temporels, lorsqu'ils nous assu- 1. 18.
rent que l'or ni l'argent ne sçauroient
garantir les hommes des maux & des
tribulations qui les accablent au jour
de la colére de Dieu, & qu'au contraire
toutes leurs richesses perissent avec eux,
& rendent ainsi leur ruine & leur perte
plus éclatante.

Enfin le Prophéte Jeremie nous dé-

clare, qu'ayant consideré toute la terre,
il n'y a découvert qu'un grand vuide
& un véritable neant ; parce qu'en effet
tous les biens temporels sont inutiles
& vains en eux-mêmes, & qu'ils ne
peuvent passer aux yeux des Justes que
pour un pur neant : *Aspexi terram, & ecce vacua erat, & nihili.*

Le Sage nous assure même que les
reprouvés en demeureront d'accord au
jour du jugement, & qu'ils reconnoîtront alors que les richesses de la terre
& les avantages temporels qui ont flaté
leurs passions, & excité leurs desirs en
ce monde, ne sont qu'une ombre & une
illusion. *Nous nous sommes égarés de la voye de la vérité,* diront-ils en ce jour
terrible, *la lumiére de la justice n'a point lui pour nous, & le Soleil de l'intelligence ne s'est point levé pour nous. Nous nous sommes lassés dans la voye de l'iniquité & de la perdition : Nous avons marché dans des chemins âpres, & nous avons ignoré la voye du Seigneur. De quoi nous a servi notre orgueil ? Qu'avons-nous tiré de la vaine ostentation de nos richesses ? Toutes ces choses sont passées comme l'ombre, & comme un courier qui court à perte d'ha-leine.*

Les saints Peres qui étoient pleins de
desir & d'amour pour la felicité éternel-

le, & qui avoient puisé dans les Saintes Ecritures les régles & les maximes de la véritable Sagesse, nous parlent sans cesse de l'incertitude, de la vanité, & de la fausseté des biens temporels.

1o. Ils nous enseignent après les Pro- *Amb. de interpel- phétes, que la plus grande felicité de lat. Job. ce monde n'est qu'un vain phantôme & lib. 1. c. un songe de la nuit. Ils disent, que com- 3. me un pauvre ne laisse pas d'être pressé de la faim, & de souffrir les incommo- *Aug. in dités de la pauvreté, quoiqu'il se soit Psal. 131. imaginé, en rêvant, être assis à la table d'un Seigneur & d'un Roy, & posseder *Greg. lib. de grands tresors ; ainsi les riches de la 18. terre sont toujours pauvres au milieu de 6. 12. leurs richesses, qui ne peuvent remplir leurs desirs ; & qu'a l'heure de leur mort ils ne trouvent rien entre leurs mains. Ils déclarent même que ceux qui se ré- jouissent de ce qu'ils possedent quelques avantages temporels, imitent la folie des phrénétiques, qui rient & qui se *Augu ̂st. laissent aller à la joye, sous de vains tract. 7. prétextes, pendant que tout le monde in Joan. pleure & s'afflige de leur misére.

2o. Ils soutiennent que toutes les cho- ses que nous pouvons perdre malgré nous, ne sont pas notre véritable bien, & qu'il ne faut point par consequent les rechercher, ni s'y attacher. » Il n'y a de *De disci- plina &
A iiij

» biens véritables , dit S. Cyprien, que
» les biens spirituels qui nous menent à
» Dieu & que nous possedons éternelle-
» ment avec lui : mais pour ce qui est
» des biens temporels que nous avons
» reçûs en venant au monde, & que
» nous y laissons quand nous en sortons,
» nous les devons autant mépriser que
» le monde même, aux pompes & aux
» délices duquel nous avons renoncé ,
» lorsque nous sommes venus à Dieu
» dans le Baptême.

» Si vous me demandez, dit aussi S.
Serm. 72. » Augustin , quel est le véritable bien ,
» je vous répondrai que c'est celui
» que vous ne pouvez perdre malgré
» vous. Or vous pouvez perdre malgré
» vous votre or , votre maison , vos di-
» gnités , la santé , & la vie même de
» votre corps. Mais pour ce qui est du
» bien qui vous rend véritablement
» bon, vous ne le recevez & ne le per-
» dez point malgré vous.

Il est facile de juger par ce principe ,
que tous les avantages temporels ne
font point à notre égard de véritables
biens, parceque nous ne les possedons
pas toujours, & qu'à tout moment nous
les pouvons perdre malgré nous. Et
Serm. 113. aussi S. Augustin dit que les hommes
ont très-grand tort d'appeller les ri-

thesses de la terre un bien, parcequ'un
serviteur, parcequ'un ennemi, parcequ'un voleur peut leur en ôter la jouissance, & les en dépouiller entierement.
Et il conclut qu'ils sont des insensés de
se donner tant de peine pour acquerir
des choses si incertaines, & qui peuvent tous les jours leur être enlevées.

S. Jean Chrysostome se sert aussi de
cette consideration pour prouver que
les biens d'ici-bas ne sont pas de véritables biens : » Considerez, dit-il, avec Homil.
» combien de peine on les acquiert, 63. in
» par combien de travaux on les garde, Matth.
» avec combien de peril on en jouit,
» combien peu de tems on les possede ;
» que quand même on éviteroit tous les
» accidens de la vie, la mort nous ar-
» rache toutes ces richesses pour les
» faire souvent passer dans les mains de
» nos plus grands ennemis ; & qu'il ne
» restera rien à notre ame de tous ces
» faux biens que les plaies profondes
» qu'elle se sera faites pour acquerir ce
» qui la devoit perdre.

3°. Ils disent qu'on ne sçauroit considerer comme un bien ce qui ne sert
qu'à augmenter nos soins, nos inquiétudes & nos peines. Or il est constant
que c'est-là la nature des biens de la terre : plus les riches en possedent, plus

ils font chargés de foins, accablés d'inquiétudes, & obligés de s'agiter & de fe peiner. Ils vivent dans des troubles continuels à l'occafion de leurs biens : Ils craignent à tous momens de les perdre : leurs amis leur deviennent fufpects : ils fe défient de leurs domeftiques : ils s'imaginent que tout le monde veut attenter contre leur fortune. Il faut qu'ils donnent prefque tout leur tems à des affaires temporels, qu'ils follicitent des Juges, qu'ils foutiennent des procès, qu'ils dépendent d'une infinité de perfonnes, qu'ils interrompent fouvent leur repos & leur fommeil pour agir au dehors, & qu'ils effuyent mille fatigues differentes pour défendre leurs intérêts. Ainfi ce font leurs propres richeffes qui les inquiétent, qui les troublent, & qui les tourmentent; & par confequent elles ne font pas un véritable bien, & elles n'en ont que les apparences.

4°. Les faints Peres obfervent que les biens temporels font ordinairement communs aux bons & aux méchans, & que fouvent même les impies en font plus avantagés que les juftes; & ils concluent de-là qu'ils ne font pas de véritables biens, & qu'ils ne méritent point notre eftime, & encore moins notre amour. » Il y a des biens, dit S. Auguf-

» tin, qui ne se trouvent que dans les
» bons ; & il y en a d'autres qui sont
» communs aux bons & aux méchans.
» Les biens qui ne se trouvent que dans
» les bons, sont la pieté, la foi, la jus-
» tice, la chasteté, la prudence, la mo-
» destie, la charité, & les autres ver-
» tus semblables. Les biens qui sont
» communs aux bons & aux méchans,
» sont l'argent, les honneurs du siecle,
» la puissance, les charges, la santé du
» corps. Et lorsqu'on demande pour-
» quoi Dieu donne les biens temporels
» aux méchans aussibien qu'aux bons,
» ce saint Docteur répond, que c'est
» pour nous instruire, & pour nous ap-
» prendre qu'ils ne sont pas de vérita-
» bles biens, & que nous devons en
» rechercher de plus grands & de plus
» excellens.

31. c.
12. 13.
14.

Tract.
32. in
Joan.

5°. Il y a de l'injustice, dit encore S.
Augustin, à donner le nom de bien à
des choses qui ne guérissent point notre pauvreté, & qui au contraire l'augmentent, *Quibus crescentibus crescit ino-*
pia; qui bien-loin de remplir nos désirs,
ne font qu'irriter nos cupidités : *Non*
afferunt satietatem, sed inflammant cupi-
ditatem; qui paroissent belles, & qui se
font désirer tant qu'elles sont absentes,
& qui donnent du dégoût à tous ceux

Serm. 5

A vj

qui en jouïssent, & qui les possedent ; parcequ'ils en connoissent le vuide & le neant : *Vilescit adeptum, quamvis accenderit desideratum.*

lib. 1.de doctrina Christiana.c. 38. in Psal. 101.

Or tout cela se remarque dans les biens temporels : ils augmentent & ils fortifient les passions des hommes, au lieu de les appaiser & de les moderer; car plus on en a, & plus on en veut avoir; plus on est riche, & plus on a d'ardeur pour le devenir encore davantage. Tant qu'on ne les possede pas, on les croit grands & excellens, & on les poursuit avec une avidité incroyable: mais lorsqu'on en jouit, on en voit les défauts & le neant; on s'en dégoûte facilement, & on en recherche d'autres. Ainsi l'on vit continuellement dans le trouble & dans l'agitation; & comme on ne trouve rien ici-bas digne du cœur de l'homme, & qui puisse remplir sa capacité, l'on est toujours pauvre & toujours mendiant.

Il est donc certain que les biens temporels ne sont pas de véritables biens, & qu'ils n'en ont que les apparences. L'Ecriture nous l'apprend, les saints Peres le prouvent par des raisons invincibles, comme on vient de l'expliquer; & pour en douter, il faut marcher dans les ténébres, & vivre dans l'aveugle-

ment. Cette vérité servira de fondement
à tout ce que nous devons repréfenter
dans la fuite ; & fi les Lecteurs en font
pleinement convaincus, ils n'auront pas
de peine à fe rendre à toutes les faintes
maximes que nous nous propofons
d'expliquer dans ce Traité.

CHAPITRE II.

*Que les grandes richeffes font prefque tou-
jours dangereufes par rapport au falut.*

APRE's avoir prouvé dans le Chapitre precedent, que tous les biens
temporels font vains en eux-mêmes, il
faut ajouter dans celui-ci, que les grandes richeffes font ordinairement très-
dangereufes, & qu'elles rendent le falut
de ceux qui les poffedent, fort difficile.
Nous en trouvons des preuves dans l'E-
criture & dans les faints Peres.

L'hiftoire fainte nous apprend, que les
Tribus de Ruben & de Gad, avec la Nu.
moitié de celle de Manaffé, ne voulurent 32.
point paffer le fleuve du Jourdain ; que
s'étant adreffées à Moïfe, elles lui de-
mandérent permiffion de s'établir dans
le pays de Galaad , & qu'elles renoncé-
rent à la poffeffion de la terre heureufe
qui avoit été fi folemnellement promife

à Abraham & à sa posterité. Et le texte
sacré marque expressément qu'elles en
usérent ainsi, parcequ'elles avoient des
richesses infinies en bétail, & un très-
grand nombre de troupeaux.

C'est-là un exemple éclatant du danger qui accompagne presque toujours
les grands biens. Les autres Juifs qui
n'étoient pas si riches, n'eurent point de
repos jusqu'à ce qu'ils fussent entrés en
jouissance de la terre de promission; rien
ne put ralentir leur zéle, & ils marché-
rent avec une patience infatigable vers
ces regions heureuses qui devoient être
le terme de leur long & penible voyage.
Mais les Tribus, dont nous parlons,
manquérent de courage, & les grandes
richesses qu'elles possedoient, ayant
appesanti leur cœur, elles demeurérent
en chemin, & elles oubliérent toutes
les merveilles qu'on leur avoit racon-
tées de cette terre fortunée, après laquelle leurs peres avoient tant soupiré.

Ainsi il n'arrive que trop souvent que
les riches de la terre ne travaillent qu'à
s'établir ici-bas, & qu'oubliant qu'ils ne
sont dans ce monde que des voyageurs
& des étrangers, ils ne pensent presque
point au Ciel qui est néanmoins leur
seule & véritable patrie. Mais il n'est
pas besoin de nous étendre maintenant

sur cette Morale, car nous en parlerons plus d'une fois dans ce Chapitre même, en rapportant les sentimens & les maximes des saints Peres.

Salomon nous déclare ouvertement qu'il y a toujours du danger dans la possession des grands biens, & qu'ils sont fort à craindre, puisqu'il prie Dieu de ne permettre pas qu'il soit, ni trop riche, ni trop pauvre : *Ne me donnez*, lui dit-il, *ni la pauvreté, ni les richesses : mais donnez-moi seulement ce qui me sera necessaire pour vivre.* Il rend aussi-tôt raison pourquoi il apprehende, non seulement la pauvreté, mais les richesses, *de peur*, dit-il, *qu'étant rassasié, je ne sois tenté de vous renoncer, & de dire : Qui est le Seigneur ? ou qu'étant contraint par la pauvreté, je ne dérobe, & que je ne viole par un parjure le nom de mon Dieu.* Prov. 30. 8. 9.

Ce Prince infortuné éprouva lui-même dans la suite combien les grandes richesses sont dangereuses : car l'on sçait que ce fut sa trop grande abondance qui le fit tomber dans l'impureté, & qui le precipita même dans l'idolatrie.

Le Roy David son pere avoit aussi ressenti des effets funestes des richesses ; car ayant conservé son innocence pendant qu'il ne jouit que d'une fortune mediocre, il s'abandonna à de grands

péchés, lorsqu'il fut en possession des
tréfors qui suivoient la couronne d'Ifraël. Et avant lui le même malheur étoit
encore arrivé au Roy Saül.

Eccli. 31.
6. 7. &
sequent. Jesus, fils de Sirach, nous marque
aussi que les richesses sont très-dange-
reufes, lorsqu'il dit : Que l'or en a fait
tomber plusieurs, & que fa beauté a été
leur perte : que l'or est un sujet de chute
à ceux qui lui sacrifient : que ceux qui le
recherchent avec ardeur, sont très-malheureux, & qu'il fera perir tous les in-
fenfés.

C'est dans la vûe des grands & des continuels perils qui accompagnent les richeffes, qu'il s'écrie enfuite : *Heureux le
riche qui a été trouvé fans tache, qui n'a
point couru après l'or, & n'a point mis fon
efpérance dans l'argent & dans les trefors :
Qui eft celui-là, & nous le louerons, parcequ'il a fait des chofes merveilleufes durant fa vie. Ayant été éprouvé par l'or,
il a été trouvé parfait, & fa gloire fera
éternelle.*

L'Ecclefiaftique nous parle encore
d'un grand malheur qui arrive très-fouvent aux riches & à ceux qui font puiffans ; c'est qu'on leur applaudit prefque
toujours dans tout ce qu'ils font ; qu'on
ne contredit aucune de leurs volontés
quelque injuftes qu'elles puiffent être ;

qu'on les plaint, & qu'on les assiste dans
toutes les infortunes qui leur arrivent :
au lieu qu'on méprise le pauvre, qu'on
l'abandonne, & qu'on ne veut pas même l'écouter, lorsqu'il parle avec le plus
de raison & de sagesse.

Les gens du monde ne regardent pas
cela comme un malheur ; mais ç'en est
un, quand on regle ses jugemens par les
lumiéres de la Foi : car les louanges
qu'on donne aux riches, les séduisent,
les entretiennent dans leurs défauts, &
les empêchent de s'en corriger. Les consolations au contraire, & les secours
qu'ils reçoivent, adoucissent leurs maux,
& diminuent souvent leur mérite. L'Ecclesiastique voulant donc nous marquer
ce danger & ce peril où se trouvent ceux
qui possedent de grands biens, s'expri-
me en ces termes : *Si le riche est ébranlé,* Cap. 13.
ses amis le soutiennent : mais si le pau- 25. 16.
vre commence à tomber, ses amis même 27. 28.
contribuent à sa chute. Si le riche est 29.
trompé, plusieurs l'assistent ; s'il parle in-
solemment, on le justifie : mais si le pau-
vre a été trompé, on lui fait encore des
reproches ; & s'il parle sagement, on ne
veut pas l'écouter. Que le riche parle,
tous se taisent, & ils elevent ses paroles
jusqu'au Ciel. Que le pauvre parle, on
dit : Qui est celui-ci ? Et s'il fait un faux

pas, on le fait tomber tout-à-fait.

Si l'on vouloit confulter tous les Livres, tant de l'Ancien, que du Nouveau
Teftament, on y trouveroit une infinité
d'autres preuves du peril qui accompagne prefque toujours la poffeffion des
grandes richeffes : mais il fuffit d'obferver que les Prophétes ont déclaré que
c'eft un malheur d'être fort riche : *Væ*
Amos.
6. 1.
qui opulenti eftis in Sion : Malheur à vous
qui vivez au milieu de Sion dans l'abon
dance ; & que J. C. a donné fa malédiction à ceux qui poffedent de grands
biens, parcequ'ils reçoivent leur confo
Luc. 6.
24.
lation dès ce monde : *Væ vobis divitibus,*
quia habetis confolationem veftram.

L'on ajoutera feulement que l'exemple du jeune homme dont parle l'Evangile, juftifie encore très clairement qu'il
eft fort dangereux d'avoir de grandes
richeffes : car J. C. lui ayant ordonné de
vendre tous fes biens, & de les donner
aux pauvres, afin de le fuivre, il aïma
mieux renoncer à la qualité glorieufe de
Difciple de ce divin Sauveur, qu'à fes
trefors & à fes poffeffions ; & ce fut à
fon occafion que J. C. donna cette inf
Matth.
19. 23.
24.
truction à fes Difciples : *Je vous le dis en*
vérité, il eft bien difficile qu'un riche en
tre dans le Royaume des Cieux : Je vous
le dis encore une fois, il eft plus aifé qu'un

chameau paſſé par le trou d'une aiguille,
que non pas qu'un riche entre dans le Royaume des Cieux.

Les ſaints Peres, qui ſont les Interpré-
tes des Ecritures, nous expliquent en
particulier la plûpart des perils & des
malheurs auſquels les riches ſont expoſés.

Tertullien exhortant les Fidéles à ſe *Lib.2.de*
préparer au martyre, leur dit qu'ils doi- *cultu fœ-*
vent renoncer à toutes ſortes de délices *cap. 13.*
& de plaiſirs, & détacher leurs cœurs
de tous les biens temporels, parcequ'il
arrive ordinairement que ceux qui menent une vie molle pendant la paix de
l'Egliſe, n'ont pas la force au tems de la
perſécution, de ſouffrir les roues, les
chevalets, & les autres tourmens dont
les tyrans les menacent pour les obliger
de renoncer à la Foi ; & que ceux qui
ayant de grandes richeſſes, les aiment
& s'y attachent, n'ont pas une vive eſpérance des biens éternels, & ne ſoupirent pas après leur poſſeſſion.

La penſée de ce grand homme n'eſt
que trop véritable, & l'on reconnoît
tous les jours par mille experiences differentes, que ceux qui s'abandonnent à
la joye & aux plaiſirs, ſont ennemis de
la Croix de J. C. & ne veulent rien
ſouffrir pour lui, & qu'ordinairement

ceux qui poſſedent de grands biens ſur la
terre, ne deſirent pas avec beaucoup
d'ardeur de ſortir de ce monde : qu'ils
s'y complaiſent au contraire, & qu'ils
n'ont point d'empreſſement d'entrer
dans la Jeruſalem celeſte, ni de jouir des
biens ineffables qui nous y ſont prépa‑
rés.

L'on vit du tems de S. Cyprien 'un
funeſte exemple du peril qui accompa‑
gne preſque toujours les grandes richeſ‑
ſes; car pluſieurs de ceux qui étoient ri‑
ches, ne pouvant ſe reſoudre à prendre
la fuite pour éviter la perſecution, de‑
meurérent dans leur domicile ordinai‑
re, afin d'avoir ſoin de leurs biens & de
leurs héritages, auſquels ils étoient ſans
doute attachés ; mais ils tombérent mi‑
ſerablement, & ils ſacrifiérent aux Ido‑
les. Ce ſaint Docteur attribua leur chu‑
te à l'amour qu'ils avoient eu pour leurs
richeſſes ; & il prit de‑là occaſion de
parler du bonheur de la pauvreté, qui
ayant permis aux autres de ſe retirer
dans des lieux de ſureté, les avoit mis à
l'abri de l'orage, & les avoit fait perſé‑
vérer dans la confeſſion du Nom de
Jesus-Christ.

De lap-
ſis.

» Ne diſſimulons point la vérité, mes
» Freres, dit-il à ſes peuples, & ne ca‑
» chons point la cauſe de nos maux. Un

» amour aveugle du bien en a perdu plu-
» fieurs ; & ceux que leurs richeſſes te-
» noient comme enchaînés , n'ont pû
» être prêts pour ſe retirer. Ce ſont-là
» les liens qui ont arrêté les efforts de
» leur courage, qui ont opprimé leur foi,
» & qui les ont empêché de prendre au-
» cune réſolution genereuſe ; de ſorte
» qu'étant attachés aux choſes de la ter-
» re , ils ſont devenus la proye du ſer-
» pent , que Dieu a condamné à man-
» ger la terre. Notre Seigneur , qui,
» comme un bon Maître nous donne
» toujours les avertiſſemens néceſſaires
» pour notre conduite , dit dans l'Evan-
» gile : *Si vous voulez être parfait, allez,* Matth.
» *vendez ce que vous avez, & donnez-le* 19. 21.
» *aux pauvres, & vous aurez un tréſor*
» *dans le Ciel : puis venez, & me ſuivez.*
» Si les riches faiſoient cela, leurs ri-
» cheſſes ne les perdroient pas. S'ils
» mettoient leur tréſor dans le Ciel,
» leurs biens ne ſeroient pas leurs enne-
» mis domeſtiques , & leur cœur ſeroit
» avec leur tréſor. Le monde n'auroit
» point de priſe ſur eux pour les vain-
» cre , & ils ſuivroient le Seigneur li-
» bres & dégagés comme les Apôtres ,
» & comme pluſieurs du tems des Apô-
» tres , & des ſiecles même poſterieurs ,
» qui ayant abandonné leurs biens &

» leurs parens, se sont étroitement unis
» à J. C. Mais comment ceux-là, pour-
» roient-ils suivre J. C. qui sont liés par
» leur bien ? ou comment s'éleveroient-
» ils au Ciel, étant retenus sur la terre
» par le poids de leurs convoitises ? Ils
» croyent posseder leurs biens, & ce sont
» leurs biens qui les possedent. Ils s'i-
» maginent être les maîtres de leurs ri-
» chesses, mais ils n'en sont que les es-
» claves. L'Apôtre a marqué ce tems &
» ces personnes, lorsqu'il a dit : *Ceux*
» *qui veulent devenir riches, tombent dans*
» *la tentation & dans le piege du diable, &*
» *en divers desirs inutiles & pernicieux,*
» *qui precipitent les hommes dans l'abîme*
» *de la perdition & de la damnation : car*
» *l'amour du bien est la racine de tous les*
» *maux ; & quelques-uns en étant posse-*
» *dés, ont fait naufrage dans la Foi, &*
» *se sont embarrassés dans une infinité d'af-*
» *flictions & de peines.*

1. Tim. 1
6. 9. 10.

In cap.
8. Isa.

Un des grands malheurs, selon S.
Basile, qui accompagnent ordinairement les richesses, c'est qu'elles portent
au luxe & à la vanité ; c'est qu'elles sont
cause qu'on se relâche de la voye étroite de l'Evangile, & que l'on goûte les
voluptés ; c'est qu'elles rendent presque
toujours ceux qui les possedent, fiers,
superbes, & impatiens.

S. Jean Chryſoſtome rend auſſi té- Homſl. 4. in 1. ad Cor.
moignage à cette vérité, que les richeſ-
ſes ſont très-dangereuſes ; car il dit que
la grande difference qu'il y a entre le
pauvre & le riche, c'eſt que celui-ci a
plus de ſoins & d'inquiétudes que l'autre, qu'il ſe laiſſe plus ſouvent aller aux
plaiſirs & aux voluptés, & qu'il a plus
d'occaſions d'offenſer Dieu, & de donner la mort à ſon ame.

C'eſt ſur ces mêmes principes que S.
Ambroiſe raiſonne, lorſqu'il ſoutient,
que les richeſſes, bien-loin de pouvoir
nous rendre heureux, ne ſervent le plus
ſouvent qu'à nous corrompre, & à nous
porter au péché. Car expliquant ces paroles du Prophéte Royal : *Heureux* Pſal. 80.
l'homme qui ne ſe laiſſe point aller aux
conſeils des méchans, » O homme con- Præf. in Pſal.
» ſiderez en quoi conſiſte votre bea-
» titude : ce n'eſt point certainement
» dans les richeſſes, dans les grandeurs,
» dans les honneurs, dans la nobleſſe
» de votre extraction, dans votre beau-
» té, dans votre bonne grace, ni dans
» la ſanté de votre corps : car toutes
» ces choſes ne ſont point un bien
» par leur nature ; & bien-loin de cela,
» elles deviennent ſouvent mauvai-
» ſes, & elles portent au péché celui
» qui n'en ſçait pas faire un uſage légiti-

» me. Et en effet, qui est celui que son
» argent ait rendu juste, que ses gran-
» deurs & ses dignités ayent humilié,
» que sa noblesse ait porté à la douceur
» & à la clemence, & que sa beauté ait
» fait devenir chaste ? Il est au contraire
» certain que tous ces dons & tous ces
» avantages ont infiniment plus de for-
» ce pour corrompre les hommes, que
» pour les rendre vertueux.» Ainsi, selon ce saint Docteur, les richesses sont
toujours dangereuses,& par consequent
on les doit craindre.

L'on peut aussi juger par la doctrine
de S. Augustin, combien les grandes
richesses sont pernicieuses. Il enseigne
qu'elles sont presque toujours cause que
nous ne desirons pas le jour du Jugement dernier ; & que bien-loin de cela,
nous le craignons & nous le fuyons: car
lorsqu'il explique ces paroles du Prophéte Roy : *Les jugemens du Seigneur*
sont véritables, ils sont justes par eux-mê-
mes, ils sont plus aimables que l'or & que
toutes les pierres precieuses : il dit, qu'encore que les jugemens du Seigneur
soient plus aimables que toutes les pompes & toutes les grandeurs du siecle,
il arrive néanmoins que lorsqu'on est
plein d'estime pour ces grandeurs &
pour ces pompes mondaines, & qu'on
les

Psal. 18.
10. 11.

In Psal.
e 3.enarr.
1.

les recherche, on ne défire plus le jugement de Dieu, & qu'au contraire
on l'apprehende & on le méprife, ou
au moins on ne le croit pas.

Il dit que l'abondance des biens tem- In Pfal.
porels ne fert ordinairement qu'à for- 4
tifier & à augmenter nos paffions.

Il foutient même que les richeffes contribuent fouvent à la ruine & à la perte
temporelle de ceux qui les poffedent.
» Combien y en a-t-il eu, dit-il, qui In Pfal.
» étant pauvres & inconnus, vivoient 53.
» dans une grande fureté, & qui ne font
» pas plûtôt devenus riches & célébres
» dans le monde, qu'ils ont été expofés
» en proye à l'envie & à la haine de ceux
» qui étoient plus puiffans qu'eux. Ce
» leur eut donc été un très-grand bon-
» heur de demeurer cachés & inconnus,
» puifque dès qu'ils ont commencé à s'é-
» lever, on les a pourfuivis & perfécutés,
» non pas tant à caufe d'eux-mêmes,
» que pour les dépouiller de leurs biens
» & de leurs avantages temporels.

L'on trouve auffi dans S. Gregoire
Pape, plufieurs maximes, qui juftifient
encore qu'il eft très-dangereux, par rapport au falut, d'être riche fur la terre.
Il dit que ceux qui ont de grands biens, In 1. Reg.
ne vont pas ordinairement vîte, & ne lib. 5.
font pas de grands progrès dans la voye cap. 2.

B

de la justice & de la perfection ; & que
la raison pourquoi les Israëlites demeurérent quarante ans dans le désert avant
que d'entrer dans la terre de promission, fut qu'ils possedoient beaucoup
d'or, d'argent, & de troupeaux, & qu'ils
n'étoient pas encore capables de pratiquer ce conseil que J. C. a depuis donné à ceux qui désirent de se mettre à
sa suite : *Si vous voulez être parfait, ven-*
dez ce que vous avez, & donnez-le aux
pauvres, & vous aurez un trésor dans le
Ciel : puis venez & me suivez.

Matth.
19. 21.

Il enseigne que les Justes doivent gemir, lorsqu'ils se voyent chargés de
biens temporels, & qu'ils possedent de
grandes dignités ; parceque tout cela partage leur esprit & leur cœur entre Dieu
& la créature, & les détourne de la mé-
ditation des vérités saintes du salut.

Il soutient, qu'il est très-difficile de
posseder de grands biens, sans en ressentir quelque joye intérieure ; & il ajoute
que cette joye qui est excitée par la possession des choses temporelles, diminue
presque toujours le désir des biens éternels. » Il y en a plusieurs, dit ce saint
» Pape, qui ne mettant pas leur confian-
» ce dans les biens temporels, se réjouis-
» sent néanmoins en eux-mêmes, lors-
» qu'ils en possedent & qu'ils en ont abon-

Lib. 22.
Moral.
cap. 1.

» damment pour satisfaire à toutes leurs
» nécessités. Or il est certain qu'on s'affli-
» ge d'autant moins de ne posseder pas
» encore les biens éternels, qu'on se ré-
» jouit davantage de jouir des temporels.
» Et au contraire, moins on a de peine
» d'être privé des biens de la fortune,
» plus on desire les éternels, & l'on soupi-
» re plus vivement après leur possession.

Si l'on fait une attention serieuse à
ce qui se passe dans le monde, l'on sera
très-convaincu de la vérité de ce que
dit ce saint Pontife. En effet, ceux qui
possedent de grands biens, en ressentent
ordinairement en eux-mêmes une joye
secrette; & vivant ainsi à leur aise sur
la terre, ils ne desirent que très-foible-
ment, & souvent point du tout, d'aller
jouir dans le Ciel des biens éternels. Il
arrive au contraire très-souvent, que
ceux qui manquent des commodités
temporelles, brûlent d'ardeur pour la
Jerusalem céleste, & qu'ils ont un saint
empressement d'être délivrés des liens
de leurs corps mortels, afin de louer
Dieu dans la société des Saints qui ré-
gnent dans le Ciel.

Tous ceux qui considéreront attentivement les grandes vérités qu'on a expliquées dans ce Chapitre, demeureront
sans doute d'accord que l'abondance

des richeſſes eſt preſque toujours dangereuſe pour le ſalut ; mais l'on eſpére
qu'ils en ſeront encore plus fortement
perſuadés , lorſqu'ils auront lû le Chapitre ſuivant.

CHAPITRE III.

*Que ceux qui deſirent avec ardeur de de-
venir riches , & qui ſont poſſedés de la
paſſion d'amaſſer de grands biens , tombent en pluſieurs tentations très-dangereuſes , & ſuccombent ſouvent ſous la
tyrannie du péché.*

CE qu'on doit repréſenter dans ce
Chapitre, ſervira encore à prouver
que les grandes richeſſes ſont ordinairement très-dangereuſes par rapport au
ſalut : car il n'y a certainement point de
plus grand danger, que de s'expoſer volontairement à de rudes tentations, & à
des péchés énormes qui en ſont preſque
toujours une ſuite. Or c'eſt ce qui arrive
à ceux qui deſirent avec ardeur de devenir riches , & qui ſont poſſedés de la
paſſion d'amaſſer de grands biens.

Il faut qu'ils faſſent continuellement
la cour à ceux qui ſont puiſſans , & qui
ont du credit dans le monde ; qu'ils ne
les contrediſent en rien ; qu'ils diſſimu-

lent leurs propres penſées pour leur
complaire ; qu'ils abandonnent & qu'ils
trahiſſent ſouvent la vérité, de peur de
les irriter ; qu'ils favoriſent leurs paſſions, & qu'ils s'en rendent les miniſ-
tres, pour ſe ménager leurs bonnes graces ; & qu'ils proſtituent leur ame en
pluſieurs rencontres, pour obtenir d'eux
quelques graces & quelques liberalités.

Il faut qu'ils trouvent des tempera-
mens & des prétextes ſpecieux pour
juſtifier & pour excuſer tout ce qui eſt
conforme à leurs intérêts, & qui peut
avancer leur fortune.

Il faut qu'ils étouffent les remords de
leur conſcience, qui les avertit de s'ab-
ſtenir de pluſieurs choſes qui ne leur
ſemblent pas légitimes.

Il faut qu'ils ſoient rebelles à la lumiére qui frappe ſouvent leurs yeux ; qu'ils
paſſent pardeſſus toutes les conſidera-
tions, ſoit de piété, ou d'honneur humain, qui devroient les retenir dans le
devoir ; & qu'ils ſe faſſent un front d'airain, afin de mépriſer toutes les remontrances qu'on leur fait, lorſqu'elles ne
s'accordent pas avec leurs prétentions
& leurs intérêts.

Il faut enfin qu'ils endurciſſent leur
cœur, afin que rien ne les puiſſent troubler au milieu de la fauſſe paix dans

laquelle ils vivent miserablement.

Ce n'est point-là une idée vague & incertaine que l'on se forme à plaisir : car on ne voit que trop de gens qui agissent ainsi ; & si l'on examine de près la conduite de la plûpart de ceux qui s'empressent de faire fortune, l'on reconnoîtra qu'on ne leur impose point, lorsque l'on parle de la sorte.

Prov. 28. 20. Et aussi Salomon prononce que *celui qui se hâte de s'enrichir, ne sera pas innocent.* Il nous apprend que celui qui desire avec trop d'ardeur d'amasser du bien, porte ordinairement envie à ceux qu'il voit prosperer dans leurs affaires : c'est pourquoi il attribue à une même personne le desir immoderé des riches- Ibid. v. 22. ses, & l'envie : *Un homme*, dit-il, *qui se hâte de s'enrichir, & qui porte envie aux* Ibid. cap. 20. 21. *autres.* Il conclut ensuite, *que l'héritage que l'on se hâte d'acquerir d'abord, ne sera point à la fin beni de Dieu.* La raison en est évidente ; car les injustices que l'on commet, arrêtent le cours de ses misericordes, & provoquent sa colére & son indignation.

Eccli 27. 1. L'Ecclesiastique déclare que celui qui cherche à s'enrichir, détourne sa vûe de la Justice & de la Loi de Dieu. Cette sentence ne sçauroit être revoquée en doute, puisque c'est le Saint-Esprit lui-même qui nous l'enseigne par la bouche du Sage ; & d'ailleurs elle est évidente : car tout le monde sçait qu'un tel homme ne considere point si ce qu'il entreprend est juste & conforme a la Loi de Dieu ; qu'il ferme les yeux à la piété & à la religion , & qu'il ne se propose point d'autre regle de sa conduite , que ses propres intérêts.

S. Paul confirme aussi cette vérité ; il décrit même les differens dégrés par lesquels l'amour immoderé du bien fait tomber les hommes dans le péché & dans la perdition éternelle. *Ceux*, dit il, *qui veulent devenir riches, tombent dans la tentation & dans le piege du diable, & en divers désirs inutiles & pernicieux, qui precipitent les hommes dans l'abîme de la perdition & de la damnation : car l'amour du bien est la racine de tous les maux, & quelques-uns en étant possedés, ont fait naufrage dans la Foi, & se sont embarrassés dans une infinité d'afflictions & de peines.* 1. Tim. 6. 9. 10.

Il est donc certain que ceux qui témoignent tant d'ardeur & tant de passion pour les biens temporels, sont terriblement aveuglés : car ils s'asservissent sous la puissance des grands ; ils leur engagent leur liberté , & ils leur prostituent leur ame pour des choses vaines

& fragiles, & qu'on peut même regarder comme des neans. Ils se troublent,
& ils se tourmentent pour des biens
qu'ils ne sont pas assurés d'acquerir, &
encore moins de conserver après les
avoir obtenus. Ils s'exposent eux-mêmes a de grandes & à de continuelles
tentations ; & ils se mettent en danger
de tomber dans les pieges & dans les filets du demon. Ils commettent une infinité d'injustices, & ils accumulent péchés sur péchés, pour augmenter leurs
richesses, & pour affermir leur fortune.
Et ils sortent ensuite tout nuds de ce
monde, sans en rien emporter que leurs
démerites & leurs infidélités, qui les exposent à d'horribles châtimens dans
toute l'éternité. » C'est principalement
» en cela, dit S. Augustin, que consiste
» le malheur & l'aveuglement des hom-
» mes. Ils péchent pour obtenir des
» biens ; & après les avoir obtenus, ils
» les laissent ici-bas, & ils n'emportent
» avec eux que leurs crimes. Vous pé-
» chez, ajoute ce saint Docteur, pour
» avoir de l'argent, & il faudra que vous
» le laissiez ici-bas. Vous péchez pour
» avoir une maison de campagne, & il
» faudra que vous la laissiez ici-bas.
» Vous péchez pour avoir une femme, &
» il faudra que vous la laissiez ici-bas.

Serm. 58.

» En un mot, vous laisserez en ce mon-
» de tout ce qui vous aura fait pécher
» pour l'obtenir, & vous n'emporterez
» avec vous que vos péchés.

CHAPITRE IV.

Que les biens de la terre ne méritent point
d'être aimés, & que ceux qui y atta-
chent leur cœur, se causent toujours un
très-grand préjudice.

TOUT ce que nous avons expliqué
dans les trois premiers Chapitres
de cet Ouvrage, suffiroit sans doute
pour justifier que les biens de la terre ne
méritent point d'être aimés, puisqu'ils
sont vains en eux-mêmes, qu'il y a presque toujours du danger à les posseder, &
qu'on s'expose évidemment à plusieurs
tentations, & même à plusieurs péchés,
lorsqu'on les désire & qu'on les recherche avec trop d'ardeur. Mais comme
cette vérité est très-importante, & en
même-tems fort peu pratiquée, il semble nécessaire de la confirmer par les témoignages des saints Peres, & même de
l'Ecriture, afin qu'on y fasse plus d'attention, & qu'on s'y soumette d'autant
plus volontiers, que l'on reconnoîtra
par tout ce qu'on doit représenter qu'elle est de la derniére importance pour le
salut.   B v

S. Auguſtin enſeigne que les Chrétiens ne doivent point aimer le monde,
& qu'ils ſont au contraire obligés de le
regarder comme l'objet de leur patience, c'eſt-à-dire, qu'il faut qu'ils le ſouffrent & qu'ils le ſupportent comme une
choſe fâcheuſe & incommode, & qu'ils
n'y attachent point leur cœur: *Toleremus*

Serm.
105. &
Conc. 3.
in Pſal.
30.

potius præſentia quam diligamus. Que l'on
juge par ce principe, ſi l'on peut aimer
les richeſſes & les biens temporels. Il eſt
certain que cela n'eſt point permis, &
que tout ce qu'on peut faire c'eſt de les
ſupporter en patience, & ſans ſe plaindre, lorſqu'on s'en trouve chargé &
embarraſſé.

Ce ſaint Docteur s'explique encore en
un autre lieu ſur ce ſujet: car ayant rap-

1. Jean.
2. 15.

porté ces paroles de S. Jean: *N'aimez*
point le monde, ni ce qui eſt dans le mon-
de, il obſerve que cet Apôtre ne diſant

Serm.
113.

pas, n'ayez point & ne poſſedez point
ce qui eſt dans le monde, mais ne l'aimez point, il permet à la vérité de poſſeder les biens temporels; mais qu'il défend abſolument de les aimer, & de s'y
attacher; & il conclut que ce n'eſt, ni

Lib. 3.
de doc-
trina
chriſtia-
na. cap.
11.

l'uſage, ni la poſſeſſion des richeſſes
qu'on peut blâmer, mais l'attache qu'on
témoigne y avoir: *In omnibus talibus, non*
uſus rerum, ſed libido utentis in culpa eſt.

Mais cette vérité paroîtra encore plus évidente aux Lecteurs, s'ils considérent que tous ceux qui aiment avec passion les biens temporels, & qui souffrent que leur cœur s'y complaise, se causent à eux-mêmes un très-grand préjudice.

S. Augustin dit que l'amour des biens de la terre est une glu qui appesantit, & qui arrête les aîles spirituelles de notre ame, & qui l'empêche de s'élever vers Dieu. Serm. 105.

Il observe que le Prophéte Royal se plaint de ce que les hommes n'ont pas toujours Dieu devant les yeux : *Non proposuerunt Deum ante conspectum suum*: & il soutient que tous ceux dont le cœur est attaché aux biens temporels, tombent dans ce défaut. » Comment est-» ce, dit-il, que celui-là pourroit avoir » toujours Dieu devant les yeux, qui ne » pense qu'au monde, & qui ne tra-» vaille qu'à accumuler ses revenus, & » à augmenter ses richesses? Psal. 53. 3. In Psal. 53.

Il prétend que ceux qui souffrent que leur cœur s'attache aux choses de la terre, ont reçû leur ame en vain, comme parle le Prophéte Royal. In Psal. 23.

Il enseigne que nous nous souillons, & nous nous corrompons dès que nous aimons les biens temporels, & que nous souffrons que notre cœur s'y attache,

B vj

parcequ'ils font audeffous de nous, & qu'ils nous rendent impurs par leur attouchement, comme l'or perd fa pureté, lorfqu'il a été mêlé avec de l'argent, ou quelque métal inferieur. » Une cho-

Lib. 1.
de Ser.
Dom. in
monte
c. 13.

» fe, dit-il, fe corrompt, quand on la » mêle avec une autre qui lui eft infe- » rieure, encore même que celle-ci ne » foit pas impure en fon genre. C'eft ain- » fi que l'or eft fouillé par le mêlange de » l'argent, quoique l'argent de foi-mê- » me foit un métal fort pur. Tout de » même, encore que la terre foit un » corps pur dans fon rang & dans fon » efpece; notre efprit toutefois ne laif- » fe pas d'être fouillé par la convoi- » tife des chofes terreftres.

Tra&. 1.
in Joan.

Il foutient que lorfque nous nous attachons aux biens temporels, nous péchons contre nous mêmes, & nous nous dégradons, pour ainfi dire, parceque nous donnons à notre cœur un objet qui eft audeffous de lui, & abfolument indigne de fa grandeur.

Il dit même que nous devenons alors en quelque maniére femblables aux bêtes, qui n'ont de mouvement que pour les chofes fenfibles, & qui ne vivent que pour la terre. » Chacun, écrit ce

Tra&. 2.
in Epift.
Joan.

» faint Docteur, eft tel qu'eft fon amour: » Si vous aimez la terre, vous devenez

» terre ; si vous aimez Dieu, vous de-
» viendrez en quelque maniére, je l'o-
» se dire, des Dieux.

Mais il ne faut point chercher ailleurs
que dans l'Ecriture, des preuves de ce
que nous disons, que l'amour des choses
terrestres & des biens temporels nous est
très-pernicieux & très-funeste. J. C. Matth.
déclare dans l'Evangile qu'il est impos- 6. 24.
sible de servir deux Maîtres, & de les
satisfaire tous deux, parcequ'en s'attachant à l'un, on méprise l'autre; que té-
moignant de l'amour à l'un, on conçoit
souvent de la haine pour l'autre ; & que
par consequent nous ne pouvons servir
tout ensemble Dieu & l'argent.

Il dit encore, que *où est notre tresor,* Ibid. v.
là aussi est notre cœur. 21.

S. Jean nous dit: *N'aimez point le* 1. Joan.
monde, ni ce qui est dans le monde. Si 2. 15.
quelqu'un aime le monde, l'amour du Pere
n'est point en lui.

L'Apôtre S. Jacques s'écrie: *Ames* Jacob.
adultéres & corrompues, ne sçavez-vous 4. 4.
pas que l'amour de ce monde est une inimi-
tié contre Dieu? & par consequent quiconque
voudra être ami de ce monde, se rend en-
nemi de Dieu.

Ces oracles sortis de la bouche de
celui qui est la souveraine vérité, & de
celle de ses Apôtres, doivent nous faire

comprendre combien il nous eſt préju-
diciable d'aimer les biens temporels, &
de nous laiſſer dominer par cette paſſion : car en nous y attachant, nous nous
éloignons de Dieu ; en leur donnant
notre cœur, nous l'ôtons à Dieu ; en les
aimant, nous ceſſons d'aimer Dieu, nous
faiſons divorce avec lui, & nous devenons ſes ennemis ; ce qui eſt le plus
grand de tous les malheurs.

Mais comme il ne ſuffit pas à un Medecin experimenté d'avoir fait connoître à ſes malades la grandeur de leurs
maux, & qu'il doit outre cela leur pref-
crire des remedes ſalutaires pour les
guerir, & pour les rétablir en une parfaite ſanté : ainſi nous ne devons pas
nous contenter d'avoir prouvé aux Fidéles qu'il ne leur eſt point permis d'aimer les biens temporels, & qu'ils ſe cau-
ſent à eux-mêmes un très-grand préjudice, lorſqu'ils ſouffrent que leur cœur
s'y attache. La charité veut encore que
nous leur marquions en particulier ce
qu'ils doivent faire pour ſurmonter cet
amour des choſes viſibles. Or nous ne
ſçaurions rien leur propoſer de plus utile, ni de plus efficace pour les en détourner, que de les porter à conſiderer
& à contempler ſans ceſſe les biens éternels ; car s'ils y penſent ſerieuſement ;

ils les aimeront, & ils les défireront; &
l'amour & le défir qu'ils en concevront,
les détachera des chofes terreftres, & de
tout le monde entier.

Et auffi S. Paul voulant marquer que
les Chrétiens font détachés de tous les
biens de la terre, obferve qu'ils font toujours occupés de ceux de l'éternité. *Nous* :. Cor.
ne confiderons point, dit-il en leur nom, 4. 18.
les chofes vifibles, mais les invifibles, parce-
que les chofes vifibles font temporelles: mais
les invifibles font éternelles. Il nous affure
en un autre lieu, qu'il oublie lui-même
tout ce qui eft derriére lui, c'eft-à-dire,
tous les biens temporels, parçequ'il
penfe fans ceffe aux éternels, & qu'il
travaille de toutes fes forces pour s'en
rendre digne. *Tout ce que je fais mainte-* Philipp.
nant, dit-il, *c'eft qu'oubliant ce qui eft* 3. 14.
derriére moi, & m'avançant vers ce qui eft
devant moi, je cours inceffamment vers le
but de la carriére, pour remporter le prix de
la felicité du Ciel, à laquelle Dieu nous a
appellés par J. C. Il ajoute enfuite que
tous ceux qui tendent à la perfection,
font dans les mêmes fentimens.

S. Jean Chryfoftome faifant l'éloge Homil.
du Patriarche Abraham, dit qu'il vivoit 48. in
dans un fi grand défintereffement, qu'il Genef.
ne poffedoit, ni terres, ni héritages; de
forte que lorfqu'il fallut donner la fe-

pulture à Sara sa femme, il fut obligé
d'acheter une place dans un champ,
pour y inhumer son corps. Il ajoute que
ce qui le portoit à méprifer ainſi les
biens d'ici-bas, c'eſt qu'il avoit des richeſſes ſpirituelles, qui rempliſſoient
tous ſes déſirs, & qui ne laiſſoient aucun vuide dans ſon cœur.

Le Pape S. Gregoire expliquant ces
paroles du Cantique d'Anne mere de
Samuël : *C'eſt le Seigneur qui fait le pau-*
vre, & qui fait le riche, dit que les gens
du monde ne ſe glorifient de leurs richeſſes temporelles, que parcequ'ils igno-
rent les éternelles : mais que les juſtes
qui connoiſſent & qui recherchent les
biens de l'autre vie, n'ont que de l'indifference & du mépris pour ceux de la
terre ; & que lors même qu'ils les poſſedent, ils ſe croyent toujours pauvres,
juſqu'à ce qu'ils ayent été introduits
dans la Jeruſalem céleſte. » Les gens du
» ſiecle, dit-il, ſe glorifient de leurs
» grandes richeſſes, parceque par un
» juſte, mais incomprehenſible juge-
» ment de Dieu, les biens céleſtes leur
» ſont cachés & inconnus. C'eſt le Sei-
» gneur qui fait les pauvres, parcequ'a-
» près qu'il a révélé & manifeſté les
» biens éternels aux Fidéles, ils ſe
» croyent d'autant plus pauvres, qu'ils

1. Reg.
c. 7.

» se voyent feparés de ces biens ineffa-
» bles. C'eftpourquoi dès que le Sei-
» gneur eut fait connoître les vérita-
» bles richeffes à ce Roy, qui jouiffoit
» d'une fi grande abondance temporel-
» le, il s'écria auffitôt vers lui, & il lui
» dit dans la vûe de fa pauvreté inté-
» rieure : *Regardez-moi, & ayez pitié de* Pfal. 24.
» *moi ; car je fuis feul & pauvre.* Et le 17.
» Prophéte Jeremie parlant au nom
» d'un Elû qui a été illuminé, dit, *Je fuis* Thren.
» *un homme qui vois ma pauvreté : Ego* 3. 1.
» *vir videns paupertatem meam.*

Ainfi il eft vrai de dire que fi les Chrétiens vivoient de la Foi, s'ils s'occu-
poient fouvent des biens fouverains qui
leur font préparés dans le Ciel, & s'ils
y faifoient une réflexion ferieufe, ils
n'aimeroient point ceux de la terre ; &
bien loin de les aimer, ils les négligeroient, ils les méprifcroient, & ils les regarderoient comme un véritable néant.
Mais parcequ'ils ne penfent prefque
point à la fouveraine felicité de l'autre
vie, qu'ils n'ont point d'impatience
d'en jouir, & qu'ils ne la défirent quelquefois point du tout ; ils courent après
les richeffes temporelles, ils difputent
pour les obtenir, & ils proftituent fouvent leur ame à des crimes énormes,
pour s'en conferver la poffeffion.

CHAPITRE V.

En quelle difposition il faut être pour poffe-
der faintement les biens temporels.

IL y a eu autrefois des Hérétiques qui
ont foutenu qu'il n'étoit point permis
aux Chrétiens de poffeder aucunes chofes temporelles. Les Manichéens di-
foient que ceux qui avoient été bapti-
fés, ne pouvoient plus ufer, ni du mariage, ni des biens de la terre ; & les Pela-
giens prétendoient que les Fidéles qui
confervoient leurs richeffes, ne pouvoient être fauvés ; & que s'ils ne ven-
doient tout ce qu'ils avoient pour le
donner aux pauvres, il ne leur fervir oit
de rien de pratiquer des œuvres de juftice. Mais les faints Peres fe font élevés
contre ces differentes erreurs ; & S. Auguftin a prouvé par des Textes précis
de l'Ecriture, & par des raifons invincibles, que la poffeffion des biens temporels n'eft point interdite aux Chrétiens, & qu'ils peuvent même en tirer
de grands avantages pour leur falut,
lorfqu'ils fçavent en faire un ufage legitime. Ainfi fuppofant comme une maxime incontestable, qu'il leur eft permis
d'avoir des richeffes temporelles, l'on
croit qu'il eft néceffaire de leur expli-

quer, avant que de passer plus avant,
dans quelles dispositions il faut qu'ils
soient, pour les posseder saintement.

1°. Ils ne doivent point les aimer avec
passion, ni s'y attacher, suivant cet
oracle prononcé par le Roy Prophére :
Divitia si affluant, nolite cor apponere : Psal. 61.
Si les richesses vous viennent en abondan- 10.
ce, n'y mettez point votre cœur. Ils sont
au contraire obligés d'en user avec une
sainte indifference, & d'être prêt de s'en
passer, & de s'en priver, toutes les fois
qu'ils auront sujet de croire, que Dieu
le veut ainsi, & que cela est expedient
pour leur salut.

S. Augustin dit, en parlant des odeurs,
» *Lorsqu'elles sont éloignées de moi, je ne* Lib. 10.
» *les recherche point ; & quand elles se pré-* Conf.
» *sentent à moi, je ne les rejette pas, étant* cap. 32.
» *néanmoins tout prêt d'en être privé pour*
» *toujours.* C'est-là justement la disposition où doivent être tous les Fidéles
par rapport aux biens de la terre. Ils ne
sont pas obligés de les rejetter, quand
ils sont présens ; & ils peuvent s'en servir, pourvu que ce soit avec la modestie & la retenue qui convient à des gens
qui se regardent ici-bas comme des pelerins & des étrangers. Mais lorsqu'ils
sont absens, ils ne doivent point les rechercher avec trouble, ni avec inquié-

tude. Il faut même qu'ils foient prêts de s'en paſſer pour toujours, qu'ils en portent en paix la privation, & qu'ils foient en état de dire avec le grand Apô-

Philip. 4.
11. 12.

tre : *Nous avons appris à nous contenter de l'état où nous nous trouvons : nous ſçavons vivre pauvrement : nous ſçavons vivre dans l'abondance, ayant éprouvé de tout, nous ſommes faits à tout ; au bon traitement, & à la faim, à l'abondance, & à l'indigence.* L'on reconnoîtra alors qu'ils poſſedent leurs biens ſans attache, que leur cœur n'en eſt point occupé, & qu'ils ſe maintiennent toujours dans une ſainte indifference entre les richeſſes & la pauvreté, lors même qu'ils vivent à l'exterieur dans l'opulence.

2°. Il faut qu'ils évitent les vaines ſollicitudes, qui troublent & qui tourmentent ceux qui aiment avec paſſion les biens de la terre. S'ils ne jouiſſent pas d'une fortune abondante, ils ne doivent point s'inquiéter de l'avenir, ni craindre avec excès de manquer des choſes néceſſaires à la vie ; car ayant un Pere plein de bonté, qui veille du haut du Ciel ſur tous leurs beſoins, leurs inquiétudes feroient injurieuſes à ſa Providence. Et auſſi J. C. nous dit dans l'Evangile : *Ne vous mettez point en pei-*

Matth.
6. 31. 32.

ne, & ne dites point : Où trouverons-nous

de quoi manger, de quoi boire, de quoi nous
vêtir ? comme font les Payens qui recher-
chent toutes ces choses : car votre Pere sçait
que vous en avez besoin.

S'ils sont au contraire riches, ils ne
doivent point se troubler dans la crainte
de perdre leurs biens, ni d'être réduits à
la pauvreté; car le trouble & l'inquiétude dont ils seroient agités, feroit connoître que leur cœur est attaché à leurs richesses, & qu'ils les aiment avec passion.

Ils peuvent donc posseder des biens &
des héritages ; mais il faut que ce soit
avec un tel détachement, que leur paix
n'en soit point troublée par de vaines inquiétudes de l'avenir ; & s'ils pensent
aux besoins & aux nécessités de cette
vie, ils doivent le faire avec tant de prudence & de moderation, que l'on juge
facilement qu'ils se reposent sur la divine Providence de tout ce qui les concerne, & qu'ils n'ont point d'autre intention
que de seconder ses desseins, de lui
obéir, & de se rendre ses cooperateurs.

3°. Ils deviendroient criminels aux
yeux de Dieu, s'ils s'appuyoient sur leurs
richesses, s'ils y mettoient leur confiance, & s'ils les regardoient comme leur
ressource & leur soutien au tems de la
tribulation ; car il n'y a rien qui soit
plus sévérement condamné dans l'E-

criture, qu'une telle conduite.

Le Prophéte Royal nous assure que les Justes au jour du jugement reprocheront aux impies de s'ètre appuyés sur leurs biens, & d'y avoir vainement espéré ; & qu'ils diront alors avec indignation, en s'adressant à l'un d'eux : *Voilà cet homme qui ne regardoit point* *Dieu comme sa force & son appui, mais qui* *avoit mis sa confiance dans ses grandes ri-* *chesses, & qui se prévaloit de son vain* *pouvoir.*

Psal. 31.
6. 7.

Salomon prononce que celui qui se confie en ses richesses, perira : *Qui con-* *fidit in divitiis suis, corruet.*

Prov. 20.
18.

Isaïe, animé de l'Esprit de Dieu, menace de plus grandes maledictions les Juifs, qui étant pressés & opprimés par leurs ennemis, avoient recours aux Egyptiens, & n'imploroient pas la protection du Seigneur : *Malheur à ceux,* dit-il, *qui vont en Egypte chercher du se-* *cours, qui espérent dans leurs chevaux,* *qui mettent leur confiance dans leurs cha-* *riots, parce qu'ils en ont un grand nombre,* *& dans leur cavalerie, parcequ'ils la* *croyent très-forte, & qui ne s'appuyent* *point sur le Saint d'Israël, & qui ne cher-* *chent point l'assistance du Seigneur.*

Isa. 31.
1. 2.

Ce Prophéte ajoute ensuite, que Dieu irrité de leur infidélité, fera tomber sur eux, pour les punir, tous les maux qu'ils craignoient, & qu'ils vouloient éviter: *Cependant*, dit-il, *le Seigneur est sage, il a fait venir sur eux les maux qu'il avoit prédits, & il n'a point manqué d'accomplir toutes ses paroles. Il s'élevera contre la maison des méchans, & contre le secours de ceux qui commettent l'iniquité.*

Le Sage fait aussi de grands reproches aux riches, qui se confient dans leurs richesses, & qui les regardent comme un rempart assuré contre toutes les adversités de cette vie. *Les richesses du riche,* Prov. 18. 11. & cap. 10. 15. dit-il, *sont comme une ville qui le fortifie, & comme une épaisse muraille dont il est environné. Les richesses du riche,* dit-il encore, *sont sa ville forte.*

S. Paul avertit son Disciple Timo- 1. Tim. 6. 17. thée, *d'ordonner aux riches de ce monde de n'être point orgueilleux, de ne mettre point leur confiance dans leurs richesses incertaines & perissables, mais dans le Dieu vivant qui nous fournit avec abondance ce qui est nécessaire à la vie.* En lui parlant ainsi, il témoigne que la confiance dans les biens temporels est un vice d'autant plus pernicieux, qu'il est très-commun parmi les riches de la terre.

Le saint homme Job étant obligé de parler de ses propres vertus, pour fermer la bouche à ceux qui l'insultoient au milieu de ſes diſgraces, ne manque pas d'obſerver qu'il n'a jamais mis ſa confiance dans ſes biens, & que ſa proſperité paſſée n'a point été pour lui un objet de complaiſance, ni de vanité. *Si* Job. 31. 24. 25. 66. 27. *j'ai cru, dit-il, que l'or étoit ma force; ſi j'ai dit à l'or le plus pur, Vous êtes ma confiance; ſi j'ai mis ma joye dans mes grandes richeſſes, & dans les grands biens que j'ai amaſſés par mon travail; ſi j'ai regardé le Soleil dans ſon grand éclat, & la Lune lorſqu'elle étoit la plus claire: ſi mon cœur a reſſenti alors une ſecrette joye.*

Enfin J. C. prononce dans l'Evangile, qu'il eſt très-difficile, c'eſt-à dire, preſque impoſſible, comme il l'explique lui-même, que ceux qui ſe confient dans leurs richeſſes, entrent dans le Royaume de Dieu.

Marc.
10. 24.
27

Les ſaints Peres condamnent auſſi les riches qui s'appuyent ſur leurs richeſſes, & qui y mettent leur eſpérance.

S. Auguſtin obſerve que l'impie dont il eſt parlé dans le Pſeaume 51. n'eſt pas puni, ni réprouvé pour avoir été riche, mais pour avoir eſpéré en ſes richeſſes, & s'être plutôt confié en ſa vaine puiſſance, qu'en celui qui eſt le ſouverain Dominateur du Ciel & de la Terre.

Expoſit.
Pſal. 51.

Il dit encore que le mauvais riche n'eſt pas préciſément damné à cauſe de ſes richeſſes;

Epiſt.
157.

richesses ; mais parcequ'il a méprisé le pauvre qui étoit couché à sa porte, qu'il a esperé en ses richesses, & qu'il a cru que la pourpre dont il étoit revétu, que les habits magnifiques qu'il portoit, & que les délices dans lesquelles il vivoit, pouvoient le rendre heureux.

Et lorsqu'il explique ces paroles que le Prophéte Royal adresse à Dieu, *Seigneur, vous haissez ceux qui s'occupent à des vanités trompeuses, qui se laissent aller à des vanités inutiles,* il enseigne que celui qui espere en ses richesses, s'occupe à des vanités ; que celui qui espere en des honneurs temporels, & à des grandeurs humaines, s'occupe à des vanités; que celui qui espere en un ami puissant, s'occupe à des vanités ; que celui qui espere en d'autres choses semblables, s'occupe à des vanités, parcequ'en mourant, il les laisse ici-bas, ou qu'elles le quittent, & qu'elles l'abandonnent avant même qu'il meure.

Le même S. Augustin considerant que le Prophéte nous assure, que le Seigneur garde les étrangers, & qu'il soutient les orphelins & les veuves, dit que ces étrangers, ces veuves, & ces pupilles que Dieu soutient & protége, sont ceux qui se trouvant abandonnés & sans sup-

Psal. 30. 7.

Conc. 1. in Psal. 30.

Psal. 145. 8.

In Psal. 145.

C

port dans le monde, mettent toute leur confiance en Dieu, & efpérent uniquement en lui ; & il ajoute que ceux au contraire, qui ayant de grands biens & beaucoup d'amis, s'y confient, & s'y complaifent, ne font pas des étrangers, des veuves, ni des orphelins devant Dieu, & que par confequent ils ne doivent pas s'attendre qu'il les défende, ni qu'il les protége, parceque la confiance qu'ils ont en leurs biens & en des chofes temporelles, éloigne d'eux fon fecours & fa protection.

Serm. 65. de tempore. S. Ambroife foutient que les richefses de la terre font appellées dans l'Evangile des richeffes d'iniquité, parcequ'il n'y a que les méchans & les injuftes qui s'y confient, & qui y efpérent ; au lieu que les Juftes qui les poffedent, ne les regardent pas comme leurs véritables biens, & qu'ils en efpérent & en attendent d'autres qui font fpirituels & éternels.

De convers. ad Clericos. S. Bernard enfeigne auffi, qu'il eft ridicule de mettre fa confiance dans les biens temporels, qui font fi incertains, qui durent toujours très-peu, qui ne nous fuivent point après notre mort, & qui même nous quittent fouvent pendant notre vie.

Ainſi les riches de la terre, qui s'appuyent trop ſur leurs biens temporels, qui en font l'objet de leurs complaiſances, & qui y eſpérent vainement, ſont très-coupables aux yeux de Dieu; car leur cœur s'y arrêtant, ne ſe porte plus vers lui, & ils tombent dans une eſpece d'idolatrie. Cependant le Sage nous aſſure qu'il y en a très-peu qui évitent ce défaut: *Heureux*, dit-il, *le riche qui n'a point mis ſon eſperance dans l'argent & dans ſes tréſors. Qui eſt celui-là, & nous le loüerons, parce qu'il a fait des choſes merveilleuſes durant ſa vie.* C'eſt ce qui doit humilier les riches, & les faire vivre dans une crainte ſalutaire au milieu de leurs biens, & de leur plus grande fortune.

Eccli. 31. 8. 9.

4°. Ils doivent combattre de toutes leurs forces la vanité & l'orgueil qui accompagne preſque toujours la poſſeſſion des grandes richeſſes. Mais on ne s'arrêtera pas maintenant ſur ce ſujet, parcequ'on en traitera en particulier dans un autre Chapitre.

5°. Il faut les avertir qu'ils peuvent uſer des biens temporels, mais non pas en jouir, c'eſt-à-dire, qu'ils ne doivent s'en ſervir que pour les neceſſités de cette vie, & comme en paſſant; qu'il ne leur eſt point permis de s'y arrêter, ni

C ij

d'en faire leur fin derniére ; & qu'ils
font obligés de les rapporter uniquement à leur falut , & à la felicité éternelle. » L'homme temperant, dit S. Au-
» guftin, trouve dans l'un & dans l'au-
» tre Teftament la regle de vie qu'il doit
» fuivre parmi cette multitude de cho-
» fes temporelles & paffagéres, qui eft
» de n'en aimer aucune , de n'en croire
» aucune défirable par elle-même, &
» d'en ufer feulement pour les nécef-
» fités & les devoirs de la vie; mais avec
» la moderation de celui qui n'en a que
» l'ufage, & non pas avec la paffion de
» celui qui les aime : *Utentis modeftiâ,*
» *non amantis affectu.*

De Mo-
rib Ec-
clef. c.
21.

» Si nous aimons Dieu , comme il
» doit être aimé, nous n'aimerons point
» l'argent. Si vous êtes pénétré de l'a-
» mour divin , continue ce Pere , vous
» ne regarderez votre argent que com-
» me des uftenciles,dont vous vous fer-
» vez pendant le voyage que vous fai-
» tes fur la terre, & vous ne fouffrirez
» point qu'il excite, ni qu'il irrite votre
» cupidité. Vous vous en fervirez pour
» la fimple néceffité ; mais vous n'en
» jouirez pas avec plaifir, & vous n'en
» ferez point l'objet de vos complai-
» fances. Ufez de ce monde ; mais ne
» permettez pas qu'il vous poffede, ni

Tract.
40. in
Joan.

» qu'il vous arrête. Regardez-y vous
» comme un pelerin, & souvenez-vous
» que vous n'y êtes venu que pour en
» sortir au plûtôt, & non pas pour y de-
» meurer toujours. Vous êtes dans le
» cours d'un voyage, & ce monde n'est
» pour vous qu'une hôtellerie : Usez
» donc de votre argent, comme un voya-
» geur, qui entre dans une hôtellerie, se
» sert des tables, des lits, & des autres
» meubles qu'il y trouve : il s'en sert
» comme un homme qui en doit bien-
» tôt sortir, & qui n'a pas dessein d'y de-
» meurer toujours.

» Que le riche, ajoute S. Augustin,
» use de ce monde, comme s'il n'en usoit
» point ; qu'il soit persuadé qu'il est ici-
» bas dans le cours d'un voyage, & qu'il
» n'est entré dans la possession de ses
» biens que comme dans une hôtellerie.
» Qu'il y prenne sa refection ; cela lui est
» permis, puisqu'il est un voyageur :
» mais qu'il passe aussitôt qu'il l'a prise,
» & qu'il continue son chemin. Il n'em-
» portera rien avec lui de ce qu'il a trou-
» vé dans l'hôtellerie. Un autre voya-
» geur viendra après lui, il se servira des
» mêmes choses, mais il n'en emporte-
» ra rien : car tous les hommes laisseront
» dans ce monde tout ce qu'ils y ont ac- *Job. 1.*
» quis : *Je suis sorti tout nud du ventre de* 21.

C iij

» *ma mere*, dit Job, *& j'y retournerai*
» *tout nud : Nous n'avons rien apporté en*

1. Tim.
6. 7.

» *ce monde*, dit auffi S. Paul, *& il eft*
» *certain que nous n'en pouvons rien em-*
» *porter.*

in Pfal.
83.

    S. Bafile enfeigne auffi que les Chré-
tiens doivent fe confiderer comme des
paffans & des étrangers dans leurs propres biens, & même dans leurs corps,
& être par confequent toujours prêts à
les quitter, pour entrer dans la region
des vivans.

    Les fidéles font donc obligés de n'ufer
de leurs richeffes & de toutes les chofes
de la terre qu'avec beaucoup de moderation, & avec la même retenue & le
même détachement que des voyageurs
fe fervent des meubles d'une hôtellerie.
A la vérité, il eft rare de trouver dans le
fiecle des gens qui fe conduifent de la
forte : mais auffi y en a t-il très-peu
qui fe fanctifient dans la poffeffion des
biens temporels.

    6°. Ceux qui font riches & qui poffe-
dent même de très grands biens, doivent toujours fe confiderer devant Dieu
comme des pauvres; & ils le font effectivement : car toutes leurs richeffes ne
peuvent paffer que pour une véritable
pauvreté, fi on les compare aux biens
de l'autre vie ; & quelque grande que

soit leur fortune, ils seront toujours des pauvres & des mendians, tant qu'ils ne jouiront pas de la felicité éternelle. S. Augustin expliquant ces paroles du Psalmiste : *Ego sum pauper & dolens : Je suis* Psal. 68. *pauvre & dans la douleur*, nous assure 34. qu'elles conviennent à tous les Chrétiens, quelque riches qu'ils puissent être. » C'est tout le corps de J. C. dit-il, qui » parle ainsi, le Corps de J. C. sur la In Psal. » terre est dans la pauvreté & dans la 8. » douleur. Et quand même les Fidéles Conc. 2. » possederoient de grands biens, s'ils » sont de véritables Chrétiens, ils se » croyent toujours pauvres en compa- » raison des richesses ineffables, dont » ils esperent jouir dans le Ciel ; & ils » regardent tout leur or & tout leur ar- » gent comme du sable & de la poussiere.

» Les riches, dit encore ce saint Doc- In Psal. » teur, sont toujours pauvres sur la ter- 21. » re. Il est même très-avantageux à un » homme qui possede de grands biens, » d'être fortement persuadé qu'il est un » pauvre : car s'il se croit riche, il ne » l'est pas pour cela ; ses prétendues ri- » chesses ne sont qu'un vain phantôme, » & on les doit regarder comme une » tumeur qui nuit à un malade, & non » pas comme une véritable plenitude. » Qu'il reconnoisse donc qu'il est pau-

» vre, & qu'il a les mains vuides, afin
» de pouvoir être rempli des véritables
» richeſſes. Qu'a-t-il ? de l'or. Que n'a-
» t-il pas encore ? la vie éternelle. Qu'il
» faſſe une attention continuelle à ce
» qu'il a deja, & à ce qu'il n'a pas enco-
» re. Qu'il donne de ce qu'il a, afin de
» recevoir ce qu'il n'a pas ; & qu'il ſe
» ſerve de ſon argent pour acheter la
» vie éternelle.

Il n'y a donc rien de plus utile aux riches de la terre que de ſe conſiderer
comme des pauvres. Car plus ils ſe
croyent pauvres au milieu de tous les
biens temporels, plus ils ont d'ardeur
pour les éternels, plus ils méritent de
les obtenir de la bonté infinie de Dieu ;
& ſa ſouveraine Majeſté ſe plaît à les
combler d'autant plus abondamment
de graces & de bénédictions ſpirituelles,
qu'elle les voit vuides & pauvres à leurs
propres yeux.

7°. Enfin, S. Gregoire Pape, explique dans ſes Homelies ſur l'Evang le,
quelles ſont les obligations des Chrétiens qui veulent poſſeder ſaintement
les biens de la terre. » Je voudrois, dit-
» il à ſes Auditeurs, vous conſeiller de
» renoncer à toutes les choſes tempo-
» relles ; mais je n'oſerois paſſer juſ-
» ques-là ; & je craindrois que vous ne

Homil.
36. in
Evang.

» puſſiez pas porter un tel conſeil. Mais
» ſi vous n'avez pas la force de renon-
» cer à tous les biens du monde, ſervez-
» vous-en au moins avec tant de rete-
» nue & de reſerve, qu'ils ne contri-
» buent pas à vous attacher au monde.
» Poſſedez-les , mais ne ſouffrez pas
« qu'ils vous poſſedent ; prenez bien
» garde de n'en pas devenir les eſclaves,
» en y attachant votre cœur ; & au con-
» traire faites en ſorte que votre eſprit
» en ſoit toujours le maître, & les domi-
» ne abſolument. Servez-vous des cho-
» ſes temporelles pour les beſoins de la
» vie préſente, & regardez les comme
» les inſtrumens de votre voyage ; mais
» déſirez de tout votre cœur les éter-
» nelles, & ne vous repoſez point juſ-
» qu'à ce que vous en jouiſſiez pleine-
» ment. Nous n'oſons donc pas vous
» ordonner de renoncer à tous vos
» biens : mais écoutez ce que je vous
» dis. Vous pouvez, ſi vous le voulez, y
» renoncer, lors même que vous en re-
» tenez la poſſeſſion ; car vous y renon-
» cez, pourvu que vous en uſiez avec
» tant de détachement, que toutes vos
» penſées & tous vos déſirs ne tendent
» qu'aux biens éternels. Et auſſi l'Apô-
» tre S. Paul dit : *Le tems eſt court ; c'eſt* Cor. 7.
» *pourquoi que ceux qui ont des femmes,* 29. 30.
34.

C v

» soient comme n'en ayant point : &
» ceux qui pleurent, comme ne pleurant
» point : ceux qui se réjouissent , comme
» ne se rejouissant point : ceux qui ache-
» tent , comme ne possedant point : ceux qui
» usent de ce monde, comme n'en usant
» point : car la figure de ce monde passe.
» Or celui-là a une femme, comme n'en
» ayant point, qui sçait lui rendre tout
» ce qu'il lui doit , sans néanmoins
» s'attacher au monde , & qui au même
» tems qu'il s'applique à lui plaire, a
» soin de ne rien faire qui puisse déplai-
» re au Createur. Celui-là pleure, com-
» me ne pleurant point, qui lors même
» qu'il s'afflige dès pertes temporelles
» qu'il souffre , ne laisse pas de goûter
» des consolations intérieures dans la
» vûe des biens éternels. Celui-là se
» réjouit, comme ne se réjouissant point,
» qui au milieu de la joye que lui cause
» la possession des biens temporels, dont
» il jouit, considere toujours les tour-
» mens éternels , & sçait temperer cet-
» te joye qu'il sent par la pensée des pei-
» nes de l'enfer, dont il est continuelle-
» ment occupé. Celui-là achete , com-
» me ne possedant point, qui lors qu'il
» se fournit des choses dont il a besoin
» pour son usage, pense en lui-même
» qu'il les quittera bientôt. Celui-là use

» de ce monde, comme n'en ufant point,
» qui faifant provifion de ce qui eft né-
» ceffaire à la vie préfente, ne fouffre
» point que fon cœur en foit dominé,
» ni que fon efprit s'en occupe trop,
» & ceffe de s'élever vers le Ciel. Tous
» ceux qui fe conduifent ainfi, ufent
» des biens de la terre, mais leur cœur
» n'y eft point attaché, & ils ne vou-
» droient pas commettre aucun péché,
» pour s'en procurer & s'en conferver
» la poffeffion.

Ce font-là les principales difpofitions
où doivent être les riches pour ufer faintement de leurs biens. Il faut qu'ils n'y
ayent point d'attache, & qu'ils les poffedent avec une fainte indifference. Il
faut qu'ils évitent de fe laiffer aller à
de vaines inquiétudes à leur occafion,
& que la crainte de les perdre ne les
trouble point. Il faut qu'ils veillent exactement fur eux-mêmes, afin de ne
s'appuyer pas fur leurs richeffes, & de
n'y mettre point leur confiance. Il faut
qu'ils combattent de toutes leurs forces
contre l'orgueil, & contre l'efprit de
préfomption, qui accompagne prefque
toujours la poffeffion des grandes richeffes. Il faut qu'ils apprennent à n'u-
fer fimplement des biens temporels que
pour les néceffités de la vie, qu'ils les

poſſedent, mais qu'ils n'en ſoient point
poſſedés, & qu'ils les regardent comme des moyens dont ils doivent ſe ſervir pour tendre & pour arriver à une fin
ſupérieure, qui eſt la jouiſſance de la
gloire éternelle. Il faut qu'ils ſe croyent
toujours pauvres, tant qu'ils ne voyent
pas Dieu, & qu'ils ne lui ſont pas unis
dans le Ciel. Il faut enfin qu'ils uſent
des biens préſens, comme n'en uſant
point, & qu'ils les poſſedent, comme ne
les poſſedant point. Si ce ſont-là leurs
diſpoſitions, ils ſeront pauvres au milieu de leurs richeſſes ; ils paſſeront par
ce monde ſans s'y arrêter ; ils ſe ſervi-
ront des biens de la terre comme de dégrés pour s'élever vers Dieu, & ils ten-
dront toujours à la Jeruſalem céleſte
qui eſt leur ſeule & véritable patrie.

CHAPITRE VI.

*Que les riches doivent bien prendre garde
de ne pas s'élever de leurs richeſſes, &
de ne pas mépriſer les pauvres.*

Nous l'avons déja dit, mais il faut
le prouver dans ce Chapitre, que
les riches doivent beaucoup veiller ſur
eux-mêmes, afin que leurs richeſſes ne
leur inſpirent pas des penſées de vanité

& d'orgueil, & qu'elles ne les portent point à s'élever audessus de leurs freres, ni à les méprifer.

S. Paul avertit fon Difciple Timo- 1. Tim. thée d'ordonner aux riches de n'être 6. 17. point orgueilleux. C'eft-là la premiére inftruction que ce grand Apôtre veut qu'on leur donne , parceque la vanité eft leur tentation la plus ordinaire , & qu'il y en a très-peu qui confervent l'humilité , & qui demeurent dans une jufte modération au milieu des grands biens qu'ils poffedent. Ils jugent ordi- nairement d'eux-mêmes par leur fortu- ne extérieure;& comme ils vivent dans l'abondance de toutes chofes, ils con- çoivent une haute idée d'eux-mêmes ; ils s'imaginent qu'ils font effectivement fort confiderables , & que leur mérite répond à leurs biens. Ils s'accoutument facilement à regarder avec mépris tous ceux qui ne jouiffent pas des mêmes avantages dans le fiecle ; & ils tombent ainfi dans un excès d'orgueil , qui les aveugle , & qui les précipite dans la damnation éternelle.

Nous en avons un exemple funefte Luc. ca en la perfonne du mauvais riche de 16. l'Evangile ; car, parcequ'il poffedoit de grands biens ; parcequ'il étoit vêtu de lin & de pourpre, & qu'il portoit des ornemens précieux ; parcequ'il faiſoit tous les jours bonne chere, & qu'il ſe traitoit magnifiquement ; il mépriſoit Lazare qu'il voyoit continuellement à ſa porte : & bien-loin de lui donner le couvert dans ſa maiſon, & de le conſoler, il ne le regardoit pas même, il le laiſſoit expoſé ſur le pavé à toutes les injures des ſaiſons, & faiſant moins d'état de lui que de ſes chiens ; il lui refuſoit les miettes qui tomboient de ſa table. Ce fut cet orgueil qui le rendit cruel & inhumain envers les pauvres, & qui le fit tomber dans les enfers.

L'Apôtre S. Jacques pour garantir les riches d'un tel malheur, leur repréſente que leur gloire & tous leurs biens paſſeront en un moment ; que ſouvent ce qui les releve à la vûe des hommes, les rabaiſſe devant le Seigneur ; qu'au lieu de ſe réjouir de leur bonne fortune, ils devroient s'en affliger, & en pleurer ; & qu'ils ſe trompent étrangement, lorſqu'ils ſe préférent aux pauvres, & qu'ils les mépriſent ; parceque ceux qui vivent ici-bas dans l'anéantiſſement & dans les humiliations, ſont véritablement grands aux yeux de Dieu, & méritent d'être honorés en ſa préſence. *Que*

Jacob. 1.
9. 10. 11. *celui d'entre nos freres*, dit il, *qui eſt d'une condition baſſe, ſe glorifie de ſa vérita-*

ble élevation : & au contraire que celui
qui est riche, s'humilie de ce qui semble le
relever ; parcequ'il passera comme la fleur
de l'herbe : car comme au lever du Soleil
brulant, l'herbe se seche, la fleur tombe,
& tout ce qui y paroissoit de beau, s'efface
& se perd : ainsi le riche sechera, & se
flêtrira dans ses voyes. Vous riches, dit-il Cap. 5. x.
encore, pleurez, poussez des soupirs & 2.
des cris dans la vue des misères qui doivent fondre sur vous : la pourriture consume les richesses que vous gardez, les vers
mangent les vêtemens que vous avez en
reserve.

S. Jacques, non content d'avoir donné ces instructions aux Fidéles, leur dé-
clàre en particulier qu'ils se rendront
coupables devant Dieu, s'il arrive que
se laissant éblouir par le vain éclat des
richesses, ils ne considérent & n'honorent que ceux qui sont riches, & que
méprisant la pauvreté, ils négligent &
ils deshonorent ceux qui y sont réduits.
Mes freres, leur dit-il, n'ayez point de Cap 2. x.
respects humains pour la condition des per- 2. & seq.
sonnes, vous qui avez la foi de la gloire de
Notre Seigneur J. C : car s'il entre dans
votre assemblée un homme qui ait un an-
neau d'or & un habit magnifique, & qu'il
y entre aussi quelque pauvre avec un méchant habit, & qu'arrêtant votre vûe sur

celui qui eſt magnifiquement vêtu, vous
lui diſiez en lui preſentant une place honorable, Aſſeyez-vous ici : & que vous diſiez au pauvre, Tenez-vous là debout, ou
Aſſeyez-vous à mes pieds : n'eſt-ce pas là
faire difference en vous-mêmes entre l'un
& l'autre, & ſuivre des penſées injuſtes
dans le jugement que vous en faites. Ecoutez, mes chers freres, Dieu n'a-t-il pas
choiſi ceux qui étoient pauvres dans ce monde, pour être riches dans la foi, & héritiers du Royaume qu'il a promis à ceux
qui l'aiment ? Et vous au contraire vous
deshonorez le pauvre.

Prov.17.
5. Salomon paſſe même plus avant ; car
il ſoutient que le riche qui mépriſe le
pauvre, fait injure à celui qui l'a créé,
c'eſt-à-dire, à Dieu même, qui veut
qu'il y ait des pauvres ſur la terre, qui
s'en ſert pour l'execution de ſes deſſeins,
& qui les fait naître pour exercer le
zéle, & pour exciter la charité & la
compaſſion de ceux qui poſſedent les
biens temporels.

Les ſaints Peres ont auſſi travaillé à
rabaiſſer & à confondre l'orgueil & la
préſomption des riches. S. Jean Chryſoſtome expliquant ces paroles du Pro-
Pſal. 48.
12. phéte Royal : Peuples écoutez tous mes
paroles : Prêtez l'oreille vous tous qui habitez ſur la terre : Vous enfans de la terre,

& vous enfans des hommes , vous tous ensemble riches & pauvres, dit que tous les in Psal.
48.
hommes font égaux dans les chofes effentielles , que leur origine commune
vient de la terre , qu'ils habitent tous
le même monde, qu'ils naiffent & qu'ils
meurent tous de la même maniere, &
que ce n'eft que par des néans & par des
bagatelles qu'ils veulent fe diftinguer
les uns des autres ; comme par exemple, par les richeffes, par les charges,
& par des emplois exterieurs : qu'ordinairement ils ne font point d'attention
à ce qui leur eft commun avec les autres hommes ; qu'ils ne s'appliquent
qu'à ceux qu'ils croyent pouvoir les relever audeffus des autres , & que leur
folie eft telle qu'ils fe glorifient de pré-
tendus avantages , qui dans la vérité ne
font que des ombres & des chiméres.

Si les riches & les grands de la terre
faifoient une réflexion férieufe fur cette
doctrine de S. Chryfoftome , ils ne fe
laifferoient point aller à la vanité , & ils
n'entreprendroient pas de méprifer les
pauvres, & les gens de baffe condition ;
car ils ont avec eux une même origine ;
ils naiffent & ils meurent tous de la même maniére ; ils refpirent tous le même
air; ils marchent tous fur la même terre;
& la diftinction qu'il peut y avoir en-

tr'eux, n'eſt ordinairement fondée que
ſur des choſes viles & mépriſables, qui
ne méritent nullement qu'un cœur,
non-ſeulement Chrétien, mais raiſonnable, penſe à s'en prévaloir, pour mépriſer ceux qui n'en jouiſſent pas, &
qui ont même la force & le courage de
s'en priver, & d'y renoncer volontairement.

S. Ambroiſe ſe ſert des mêmes con-
ſiderations pour reprimer l'orgueil des
riches. » Pourquoi, dit-il à l'un d'eux,
» vous élevez-vous de vos richeſſes?
» Pourquoi dites-vous aux pauvres,
» N'approchez pas de moi, & n'ayez
» pas la témerité de me toucher? N'a-
» vez-vous pas été conçu, & n'êtes-
» vous pas né de la même manière que
» lui? La nature, ajoute-t-il, ne recon-
» noît point de riches, elle qui fait naî-
» tre tous les hommes dans la pauvre-
» té;car nous venons au monde,non re-
» vêtus d'habits précieux, ni environ-
» nés d'or & d'argent, mais tout nuds,
» & manquant d'alimens, de vêtemens,
» & de toutes les choſes néceſſaires à la
» vie. Après être ſortis tout nuds de la
» terre, nous y retournons auſſi tout
» nuds, nos richeſſes & nos poſſeſſions
» ne nous ſuivent point dans le tom-
» beau. Un ſimple & petit gazon ſuffit

Lib. de
Nabut.
cap. 13.

Ibid. c.
2.

» également au riche & au pauvre pour
» couvrir leur corps après leur mort ;
» & la terre qui ne suffisoit pas toute
» entiere pour assouvir les désirs du ri-
» che pendant sa vie, le renferme lui-
» même tout entier dans un très-petit
» espace. La nature ne fait donc aucune
» distinction entre nous à notre naissan-
» ce & à notre mort : Après nous avoir
» tous créés, elle nous reçoit tous éga-
» lement dans le tombeau ; & il est im-
» possible de discerner les morts après
» qu'ils y ont été quelque tems. Ou-
» vrez le sein de la terre, & reconnoif-
» sez-y le riche, si vous le pouvez :
» Fouillez dans les sépulcres ; & si vous
» y discernez le pauvre, montrez le
» moi.

Le même S. Ambroise sur ces paroles
du Pseaume: *Simul in unum dives & pau-* In Psal.
per : Le riche & le pauvre ont été appel- 43.
lés ensemble, dit que puisque la vocation de J. C. s'étend également aux riches & aux pauvres, il doit y avoir une
grande paix & une grande union entre-
eux : Que les riches ne doivent point
mépriser les pauvres ; & que ceux-ci ne
doivent point porter envie aux riches ;
parcequ'ils ont les uns & les autres un
même Maître & un même Seigneur.

» Nous sommes les serviteurs du mê- Serm.42.

» me Seigneur, dit auſſi S. Ceſaire d'Arles aux riches , pour leur perſuader
qu'il ne leur eſt pas permis de mépriſer les pauvres : » Nous avons été ra-
» chetés du même prix , nous ſommes
» tous entrés dans ce monde au même
» état , & nous en ſortirons tous de la
» même maniére , & ſi nous vivons
» bien, nous parviendrons tous à la mê-
» me beatitude.

Ce ſaint Evêque n'en demeure pas là :
mais il ſe ſert de ce principe pour prouver aux Fidéles , qu'ils ſont indiſpen-
ſablement obligés de faire l'aumône.
» Pourquoi , dit-il, le pauvre ne man-
» geroit-il pas avec vous , lui qui doit
» regner avec vous dans l'autre vie ?
» Pourquoi le pauvre ne recevroit-il
» pas au moins maintenant vos vieux
» habits , lui qui doit être revêtu avec
» vous dans le Ciel de la robe de l'im-
» mortalité ? Pourquoi le pauvre ne mé-
» riteroit-il pas de partager votre pain
» avec vous, lui qui a mérité de rece-
» voir avec vous le Sacrement de Bap-
» tême ? Pourquoi ſeroit-il indigne de
» recevoir les reſtes de votre table, lui
» qui a été invité auſſibien que vous
» au feſtin céleſte , où les ſaints Anges
» doivent aſſiſter ?

Mais ſans nous arrêter aux autres Pe-

res, il suffit de rapporter la doctrine de
S. Augustin ; car elle suffit seule pour
condamner l'orgueil des riches, qui
s'élevent audessus des pauvres, & les
méprisent.

Il se plaint hautement des riches, qui
se voyant dans l'abondance de toutes
choses, en conçoivent de la vanité, &
se laissent aller à la présomption. Il dit *In Psal.*
que par un effet de l'orgueil qui les do- *124.*
mine, ils ne font aucune attention à
leurs vices & à leurs iniquités, qui les
rendent inferieurs à tous les autres
hommes ; & que jugeant d'eux-mêmes
par le vain éclat qui les environne, ils
s'imaginent qu'ils font infiniment élevés audessus de tous ceux qui les appro-
chent, & qu'ils doivent en toutes rencontres leur être préferés.

Il soutient, aussi bien que S. Jean
Chrysostome, & S. Ambroise, qu'ils
font des insensés de s'élever audessus des
pauvres, puisqu'ils leur font semblables dans leur naissance & dans leur
mort, & que n'ayant rien apporté en ce
monde, ils n'en doivent rien emporter
non plus qu'eux. » Confiderez, dit-il, *Serm.*
» deux femmes qui font dans les dou- *61.*
» leurs de l'enfantement : que leurs pa-
» rens & leurs amis s'éloignent d'elles ;
» que personne n'assiste a leurs cou-

» ches ; & voyez enfuite fi vous pour-
» rez reconnoître l'enfant de la riche,&
» le diftinguer de celui de la pauvre. Si
» par quelque accident les fépulcres
» des morts viennent à être renverfés ,
» entrez-y , je vous le permets ; mon-
» trez-moi les os des riches , & fepa-
» rez-les de ceux des pauvres.

Il enfeigne que l'homme le plus riche
du monde eft un véritable pauvre devant Dieu. » Quelque biens, dit-il, que
» vous poffediez , vous qui paffez pour
» riche , vous êtes un pauvre & un men-
» diant en prefence de Dieu : l'heure de
» la prière arrive , j'obferve ce que vous
» y faites ; je vois que vous y demandez
» quelque chofe. Comment pourriez-
» vous donc prétendre que vous n'êtes
» pas un pauvre, puifque vous deman-
» dez ce dont vous avez befoin ? Je
» paffe encore plus avant, vous deman-
» dez même du pain ; car vous dites à
» Dieu , donnez-nous notre pain de
» chaque jour. Jugez après cela, fi vous
» êtes pauvre ou riche,vous qui deman-
» dez tous les jours du pain. Et il con-
» clut de cette vérité , que les riches
» fe rendroient ridicules , s'ils mépri-
» foient les pauvrés , puifqu'ils le font
» eux-mêmes.

Il exhorte tous les riches à vivre avec

Serm.
123.

beaucoup de circonfpection, afin de ne
pas tomber dans la vanité & dans la
préfomption, parceque l'orgueil eft un
vice qui accompagne prefque toujours
les richeffes. » Il n'y a rien, dit-il, qui Pfal. 6.
» engendre davantage l'orgueil que les
» richeffes : tout fruit, tout grain, tout
» bois a fon ver particulier qui le con-
» fume : autre eft le ver de la pomme,
» autre eft le ver de la poire, autre eft
» le ver de la féve, autre eft le ver du
» froment ; mais pour ce qui eft des ri-
» cheffes, l'orgueil eft le ver qui les in-
» fecte, & qui les corrompt.« C'eftpourquoi ce faint Docteur foutient que les
riches font toujours obligés d'avoir les
armes à la main pour fe défendre contre la tentation de l'orgueil. Le pauvre,
dit-il, n'a rien qui le porte à la vanité :
mais le riche doit toujours combattre
contre ce vice, s'il ne veut pas en être
vaincu : *Pauper non habet undè infletur,*
dives habet cum quo luctetur.

Enfin, ce grand Saint avertit les Fidéles, que ce n'eft pas la poffeffion des
biens temporels qu'il condamne, mais
la vanité qu'on en tire très-fouvent.» Je In Pfal.
» ne prétens pas, leur dit-il, que vous
» méritiez d'être damnés un jour à ve-
» nir, feulement parceque vous avez
des richeffes ; mais je foutiens que vous

» le ferez infailliblement, fi étant ri-
» ches, vous en tirez de la vanité, fi
» vous tombez dans la préfomption à
» l'occafion de vos richeffes, fi elles
» font caufe que vous méprifiez les pau-
» vres, & qu'oubliant qu'ils font hom-
» mes comme vous, vous entrepre-
» niez de les dominer.

Toutes ces autorités prouvent que les
riches ont deux grands écueils à craindre : le premier, de s'élever en eux-mêmes, & de concevoir des fentimens de
vanité, à la vue des grands biens dont
ils jouiffent ; & le fecond, de méprifer
les pauvres, & de les traiter avec trop
d'empire & de domination.

A l'égard du premier, bien-loin que
leurs richeffes doivent les porter à la
vanité, ni leur infpirer des penfées d'orgueil, il faut qu'elles fervent à les humilier, & à les anéantir à leurs propres
yeux. Et en effet, n'eft-ce pas un grand
fujet d'humiliation pour eux, d'avoir
befoin de tant de chofes pour fubfifter,
& de ne pouvoir fe réduire à la fimplicité & à la frugalité dans laquelle vivent tant de faints perfonnages ; les domeftiques & les officiers dont ils font
environnés, font autant de témoins de
leur indigence ; toutes les commodités
temporelles dont ils fe fervent, ne font
que

que des remédes de différentes efpéces,
qu'ils appliquent aux infirmités continuelles qu'ils reffentent ; & leur prétendue abondance n'eft qu'une véritable
fervitude ; car ils dépendent eux-mêmes en plufieurs chofes de ceux qu'ils
s'imaginent avoir dans leur dépendance.
Et par confequent ils n'ont nulle raifon
legitime de fe glorifier des grandes poffeffions dont ils jouiffent ; il faut au
contraire qu'ils les regardent comme
des marques honteufes de leur foibleſ-
fe & de leur pauvreté.

Pour ce qui eft de méprifer les pauvres, qui eft le fecond écueil dont ils
font obligés de fe donner de garde,
toutes chofes les en doivent détourner ;
car ils leur font femblables dans leur
origine, & dans leur mort : ils ont été
rachetés du même prix : ils renaiffent
dans les mêmes eaux : ils participent
aux mêmes Sacremens ; & ils font appellés à la même gloire. Il n'y a qu'un
petit efpace de tems, & quelques rencontres particuliéres, où il femble y
avoir quelque difference entre-eux.
Mais fi l'on juge fainement des chofes,
l'on reconnoîtra facilement que ce qui
fe paffe alors, ne fçauroit être pour les
riches un fujet legitime de gloire & d'é-
levation : car s'ils ont plus de biens ex-

D

terieurs à gouverner ; les pauvres de
leur côté jouissent d'un plus grand repos, & sont exempts d'une infinité de
troubles & d'inquiétudes, dont ils sont
eux-mêmes accablés. S'ils commandent aux pauvres, & s'ils paroissent être
leurs superieurs ; ils ont néanmoins souvent besoin d'eux, & ils sont obligés en
plusieurs occasions d'implorer leur assistance. S'ils leur donnent du pain, des
vêtemens, & quelque argent, ils reçoivent d'eux quelque chose de plus précieux ; car ils ont recours à eux dans
leurs besoins, ils se servent de leurs travaux, ils leur demandent leur tems, ils
les engagent à les secourir, & à les assister dans leurs infirmités : & les retri-
butions temporelles qu'ils leur donnent, n'égalent point les services & les
avantages qu'ils reçoivent de leur part.

Ainsi non seulement ils ne doivent
point se préferer à eux dans le secret de
leur cœur, mais ils sont obligés de les
considerer comme leurs freres & comme leurs égaux. Ils ne doivent point non
plus les traiter en public avec hauteur,
ni avec une domination superbe ; &
bien-loin de cela, il faut qu'ils leur témoignent de la douceur & de l'affabili-
té. Leur humilité n'empêchera pas néanmoins qu'ils ne tiennent leur rang, &

qu'ils ne conservent à l'exterieur leur dignité ; mais ce sera sans faste & sans orgueil ; & l'on reconnoîtra toujours dans leurs maniéres d'agir , quoique grandes , & proportionnées à leur condition , un certain air de bonté & de charité , qui attirera & qui gagnera les petits & les pauvres , sans toutefois rien diminuer du respect qui leur est dû.

CHAPITRE VII.

Que les riches se rendent très-criminels , lorsqu'ils se servent de leurs biens & de leur autorité pour opprimer les pauvres.

L'OPPRESSION des pauvres a toujours été regardée comme un des grands crimes que puissent commettre ceux qui ont du credit & de l'autorité dans le monde. Ainsi , après avoir combattu dans le Chapitre précedent l'orgueil & l'esprit de domination des riches, il faut prouver dans celui-ci, qu'il leur est absolument défendu de se servir de leur credit & de leur autorité, pour opprimer les pauvres, & qu'ils se rendent très-criminels, lorsqu'ils se portent à cet excès & à cette injustice.

Si votre frere est devenu fort pauvre, Cap. 25. dit Moïse dans le Levitique, *& qu'il ne* 35.36. & sequent.

D ij

puiſſe plus travailler des mains , & ſi vous
l'avez reçû comme un étranger qui eſt venu
d'ailleurs , & qu'il ait vécu avec vous , ne
prenez point d'intérêt de lui & ne tirez
point de lui plus que vous ne lui avez donné. Craignez votre Dieu , afin que votre
frere puiſſe vivre chez vous. Vous ne lui
donnerez point votre argent à uſure , &
vous n'exigerez point de lui plus de bled
que vous ne lui en avez donné. Si la pauvreté réduit votre frere à ſe vendre à vous,
vous ne l'opprimerez point en le traitant
comme les eſclaves : mais vous le traiterez
comme un Mercenaire & comme un Fermier : il travaillera chez vous juſqu'à l'année du Jubilé , & il reviendra après avec
ſes enfans , & retournera à ſa famille , &
à l'héritage de ſes peres : car ils ſont mes
eſclaves ; c'eſt moi qui les ai tirés de l'E-
gypte. Ainſi qu'on ne les vende point comme
les autres eſclaves. N'accablez point votre
frere par votre puiſſance , mais craignez
votre Dieu.

Prov. 11.
22. 23. Ne faites point de violence au pauvre ,
parce qu'il eſt pauvre , dit auſſi Salomon :
N'opprimez point dans le jugement celui
qui n'a rien ; car le Seigneur ſe rendra lui-
même le défenſeur de ſa cauſe , & il perce-
Ibid. cap.
23. 10.
11. ra ceux qui auront percé ſon ame. Ne tou-
chez point aux bornes des petits , & n'entrez point dans le champ des orphelins :
car celui qui eſt leur proche , eſt puiſſant ,

& il se rendra lui-même contre vous le dé-
fenseur de leur cause.

L'on voit encore dans les Saintes Ecritures, que Dieu fait de grandes menaces par la bouche des Prophétes contre
ceux qui ruinent leurs freres, & qui les
oppriment par leur autorité. *Ecoutez*   Amos 8.
ceci, dit Amos par son commandement,   4. 5. &
vous qui réduisez en poudre les pauvres,   sequ nt.
& qui faites perir ceux qui sont dans l'in-
digence : Vous qui dites : Quand seront
passés ces mois, afin que nous vendions nos
marchandises ? Quand finiront ces semai-
nes, afin que nous ouvrions nos greniers ;
que nous vendions le bled bien cher, & à
fausse mesure : & que nous pesions dans de
fausses balances l'argent qu'on nous donne-
ra ? pour nous rendre par nos richesses les
maîtres des pauvres, pour nous les assujet-
tir sans qu'il nous en coûte presque rien, &
pour leur vendre les criblures de notre bled.
Le Seigneur a prononcé ce serment contre
l'orgueil de Jacob : Je jure que je n'oubli-
rai jamais toutes leurs œuvres.

Ce Prophéte décrit même en particulier tous les maux dont Dieu les acca-
blera pour les punir de leurs injustices
& de leurs violences. *Comme vous avez*   Cap. 5.
pillé le pauvre, dit-il, *& que vous lui*   11.
avez emporté tout ce qu'il avoit de plus pré-
cieux, vous n'habiterez point dans ces mai-

fons de pierre de taille que vous avez bâ-
ties : vous ne boirez point du vin de ces
excellentes vignes que vous avez plantées.

Comme vous avez dépouillé plusieurs
peuples , dit de la part de Dieu le Prophéte Habacuc à ces injustes usûrpa-
Cap. 2.8.
& seq. teurs , Tous ceux qui en seront restés vous
dépouilleront à leur tour , à cause du sang
des hommes que vous avez versé, & des
injustices que vous avez exercées contre
toutes les terres de la Ville sainte , & còn-
tre tous ceux qui y habitent. Malheur à
celui qui amasse du bien par une avarice
criminelle, pour établir sa maison , & pour
mettre son nid le plus haut qu'il pourra ,
s'imaginant qu'il sera ainsi à couvert de
tous les maux. Vos grands desseins pour
votre maison en seront la honte : Vous avez
ruiné plusieurs peuples , & votre ame s'est
plongée dans le péché : mais la pierre criera contre vous du milieu de la muraille ,
& le bois qui sert à lier le bâtiment rendra
témoignage contre vous. Malheur à celui
qui bâtit une ville du sang du peuple , &
qui la fonde dans l'iniquité.

Prov. 22.
16. Celui , dit aussi le Sage , qui opprime
le pauvre pour accroître ses richesses , donnera lui-même à un plus riche que lui , &
deviendra pauvre : c'est-à dire , qu'il sera lui-même dépouillé par un plus riche
& plus puissant que lui.

Dieu avoit même pris fous la Loi ancienne plufieurs précautions pour empêcher que les pauvres ne fuffent opprimés par les riches. Ainfi il avoit défendu à ceux qui leur prêtoient de l'argent, de recevoir d'eux pour gage la meule de leur moulin, parce que cela les auroit empêché de gagner leur vie, les auroit réduits à une mifére encore plus grande, & auroit contribué à leur entiére oppreffion. Deut.14. 6.

Il avoit auffi ordonné de rendre dès le même jour le gage qu'on avoit reçû de fon débiteur, quand il étoit pauvre, & qu'il en avoit befoin pour vivre & pour fubfifter. *Lorfque vous redemanderez à votre prochain quelque chofe qu'il vous doit,* porte le Deuteronome, *vous n'entrerez point dans fa maifon pour y prendre quelque gage : mais vous vous tiendrez dehors, & il vous donnera lui-même ce qu'il aura. Que s'il eft pauvre, le gage qu'il vous aura donné, ne paffera pas la nuit chez vous : mais vous le lui rendrez auffitôt avant le coucher du Soleil, afin que dormant dans fon vêtement, il vous beniffe, & que vous foyez jufte devant le Seigneur votre Dieu.* Ibid. v. 10.&feq.

Si votre prochain, eft-il encore dît dans l'Exode, *vous a donné fon habit pour gage, vous le lui rendrez avant que le So-leil foit couché : car c'eft le feul habit qu'il* Exode 22. 26. 27.

a pour se vêtir, & il n'en a point d'autre
pour couvrir son corps, ni pour mettre sur
lui quand il dort.

Parceque les riches & les grands oppriment souvent les veuves & les pupilles, Dieu avoit dit dans l'Exode ; *Vous
ne ferez aucun tort à la veuve ni à l'orphelin : Si vous les offensez en quelque chose,
ils crieront vers moi, & j'écouterai leurs
cris, & ma fureur s'allumera contre vous :
je vous ferai perir par l'épée, & je rendrai
vos femmes veuves, & vos enfans orphelins.*

Comme il n'y a que trop de riches,
qui abusant de leur puissance, font travailler des Ouvriers, sans se mettre en
peine de les payer, & les réduisent par
cette injustice à la derniere pauvreté,
Moïse avoit promulgué cette Loi par
l'ordre de Dieu : *Vous ne calomnierez
point votre prochain, & vous ne l'opprimerez point par violence. Le salaire du
mercenaire qui vous donne son travail,
ne demeurera point chez vous jusqu'au
matin : Vous ne refuserez point à l'indigent
& au pauvre le salaire que vous lui devez,
soit qu'il soit votre frere, ou qu'étant venu
de dehors, il demeure avec vous dans
votre maison & dans votre ville : mais
vous lui payerez le même jour le prix de
son travail avant le coucher du Soleil, parcequ'il est pauvre, & qu'il n'a que cela*

Exod. 22.
23. 24.

Levit.
19. 13.

Deut. 2
24. 15.

pour vivre, de peur qu'il ne crie contre vous au Seigneur, & que cela ne vous soit imputé à péché.

L'Apôtre S. Jacques, conformément à cette Loi, dit à ceux qui ne satisfont pas les Ouvriers qu'ils ont employés : *Sçachez que le salaire que vous faites per-* Jacob. 5. *dre aux ouvriers qui ont fait la récolte de* 4. *vos champs, crie au Ciel : & que les plaintes de ceux qui ont moissonné vos terres, sont montées jusqu'aux oreilles du Dieu des armées.*

Enfin une des grandes oppressions que l'on puisse faire souffrir aux pauvres, étant de les presser trop de payer ce qu'ils doivent, & de les accabler par des usures, Dieu avoit encore fait cette ordonnance : *Si vous prêtez de l'argent* Exod. *à mon peuple, aux pauvres qui habitent* 22. 25. *avec vous, vous ne les presserez point comme un exacteur impitoyable, & vous ne les accablerez point d'usures.*

Les saints Peres se sont aussi élevés avec beaucoup de zéle contre les riches qui oppriment les pauvres ; & il faut expliquer les principaux points de leur Doctrine sur ce sujet.

S. Ambroise déploie toute son éloquence contre ceux qui gardent longtems leurs bieds pour les vendre bien cher dans une année de stérilité. Il les accuse

D v

de trafiquer de la miſére publique, &
d'être les ennemis de tous les autres Citoyens, & même de la Patrie. » Pour-
» quoi, leur dit il, empêchez-vous les
» hommes de ſe ſervir d'un bien qui leur
» eſt commun, & qui n'eſt produit que
» pour leur uſage ? Pourquoi privez-
» vous les peuples de l'abondance dont
» ils pourroient jouir ? Pourquoi en re-
» celant vos grains, affectez - vous
» de paroître pauvres ? Pourquoi êtes-
» vous cauſe que les pauvres ſouhaitent
» que la terre ſoit toujours ſterile ? Car,
» comme ils ne ſe reſſentent point de la
» fertilité, qu'ils ſçavent que vous ca-
» chez les bleds, & que vous en faites
» tous les jours augmenter le prix, ils
» aiment mieux que la terre ne produi-
» ſe rien, que de vous voir trafiquer
» de leur propre miſére. Vous déſirez
» que les bleds manquent, & qu'il y ait
» diſette : Vous ſoupirez, lorſque vous
» apprenez que la terre eſt fort char-
» gée, & qu'elle promet beaucoup; vous
» vous affligez de ſa fertilité; vous pleu-
» rez de ce que vos greniers ſont pleins;
» & vous attendez avec impatience
» qu'il arrive quelque mauvaiſe année,
» afin de les pouvoir vuider. Vous vou-
» driez que la terre étant maudite, ne
» produiſît jamais rien, & qu'il n'y eût

Offic. lib.
3. cap. 6.

» que vos champs qui fuſſent fertiles ;
» car alors vous pourriez vous enrichir
» de la pauvreté des autres. Vous ap-
» pellez cela une induſtrie, une adreſ-
» ſe, un moyen honnête de ſubſiſter ;
» mais c'eſt une malice pernicieuſe,c'eſt
» une fraude, c'eſt un crime. Je ne ſçai
» quel nom donner à une telle condui-
» te ; & je ſuis en doute ſi je la dois
» nommer une uſure, ou un briganda-
» ge : car à la maniére des voleurs vous
» obſervez les tems & les momens pour
» fouiller juſques dans les entrailles
» des hommes , & pour devorer leur
» ſubſtance : vous exigez d'eux de groſ-
» ſes uſures, ſous prétexte de les ſecou-
» rir , & de les tirer du danger où ils
» ſont de mourir de faim. On vous paye
» bien cher le ſoin que vous avez eu
» d'amaſſer du bled ; vous le cachez
» comme un uſurier avide, & vous ne
» le vendez qu'à un prix exceſſif. Pour-
» quoi ſouhaitez-vous qu'il vienne une
» mauvaiſe année, que la famine s'aug-
» mente , & que la terre ne produiſe
» rien ? Les gains que vous faites , rui-
» nent tout le monde, & ne ſont fon-
» dés que ſur la pauvreté publique.

    » La fecondité, dit encore S. Am- Lib. de
» broiſe, réjouit tous les autres hom- Nabuc.
» mes, & leur eſt utile; l'avare ſeul pro- cap. 7.

» fite de la fterilité. Il n'aime pas qu'il y
» ait beaucoup de fruits de la terre. Il
» fe réjouit au contraire lorfqu'ils font
» chers , & qu'il n'y a que lui qui en a,
» pour les vendre tout ce qu'il veut. Il
» les amaffe, & il fe les approprie , non
» pour s'en fervir , mais pour empêcher
» que les autres ne s'en fervent.

Cette doctrine de S. Ambroife eft la
condamnation de ceux qui ne penfent
qu'à faire fortune par quelque moyen
que ce puiffe être, & qui ne travaillent
qu'à s'enrichir aux dépens des autres;
qui font des amas de bled, pour le rendre plus rare & plus cher ; qui au lieu
d'augmenter leurs aumônes aux années
de fterilité & de famine, & d'ouvrir
leurs greniers en faveur des pauvres,
fe fervent de la mifére du tems pour opprimer leurs freres ; qui leur vendent
très-cher ce qu'ils ont eu à bon marché ; qui les accablent par des ufures
énormes, & qui bien-loin de les foulager dans leur mifére, ne contribuent
qu'à l'augmenter. Il n'eft pas neceffaire
d'en dire davantage pour expliquer l'é-
normité de leur péché ; car elle eft évidente ; & d'ailleurs l'on fçait que l'E-
criture les charge de malédictions : *Ce-*
lui qui cache le bled fera maudit des peu-
ples , dit Salomon, *& la bénédiction vien-*

Prov. 11.
26.

dra sur la terre de ceux qui les vendent.

Il y a encore une autre oppression que les riches avares font quelquefois aux pauvres. Ils les pourfuivent en juftice avec toute forte de rigueur, & ils font vendre & décreter leur bien, afin de l'avoir à vil prix, & prefque pour rien. Et lorfqu'ils ne peuvent les traduire en juftice, ils prennent occafion de leur pauvreté, d'acheter leurs meubles & leurs héritages beaucoup moins qu'ils ne valent, & quelquefois même audeffous de la moitié de leur jufte valeur. C'eft une injuftice vifible, qui crie vengeance devant Dieu & devant les hommes, & qui les oblige à faire reftitution. Tous les Théologiens qui fuivent une faine doctrine en demeurent d'accord ; mais fans nous arrêter à rapporter en particulier leurs autorités, il vaut mieux remonter jufqu'à S. Auguftin ; car il s'eft expliqué fur ce fujet, & fon témoignage doit fervir de regle à tous ceux qui aiment la pureté de la Morale.

Il décrit l'injuftice cruelle d'un riche qui veut dépouiller un de fes voifins de fes héritages. Il lui fufcite, dit-il, des procès & des affaires fàcheufes, afin de l'embarraffer, & de le confumer en frais. Ce pauvre homme fe voyant dans cet

embarras , & n'ayant pas le moyen de
soutenir les pourfuites que l'on fait contre lui , ni de se défendre , s'adreffe à ce
riche,& le prie de lui prêter quelque argent pour fubvenir à fes preffantes ne-
ceffités , & pour fournir aux procedures
de juftice. Ce riche lui répond sans hé-
fiter qu'il n'en a point , & qu'il n'eft pas
en état de l'affifter. Ainfi il eft obligé de
mettre fes héritages en vente , & de s'en
défaire. Alors ce riche trouve de l'argent dans fes coffres , & il achete pour
le prix qu'il lui plaît le bien de ce malheureux. Il n'avoit point d'argent, ajoute S. Auguftin , lorfqu'il falloit fecourir
fon frere, & lui tendre la main pour l'ai-
der à fe défendre de l'injuftice qu'on lui
faifoit : mais il n'en manque plus dès
qu'il eft queftion d'acheter fes héritages , & de l'en dépouiller. C'eft ainfi
que les avares font toujours affez riches
pour contenter leurs cupidités, & qu'ils
fe prétendent pauvres , quand il fe préfente des occafions de faire l'aumône ,
& de fervir le prochain.

Lib. 15.
Moral.
cap. 15.
a i.　S. Gregoire Pape , parlant des riches
qui oppriment & qui dépouillent les
pauvres , dit que c'eft à jufte titre qu'on
les compare à la foudre , qui frappe &
qui tue au même tems qu'elle éclate &
qu'elle tombe fur la terre ; car ils rui-

nent & ils renverfent plufieurs familles
pour avancer leur fortune , pour entretenir leur vaine grandeur , & pour paroître avec éclat dans le monde. Ils facrifient tout à leur ambition; & pourvu
qu'ils puiffent s'élever, ils ne fe foucient
pas de faire perir de mifére des Villes
& des Provinces entiéres.

Les riches qui fe fervent de leur autorité au préjudice du prochain, & qui
s'emparent des biens de leurs freres &
de leurs citoyens à la faveur de leur
crédit, & quelquefois même par des
voyes de fait, font donc très-criminels,
& l'abus qu'ils font de leur puiffance,
attirera fur eux les fleaux de la Juftice
divine, à moins qu'ils ne faffent pénitence , & qu'ils ne réparent les torts
qu'ils ont caufés. Les autorités de l'E-
criture & des faints Peres , que nous
avons expliquées, le juftifient avec évidence. Nous y ajouterons feulement, en
finiffant ce Chapitre, l'hiftoire de Naboth, car elle confirme encore cette
vérité.

Cet homme ne poffedoit pour tout
bien qu'une vigne qu'il avoit héritée de
fes peres. Achab, Roy d'Ifraël, la lui 3. Reg.
demanda, pour la joindre à fes jardins, 21.
dont elle étoit contigue , & lui offrit de
la lui payer ce qu'elle valoit, ou de lui

donner d'autres héritages d'un prix encore plus grand. Naboth refusa cette proposition, & lui répondit : *Dieu me garde de vous donner l'héritage de mes peres.* Cette réponse l'irrita extraordinairement, & le jetta dans une espéce de fureur. Jezabel sa femme, pour l'appaiser, lui promit de lui faire avoir incessamment cette vigne ; en effet, elle suborna de faux témoins, qui accusérent Naboth d'avoir blasphêmé contr Dieu & contre le Roy ; & ce malheureux fut lapidé sur le champ. Après quoi il fut facile à Achab de se mettre en possession de la vigne qu'il désiroit avec tant d'ardeur.

Cette oppression provoqua terriblement la colére de Dieu, & il ordonna aussitôt au Prophéte Elie d'aller audevant d'Achab, & de lui dire ces paroles : *Voici ce que dit le Seigneur : Vous avez tué Naboth, vous allez vous emparer de sa vigne, & après cela vous ferez encore pis. Mais voici ce que dit le Seigneur : En ce même lieu où les chiens ont léché le sang de Naboth, ils lécheront aussi votre sang. Je vais faire fondre toutes sortes de maux sur vous : Je vous retrancherai vous & votre posterité de dessus la terre, & je tuerai de la maison d'Achab jusqu'aux plus petits enfans & aux animaux.*

& depuis le premier jusqu'au dernier dans
Israël. Le Seigneur a aussi prononcé cet
arrêt contre Jezabel: Les chiens mangeront
Jezabel dans le champ de Jezraël.

Ces menaces ne furent pas vaines :
car quoique la punition d'Achab ait été
un peu differée, à cause de quelques sentimens de pénitence qu'il témoigna , il
mourut néanmoins de mort violente,
& toute sa postérité fut ensuite extermi-
née. Pour ce qui est de Jezabel , la Pro- 3. Reg.
phétie d'Elie fut accomplie sur elle à la 22.
lettre : car elle fut précipitée du haut
de son palais par l'ordre de Jehu , & les 4. Reg. 9.
chiens mangérent sa chair dans le
champ de Jezraël.

Voilà un exemple terrible de la punition que méritent les riches qui oppriment leurs inferieurs , & qui les dépouillent de leurs biens. Il doit sans
doute effrayer tous ceux qui abusent de
leur pouvoir, & qui se prévalent injustement de leur autorité. Quand même
Dieu dissimuleroit pendant leur vie
leurs vexations & leurs violences, ils
n'en seroient pas pour cela plus heureux : car cette impunité apparente ne
serviroit qu'à les aveugler de plus en
plus, les entretiendroit dans leurs injustices , & seroit cause qu'ils s'amas-
seroient un tresor de colére ; & au for-

tir de ce monde ils se trouveroient exposés pendant toute l'éternité à la vengeance de celui qui a déclaré dans les
Ecritures qu'il est le protecteur des foibles, & de tous ceux que l'on opprime injustement.

CHAPITRE VIII.

Que les riches doivent bien prendre garde
de ne se pas servir de leurs biens pour
contenter leur luxe & leur vanité, ni
pour mener une vie inutile, molle &
voluptueuse.

CE qu'on a dit dans le Chapitre précedent de l'oppression des pauvres,
ne regarde que ceux qui ont du credit
& de l'autorité, & qui cherchent à augmenter leur fortune par toutes sortes de
moyens justes & injustes. Mais voici
une tentation à laquelle sont exposés
presque tous les riches, même ceux qui
passent pour honnêtes gens dans le monde, & qui ne voudroient pas avoir aucun bien mal acquis. Ils se laissent souvent aller au luxe & à la vanité; ils menent une vie molle & inutile; & ils goû-
tent les plaisirs & les voluptés du siécle.
Ils s'imaginent qu'il suffit d'être riche,
pour avoir droit de porter des habits ma-

gnifiques , & toutes fortes d'ajuftemens
& de parures ; qu'on peut fe meubler
avec fomptuofité dès qu'on a fait quelque fortune ; & que prendre toutes fes
aifes, vivre dans la joye & dans les délices, & ne refufer rien à fes fens, c'eſt
faire un ufage honnête & légitime de
fon bien. Nous combattrons cette erreur
dans ce Chapitre , & nous prouverons
avec évidence à tous les riches, qu'il ne
leur eſt point permis de fuivre le luxe
& la vanité du fiécle , de s'abandonner
aux plaifirs & aux voluptés des mondains , ni de mener une vie molle & inutile.

Les menaces que le Prophéte Ifaïe,
animé de l'efprit de Dieu, fit autrefois
aux femmes Juïves, qui employoient
leur bien à fe parer, & à fe procurer de
vains ornemens, juftifient affez la vérité de cette propofition, car il leur adref-
fa ces paroles: *Parceque les filles de Sion* Iſai. 3.
fe font élevées , dit le Seigneur, qu'elles 17. &
ont marché la tête haute , en faifant des fi- ſeq.
gnes des yeux & des geſtes des mains ,
qu'elles ont mefuré tous leurs pas , & étu-
dié toutes leurs démarches , le Seigneur
rendra chauve la tête des filles de Sion , &
il arrachera tous leurs cheveux; il leur ôtera
leurs chauſſures magnifiques , leurs croiſſans
d'or , leurs colliers , leurs filets de perles ,

leurs braſſelets, leurs coeffes, leurs rubans de cheveux, leurs jarretiéres, leurs chaînes d'or, leurs boetes de parfum, leurs pendans d'oreilles ; leur parfum ſera changé en puanteur ; leur ceinture d'or en une corde, leurs cheveux friſés en une tête nue & ſans cheveux, & leurs riches corps de juppe en un cilice. Ces paroles d'Iſaïe nous apprennent que pluſieurs des femmes Juïves qui étoient riches, ſe laiſſoient aller au luxe & aux pompes du ſiecle ; mais que leur vanité a toujours été condamnée comme un très-grand péché, & que les ſuites en ont été très-funeſtes pour elles.

Le Prophéte Amos déclare auſſi que les riches qui abuſent de leurs biens, pour entretenir leur luxe & leur vanité, méritent d'encourir la malédiction de Dieu, & qu'ils en reſſentiront un jour à venir de très-funeſtes effets. *Malheur à* vous, dit-il, *qui vivez en Sion dans l'abondance de toutes choſes, & qui mettez votre confiance en la montagne de Samarie : Grands qui êtes les chefs des peuples, qui entrez avec une pompe faſtueuſe dans les aſſemblées d'Iſrael..... vous que Dieu reſerve pour le jour de l'affliction, & qui êtes prêts d'être aſſervis à un Roy barbare ; qui dormez ſur des lits d'yvoire, & qui employez le tems du ſommeil à ſatisfaire*

Amos 6.
2. 3. &
ſequent.

votre molleſſe, qui mangez les agneaux les plus excellens, & des veaux choiſis de tout le troupeau; qui accordez votre voix avec le ſon de la harpe, & qui croyez imiter David en vous ſervant comme lui des inſtrumens de Muſique; qui bûvez le vin à pleines coupes, & vous parfumez des huiles de ſenteur les plus précieuſes, & qui êtes inſenſibles à l'affliction de Joſeph. C'eſt pour cela, ajoute ce ſaint Prophéte, que ces hommes voluptueux vont être emmenés les premiers loin de leur pays, & que cette troupe nourrie dans les délices ſera diſſipée. Le Seigneur Dieu a juré par luimême, le Seigneur, le Dieu des armées a dit: je déteſte l'orgueil de Jacob: je hai ſes maiſons (ſuperbes,) & je livrerai leur ville avec ſes habitans (entre les mains de leurs ennemis.)

L'Apôtre S. Jacques, animé du mê- Jacob. 5. me zéle que ces deux Prophétes, reproche aux riches comme un grand péché, de vivre dans les délices & dans le luxe, de ſe remplir de viandes, & de faire continuellement bonne chere.

Mais ſans nous arrêter à chercher d'autres autorités dans les ſaintes Ecritures, l'exemple du mauvais riche de l'Evangile ſuffit tout ſeul pour convaincre toutes les perſonnes judicieuſes, que c'eſt faire un uſage très-pernicieux

de ses richesses que de s'en servir pour
contenter son luxe & sa vanité, & pour
vivre dans la joye & dans les voluptés :
càr les saints Peres observent qu'il fut
damné ; non point parcequ'il prenoit le
bien d'autrui, qu'il commettoit de grandes injustices, & qu'il s'emportoit à des
crimes énormes ; mais seulement parcequ'il étoit vêtu de pourpre & de fin lin,
& qu'il faisoit tous les jours bonne chere. » Il y en a, dit S. Gregoire, qui s'i-
» maginent qu'il n'y a point de péché à
» porter des habits riches & magnifi-
» ques. Si cela étoit véritable, l'Evangile
» n'auroit point remarqué avec tant de
» soin, que le riche qui souffroit dans les
» enfers, avoit été vêtu de pourpre & de
» fin lin. En effet, personne ne recher-
» che des habits riches & magnifiques,
» que par un motif de vaine gloire, que
» pour se faire remarquer, & pour se
» distinguer des autres : l'experience ne
» le justifie que trop ; car on ne les por-
» te que lorsqu'on doit voir quelqu'un,
» & on s'en abstient dès qu'on est assu-
» ré qu'on demeurera seul, & qu'on a
» résolu de ne faire ni de recevoir au-
» cune visite.

Le mauvais riche, dit aussi S. Basile,
ne brûle point dans les enfers, pour
avoir commis des crimes & des injusti-

Homil.
40. in
Evang.

Homil.
1 de jeju-
nio.

ces, mais parcequ'il a mené une vie molle & délicieuse.

Tertullien parlant des Chrétiens qui donnoient de l'argent aux Magistrats & aux autres Officiers des Empereurs, pour éviter d'être persécutés, dit qu'ils étoient riches contre Dieu, c'est-à-dire, que par le moyen de leurs richesses ils s'éloignoient de Dieu, & cessoient de lui être fidéles. Cette parole étoit sans doute trop forte, & même très-mal appliquée : car de grands personnages croyent que ceux qui se délivroient par ce moyen de la persécution, ne faisoient rien d'illegitime : mais l'on peut dire qu'elle convient très-bien à plusieurs Fidéles de ces derniers tems. Ils sont riches contre Dieu, parcequ'ils se servent de leurs richesses, pour contenter leur luxe & leur vanité ; parcequ'ils en prennent occasion de s'éloigner de jour en jour de la voye étroite de l'Evangile ; parcequ'ils en deviennent moins humbles, moins mortifiés, & moins sévéres à eux-mêmes ; parcequ'ils s'imaginent avoir plusieurs besoins & plusieurs nécessités, qu'ils ne ressentiroient pas, ou qu'au moins ils négligeroient, s'ils étoient moins riches ; parcequ'ordinairement ils se répandent dans le monde & dans les grandes compagnies, dès

De fuga in persecutione. c. 12.

qu'ils voyent qu'ils ont du bien, qu'ils font un peu élevés audessus du commun, & qu'ils font en état de faire de la dépense.

De Nab. cap 5. S. Ambroise se plaignant du luxe & de la sensualité des riches, dit qu'ils se nourrissent du sang & de la substance des pauvres ; parcequ'il faut qu'il y ait des gens qui parcourent la terre & la mer pour satisfaire leurs appetits déreglés, & qui se mettent souvent en danger de perir pour fournir leurs tables de mets exquis, & pour faire en sorte qu'il ne manque rien à leur somptuosité & à leur intemperance.

Cette doctrine de S. Ambroise regarde tous ceux qui se piquent de magnificence, & de tenir bonne table : car ils recherchent avec empressement ce qui flate leurs sens : ils ne se contentent pas des viandes communes, qui suffiroient pour les faire subsister honnêtement, & selon leur condition : Ils veulent quelque chose d'extraordinaire, & qui les distingue ; & ils ne plaignent point la dépense lorsqu'il s'agit de faire de grands repas. C'est-là faire servir ses biens au luxe & à la sensualité : c'est-là mener une vie molle & intemperante ; c'est-là se nourrir du sang & de la substance des pauvres, puisqu'il faut les négliger

négliger & les abandonner pour satisfaire à une telle fomptuofité.

S. Auguftin repréfente comme un dés
grands malheurs qui accompagnent les
richeffes, qu'elles portent prefque toujours ceux qui les poffedent aux plaifirs
& à la vanité: c'eft pour cela qu'il les
appelle les Miniftres des voluptés, & la
mere des délices. Il dit que les Fidéles
doivent plûtôt y renoncer, que de fouffrir qu'elles les affoibliffent, & qu'elles
corrompent leur cœur. Il foutient qu'il
ne leur eft permis d'en ufer que pour la
feule néceffité,& jamais pour la volupté.

De vera religione cap. 16. Epift. 130.

Si les riches fe conduifoient par ces
principes, ils éviteroient une infinité de
péchés, & ils fe fanctifieroient infailliblement; car ne prenant fur leurs biens
que le feul néceffaire, & s'abftenant de
toute forte de luxe & de plaifirs illici-
tes, rien ne pourroit les fouiller, ni les
détourner du chemin de la vertu. Mais
parcequ'ils aiment les pompes du fiecle,
& les voluptés, & qu'ils fe fervent de
leurs biens pour fe les procurer, on les
voit tous les jours tomber en une infinité de fautes & de péchés; & les biens
temporels qui devroient contribuer à
les conduire à Dieu, comme au fouverain Etre, & au premier principe, les en
éloignent, & les en féparent, les atta-

E

chent à la terre , & les rendent par confequent impurs ; car il n'y a que l'union
avec Dieu, qui puiffe purifier l'homme ;
tout le refte le fouille & le corrompt.

Mais c'eft principalement dans S. Jean
Chryfoftome que l'on trouve la condamnation de ceux qui abufent de leurs
richeffes, pour fatisfaire leur vanité, pour
goûter les plaifirs du fiécle,& pour mener
une vie molle & inutile. » Dieu qui eft

Homil.
20. in
Genef.
fub fi-
nem.

» plein de mifericorde,dit-il à un riche ,
» vous a-t-il donné tant de biens , afin
» que vous ne les employez qu'à votre
» ufage feul , & que vous gardiez dans
» des coffres & dans des refervoirs tout
» ce qui vous refte , après que vous avez
» pris votre néceffaire ? Non fans dou-
» te,ce n'a point été là fon deffein : mais
» il vous les a donnés, afin que , felon le

2. Cor.
8. 14.

» confeil de l'Apôtre , votre abondance
» foulage la pauvreté des autres. Il arri-
» ve quelquefois que vous tombez dans
» une extrémité contraire , & que vous
» dépenfez avec profufion vos richeffes,
» en goutant toutes fortes de délices,en
» portant des habits fomptueux,en vous
» abandonnant au luxe, & en vous char-
» geant d'un grand nombre de ferviteurs,
» de chevaux,& d'animaux inutiles. Les
» pauvres n'exigent point de vous, que
» vous les mettiez en état de vivre dans

» une telle fomptuolité ; & ils ne vous
» demandent fimplement que vous les
» empêchiez de mourir de faim , & que
» vous leur donniez les alimens & les
» autres chofes abfolument néceffaires à
» la vie. Cependant vous ne vous mettez
» pas en état de leur fournir ces fecours,
» & vous ne faites point réflexion, que
» vous pouvez mourir & être emporté
» fubitement de ce monde ; & qu'alors
» vous laifferez ici-bas tous les biens que
» vous avez amaffez avec tant de foin ;
» qu'ils pafferont peutêtre entre les
» mains de vos ennemis , & que vous
» n'emporterez avec vous queles péchés
» que vous avez commis , en les acque-
» rant avec injuftice.

Comme la plûpart des riches font paroître leur luxe dans la magnificence des
bâtimens qu'ils entreprennent , & dans
les meubles riches & fomptueux dont
ils fe fervent : S. Chryfoftome s'eft par- Homi.
ticuliérement appliqué à combattre ces 3o. in
differens abus. Il prétend que l'inten- Gen.
tion principale de ceux qui commencé-
rent de bâtir la tour de Babel , fut de
rendre leur nom célébre, & de faire parler d'eux dans les fiécles à venir ; & que
c'eft pour nous le marquer, que l'Ecriture nous avertit qu'ils dirent entr'eux : Gen. 11.
Venez , faifons-nous une ville & une tour 4.

qui *ſoit élevée juſqu'au Ciel, & rendons
notre nom célébre, avant que nous nous diſ-
perſions dans toute la terre.* Il ajoûte enſuite, que l'on voit ſouvent des gens qui
veulent auſſi faire parler d'eux, & rendre leur nom fameux dans le monde ; &
que ce ſont ceux qui élevent des édifices
ſuperbes, des bains ſomptueux, & des
portiques magnifiques. Il dit qu'il ſeroit
facile de prouver qu'ils n'ont point d'autre deſſein ; & il ſoutient que ſans entrer
dans ce détail, ſi on leur demandoit,
pourquoi ils entreprennent de ſi grands
bâtimens, ils répondroient ingenue-
ment, que c'eſt afin d'immortaliſer leur
mémoire, & que l'on puiſſe dire dans la
poſterité, que ces édifices prodigieux
ont été l'ouvrage de leurs mains. Mais
il obſerve judicieuſement, qu'il en arrive tout au contraire ; & que bien-loin
d'établir par-là leur réputation parmi
les hommes, ils s'attirent mille malédictions, & mille imprécations ; parceque la plûpart de ceux qui voyent leurs
châteaux & leurs palais, diſent avec indignation : C'eſt-là la maiſon, c'eſt-là
l'héritage de cet avare, de ce voleur, de ce
ſcelerat qui a opprimé & dépouillé tant
de veuves & d'orphelins. Ainſi ce qu'ils
ont cru devoir leur attirer de la gloire,
tourne à leur honte & à leur confuſion,

In Pſal.
48.

les édifices qu'ils ont élevés avec tant de
foin & de dépenfe , confervent la mémoire de leurs injuftices ; ce font des témoins qui dépofent continuellement
contre eux;ce font des monumens éternels qui les font condamner par tous les
hommes, comme des voleurs & des ennemis du genre humain; ce font , pour
ainfi dire , autant de voix éclatantes qui
publient à toute la poftérité leurs rapines & leurs concuffions.

Ce faint Docteur fait auffi de grandes plaintes contre ceux qui affectent de
ne porter que des étoffes riches & magnifiques , qui achetent des meubles
précieux relevés d'or & d'argent , & qui
veulent même avoir de ce même métal
les vafes deftinés aux ufages les plus bas
& les plus abjets. Il dit qu'ils deshono- Homil.
rent l'or & l'argent , en le faifant fer- 7 in
vir à des chofes fi viles ; il ajoute même Epift. ad
que leur luxe eft une véritable inhuma- Coloſſ.
nité , puifqu'il les porte à faire tant de
dépenfes folles & inutiles , pendant
qu'une infinité de pauvres fouffrent la
faim & languiffent de mifére.

Ce grand Saint porte encore plus loin
fon zéle;car confiderant que les anciens
peuples, dont parlent nos hiftoires, vivoient dans une grande fimplicité , &
qu'ils ignoroient une infinité d'arts &

E iij

de métiers , que le luxe , la vanité , &
l'intempérance ont depuis inventés ; il
dit que c'eſt une honte aux Chrétiens
de ne vouloir pas imiter leur frugalité &
leur modeſtie, de s'accorder tant de
choſes, qui bien-loin d'être néceſſaires à
la nature, ne font qu'irriter & augmenter ſes déſirs & ſes appetits déreglés , &
de s'étudier à inventer des modes & des
coutumes, qui ne ſervent qu'à conſumer
leurs biens , & à flater leurs paſſions.

Il faut que les riches faſſent une attention ſérieuſe aux vérités qu'on a expliquées dans ce Chapitre, afin que leurs
biens ne les portent point au luxe ni à
la molleſſe , & ne leur ſoient pas une
occaſion de chute & de ſcandale. Il faut
qu'ils conſidérent que leurs richeſſes ne
les diſpenſent pas des régles & des maximes de l'Evangile , & qu'elles ne leur
donnent pas droit de ceſſer d'être humbles , modeſtes & pénitens. Il faut
qu'ils ſoient perſuadés, qu'ils ne doivent pas moins combattre leurs paſſions
que les pauvres , & qu'au contraire ils
ſont d'autant plus obligés de leur faire
la guerre, & de les mortifier , qu'ils
auroient plus de moyen de les ſatisfaire.
Il faut enfin qu'ils apprennent à n'uſer
de leurs biens qu'avec beaucoup de retenue & de modeſtie, & qu'ils faſſent en

forte que l'on reconnoisse par toute
leur conduite, qu'ils sont Chrétiens, &
qu'ils appartiennent à un Dieu, qui étant
riche s'est fait pauvre en notre faveur,
& pour nous enseigner par quelle voye
nous devons marcher pour arriver un
jour à venir à la Jerusalem céleste.

Nous avertirons néanmoins les Lecteurs, avant que de finir ce Chapitre,
que nous ne prétendons pas que ceux
qui ont du bien, & qui sont d'une extraction noble, vivent avec la même mediocrité que les pauvres, & qu'ils ne
soient pas mieux meublés ni mieux vêtus qu'eux : car ce seroit une Morale ou-
trée, qui rebuteroit les Fidéles, bien-loin
de les instruire, de les édifier, & de les
porter à Dieu. Nous sçavons que les
meubles & les vêtemens sont, non seulement pour couvrir nos corps, & pour
nous servir dans nos besoins ; mais aussi
pour marquer notre état & notre condition. Nous n'ignorons pas non plus,
que S. Augustin permet aux riches & Serm. 61.
aux gens de qualité, de prendre des alimens plus délicats & mieux apprêtés
que ne sont ceux des pauvres. Mais
nous disons après ce saint Docteur,
que lors même qu'ils en usent à cause
de la foiblesse de leur temperament, &
de l'habitude qu'ils en ont contractée

E iiij

dès leur jeunesse, ils doivent gemir dans le secret de leur cœur, & s'humilier à leurs propres yeux, d'être réduits à cette nécessité ; & de ne pouvoir vivre avec la même simplicité & la même frugalité que les pauvres, ou au moins que ceux qui sont d'une condition mediocre.

En effet, n'est-ce pas un sujet d'affliction pour de véritables Chrétiens, de voir que l'éducation qu'ils ont reçûe de leurs parens, & que les biens dont ils jouissent, les ayent mis en état de ne pouvoir se passer des secours & des commodités dont tant d'autres personnes se privent si facilement. Ainsi, qu'ils se nourrissent, qu'ils se meublent, qu'ils s'habillent conformément à leurs besoins & à leur état, on ne s'y oppose pas : mais qu'ils n'en tirent pas un sujet de vanité, & qu'ils n'en prennent pas occasion de se préferer aux pauvres, qu'ils s'en humilient, & qu'ils en gemissent au contraire ; car dans la vérité c'est une grande misére pour eux, d'être si foibles & si délicats, & d'avoir tant de besoins.

Il leur seroit très-utile de penser souvent à la conduite de la célébre Esther. Elle étoit obligée de porter quelquefois des habits magnifiques & de riches ornemens, à cause de sa qualité de Reine, & pour obéir au Roy Assuerus son mari,

Mais bien-loin de s'y complaire, & d'y avoir de l'attache, elle en reſſentoît de la peine, elle s'en affligeoit, & elle proteſtoit qu'elle n'en uſoit que par contrainte, & pour ne pas s'attirer l'indignation de ſon époux : *Vous ſçavez,* Eſther. *Seigneur,* diſoit-elle à Dieu, *que c'eſt* 14. 16. & *par neceſſité & par contrainte que je me* ſequent. *ſers de ces ornemens : que j'ai une extrême averſion pour cette marque de gloire & de grandeur que je porte ſur ma tête les jours que je dois être preſentée au Roy : que je regarde toutes ces choſes avec autant d'horreur & d'indignation, que je pourrois faire un linge ſale & impur : & que je ne m'en ſers point lorſque je ſuis dans la retraite & le ſilence de mon logis.*

C'eſt-là un bel exemple pour tous les riches. Ils peuvent porter les ornemens convenables à leur naiſſance, & ſe nourrir ſelon que l'exige leur condition & leur tempérament. Mais il faut que ce ſoit ſans aucune attache, par pure néceſſité, & comme par une eſpece de contrainte : car ils doivent aimer la ſimplicité & la pénitence, & avoir de la douleur d'être obligés de s'en éloigner à l'extérieur, pour ne pas ruiner leur ſanté, & pour ſoutenir en quelque maniére l'état où ils ſe trouvent engagés par les ordres de la divine Providence. Il

E v

faut qu'ils retranchent le plus qu'ils peuvent des ornemens & des alimens dont on a coutume d'uſer parmi ceux de leur même qualité. Il faut enfin qu'ils travaillent toujours à moderer & à vaincre leurs paſſions, afin de garder la modeſtie dans leurs meubles & dans leurs vêtemens, & la frugalité dans leurs repas, autant que leur condition & leurs forces pourront le permettre. Et s'ils pouvoient faire de nobles efforts ſur eux-mêmes, pour ſurmonter la foibleſſe de leur temperament, & pour s'élever audeſſus des coutumes du ſiecle, & des bienſéances humaines, ce ſeroit alors qu'ils ſeroient véritablement heureux, & que l'on pourroit dire que leurs richeſſes ne leur cauſeroient aucun préjudice.

CHAPITRE IX.

Que l'uſage le plus legitime que les richés puiſſent faire de leurs biens, c'eſt de s'en ſervir pour pratiquer de bonnes œuvres, & pour ſe perfectionner dans les vertus Chrétiennes.

APRE's avoir parlé dans les Chapitres précedens contre ceux qui eſpérent en leurs richeſſes, & qui s'y

attachent, qui en tirent vanité, qui s'en
servent pour opprimer & pour ruiner
leurs inferieurs, & qui en font la matiere de leur luxe & de leurs dissolutions :
Il faut maintenant expliquer aux riches
quel est l'usage légitime qu'ils peuvent
faire de leurs biens. C'est sans doute
de pratiquer de bonnes œuvres, & de
se perfectionner dans la vertu. S. Paul
nous l'enseigne expressement ; car après
avoir dit à son Disciple Timothée : *Or-* 1. Tim.
donnez aux riches de ce monde de n'être 6. 17. 18
point orgueilleux, de ne mettre point leur 19.
confiance dans les richesses incertaines &
perissables, mais dans le Dieu vivant,
qui nous fournit avec abondance ce qui est
necessaire à la vie : il ajoute aussitôt, *&*
d'être charitables & bienfaisans, de se
rendre riches en bonnes œuvres, de don-
ner l'aumône de bon cœur, de faire part de
leurs biens (à ceux qui en ont besoin) de
s'acquerir un trésor, & de s'établir un
fondement solide pour l'avenir, afin de
pouvoir arriver à la véritable vie.

Voilà, selon ce grand Apôtre, comment les riches doivent user de leurs
biens. Il faut qu'ils les employent en aumônes & en charités. Il faut qu'ils s'en
servent pour faire de bonnes œuvres. Il
faut qu'ils les dispensent saintement, &
dans la seule vue de plaire à celui de

E vj

qui ils les tiennent, afin de s'établir un fondement solide pour l'avenir, de s'acquerir un trésor dans le Ciel, & de se faire des amis qui les reçoivent dans les Tabernacles éternels. S'ils en usent autrement, ils les prodiguent, ils les dissipent, ils les perdent miserablement ; & en les perdant, ils se perdent eux-mêmes, & ils se rendent digne de la malédiction éternelle du grand Dieu vivant. Mais il est bon d'entendre parler les saints Peres de l'Eglise sur ce sujet.

Homil. 31. in Gen.

S. Jean Chrysostôme enseigne, que le seul avantage véritable & solide que les riches peuvent tirer de leurs richesses, c'est de s'en servir pour pratiquer des œuvres de pieté, & pour faire du bien à beaucoup de personnes ; car lorsqu'ils meurent, dit il, ils sortent tout nuds de ce monde, comme ils y sont entrés ; ils laissent ici-bas toutes leurs possessions ; souvent même ce sont des étrangers & leurs propres ennemis qui en profitent, & ils n'emportent avec eux que leurs propres mérites, ou les péchés qu'ils ont commis, en acquerant leurs biens par des voyes injustes, en les augmentant par un esprit d'avarice, & en les possedant avec cupidité. Il leur est fort inutile d'avoir été riches en ce monde, s'ils n'ont point en l'autre vie de bonnes œuvres à prefenter aux pieds du trône de J. C. Cela augmente même leur condamnation, puifqu'ils font punis d'autant plus rigoureufement, qu'ils ont abufé des dons de Dieu; & qu'après avoir été comblés de fes biensfaits, ils lui ont fait la guerre par leur mauvaife conduite & par leurs déreglemens.

S. Auguftin traitant de ce point de Morale, dit qu'il y a cette difference entre le bien fouverain, & les biens inferieurs & temporels: que le bien fouverain, qui eft Dieu même, a le pouvoir de rendre bons ceux qui en jouiffent ; au lieu que les biens inferieurs ne peuvent communiquer aucune bonté à ceux qui les poffedent, & qu'ils ne leur font donnés, qu'afin qu'ils s'en fervent pour faire du bien. Ainfi les riches s'abufent étrangement, s'ils s'imaginent avoir beaucoup de mérite, & être fort parfaits, fous prétexte qu'ils vivent dans l'abondance, & qu'ils manient de grands biens; car leurs richeffes n'étant qu'un bien inferieur, & n'ayant aucune bonté par elles-mêmes, ne fçauroient rien contribuer à les rendre bons, ni les conduire à la perfection; & l'intention de Dieu, lorfqu'il leur en accorde la jouiffance, eft feulement qu'ils s'en puiffent fervir pour faire du bien au pro-

Serm. 63

chain , & pour le ſecourir dans ſes be-
Epiſt. ſoins. C'eſt pourquoi ce ſaint Docteur
220. avertit le Comte Boniface, que puiſqu'il croit ne devoir pas renoncer à ſes
grandes richeſſes, ni à ſes dignités , il
doit les regarder comme des moyens
que Dieu lui donne pour aſſiſter ſes freres en Jeſus-Chriſt , pour en devenir
lui-même meilleur par le bon uſage
qu'il en fera , & pour travailler à ſa propre perfection.

Ce grand Saint examinant en un au-
Serm.50. tre lieu de ſes Ouvrages, pourquoi Dieu
donne egalement en cette vie les biens
temporels aux bons & aux méchans, dit
que c'eſt afin que les premiers puiſſent
s'en ſervir pour faire de bonnes œuvres , & que les autres ſoient tourmentés par la crainte de les perdre.

Il ajoute même que ceux-là ſeuls ſont
légitimes poſſeſſeurs des biens dont ils
jouiſſent, qui les diſpenſent d'une maniere Chrétienne , & qui s'en ſervent
pour pratiquer la vertu & pour exercer
la charité ; & que ceux qui en font un
autre uſage , ne doivent paſſer que pour
d'injuſtes détempteurs, & pour des uſur-
pateurs : *Quod juſtè non tractat , jure*
non tenet.

Si l'on jugeoit de la plûpart des gens
du monde par ces maximes de S. Auguſ.

tin, combien peu en trouveroit-on qu'on
pût croire poffeder légitimement leurs
propres biens ? car où font ceux qui ne
s'en fervent que pour la pure néceſſité,
& qui les employent enfuite à des uſages faints, & les deftinent au foulage-
ment des pauvres, & à des œuvres de
pieté ? La plûpart au contraire s'imaginent que parcequ'ils font riches, ils
n'ont qu'à fe divertir, qu'ils peuvent
goûter les plaiſirs de la vie, & qu'il leur
eft permis de fuivre les modes & les
coutumes du fiecle, comme on l'a ci-
devant repréſenté; & il n'eft pas neceſ-
faire de s'étendre davantage fur ce fujet.

Nous ajouterons feulement, que bien-
loin que les riches puiſſent fe fervir de
leurs biens pour fuivre le luxe & la vanité du fiecle, & pour contenter leurs
paſſions, ils doivent mener une vie plus
retirée que le commun des Fidéles, s'appliquer avec aſſiduité à la priere, &
donner un tems confiderable à la lectu-
re des Livres de pieté. Car les autres
hommes étant obligés de vaquer aux
arts & aux métiers pour fubfifter; de
frequenter les Foires & les Marchés,
pour y trafiquer, de voyager dans des
regions éloignées, pour y donner ordre à leurs affaires, & de cultiver la terre pour fe tirer de la miſére; tout ce-

la emporte presque tout leur tems, les
détourne de la priere, & les empêche de
s'inftruire à fond des vérités de la Religion. Mais pour ce qui eft des riches,
comme ils font exempts de ces troubles
& de ces emplois exterieurs, il faut
qu'ils fe fervent du repos dont ils jouiffent, pour fe confacrer entiérement à
la pieté & au culte de Dieu. Il faut
qu'ils donnent à la priere & à la médi-
tation des chofes faintes le tems que
les autres donnent aux travaux & aux
occupations du fiecle. Il faut qu'ils s'appliquent à mortifier leurs fens, & à fe
perfectionner dans la vertu avec d'autant plus de zéle, qu'ils font affranchis
des foins & des inquiétudes qu'éprouvent ceux qui travaillent à gagner leur
vie, & qui penfent aux moyens dont ils
pourront fubfifter dans la fuite. Il faut
enfin qu'ils foient perfuadés que Dieu
ne leur a accordé les biens qu'ils poffedent, qu'afin qu'ils le fervent avec plus
de fidelité que le refte des hommes, qui
font continuellement dans l'action &
dans le travail, pour nourrir leur famille, & pour fe procurer à eux-mêmes
les commodités de la vie.

Et afin de les convaincre de plus en
plus de la vérité de ces faintes maximes,
il faut les porter à penfer fouvent à cet

oracle prononcé par le Prophéte Royal:
Dieu, dit-il en parlant des *Juifs*, *leur* Pfal.
donna les terres des Nations ; & il leur fit 104. 43.
poffeder les travaux des peuples, *afin* 44.
qu'ils gardaffent fes Ordonnances, & qu'ils
obfervaffent fes Loix. Sur quoi S. Auguftin dit : Dieu ne leur donna pas les héritages & les biens des peuples de la
terre de Canaan, afin qu'ils s'abandon-
naffent au luxe du fiecle, & qu'ils vé-
cuffent dans la pareffe & dans la négligence ; mais afin que jouiffant d'un
grand repos, & ayant abondamment les
chofes néceffaires à la vie, ils s'appli-
quâffent de tout leur cœur à garder fa
Loi, & à pratiquer tout ce qui regardoit fon culte & fon honneur.

C'eft-là la fin pour laquelle Dieu
donne à fes Elûs des biens temporels fur
la terre. Il veut les mettre en état de le
prier & de le fervir fans aucune inter-
ruption. Il veut qu'étant dégagés des
foins & des inquiétudes du fiecle, ils
s'exercent à méditer fa Loi & les vérités du falut. Il veut qu'ils lui confacrent
toutes leurs penfées, & toutes leurs facultés interieures. Il veut qu'ils l'adorent fans ceffe en efprit & en vérité, &
qu'ils lui foient tellement unis, que rien
ne puiffe les détourner de leurs exercices de pieté, ni les empêcher de marcher toujours en fa prefence.

Ainfi, lorfque les Fidéles qui font
avantagés des biens de la fortune, vivent dans la diffipation d'efprit, & dans
une vaine curiofité, qu'ils négligent la
priere & les lectures fpirituelles, qu'ils
ceffent de s'appliquer ferieufement à
l'œuvre de leur falut, qu'ils fuivent les
modés & les coutumes du fiecle, & qu'ils
fe laiffent aller aux plaifirs & aux voluptés, ils font rebelles aux deffeins &
aux volontés de Dieu, ils abufent contre
lui-même de fes bienfaits, & ils méritent qu'il les prive de leurs richeffes temporelles, & qu'il les réduife à la pauvreté, afin de les faire rentrer en eux-mêmes, & de les empêcher de quitter les
voyes de la vertu, & de fe perdre éternellement, en menant une vie molle &
efféminée.

Fin du premier Livre.

LA VIE
DES RICHES.
LIVRE SECOND.

CHAPITRE PREMIER.

Que l'aumône est la grande vertu des riches : l'on parle de son excellence & de son mérite.

APRE's avoir prouvé dans le Chapitre dernier du Livre précédent, que les riches, pour faire un usage légitime de leurs biens, doivent les employer en bonnes œuvres, il est absolument nécessaire de leur parler de l'aumône, car elle est leur propre caractere; & l'on peut même dire que Dieu ne les a rendu riches, qu'afin de les mettre en état de la faire, & d'exercer la charité envers le prochain. Comme cette matiére est fort abondante, nous en ferons le sujet de ce Livre & du suivant, afin de ne rien omettre qui soit utile, & de pouvoir expliquer les principales questions

qu'il eſt important d'éclaircir pour l'inſtruction des Fidéles. Or nous croyons
qu'il faut d'abord lès convaincre de l'excellence & du mérite de cette vertu.

Nous en avons pluſieurs témoignages
illuſtres dans l'Ecriture. Le ſaint homme Tobie dit à ſon fils avant que de
mourir : *Si vous avez beaucoup de bien,*
donnez beaucoup ; ſi vous en avez peu,
ayez ſoin de donner de ce peu même de bon
cœur : car vous vous amaſſerez ainſi un
grand tréſor & une grande récompenſe
pour le jour de la néceſſité ; parce que l'au-
mône délivre de tout péché & de la mort,
& qu'elle ne laiſſera point tomber l'ame
dans les ténébres. L'aumône ſera le ſujet
d'une grande confiance devant le Dieu ſu-
prême pour tous ceux qui l'auront faite.

L'Ange qui accompagna le jeune Tobie dans ſon voyage, lui déclara avant
que de le quitter, *Que l'aumône délivre*
de la mort, & que c'eſt elle qui efface les
péchés, & qui fait trouver la miſéricorde
& la vie éternelle.

Salomon nous aſſure, que l'*homme*
charitable fait du bien à ſon ame : Benefa-
cit anima ſua vir miſericors : Que les ri-
cheſſes de l'homme ſont la rançon de ſon
ame : Que celui qui a compaſſion du pauvre,
ſera bienheureux : Que celui qui croit au
Seigneur, aime la miſéricorde : Que c'eſt la

Tob. 4.
9. & ſeq.

Tob. 13.
9.

Prov. 11.
17.

Cap. 13.
8.

Cap. 14.
21. 22.

miséricorde & la vérité qui nous acquiè-
rent les biens : *Que les péchés se purifient* c. 15 27.
par la miséricorde & par la foi : Que l'i- c. 15. 6.
niquité se rachete par la miséricorde & la
vérité : Que celui qui fait charité au pau- c. 19.17.
vre, prête au Seigneur à intérêt ; & que
le Seigneur lui rendra ce qu'il lui avoit
prêté : Que celui qui est porté à faire l'au- c. 22. 9.
mône, sera beni, parce qu'il a donné de ses
pains aux pauvres.

Le même Salomon dans l'éloge de la
Femme forte qu'il nous a laissé, ne manque pas de marquer, *qu'elle a ouvert sa* c. 31. 20.
main à l'indigent, & qu'elle a étendu ses
bras vers le pauvre : Et il nous promet
que nous recevrons dans toute l'éternité la récompense des aumônes que nous
aurons faites dans le tems présent : *Ré-* Eccl. 11.
pandez, nous dit-il, *votre pain sur les* 1.
eaux qui passent, parce que vous le trou-
verez après un long-tems.

L'Ecclésiastique parle en termes très-
forts de la vertu, du mérite, & de la
récompense de l'aumône. *L'eau,* dit-il, Eccl. 3.
éteint le feu lorsqu'il est le plus ardent, & 33. 34.
l'aumône résiste au péché. Dieu qui doit
récompenser les bonnes œuvres, la considè-
re, & il s'en souvient dans la suite ; & ce-
lui qui l'a faite trouvera un appui au tems
de sa chute. L'aumône de l'homme, ajou- c. 17.18.
te-t-il, *est devant Dieu comme un sceau,* 19.

& il conſervera le bienfait de l'homme comme la prunelle de l'œil. Dieu s'élevera enfin, il rendra à chacun la récompenſe qu'il aura méritée.

Il décrit en un autre lieu les grands avantages qu'on peut tirer de l'aumône, lorſqu'on la fait de bon cœur, & auſſi abondante qu'elle le doit être. *Mon fils, dit-il, ſi vous avez quelque choſe, faites-en du bien à vous même, & offrez à Dieu de dignes offrandes. Faites du bien à votre ami avant la mort, & donnez l'aumône au pauvre ſelon que vous le pouvez. Ne vous privez pas des avantages du jour heureux, & ne laiſſez perdre aucune partie du bien que Dieu vous donne. Ne laiſſerez-vous pas aux autres les fruits de vos peines & de vos travaux dans le partage qu'ils feront de votre bien? Donnez & recevez, & ſanctifiez votre ame. Faites des œuvres de juſtice avant votre mort, parce qu'on ne trouve point de quoi ſe nourrir lorſqu'on eſt dans le tombeau.*

c. 14. 11. & ſeq.

Il déclare que celui qui fait charité, prête à ſon prochain, & que celui qui a la main ouverte pour donner, garde le précepte.

c. 29, 1.

Il nous aſſure que l'aumône attire ſur nous les graces du Ciel, & qu'elle nous protége contre les ennemis de notre ſa-lut. *Renfermez, dit-il, l'aumône dans le*

c. 29. 15. 16. 17. 18.

ſein du pauvre, & elle priera pour vous, afin de vous délivrer de tout mal ; elle ſera une arme plus forte pour combattre votre ennemi, que le bouclier & la lance du plus vaillant homme.

Enfin il dit, *que les lévres de pluſieurs* c. 31. 18. *beniront celui qui donne libéralement à manger, & qu'on rendra à ſa conduite un témoignage avantageux.*

Le Prophéte Daniel voulant enſeigner au Roy Nabuchodonoſor ce qu'il devoit faire pour effacer ſes péchés, & pour obtenir de Dieu miſéricorde, lui propoſa avant toutes choſes de diſtribuer de grandes aumônes : *O Roy*, lui Dan. 4. *dit-il, écoutez le conſeil que je vous donne :* 24. *Rachetez vos péchés par les aumônes, & vos iniquités par les œuvres de miſéricorde envers les pauvres : Peut-être que le Seigneur vous pardonnera vos offenſes.*

J. C. nous apprend dans l'Evangile, qu'en aſſiſtant les pauvres, nous nous faiſons des amis dans le Ciel, qui nous y recevront un jour à venir. *Employez,* Luc. 16. nous dit-il, *vos richeſſes injuſtes à vous* 9. *faire des amis, afin que lorſque vous viendrez à manquer, ils vous reçoivent dans les Tabernacles éternels.*

Il nous enſeigne, qu'en diſtribuant nos aumônes, nous nous amaſſons des tréſors, que nous poſſéderons dans toute

Luc. 12.
33.
l'éternité. *Vendez*, dit-il, *ce que vous avez, & le donnez en aumône : Faites-vous des bourses qui ne s'usent point par le tems : Amassez dans le Ciel un trésor qui ne périsse jamais, d'où les voleurs ne puissent approcher, & que les vers ne puissent corrompre.*

Matth.
10. 42.
Il nous promet que celui qui donnera en son nom un seul verre d'eau froide à un pauvre, en sera récompensé.

Luc. 11.
41.
Il nous dit encore : *Donnez l'aumône de ce que vous avez, & toutes choses vous seront pures.*

cap. 9.
S. Luc dans les Actes des Apôtres, nous fait assez connoître, que la résurrection de Tabithe fut un effet des grandes aumônes qu'elle avoit répandues dans le sein des pauvres.

2. Cor. 8.
14.
Enfin, S. Paul nous assure, que ceux qui donnent maintenant de leur abondance pour soulager la misére des pauvres, participeront en l'autre monde à l'abondance de leurs mérites. Et pour nous convaincre entiérement de l'excellence & de la dignité de l'aumône, il nous déclare qu'elle est une hostie & un sacrifice, qui peut appaiser la colere de Dieu, & attirer sur nous ses miséricordes les plus abondantes : *Souvenez-vous,*

Heb. 13.
16.
dit-il aux Hébreux, *d'exercer la charité, & de faire part de vos biens aux autres ;*

car

car c'est par de semblables hosties qu'on se rend Dieu favorable.

Les saints Peres de l'Eglise relevent aussi merveilleusement le mérite de l'aumône & de la charité envers les pauvres, & ils en font des éloges magnifiques ; ainsi il faut exposer leur doctrine aux yeux des Fidéles, afin de les confirmer de plus en plus dans la haute idée qu'ils ont déja conçuë de cette vertu, en lisant les autorités de l'un & de l'autre Testament que l'on vient d'expliquer.

S. Cyprien dit que le véritable moyen *De opere* de mettre notre argent en sûreté, c'est *& elee-* de le confier à la garde des pauvres, de *mosynis.* les en rendre les dépositaires, & de l'envoyer au Ciel par leur entremise ; parce qu'alors nos ennemis ne sçauroient plus l'usurper, le fisque nous en dépouiller, ni les voleurs nous le ravir.

S. Ambroise enseigne aussi, que le *De Nab.* sein des pauvres, que la main des en- *c 7.* fans, & que les maisons des veuves sont les réservoirs où nous devons amasser nos grains & nos richesses, pour les conserver, & les soustraire à la violence de ceux qui voudroient nous les enlever.

Ce saint Docteur appelle l'aumône un *Se m.42.* second Baptême, parce qu'elle efface les *de temp.* péchés, aussibien que les eaux qui cou-

lent dans les Fonts Baptiſmaux ; & il le
Eccli. 3. prouve par ces paroles du Sage : *L'eau*
33. *éteint le feu lorſqu'il eſt le plus ardent, &*
l'aumône réſiſte aux péchés, & par cet ora-
Luc. 11. cle ſorti de la bouche de J. C. *Donnez*
41. *l'aumône, & toutes choſes voûs ſeront pu-*
res. Il prétend même que l'aumône
eſt un Baptême en quelque maniere
plus avantageux que celui de l'eau ; parce que ce dernier ne ſe donne qu'une
fois, & qu'ayant effacé le premier péché, il ne peut être réïtéré ; au lieu qu'il
eſt permis d'avoir recours à l'autre autant de fois qu'on le veut, pour s'y purifier des ſouillures qu'on a contractées
dans le commerce du ſiécle.

Lib. de
Elia &
jejunio
c. 20. 　　　Il dit, que comme il arrive quelquefois qu'on ſe ſert de certains poiſons ,
pour en faire un antidote contre le poi-
ſon même, & pour guérir les maladies ;
ainſi l'argent qui donne ſouvent la mort
à l'homme, lui devient un principe de
vie & de guériſon, quand il eſt diſtri-
bué en aumônes, & qu'alors il a le pouvoir de le rétablir dans l'innocence.

Lib. de
Tob. c.
16. 　　Il nous aſſure, après Salomon, que
celui qui aſſiſte le pauvre, prête au Seigneur à intérêt ; que Dieu eſt la caution
du pauvre qui reçoit la charité ; qu'il
rendra au centuple tout le bien qu'on
lui fait en la perſonne de ſes membres ;

que c'est-là une usure honnête & licite ;
& qu'il la faut conseiller à tous les Fidéles.

Il ajoute, que par le moyen de l'aumône, Dieu que nous avions sujet de craindre en qualité de notre Juge, devient notre débiteur. *De Nab. c. 16.*

Il dit enfin, qu'on ne sçauroit douter de la grandeur & de l'excellence de l'aumône, puisqu'elle a le pouvoir de nous élever à la dignité d'enfans de Dieu ; J. C. ayant dit dans l'Evangile : *Soyez pleins de miséricorde, comme votre Pere est plein de miséricorde.* *In c. 6. Luc.* *Luc. 6. 36.*

S. Jean Chrysostome donne aussi de grandes louanges à l'aumône. Il dit, que tant que nous gardons notre argent dans nos coffres, nous ne sommes jamais assurés de n'en être point privés ; parce qu'un ennemi, un voleur, & le démon peuvent nous l'enlever ; & que quand même nous éviterions toutes leurs embûches, la mort nous en séparera infailliblement un jour à venir. Mais que lorsque nous le distribuons aux pauvres, nous le mettons en sûreté ; que Dieu en devient lui-même le gardien & le dépositaire ; que non seulement il nous le rendra à la fin des siécles ; mais qu'il le multipliera ; qu'il nous en payera l'intérêt ; & qu'il nous *Hom. 7. in Epist. ad Rom.* *Hom. 55 in Gen.*

F ij

donnera même le royaume des Cieux pour notre héritage. » S'il faut confer- » ver votre bien, dit-il aux riches dans » une de ses Homélies, ne vous en char- » gez pas vous-mêmes, car vous per- » driez tout : laissez-le à Dieu en dépôt, » & personne ne pourra le lui ravir. Ne » cherchez point à placer ici-bas votre » argent ; vous ne sçavez pas le faire » profiter, mais donnez-le à Dieu : Il » vous le rendra avec une telle usure, » que l'intérêt passera le principal : c'est- » là une sainte usure, qui n'est exposée, » ni aux surprises, ni aux craintes, ni » aux accusations, ni à l'envie. Donnez » votre argent à celui qui n'a besoin de » rien, & qui est néanmoins dans la » nécessité à cause de vous : Donnez-le » à celui qui nourrit toutes les créatu- » res, & qui a faim néanmoins, pour » empêcher que vous ne mourriez de » faim : Donnez-le à celui qui s'est fait » pauvre, afin de vous enrichir : Pra- » tiquez ce usure, qui vous donnera, » non la mort, mais la vie.

Hom. 5. in Matth.

Ce saint Docteur dit que l'aumône est un véritable sacrifice ; que celui qui la fait, est le Prêtre ; & le pauvre qui la reçoit, l'Autel sur lequel le Sacrifice est offert. Il compare cet Autel avec celui sur lequel on immole dans nos Egli-

Hon. 20. in 2. ad Cor.

ses le Corps de J. C. & il soutient qu'il est plus auguste & plus vénérable, parce qu'il est composé des membres de J. C. & de son propre Corps : au lieu que l'autre, quoique très-saint à cause de l'Hostie sacrée qu'il porte, n'est construit que de pierres inanimées.

Il enseigne dans une de ses Homélies sur les Actes des Apôtres, qu'il n'y a rien de plus utile, ni de plus efficace pour effacer les péchés, que l'aumône ; qu'elle surmonte & qu'elle détruit les plus grands crimes ; & qu'elle est un reméde souverain pour guérir les playes les plus envenimées. Qu'elle purifia en un instant Zachée de son avarice, des injustices qu'il avoit commises, & de toutes les iniquités dont il étoit coupable ; & que c'est pour cela que le Prophéte Daniel ne proposa point d'autre pénitence à Nabuchodonosor, & qu'il se contenta de lui dire : *Rachetez vos péchés par des aumônes.*

Il dit en un autre lieu, que la raison pourquoi l'aumône est plus puissante pour effacer les péchés, que la virginité, les jeûnes, les veilles, & les autres mortifications, c'est que toutes ces œuvres, quoique très-excellentes en elles-mêmes, ne servent & ne sont utiles qu'à ceux qui les pratiquent; au lieu que

Hom. 25. in acta Apost.

Hom. 6. in Ep. ad Titum.

l'aumône sert & à ceux qui la font, & à une infinité de pauvres qui la reçoivent.

Hom. 16. in 2. ad Cor.

Il soutient même qu'il y a plus de mérite à faire l'aumône, qu'à ressusciter des morts ; parce que c'est J. C. lui-même qui est assisté, & qui est nourri par celui qui fait l'aumône, & qu'il devient par conséquent son débiteur ; & qu'au contraire dans les miracles & dans les prodiges, ce sont ceux qui reçoivent le pouvoir de les opérer, qui sont redevables à J. C.

Job. 27. 19. 20.

Lorsque le riche s'endormira, dit Job, *il n'emportera rien avec lui : il ouvrira les yeux, & il ne trouvera rien : il sera surpris de la pauvreté comme d'une inondation d'eau : il sera accablé de la tempête au milieu de la nuit.*

Lib. 18. Moral c. 12.

S. Grégoire Pape, examinant ces paroles, dit que ce seront ceux qui auront accumulé leurs biens, & qui les auront conservés dans leurs coffres & dans leurs trésors, qui se trouveront dans une telle pauvreté à l'heure de leur mort, parce qu'ils laisseront ici-bas toutes leurs richesses, & qu'ils descendront tout nuds dans le tombeau. Mais que ceux qui auront fait de grandes aumônes, emporteront avec eux leurs biens, parce que leurs bonnes œuvres les suivront en l'autre vie, & les

accompagneront lorſqu'ils ſeront obligés de comparoître devant le Tribunal
de J. C.

Ce grand Pape dit auſſi, avec les autres ſaints Peres, que les aumônes que
l'on fait ici-bas aux pauvres, ne ſont pas
à proprement parler un don : mais un
prêt uſuraire, parce qu'on recevra en
l'autre vie le centuple de ce qu'on leur
aura donné en celle-ci.

Epiſt.
lib. 8. In-
dict. 5.
Epiſt. 20.

S. Auguſtin enſeigne, que les biens
de la terre ſont un poids qui accable &
qui fait gémir les Juſtes, mais que l'aumône vient à leur ſecours, & qu'elle les
décharge de ce fardeau ſi lourd & ſi incommode.

Serm. 61.

S. Pierre Chryſologue nous aſſure,
après l'Eccléſiaſtique, que l'aumône eſt
une priere très-efficace qui nous obtient
la rémiſſion de nos péchés : *Eleemoſyna
pro delictis ſupplicat ; lacryma peccata bap-
tizant.*

Serm.
107.

S. Bernard enſeigne, qu'il vaut infiniment mieux avoir ſoin de nourrir &
d'aſſiſter les pauvres, qui ſont les membres de J. C. & les Temples vivans du
Saint-Eſprit, que de travailler à orner
& à embellir nos Egliſes, qui ne ſont
que des Temples matériels & inanimés;
& il ſe plaint très-ſouvent & en des termes très-forts de ceux qui en uſent au

F iiij

In Apo-
log. ad
Guillel.

trement. » L'Eglife, dit-il, brille dans
» fes murailles ; & elle fouffre la faim
» & la foif dans les pauvres : elle cou-
» vre fes pierres d'or ; & elle laiffe fes
» enfans dans la nudité. L'on employe
» à contenter les yeux des riches, ce qui
» eft deftiné à nourrir les pauvres. Les
» curieux trouvent dans nos Temples
» de quoi fe fatisfaire ; & cependant
» ceux qui font dans la mifere, ne re-
» çoivent pas ce qui leur eft néceffaire
» pour fubfifter.

Les faints Peres ont même cru que
dans les néceffités extraordinaires &
fort preffantes il falloit vendre les Vafes facrés pour nourrir les pauvres, &
pour racheter les Captifs. » Un argent,

Lib. 2.
offic. c.
28.

» dit S. Ambroife, qui fait ce qu'a fait
» le Sang de J. C. peut à jufte titre être
» appellé fon tréfor. Je ne reconnois
» jamais mieux qu'un calice eft un vafe
» qui contient le fang du Seigneur, que
» lorfque je vois qu'il fert comme ce
» Sang à racheter des hommes, & qu'il
» délivre de la puiffance des ennemis
» ceux que le Sang a délivrés de la fer-
» vitude du péché. Combien eft-il beau
» & agréable, que lorfqu'on voit des
» troupes de Captifs qui font rachetés
» par l'Eglife, on dife: Ce font-là ceux
» que J. C. a rachetés. C'eft-là l'or

» qu'on peut estimer : c'est-là l'or qui
» est utile ; c'est-là l'or de J. C. qui dé-
» livre de la mort , qui garantit la pu-
» dicité des périls dont elle étoit mena-
» cée , qui conserve la chasteté. J'ai
» mieux aimé mettre en liberté un grand
» nombre de personnes , que de garder
» l'or & l'argent de l'Eglise. Cette lon-
» gue suite de Captifs que vous voyez,
» lui fait beaucoup plus d'honneur, que
» tous les Vases précieux qu'elle possé-
» doit autrefois. On ne pouvoit faire
» un meilleur usage de l'or du Rédem-
» pteur des hommes, que de l'employer
» à racheter des misérables. Et je re-
» connois en cette rencontre, que non
» seulement le Sang de J. C. reluisoit &
» éclatoit dans ces Vases d'or , mais
» qu'il y a même imprimé la vertu de
» son opération divine, en le faisant
» servir à racheter des Captifs.

S. Grégoire Pape a aussi ordonné en
plusieurs rencontres d'engager & de
vendre les Vases sacrés, pour en employer le prix à payer la rençon des Captifs, & à nourrir les veuves & les orphelins. La meme chose a encore été pratiquée par plusieurs autres saints Pasteurs , & par des Prêtres très-éclairés ;
& l'on a toujours loué dans l'Eglise de
Dieu leur zéle & leur charité.

*Epist.
lib. 6.
Indict.
15. Epist.
13. & 35.*

F v

Tant d'autorités & de témoignages doivent sans doute convaincre tous les riches & tous les grands de l'excellence & du mérite de l'aumône. Mais il ne suffit pas qu'ils en soient persuadés intérieurement ; il faut qu'ils la fassent volontiers & avec joye, qu'ils partagent leurs biens avec les pauvres ; & qu'ils les secourent dans leurs besoins & dans leurs nécessités ; c'est pourquoi nous allons leur prouver dans les Chapitres suivans, qu'ils y sont indispensablement obligés, & que s'ils y manquent, leur vertu est fausse & imaginaire ; & qu'ils ne peuvent prétendre au salut éternel.

CHAPITRE II.

L'on prouve par l'Ecriture sainte que l'aumône est d'une obligation indispensable pour les riches, & qu'il leur suffit, pour être damnés, de manquer à la faire.

CE seroit se former une fausse idée de l'aumône, que de la regarder comme une chose indifférente, ou tout au plus comme une bonne œuvre que l'on peut pratiquer pour plus grande perfection, mais qui n'est pas absolument nécessaire au salut ; car il est certain qu'elle est d'une obligation très-étroite pour les riches, & que s'ils s'en dispensent mal-à-propos, ils se rendent dignes de la damnation éternelle. L'on espere que ceux qui considéreront attentivement ce que nous devons représenter dans ce Chapitre & dans le suivant, demeureront d'accord de cette proposition.

Il ne se trouvera parmi vous aucun pauvre ni aucun mendiant, dit Moïse aux Israëlites de la part de Dieu, *afin que le Seigneur votre Dieu vous benisse dans la terre qu'il vous doit donner pour la posseder. Si vous écoutez la voix du Seigneur votre Dieu, & si vous observez ce qu'il vous a commandé, & ce que je vous prescris aujourd'hui, il vous benira comme il vous l'a promis. Vous préterez à beaucoup de peuples, & vous n'emprunterez rien de personne; vous dominerez sur plusieurs nations, & nul ne vous dominera. Si étant dans la terre que le Seigneur votre Dieu vous doit donner, un de vos freres, qui demeure dans vos villes, tombe dans la pauvreté, vous n'endurcirez point votre cœur, & vous ne resserrerez point votre main, mais vous l'ouvrirez au pauvre, & vous lui préterez tout ce dont vous verrez qu'il aura besoin. Vous ne détournerez point vos yeux de votre frere qui est pauvre, sans vouloir lui préter ce qu'il vous demande;*

Deut. 15.
4. 5. & seq.

F vj

de peur qu'il ne crie contre vous au Seigneur, & qu'il ne vous soit imputé à péché:
mais vous lui donnerez ce qu'il desire, &
vous le soulagerez franchement dans sa necessité; sans user de détour, ni de finesse,
afin que le Seigneur votre Dieu vous benisse en tout tems, & dans toutes les choses
que vous entreprendrez de faire. Il y aura
toujours des pauvres dans le lieu où vous
habiterez: c'est pourquoi je vous ordonne
d'avoir toujours la main ouverte aux besoins de votre frere pauvre & sans secours,
qui demeurera avec vous dans votre païs.

Moïse publia encore d'autres Loix
par l'ordre de Dieu touchant l'aumône,
afin d'empêcher les riches de s'en dispenser jamais, & surtout pendant la
recolte de leurs fruits. *Lorsque vous fe-*
rez la moisson dans vos champs, leur dit-
il, *vous ne couperez point jusqu'au pied*
ce qui sera crû sur la terre, & vous ne ra-
masserez point les épis qui seront restés.
Vous ne cueillerez point aussi dans vos vi-
gnes les grappes qui restent, ou les grains
qui tombent: mais vous les laisserez pren-
dre aux pauvres & aux étrangers.

Levit. 19.
9. 10.

Lorsque vous aurez coupé votre bled
dans votre champ, & que vous y aurez
oublié une javelle, vous n'y retournerez
point pour l'emporter; mais vous la laisse-
rez prendre à l'orphelin & à la veuve.

Deut. 25.
19. 20. 21

afin que le Seigneur vous benisse dans toutes les œuvres de vos mains. *Quand vous
aurez cueilli les fruits des Oliviers, vous
ne reviendrez point pour reprendre les
fruits qui resteront sur les arbres, mais
vous les laisserez à l'étranger, à l'orphelin,
& à la veuve. Quand vous vendangerez
votre vigne, vous n'irez point cueillir les
raisins qui y seront demeurés: mais ils seront
pour l'étranger, pour l'orphelin, & pour
la veuve.*

*Prétez l'oreille au pauvre sans chagrin,
acquittez-vous de ce que vous lui devez,*
dit aussi l'Ecclesiastique. *Assistez le pau-* Eccli. 4.
vre à cause du commandement, & ne le 8. & c.
laissez point aller les mains vuides parce- 13. 14.
*qu'il n'a rien. Perdez votre argent pour
votre frere & pour votre ami; & ne le cachez point sous une pierre à votre porte.
Dispensez votre tresor selon que le Très-
haut vous le commande, & il vous vau-
dra mieux que tout l'or du monde.*

Moïse & l'Ecclesiastique, en parlant
ainsi nous apprennent qu'il y a un Commandement de Dieu qui oblige les riches à secourir les pauvres, & à leur
faire part de leurs biens; & par consequent l'aumône est à leur égard d'une
obligation indispensable.

Le Prophéte Isaïe nous marque encore cette vérité, lorsqu'il dit aux Juifs;

Iſa. 58.
I. 8.

Faites part de votre pain à celui qui a faim, & faites entrer en votre maiſon les pauvres & ceux qui ne ſçavent où ſe retirer. Lorſque vous verrez un homme nud, revêtez-le, & ne mépriſez point votre propre chair : alors votre lumiére éclatera comme l'aurore : vous recouvrerez bientôt votre ſanté : votre juſtice marchera devant vous, & la gloire du Seigneur vous protegera.

Le Sage nous aſſure qu'il n'y a rien de plus puiſſant que l'aumône pour effacer Eccleſ. 3.
33. les péchés : *Comme l'eau*, dit-il, *éteint le feu le plus ardent, ainſi l'aumône réſiſte* Dan. 4.
24. *aux péchés.* Le Prophéte Daniel conſeilla au Roy Nabuchodonoſor de racheter ſes péchés par des aumônes ; & J. C. Luc. 11.
41. nous dit dans l'Evangile : *Donnez l'aumône de ce que vous avez, & toutes choſes vous ſeront pures.* Il s'enſuit delà que nous ſommes obligés de nous y porter avec zéle & avec ferveur, afin de nous purifier des ſouillures que nous contractons inceſſamment, & que ſi nous nous en diſpenſons mal à propos, nous negligeons notre ſalut, & nous ne travaillons point à nous décharger de nos péchés.

Lorſque S. Jean-Baptiſte prêchoit ſur les bords du Jourdain, les peuples lui vinrent demander en foule, ce qu'ils

devoient faire pour obtenir misericorde de Dieu ; & il leur ordonna avant
toutes choses de faire l'aumône; parceque rien n'est plus necessaire à tous les
riches pour être sauvés. *Que celui*, leur   Luc. 3.
dit-il, *qui a deux vêtemens, en donne à* 11.
celui qui n'en a point ; & que celui qui a de
quoi manger, en fasse de même.

L'on peut encore regarder comme un
precepte de l'aumône ces paroles de J.
C. qu'on a déja rapportées dans le Cha-
pitre precedent : *Faites-vous des bourses*   Luc. 12.
qui ne s'usent point par le tems : Amassez 33.
dans le Ciel un trésor qui ne perisse ja-
mais, d'où les voleurs ne puissent appro-
cher, & que les vers ne puissent corrom-
pre : & ces autres : *Ne vous faites point*   Matth.
de trésor sur la terre, où les vers & la rouil- 19. 20.
le les mangent , & où les voleurs les dé-
terrent & les dérobent ; mais faites-vous
des trésors dans le Ciel, où les vers & la
rouille ne les mangent point, & où il n'y a
point de voleurs qui les déterrent , & qui
les dérobent : Et encore ce que dit le Sauveur dans S. Luc : *Employez vos richesses*   Luc. 16.
injustes à vous faire des amis, afin que 9.
lorsque vous viendrez à manquer, ils vous
reçoivent dans les Tabernacles éternels.
En effet, tous ces Oracles sont autant
de Loix qui établissent la necessité de
l'aumône ; & personne ne sçuroit refu-

fer de s'y foumettre , puifqu'ils font fortis de la bouche même de la fouve-raine Vérité.

L'Apôtre S. Jean ne fe contente pas de recommander aux Fidéles d'affifter les pauvres ; mais il déclare que ceux qui refufent de les fecourir, n'aiment point Dieu ; ce qui eft le plus grand de tous les malheurs. *Què fi quelqu'un,* **1.Joan. 3.17.18.** *dit-il , a des biens de ce monde , & que voyant fon frere en neceffité , il lui ferme fon cœur & fes entrailles , comment l'a-mour de Dieu demeureroit-il en lui ?* Il ajoute enfuite , qu'il ne faut pas aimer feulement de paroles , ni de la langue , mais par des œuvres & en vérité.

Il eft auffi conftant par les inftruc-tions que S. Paul donne à fon Difciple Timothée, que tous les riches font obli-gés à l'aumône , & que s'ils refufent de la faire , ils commettent une injuftice vifible , & fe rendent très-coupables aux yeux de Dieu ; car il lui adreffe ces **1.Tim.6. 17. 18. 19.** paroles : *Ordonnez aux riches de ce mon-de , d'être charitables & bienfaifans , de fe rendre riches en bonnes œuvres , de donner l'aumône de bon cœur, de faire part de leurs biens à ceux qui en ont befoin , de s'acque-rir un tréfor , & de s'établir un fondement folide pour l'avenir, afin de pouvoir arri-ver à la véritable vie.* Il ne lui dit pas :

Avertiſſez les riches, conſeillez aux riches d'être charitables & bienfaiſans: mais, *ordonnez aux riches d'être charitables & bienfaiſans;* ce qui marque un precepte & une obligation indiſpenſable.

Enfin, nous voyons dans l'Ecriture, que le ſaint homme Job prie Dieu de le punir & de le terraſſer, s'il a négligé de ſecourir & de nourrir les pauvres. *Si j'ai refuſé aux pauvres,* dit-il, *ce qu'ils vouloient, & ſi j'ai fait attendre en vain les yeux de la veuve: ſi j'ai mangé ſeul mon pain, & ſi l'orphelin n'en a pas auſſi mangé: ſi j'ai negligé de ſecourir celui qui n'ayant point d'habits mouroit de froid, & le pauvre qui étoit ſans vêtement. Si les membres de ſon corps ne m'ont pas beni, lorſqu'ils ont été échauffés par les toiſons de mes brebis, que mon épaule tombe étant déſunie de ſa jointure, & que mon bras ſe briſe avec tous ſes os.* Job. 31. 16 &ſeq.

Nous liſons dans le Prophéte Ezechiel, qu'une des cauſes qui attirérent la ruine & la deſtruction de Sodome, fut la dureté de ſes habitans pour les pauvres: *Ce qui a rendu criminelle Sodome votre ſœur,* dit Dieu en parlant à la ville de Jeruſalem, *a été l'orgueil, l'excès des viandes, l'abondance de toutes choſes, & l'oiſiveté où elle étoit elle & ſes filles. Elles ne tendoient point la main au* Ezech. 16. 49.

pauvre & à l'indigent pour les affifter.

Et l'Evangile nous apprend que J. C. à la fin des fiécles dira aux réprouvés :

Matth. 25.41.& feq.

Retirez-vous de moi, maudits, & allez au feu éternel, qui a été préparé pour le diable, & pour fes anges : car j'ai eu faim, & vous ne m'avez pas donné à manger : j'ai eu foif, & vous ne m'avez pas donné à boire : j'ai eu befoin de logement, & vous ne m'avez pas logé : j'ai été fans habits, & nous ne m'avez pas revêtu : j'ai été malade & en prifon, & vous ne m'avez pas vifité.

Si Job prononce de fi horribles malédictions contre lui-même, en cas qu'il ait mangé feul fon pain, fans le partager avec fes freres ; fi Sodome fut détruite à caufe que fes habitans negligeoient d'affifter les pauvres ; fi le Sauveur du monde ne doit reprocher aux réprouvés au jour du dernier Jugement que leur dureté & leur inhumanité pour les pauvres, il faut conclure que l'aumône eft d'une néceffité abfolue, & que l'on ne peut s'en difpenfer fans commettre un péché très-énorme. Les autorités des faints Peres, que nous expliquerons dans le Chapitre fuivant, confirmeront encore cette vérité.

CHAPITRE III.

L'on prouve par les saints Peres de l'Egli-
se, que l'aumône est d'une obligation
très-étroite pour tous les riches.

SI nous voulions rapporter tout ce
que les saints Peres ont dit pour
prouver que les riches sont indispensablement obligés de faire l'aumône, il
nous faudroit transcrire une grande partie de leurs Livres & de leurs Sermons;
car il n'y a point de matiere dont ils
ayent plus souvent parlé, ni avec plus
d'étendue, & nous composerions sur ce
seul Point un très-gros Volume ; ce qui
nous empêcheroit d'examiner plusieurs
questions dont il est necessaire que les
Fidéles soient instruits ; c'est pourquoi
nous nous contenterons d'expliquer les
maximes les plus importantes qu'ils
nous ont enseignées sur ce sujet.

S. Ambroise dit que les riches doi- Serm. 64.
vent considerer que les biens qu'ils pos- de temp.
sedent à l'exterieur, appartiennent à
Dieu ; qu'il ne leur en a pas donné le
domaine absolu ; qu'ils n'en sont
que les dispensateurs & les œconômes ;
qu'ils sont obligés de n'en user que selon sa volonté ; & que par consequent

ils se rendent très-criminels, lorsqu'ils les retiennent tout entiers pour eux-mêmes, & qu'ils refusent de les employer au soulagement des pauvres, parcequ'il leur a expressément commandé dans ses Ecritures de les secourir & de les assister.

Ibid. Il enseigne, que selon la nature, tous les biens de la terre sont communs à tous les hommes, qu'ils y ont tous également droit, que les usages & les coutumes qui les ont partagés entr'eux, ne doivent point l'emporter audessus de la premiere Institution ; & qu'ainsi ceux qui se les approprient entierement, & ne les communiquent point à leurs freres, sont des injustes, & des prévaricateurs des Loix de la nature.

S. Gregoire Pape soutient aussi que les biens de la terre étant communs à tous les hommes, les riches sont obligés par principe de justice de faire part aux pauvres de ceux qu'ils possedent, & qu'ils ne peuvent y manquer sans une Pastoral. injustice manifeste. » Il faut, dit-il, curæ p. 3. » avertir ceux qui ne désirant point le admo-
nit. 12. » bien d'autrui, ne communiquent point » aux autres celui qui leur appartient, » qu'ils doivent considerer que la terre » dont ils sont sortis, étant commune à » tous, les fruits qu'elle produit sont

» aussi communs à tous les hommes ; &
» que par consequent c'est à tort qu'ils
» se croyent innocens, lorsqu'ils re-
» tiennent pour eux seuls ce que Dieu a
» donné & destiné à tous : car ils se ren-
» dent coupables de la mort de tous
» ceux qui meurent de faim, & qu'ils
» auroient pû faire subsister, en leur
» donnant une portion des biens qu'ils
» cachent, & qu'ils retiennent inuti-
» les.

» Au reste, lorsque nous fournissons
» aux pauvres ce qui leur est necessai-
» re, nous ne leur donnons rien du nô-
» tre ; & à proprement parler, nous
» n'exerçons pas à leur égard une œu-
» vre de misericorde ; mais nous ne fai-
» sons que leur rendre ce qui leur ap-
» partient, & nous leur payons ce qui
» leur est dû par justice. Aussi voyons-
» nous que lorsque la souveraine Véri-
» té parle des précautions avec lesquel-
» les il faut faire l'aumône, elle dit :
» *Prenez bien garde de ne pas faire votre* Matth.
» *justice devant les hommes :* Le Psalmis- 6. 1.
» te s'exprime de la même maniere,
» quand il dit : *Il a répandu ses dons &* Psal.111.
» *ses liberalités sur les pauvres : sa justi-* 8.
» *ce demeurera éternellement* ; car ayant
» parlé immediatement auparavant de
» l'aumône faite aux pauvres, il ne la

» nomme pas misericorde , mais justi-
» ce ; parce qu'il est juste que ceux qui
» ont reçû les dons que Dieu a destinés
» à tous , les communiquent à leurs
» freres, & les possedent avec eux en
» commun.

S. Ambroise soutient même que ceux
qui n'assistent pas les pauvres, quand
ils le peuvent, sont presque aussi criminels que ceux qui prennent le bien
d'autrui ; parceque les uns & les autres
s'emparent de ce qui n'est pas à eux.

Serm.
64. de
temp.

» Le pain que vous retenez, dit-il aux
» premiers , appartient à ceux qui
» sont pressés de la faim. Les habits
» que vous serrez dans vos coffres, ap-
» partiennent à ceux qui souffrent la
» nudité : L'argent que vous cachez en
» terre, appartient aux Captifs & à ceux
» qui sont dans la misere ; & il pour-
» roit servir à les racheter , & à les fai-
» re subsister. Apprenez aujourd'hui ,
» que toutes les fois que pouvant assis-
» ter les pauvres , vous ne le faites pas ,
» vous usurpez un bien qui ne vous ap-
» partient point.

Hom. in
illud
Evang.
destruam
horrea
&c.

S. Basile accuse aussi d'injustice les riches qui n'ont pas soin des pauvres ; il
soutient qu'ils sont de véritables voleurs, & qu'ils prennent le bien d'autrui, toutes les fois qu'ils s'approprient

en leur particulier & qu'ils prennent pour eux feuls ce qui eft commun à tous les hommes; il leur dit, auffibien que S. Ambroife, que le pain qu'ils retiennent, que les vêtemens qu'ils gardent dans des coffres, que les chauffures qu'ils laiffent pourrir & fe corrompre, que les tréfors qu'ils enfouiffent en terre, appartiennent aux pauvres; & qu'ils oppriment tous ceux qu'ils abandonnent, les pouvant fecourir.

S. Jean Chryfoftome prétend que lorfque nous diftribuons notre argent aux pauvres, nous nous acquittons d'une obligation que la nature nous impofe, & que nous payons une véritable dette, dont nous fommes redevables.

Hom. 7. in Epift. ad Rom.

Il dit, que dans le corps humain, l'eftomac communique à tous les membres la nourriture qu'il a reçûe, & que s'il la retenoit toute pour lui feul, il fe donneroit la mort, & à tout le refte du corps; qu'ainfi les riches doivent partager leurs biens avec leurs freres, & que s'ils fe les approprient tellement qu'ils n'en faffent aucune part au prochain, ils fe perdent eux-mêmes, & ils font perir les pauvres dans leur mifere.

Hom. 1. in 1. ad Cor.

Il paffe encore plus avant: car il leur reproche de tuer eux-mêmes tous ceux, à qui pouvant faire l'aumône, ils la re-

Hom. 36. inMatth.

fufent mal à propos ; » Si celui, dit-il ,
» qui ne donne pas l'aumône, tue le
» pauvre, à combien plus forte raifon
» celui qui lui ravit fon fang & la vie,
» eft-il meurtrier ?

Serm.
345.
S. Auguftin enfeigne, que les riches
qui ne font point l'aumône pendant
leur vie, fe trouvent les mains vuides à
l'heure de leur mort, & que n'ayant
point de bonnes œuvres à prefenter aux
pieds du trône de J. C. ils en font re-
jettés avec indignation.

Conc. 1.
in Pfal
48.
Il dit que les richeffes de la terre font
appellées par le Sauveur du monde, des
richeffes injuftes, parceque fouvent on
les acquiert par des moyens pleins d'injuftice, & que plufieurs de ceux qui les
poffedent, retiennent entre leurs mains
la part des pauvres, & refufent de les
affifter d'un bien qui leur eft commun ,
& auquel ils ont droit par les Loix de la
nature ; ce qui eft très-injufte.

Lorfqu'il parle aux riches de faire
l'aumône, il ne fe contente pas de les
y exhorter ; mais il joint les Comman-
Serm.61. demens aux Prieres. » Donnez aux pau-
» vres, leur dit-il, je vous en prie, je
» vous en avertis, je vous l'ordonne ,
» je vous le commande : *Date pauperi-*
bus, rogo, moneo, præcipio, jubeo. Or en
leur adreffant ces paroles, il leur déclare

re ouvertement, que l'aumône est d'u-
ne obligation très-étroite, & qu'ils ne
peuvent s'en dispenser sans provoquer
contre eux la colere de Dieu.

S. Thomas prouve par raison qu'elle
est de precepte pour les riches, & non
pas simplement de conseil. L'amour du
prochain, dit-il, étant de commandement, il s'ensuit que toutes les choses
sans lesquelles cet amour ne sçauroit
subsister, sont aussi de commandement:
Or cet amour nous oblige non-seulement à désirer du bien au prochain,
mais à lui en faire, selon cette parole
de S. Jean: *N'aimons pas seulement de
paroles, ni de la langue; mais par des
œuvres & en vérité;* & il est d'ailleurs
certain, que vouloir du bien au prochain, & lui en faire, c'est le secourir
dans sa necessité; & fournir à ses besoins; & par consequent l'aumône est
de precepte pour les riches.

Ce saint Docteur établit encore cette
vérité par une autre raison très-éviden-
te. Personne, dit-il, n'est damné pour
avoir omis de faire une chose qui n'est
pas de precepte: Or nous voyons dans
S. Matthieu, que plusieurs personne
seront damnées pour avoir manqué a
faire l'aumône; ainsi il est constant que
l'aumône est de precepte.

G

(marginal notes:) 1. 2. q. 32. art. 5. in corp.

Ibid. in argumentis contra.

Matth. 24. 41. & sequen.

Comme S. Thomas emprunte ce rai-
sonnement des anciens Peres de l'Eglise, l'on croit que les Lecteurs seront
bien-aises de les entendre parler eux-
mêmes, lorsqu'ils menacent de la damnation éternelle les riches qui ne com-
mettant point d'autres péchés, & pratiquant même toutes sortes de bonnes
œuvres, refusent seulement d'assister
les pauvres ; car tout ce qu'ils disent
sur ce sujet, prouve encore la nécessité
de l'aumône.

.S. Basile dit, que comme un homme
qui a entrepris un grand voyage, pour
aller voir une belle ville, rend inutiles
toutes ses peines & toutes ses fatigues,
si étant arrivé aux Fauxbourgs de cette
ville, il entre dans la premiére hôtellerie qu'il rencontre, & s'il y demeure
par paresse & par lâcheté, sans se mettre
en état de passer plus avant ; qu'ainsi
ceux qui ne faisant point l'aumône, ne
laissent pas de s'exercer dans la pratique des bonnes œuvres, ne sçauroient
plaire à Dieu,& qu'ils perdent le mérite
de toutes leurs vertus. » J'en ai vû, dit
» ce Pere, qui jeûnoient, qui prioient,
» qui pleuroient amerement leurs pé-
» chés, qui vivoient à l'exterieur dans
» une grande pieté, & qui cependant
» ne donnoient pas même une seule

Hom. in
direscen-
tes.

» obole aux pauvres ; que leur fert-il
» de pratiquer les autres vertus, puif-
» qu'ils n'obtiendront point le Royau-
» me de Dieu? C'eft pourquoi Notre
» Seigneur dit, Qu'il eft plus facile qu'un
» chameau paffe par le trou d'une ai-
» guille, que non pas qu'un riche entre
» dans le Royaume des Cieux.

Le grand S. Jean Chryfoftomé parle
auffi très-fortement contre ceux qui vivent dans le luxe & dans la bonne chere, pendant qu'ils ne font point l'aumône ; & qui prétendent fe juftifier, en difant qu'ils ne volent perfonne, & qu'ils
ne font coupables d'aucune concuffion.
» Ce n'eft point du bien d'autrui, dites- Hom.
» vous, que j'entretiens ces dépenfes: Je 48. in
» le veux, leur répond ce faint Docteur ; Matth.
» mais quand ce feroit du bien le mieux
» acquis , pouvez-vous juftifier un fi
» grand luxe ? Ecoutez ce que dit le Pro-
» phéte , & comment fans marquer au-
» cune rapine, il condamne la délica-
» teffe & la magnificence de vos tables:
» *Malheur à vous*, dit-il, *qui bûvez des* Amos 7.
» *vins délicieux, & qui vous parfumez* 7.
» *des plus excellens parfums.* Vous voyez
» qu'il n'accufe que la bonne chere , &
» non les concuffions , ou l'avarice.
» Confiderez, je vous prie, ce que vous
» faites dans vos feftins : Vous mangez

G ij

» avec excès , pendant que J. C. n'a
» pas de quoi foulager fa faim. Vous
» chargez vos tables de mets délicieux,
» & il n'a pas un morceau de pain fec.
» Vous bûvez des vins les plus excel-
» lens , & vous ne lui donnez pas un
» verre d'eau froide pour appaifer la
» foif qui le brûle. Vous couchez dans
» des lits magnifiques , & il couche à
» l'air , & meurt de froid. Quand donc
» vos feftins ne feroient pas abomina-
» bles , comme étant le fruit de votre
» avarice , ils le feroient néanmoins par
» ces dépenfes exceffives & fuperflues
» que vous y faites, pendant que vous
» refufez le neceffaire aux membres de
» J. C. quoique ce foit lui qui vous a
» donné tout ce que vous avez. Si étant
» le tuteur d'un orphelin , vous confu-
» miez tout fon bien , & le laiffiez dans
» la derniere pauvreté , tous les hom-
» mes s'éleveroient contre vous, & tou-
» tes les Loix s'armeroient pour pu-
» nir une fi grande injuftice ; & vous
» croyez que lorfque vous diffipez ainfi
» le patrimoine de J. C. vous demeure-
» rez impuni.

Luc. 12.　　S. Auguftin parlant de cet homme ,
dont l'Evangile nous rapporte la fin
malheureufe , qui penfoit à faire conf-
truire de nouveaux greniers pour y con-

ſerver ſes grains, ſans en donner une
partie pour nourrir les pauvres, dit :
» Ce riche ne prenoit point le bien Serm.
» d'autrui, il n'avoit point d'autre in- 178.
tention que de ſerrer ſes fruits, & il
» déliberoit où il les mettroit. Il n'a-
» voit pas la penſée d'uſurper les héri-
» tages de ſes voiſins, ni de renverſer
» les bornes qui en faiſoient la ſépara-
» tion : il ne dépouilloit point les pau-
» vres : il n'abuſoit point de la facilité
» des ſimples ; & il ne s'appliquoit qu'à
» ramaſſer & à conſerver ſes grains :
» cependant, écoutez ce qui fut dit à
» cet homme, qui n'avoit point d'au-
» tre péché, que d'être trop attaché à
» ſon bien : *O fou & inſenſé que tu es, on*
» *te redemandera cette nuit même ton*
» *ame, & pour qui ſera tout ce que tu as*
» *amaſſé.*

Lorſque ce ſaint Docteur explique
l'hiſtoire du Mauvais Riche, il parle encore en ces termes. » *Il y avoit un riche,* Ibid.
» dit Notre Seigneur, *qui étoit vêtu de*
» *pourpre & de lin, & qui ſe traitoit tout*
» *les jours magnifiquement.* Obſervez
» qu'il ne dit point : Il y avoit un hom-
» me qui imputoit de faux crimes à ſes
» freres, qui opprimoit les pauvres, qui
» prenoit le bien d'autrui, qui étoit un
» voleur, ou un receleur, qui dépouil-

» loit les pupilles de leurs poſſeſſions,
» qui perſecutoit les veuves. Il ne dit
» rien de tout cela, mais ſeulement, Il
» y avoit un riche. Qu'y-a-t-il en cela
» d'extraordinaire & de criminel ? S'il
» étoit riche, c'étoit de ſon propre bien,
» & il n'avoit point pris celui d'autrui ;
» car s'il avoit commis quelque injuſti-
» ce, l'Evangile n'auroit pas manqué de
» le marquer. Si vous voulez donc ſça-
» voir quel étoit le crime de ce riche,
» écoutez ce que dit la ſouveraine Vé-
» rité, & n'en demandez pas davantage.
» *Il y avoit un riche, qui étoit vêtu de*
» *pourpre & de lin, & qui ſe traitoit tous*
» *les jours magnifiquement.* Les paroles
» ſuivantes déſignent ſon crime: *Il y*
» *avoit un pauvre couché à ſa porte tout*
» *couvert d'ulceres,* & il ne le ſecouroit
» point: cela nous fait aſſez entendre,
» que ſon péché étoit de n'avoir point
» pitié de ce pauvre, & de n'exercer
» point envers lui la miſericorde. En
» effet, ſi ce miſerable couché à ſa por-
» te avoit reçû de lui du pain ſuffiſam-
» ment pour ſe nourrir, l'Evangile ne
» diroit point, qu'il déſiroit ſe raſſaſier
» des miettes qui tomboient de ſa ta-
» ble. Il n'y a donc eu que l'inhumani-
» té de ce riche pour ce pauvre, qui l'a
» précipité après ſa mort dans les enfers.

S. Gregoire Pape, confiderant auffi Hom. 40. in Evan. que ce riche, qui n'eft point accufé dans l'Evangile d'avoir pris le bien d'autrui, ni d'avoir opprimé perfonne, & à qui on ne peut reprocher que de n'avoir pas fait l'aumône au pauvre, nommé Lazare, ne laiffe pas d'être damné, dit qu'on peut juger par-là, quel fupplice ne méritent point ceux qui prennent le bien d'autrui, puifque cet homme eft tourmenté dans les enfers, feulement pour avoir trop aimé fon bien, & ne l'avoir pas partagé avec les pauvres qu'il voyoit tous les jours couchés à fa porte, & qui imploroient fa mifericorde.

L'on efpére que ceux qui confidereront attentivement tout ce qu'on a repréfenté dans le Chapitre précedent, & dans celui-ci, demeureront d'accord que tous les riches font abfolument obligés de faire l'aumône, & que s'ils négligent de s'acquitter de ce devoir, ils ne font point juftes devant Dieu, & ils ne peuvent prétendre d'entrer un jour à venir dans le Royaume des Cieux, quand même ils vivroient moralement bien d'ailleurs, & qu'ils ne commettroient aucun des péchés énormes, qui frappent les yeux des hommes, & qui leur font horreur; parceque leur falut eft attaché à la pratique

de cette vertu, & que fans elle, tout le
refte de ce qu'ils peuvent faire, leur eft
inutile, & ne fçauroit les garantir de la
mort feconde, dont parle l'Ecriture,
c'eft-à-dire, de la damnation éternelle.

CHAPITRE IV.

L'on explique les principales raifons qui
obligent les riches à faire l'aumône.

AFIN de perfuader de plus en plus
les riches de la néceffité de faire
l'aumône, il faut leur expliquer en particulier les raifons qui les y obligent:
car elles font très-convaincantes, &
l'on ne croit pas que des efprits raifon-
nables puiffent refufer de s'y rendre.

L'on a vû dans le Chapitre précedent, que S. Thomas enfeigne que la
même Loi qui nous oblige à aimer le
prochain, nous oblige pareillement à
lui faire l'aumône, quand il eft dans la
mifere; & que fi nous refufons de l'affifter dans fes befoins, nous fommes
convaincus de n'avoir pour lui aucun
amour.

L'on a encore repréfenté dans ce même Chapitre, que par le droit naturel
les biens de la terre font communs à
tous les hommes, & que par confequent
les riches qui les retiennent pour eux

feuls, fans les partager avec les pauvres, font des injuftes, & péchent contre la nature.

Ces deux raifons font très-folides, &
établiffent avec évidence l'obligation
qu'ont tous ceux qui poffedent les biens
de la terre, de faire l'aumône. On les
fuppofe donc, & on n'entreprend pas
de les expliquer une feconde fois, afin
d'éviter les répetitions, & de pouvoir
s'étendre davantage fur les autres que
les faints Peres nous fourniffent.

1°. S. Céfaire dit, que les pauvres
nous étant égaux dans toutes les chofes
effentielles, & participant avec nous
aux dons principaux de la nature
& de la grace, il y a de l'injuftice à leur
refufer une portion de nos biens de fortune, & de ne vouloir pas même leur
donner notre fuperflu. » Nous fommes *Serm.*
» tous, dit ce faint Evêque, ferviteurs 42.
» d'un même Seigneur; nous avons tous
» été rachetés d'un même prix; nous ve-
» nons tous au monde, & nous en for-
» tons tous de la même manière; & fi
» nous vivons bien, nous jouirons tous
» un jour à venir de la même beatitu-
» de. Pourquoi donc le pauvre eft-il
» maintenant exclus de votre table, lui
» qui poffedera dans l'autre vie un mê-
» me Royaume avec vous ? Pourquoi

G v

» le pauvre eſt-il maintenant privé mê-
» me de vos vieux habits, lui qui ſera
» revêtu avec vous dans le Ciel de la
» robe de l'immortalité ? Pourquoi le
» pauvre ne mérite-t-il pas de manger
» de votre pain , lui qui a été purifié
» comme vous dans les Eaux du Bap-
» tême ? Et pourquoi ſeroit-il indigne
» de recevoir les reſtes de votre table ,
» lui qui eſt invité auſſibien que vous
» au feſtin des Anges ?

Si les riches penſoient ſouvent à cette doctrine de S. Céſaire ; s'ils étoient
bien perſuadés que les pauvres leur ſont
égaux dans tout ce qui regarde la nature, la religion, & l'éternité ; s'ils les
conſideroient comme leurs freres, &
comme leurs cohéritiers, ils jugeroient
eux-mêmes qu'il y auroit de l'injuſtice
à leur refuſer une partie mediocre de
leurs biens temporels, & à leur dénier
les ſecours dont ils ont beſoin. Mais
ſe croyant infiniment élevés audeſſus
d'eux, ils ne les regardent qu'avec indifference, & même avec mépris, & ils
s'imaginent qu'il eſt indigne d'eux d'entrer dans le détail de leurs néceſſités, &
de s'informer de leur miſere & de leurs
ſouffrances. Delà vient qu'ils les négligent en toutes rencontres, & qu'ils ne
ſe mettent point en peine de les ſecourir, & de les aſſiſter.

20. Tous nos biens viennent de Dieu, nous les tenons de sa pure bonté; & c'est sa Providence qui les conserve, & qui les augmente selon qu'elle le juge à propos. Nous devons lui en témoigner notre gratitude en toutes rencontres, soit par nos paroles, ou par nos actions. Nous devons lui dire très-souvent: *C'est de votre main liberale, Seigneur, que nous avons reçû tout ce que nous possedons : Nous vous en faisons hommage, & nous protestons que vous en êtes le maître & le souverain absolu, & que vous en pouvez disposer selon votre bon plaisir.* Nous devons par esprit de reconnoissance, employer autant que nous le pouvons nos richesses en bonnes œuvres, & ne nous en servir que pour sa gloire, & pour l'avantage du prochain.

Mais c'est principalement par nos aumônes que nous pouvons lui marquer combien nous en sommes reconnoissans : Nous devons lui rendre en la personne des pauvres les biens qu'il nous a donnés : Nous devons lui en offrir les prémices, & lui en payer la dixme, en assistant les pauvres, qui sont ses membres : Nous devons les faire remonter jusqu'à lui, en les mettant entre les mains des pauvres. Lors donc que nous distribuons nos aumônes, il faut que

nous difions dans le fecret de notre
cœur, fi nous ne le pouvons de bouche:
*C'eft à vous, Seigneur, que nous offrons
cet argent: Nous reconnoiffons qu'il vient
de vous; recevez-le comme une marque de
notre gratitude: Beniffez celui qui refte entre nos mains; & faites-nous la grace de
n'en ufer que pour votre gloire, & pour notre falut.*

Ainfi nous fommes obligés de faire
l'aumône par principe de religion, afin
de reconnoître le fouverain Domaine
de Dieu fur tous nos biens, & pour lui
en rendre hommage. Il falloit que les
Juifs, pour obéir a la Loi du Seigneur,
lui offriffent les prémices de tous leurs
fruits, & lui payaffent la dixme de tous
leurs biens: Nous ne devons pas être
moins religieux que cet ancien peuple;
& fi nous ne prefentons pas à Dieu les
prémices & les dixmes de tout ce que
nous poffedons, parceque les Ordonnances legales ont été abrogées & n'o-
bligent plus, fubftituons en leur place
des aumônes abondantes, & mettons
entre les mains des pauvres le prix de
ce que les autres offroient à Dieu dans
le Temple & fur les Autels de Jerufalem.

3°. Nous devons encore nous porter
à faire l'aumône par efprit de recon-

noiſſance envers J.C. C'eſt pour nous que ce divin Sauveur s'eſt incarné, qu'il a verſé ſon Sang, & qu'il eſt mort ſur la Croix ; c'eſt pour nous qu'il a inſtitué tous les Sacremens de l'Egliſe, qui ſont une ſource abondante de graces ; c'eſt pour nous qu'il a operé une infinité de merveilles , & qu'il a ouvert tous les tréſors de ſes miſericordes ; c'eſt pour nous qu'il a fait deſcendre le Saint-Eſprit ſous une forme viſible ; c'eſt pour nous enfin qu'il eſt monté au Ciel ; & il nous y a préparé des places , comme il le déclare dans l'Evangile. Tant de bontés , & tant de graces méritent ſans doute que nous ne lui refuſions pas une partie de nos biens , & que nous aſſiſtions les pauvres, qui ſont ſes membres, & qu'il nous a recommandés avec tant de ſoin. Et auſſi S. Jean Chryſoſtome ſe ſert de la conſidération des miſéricordes de J. C. comme d'un très-puiſſant motif pour porter les Fidéles à l'aumône. » Puiſque J.C. leur dit-il, doit vous ❡Hom. » rendre ſes freres & ſes cohéritiers 45. in » dans le Ciel , faites le auſſi votre fre- Matth. » re & votre cohéritier ſur la terre: » Vous vous donnerez à vous-mêmes » tout ce que vous lui donnerez.

4°. Ceux qui ne ſont pas inſtruits des vérités de la Religion , s'imaginent quelquefois que la Providence ne s'applique pas à la conduite de tous les hommes ; qu'elle n'a pas soin de ceux qui sont pauvres, & qui vivent dans l'adversité ; & qu'elle les neglige. Mais les Fidéles doivent bien prendre garde de ne pas former un tel jugement ; car il n'y a rien de plus faux, ni de plus mal-fondé ; & une telle pensée seroit très-injurieuse à la bonté de Dieu. *Vous aimez tout ce qui est*, lui dit le Sage, *& vous ne haïssez rien de tout ce que vous avez fait, puisque si vous l'aviez haï, vous ne l'auriez point créé. La Providence*, dit encore le Sage, *atteint avec force depuis une extrémité jusqu'à l'autre, & elle dispose tout avec douceur.* Dieu n'abandonne donc pas les pauvres, & il ne cesse point de veiller en leur faveur, ni de pourvoir à leurs besoins, lors même qu'ils semblent être dans la derniere misere, & qu'il ne leur donne aucuns biens à l'exterieur ; car en ces rencontres son infinie sagesse se sert d'autres moyens pour les faire subsister. Elle choisit les riches pour être leurs peres & leurs tuteurs ; elle leur donne commission de leur fournir les choses necessaires à la vie ; elle les rend les dépositaires de ses trésors, afin qu'ils les communiquent à tous ceux qui lui

Sapient.
11.25.

Ibid.c.8.
1.

appartiennent, & qui compofent fa famille, & elle veut éprouver leur fidelité dans l'adminiftration qu'ils en font; c'eft pourquoi les faints Peres nous affurent que Dieu, qui avoit nourri pendant plufieurs années le Prophéte Elie dans le défert par le miniftére d'un corbeau, ne l'abandonna point, lors même qu'il ceffa de lui envoyer ce fecours, parcequ'il avoit mis de l'huile & de la farine entre les mains d'une veuve, afin qu'elle eût le mérite de le nourrir.

C'eft auffi pour cette raifon que S. Jean Chryfoftome foutient, que les riches ne font pas, à proprement parler, les maîtres de leurs biens, mais feulement les œconômes & les difpenfateurs, & qu'ils tombent dans une infidélité très-criminelle à l'égard de Dieu, lorfqu'ils n'en ufent pas felon fes intentions, & qu'ils ne les partagent point avec les pauvres qu'il a commis à leurs foins. » Je ne fais point, dit-il, de » diftinction entre le méchant ferviteur » dont parle l'Evangile, qui avoit diffipé en débauches le bien de fon Maî- » tre, & ceux qui étant riches ne don- » nent point l'aumône aux pauvres. » Vous n'êtes pas plus maître de votre » argent que celui qui manie les biens » de l'Eglife. Vous n'en êtes que le dif-

Hom. 77. in Matth.

» penſateur ; & comme il n'eſt pas per-
» mis à l'œconôme de ces biens ſacrés,
» de prodiguer ce que vous avez don-
» né pour les pauvres , ou de le détour-
» ner à d'autres uſages que ceux que
» vous avez vous-même marqués, il
» ne vous eſt pas non plus permis d'a-
» buſer indiſcretement des richeſſes qui
» ſont entre vos mains : car encore que
» vous les ayez reçûes de la ſucceſſion
» de votre pere & de vos ancêtres, &
» que par conſequent elles ſemblent
» être très-legitimement à vous, il eſt
» néanmoins vraí qu'elles appartien-
» nent à Dieu. Si vous voulez que l'ar-
» gent que vous donnez , ſoit diſpenſé
» avec tant de ſoin , croyez-vous que
» Dieu n'exige pas de vous autant de
» fidélité que vous en exigez des hom-
» mes, & qu'il ne veuille pas même que
» vous en ayez encore davantage ?
» Et pouvez-vous vous imaginer qu'il
» ſouffre impunément que vous diſſi-
» piez les biens qu'il vous a donnés ?
» Sçachez que s'il vous a rendu le dé-
» poſitaire de grandes richeſſes , c'eſt
» afin que vous en faſſiez part aux pau-
» vres ſelon leurs beſoins.

Ainſi les riches doivent conſiderer
qu'ils ſont chargés des pauvres ; ils doivent être perſuadés que les biens qu'ils

possedent, sont destinés, non-seulement
à leur subsistance, mais aussi à celle de
leurs freres : Ils doivent se regarder
comme des œconômes, qui sont obligés de pourvoir aux besoins de tous
ceux qui sont engagés au service de leur
Maître ; & par consequent ils doivent
partager liberalement leurs richesses
avec ceux qui sont dans l'indigence.

Mais s'ils se laissent dominer par l'a-
varice ; & s'ils retiennent pour eux seuls
tous les biens qui leur ont été confiés,
ils sont des dispensateurs infidéles ; ils
se revoltent contre les ordres du grand
Pere de famille, & ils méritent qu'il les
punisse avec la derniere severité. Ils
sont cause que plusieurs d'entre les pauvres se plaignent à Dieu, murmurent
contre lui, & l'accusent de les abandonner. Ils donnent même lieu aux infidéles de douter de la sagesse de la Providence, & de publier que ses soins ne
s'étendent pas generalement sur tous
les hommes. Il faut donc qu'ils fassent
l'aumône pour obéir aux ordres de
Dieu, pour appaiser les plaintes & les
murmures des pauvres, & pour justifier
la Providence auprès des Infidéles.

50. L'on peut ajouter à la raison pré-
cédente, ce que disent très-souvent les
saints Peres, que nos biens appartien-

nent à Dieu, qu'il en eſt le ſouverain Seigneur, & que lorſque nous faiſons l'aumône, nous lui rendons ſes propres biens, & nous lui donnons ce qui étoit déja à lui. » Ne croyez pas, dit S. Jean

Hom. 77. in Matth.

» Chryſoſtome, que ces biens vous ap-
» partiennent en propre, quoique Dieu
» ſoit ſi bon qu'il vous exhorte à les
» donner comme s'ils étoient effective-
» ment à vous. Il vous les a prêtés, pour
» vous fournir un moyen de mieux pra-
» tiquer la vertu, & de devenir plus ju-
» ſtes. Ne regardez donc plus comme
» étant à vous ces biens que vous poſ-
» ſédez. Donnez à Dieu ce qui eſt à
» Dieu. Si vous aviez prêté une grande
» ſomme à un homme, afin qu'il s'en
» ſervît pour gagner quelque choſe,
» diroit-on que cet argent ſeroit à lui ?
» C'eſt ainſi que Dieu vous a donné vo-
» tre bien, afin que vous vous en ſer-
» viez pour gagner le Ciel. N'employez
» donc pas pour vous perdre, ce que
» vous avez reçu pour vous ſauver, &
» ne ruinez pas les deſſeins de la bonté
» de Dieu ſur vous, par un comble de
» malice & d'ingratitude.

Ce ſaint Docteur enſeigne encore, que lorſque nous faiſons l'aumône, nous rendons à Dieu des biens qui ſont à lui, & que nous tenons de ſa libéralité ; &

que néanmoins il est si bon & si miséri-
cordieux, qu'il nous récompense comme
si nous lui donnions quelque chose qui
fut à nous.

C'est donc par principe de justice que
nous sommes obligés de faire l'aumône ; & nous devons la regarder plûtôt
comme une restitution, que comme une
libéralité.

6°. Les saints Docteurs de l'Eglise
appellent souvent l'aumône un commerce usuraire, parce que ceux qui la
font, reçoivent beaucoup plus qu'ils ne
donnent : & cela est très-véritable ; car
ils ne distribuent que des biens périssa-
bles, que des biens qui leur sont communs avec les méchans, que des biens
qui ne sçauroient rendre heureux ceux
qui les possèdent ; & ils reçoivent pour
récompense des biens spirituels, qu'ils
ne perdront jamais sans leur consente-
ment ; des biens qui les séparent des
impies ; des biens qui leur procureront
un bonheur éternel. Ils donnent un argent vil & méprisable, & ils reçoivent
une surabondance de graces. Ils donnent un pain materiel, & ils se rendent
dignes de manger le pain des Anges. Ils
donnent des vêtemens que les vers & les
tignes rongeroient & consumeroient,
s'ils les gardoient plus long-tems, & ils

méritent d'être revêtus de la robe de
l'immortalité. Ils reçoivent les pauvres
dans leurs maisons, qui ne sont pas des
demeures stables & permanentes, & où
ils ne sçauroient les garantir d'une infinité de maux & de douleurs qui les accablent ; & ces mêmes pauvres les recevront à la fin des siécles dans les Tabernacles éternels, où ils seront exempts de
toute sorte de misere, & où ils jouiront
d'une souveraine félicité.

Ainsi nos propres intérêts nous engagent à faire l'aumône : c'est un trafic,
où nous recevons infiniment plus que
nous ne donnons. Des biens temporels
nous en procurent d'éternels : un peu
d'argent sémé dans le champ du pauvre, nous produit une moisson surabondante, que nous recueillerons dans la
suite de tous les siécles ; & un seul verre
d'eau froide donné au Nom du Seigneur, nous mérite une gloire infinie,
& nous rendra un jour à venir les cohéritiers de J. C.

Ce sont-là les principales raisons
qu'on allégue ordinairement pour prouver aux riches qu'ils sont obligés de faire l'aumône. Mais s'ils consultent sans
préoccupation les sentimens de l'humanité, s'ils lisent avec piété les saintes
Ecritures, s'ils écoutent Dieu avec res-

peût dans la priére, ils en découvriront
eux-mêmes une infinité d'autres; & ils
avoueront que la charité envers les pauvres est la reine des vertus, & que sans
elle ils ne peuvent prétendre à la gloire
du Paradis.

CHAPITRE V.

*Que si les riches veulent que Dieu écoute
leurs priéres, ils doivent eux-mêmes
écouter celles des pauvres, & les secourir dans leur misere.*

CE que nous devons expliquer dans
ce Chapitre, peut être considéré
comme une nouvelle raison qui établit
encore la nécessité de l'aumône pour
tous les riches. En effet, n'est-ce pas
prouver d'une maniere invincible qu'ils
font absolument obligés de la faire, que
de poser pour fondement, qu'ils ne peuvent prétendre que Dieu écoute leurs
priéres, à moins qu'ils n'écoutent eux-
mêmes celles des pauvres, & qu'ils ne
leur accordent les secours dont ils ont
besoin. Or c'est ce que nous allons justifier par des autorités claires & évidentes.

Dieu déclare dans les Proverbes, que
ce sera en vain que ceux qui n'auront
pas voulu lui obéir, lorsqu'il les appel-

loit à lui, & qui se seront révoltés contre sa Loi & ses Commandemens, le
prieront, & lui demanderont miséricorde au jour de leur affliction, parce
qu'il rejettera leurs priéres. *Ils m'invoque-*
ront, dit-il, *& je ne les écouterai point :*
Ils se leveront dès le matin, & ils ne me
trouveront point.

Prov. 1.
28.

Nous voyons dans l'Evangile, que
les Vierges folles, qui avoient négligé
de se mettre en état de recevoir l'Epoux,
le priérent ensuite inutilement de leur
ouvrir la porte du festin, & qu'il leur
répondit avec indignation : *Je vous dis*
en vérité que je ne vous connois point.

Matth.
25. 12.

J. C. parle lui-même ainsi dans S. Luc
aux méchans qui ne se mettent point en
peine de pratiquer la vertu, ni de faire
de bonnes œuvres : *Quand le Pere de fa-*
mille sera entré (dans la salle du banquet,)
& en aura fermé la porte, & que vous
étant dehors, vous commencerez à heurter,
en disant, Seigneur, ouvrez-nous, il vous
répondra ; Je ne sçai d'où vous êtes. Alors
vous commencerez à dire : Nous avons bû
& mangé en votre présence, & vous avez
enseigné dans nos places publiques ; & il
répondra : Je vous dis que je ne sçai d'où
vous êtes, retirez-vous de moi vous tous
qui vivez dans l'iniquité.

Luc. 13.
25. 26.
27.

Mais pour nous renfermer dans la

matiére de l'aumône, puisque c'est de
cela qu'il s'agit maintenant, le Prophéte
Isaïe nous marque que c'est en assistant
& en secourant les pauvres, que nous
pouvons mériter que Dieu écoute nos
priéres ; car après avoir dit aux Juifs :
Faites part de votre pain à celui qui a Isa. 58.
faim, & faites entrer en votre maison les 7. 8. 9.
pauvres & ceux qui ne sçavent où se reti-
rer. Lorsque vous verrez un homme nud,
revêtez-le, & ne méprisez point votre pro-
pre chair : Il ajoute aussitôt : *Alors votre*
lumiére éclatera comme l'aurore ; vous re-
couvrerez bientôt votre santé : votre justice
marchera devant vous, & la gloire du Sei-
gneur vous protégera : alors vous invoque-
rez le Seigneur, & il vous exaucera : vous
crierez vers lui ; il vous dira : Me voici.

Le saint homme Tobie instruisant son
Fils, l'avertit que s'il vouloit que Dieu
écoutât ses priéres, il devoit aussi écouter celles des pauvres : *Ne détournez,* Tob. 4. 7.
lui dit-il, *votre visage d'aucun pauvre;*
car de cette sorte le Seigneur ne détournera
point non plus son visage de dessus vous.

Salomon nous assure au contraire, que
celui qui ferme ses oreilles au cri du
pauvre, criera lui-même, & ne sera
point écouté : *Qui obturat aurem suam* Prov. 21.
ad clamorem pauperis, & ipse clamabit 13.
& non exaudietur.

C'eſtpourquoi, ſi les riches veulent
que Dieu ſoit favorable à leurs priéres,
& qu'il les exauce, il faut qu'ils écoutent
eux-mêmes les priéres des pauvres, &
qu'ils leur faſſent miſéricorde ; mais s'ils
les mépriſent, s'ils rejettent leurs demandes & leurs ſupplications, & s'ils
demeurent inexorables, lorſqu'ils leur
expoſent leurs beſoins les plus preſſans,
ils ne doivent s'en prendre qu'à eux-
mêmes, ſi le Ciel eſt d'airain à leur égard,
s'ils n'obtiennent pas les graces qui leur
ſont les plus néceſſaires, & qu'ils demandent avec plus d'inſtance, & ſi leurs
priéres demeurent preſque toujours ſans
effet ; car comment voudroient ils que
Dieu les écoutât dans les demandes
qu'ils lui font, puiſqu'ils ne veulent pas
l'écouter lui-même, lorſqu'il leur demande quelque ſecours par la bouche
des pauvres : mais il faut entendre parler les ſaints Peres ſur ce ſujet.

S. Ambroiſe faiſant réflexion, que
rien n'eſt plus recommandé aux Fidéles
dans les ſaintes Ecritures, que de faire
l'aumône aux pauvres, & de les ſecourir
dans leur miſere ; & que cependant ils
les abandonnent en toutes rencontres,
& les traitent avec la derniere inhumanité ; il ſoutient que c'eſt-là la véritable
cauſe pourquoi Dieu rejette la plûpart

des

des priéres qu'ils lui adreſſent : » Com- *De Nab.*
» menr voulez-vous, ô riches, leur dit-il, *c. 10.*
» que Dieu vous exauce, lorſque vous
» le priez, puiſque vous ne daignez pas
» même l'écouter, quand il vous parle,
» & qu'il vous prie par la voix des pau-
» vres ?

S. Chryſoſtome dans ſon Commen- *Hom 3.*
taire ſur l'Epître à Philemon, enſeigne *in Epiſt.*
que le meilleur moyen d'engager Dieu *ad Phil.*
à recevoir favorablement nos priéres,
lorſque nous lui demandons miſéricorde, c'eſt de faire nous-mêmes miſéricorde à nos freres ; J. C. ayant dit :
Heureux ceux qui font miſéricorde, parce- *Matth.5.*
qu'ils ſeront traités avec miſéricorde, & *7.*
S. Jacques diſant au contraire, *qu'on* *Jacob. 2.*
jugera ſans miſéricorde celui qui ne fait *13.*
point miſéricorde. » Vous voulez, dit ce
» ſaint Docteur, obtenir le pardon de
» vos péchés; pourquoi ne pardonnez-
» vous donc pas à ceux qui vous offen-
» ſent ? Vous vous préſentez devant
» Dieu, pour lui demander qu'il vous
» introduiſe dans le Royaume des
» Cieux; cependant vous refuſez de
» l'argent à un pauvre qui vous en de-
» mande. C'eſt-là ce qui empêche que
» nos priéres ne ſoient exaucées : Nous
» n'obtenons point miſéricorde, parce
» que nous ne la faiſons pas nous-mê-
» mes à nos freres. H

S. Auguftin expliquant ces paroles de
J. C. qu'on a déja citées : *Heureux ceux
qui font miféricorde , parcequ'ils feront
traités avec miféricorde* , dit aux riches :

Serm.53. » Faites aux autres miféricorde , & on
» vous la fera ; car on vous traitera,
» comme vous aurez traité vos freres.
» Vous êtes en même tems dans l'a-
» bondance & dans la pauvreté ; dans
» l'abondance par rapport aux biens
» temporels ; dans la pauvreté par rap-
» port aux éternels. Vous entendez un
» homme mendiant qui vous prie , &
» vous êtes vous-mêmes mendians de-
» vant Dieu. On vous demande l'aumô-
» ne , & vous la demandez auffi : com-
» me vous agirez avec celui qui vous la
» demande , Dieu agira avec vous. Puis
» donc que vous êtes tout enfemble ri-
» ches & pauvres , communiquez vos
» richeffes à ceux qui font pauvres , afin
» que Dieu vous communique de fa plé-
» nitude , & enrichiffe votre pauvreté.

Serm.
83. » Un mendiant , ajoute S. Auguftin ,
» vous demande l'aumône , & vous êtes
» vous-même un mendiant devant
» Dieu : car lorfque nous prions , nous
» fommes tous des mendians en la pré-
» fence de Dieu ; nous fommes debout
» devant la porte du grand Pere de fa-
» mille , ou plûtôt nous fommes pro-

» sternés avec humilité devant lui , &
» nous gémissons du plus profond de
» notre cœur jusqu'à ce que nous ayons
» obtenu ce que nous desirons. Or ce
» que nous recherchons & nous deman-
» dons , est Dieu même : Qu'est-ce que
» le pauvre vous demande ? C'est du
» pain ; & que demandez-vous à Dieu,
» sinon J. C. qui dit en parlant de soi-
» même : *Je suis le pain vivant qui suis*   Joan. 6.
» *descendu du Ciel ?* Nous sommes des   51.
» mendians devant Dieu , dit encore   Serm.61.
» S. Augustin ; afin donc qu'il nous é-
» coute , lorsque nous lui demandons
» l'aumône , écoutons aussi ceux qui
» nous la demandent.

Ce saint Docteur représente ensuite,
que les pauvres qui nous prient, & qui
nous demandent l'aumône, participent
à notre nature, & nous sont égaux en
toutes choses, excepté les biens temporels; & que nous au contraire qui prions
Dieu , nous ne sommes que misere &
un véritable néant en sa présence; &
il conclut de-là qu'il faut que nous
soyons bien téméraires , & bouffis d'un
très-grand orgueil, de prétendre que
Dieu nous écoute dans les priéres que
nous lui faisons, pendant que nous re-
fusons d'écouter les pauvres , qui sont
nos freres,& qui nous découvrent leurs
besoins.   H ij

S. Pierre Chryfologue enfeigne la même doctrine ; Il dit que celui-la mérite d'être écouté de Dieu, qui ne refufe pas d'écouter ceux qui le prient lui-même : qu'un homme qui defire obtenir du Ciel miféricorde, doit la faire à fon prochain, & qu'il y a de l'impudence à demander pour foi ce que l'on refufe à fes freres.

C'eft donc une vérité conftante, que nous devons faire l'aumône & fecourir les pauvres dans leur miſére, fi nous voulons que Dieu écoute favorablement nos priéres, & qu'il exauce les demandes que nous lui faifons. Et comme c'eft principalement dans les Eglifes que nous nous affemblons pour prier le Seigneur, pour lui offrir nos vœux, & pour lui demander miféricorde, les faints Peres enfeignent qu'il eft très-avantageux de faire des aumônes, avant que d'y entrer, afin de fléchir la juftice de Dieu, d'attirer fur nous fes graces & fes miféricordes, & de le rendre favorable à nos priéres.

S. Jean Chryfoftome confeilloit aux Fidéles qu'il inftruifoit, d'en ufer ainfi.

Homil. i. in 2. ad Tim.

« *Vous ne paroîtrez point en ma préfence* « *les mains vuides,* dit Dieu dans les « faintes Ecritures. Ce commandement « qui avoit été fait aux Juifs, écrit ce

» saint Docteur, nous oblige à plus for-
» te raison : c'est pourquoi Dieu permet
» qu'il y ait presque toujours des pau-
» vres aux portes des Eglises, afin que
» les Fidéles n'y entrent point les mains
» vuides, & sans leur avoir donné l'au-
» mône, & qu'étant accompagnés de la
» miséricorde, ils puissent paroître avec
» confiance devant sa souveraine Ma-
» jesté. Vous entrez dans nos Temples,
» poursuit-il, pour y obtenir miséri-
» corde, exercez-la vous-même envers
» vos freres avant que de la demander.
» Faites que Dieu vous soit en quelque
» maniere redevable, & ensuite vous
» aurez droit de lui demander tout ce
» que vous voudrez.

Il ajoute que ce n'est pas simplement
en élevant les mains en haut que nous
méritons d'être exaucés, mais plûtôt en
les étendant vers les pauvres pour les
assister, & que nos priéres montent facilement jusqu'au trône de Dieu, lorsqu'elles sont accompagnées, non d'un
grand nombre de paroles, mais de plusieurs bonnes œuvres, & que nous nous
appliquons à défendre la veuve & l'orphelin.

Ce grand Saint avertissoit même les
Fidéles de ne s'appliquer jamais à la
priére dans leurs maisons particulieres,

sans faire auparavant quelques aumônes : c'est pourquoi il les exhortoit à
mettre proche de leurs Oratoires domestiques de petits troncs, pour y dépo-
ser chaque jour leurs charités. » Ayez

Hom.
41. in 1.
ad Cor.

» dans vos maisons, leur disoit-il, un
» petit tronc pour les pauvres; placez-le
» proche du lieu où vous avez coutume
» de prier ; & lorsque vous voulez vous
» appliquer à ce saint Exercice, jettez-y
» auparavant votre aumône. Comme
» vous ne voudriez pas entreprendre de
» prier sans avoir lavé vos mains, ne
» paroissez point aussi devant Dieu pour
» lui présenter vos vœux & vos priéres,
» sans avoir fait quelques aumônes. Si
» vous vous contentiez de porter l'E-
» vangile pendu à votre cou, sans pra-
» tiquer aucunes bonnes œuvres, vous
» n'en tireriez pas un grand avantage ;
» mais si vous avez chez vous un tronc,
» comme je vous en avertis, il vous ser-
» vira de mur & de défense contre le dé-
» mon ; il donnera des aîles à votre priè-
» re, afin qu'elle puisse s'élever vers le
» Ciel, & il sanctifiera votre maison,
» parcequ'il contiendra le prix de la
» nourriture des pauvres, qui sont les
» membres du Roy souverain, c'est-à-
» dire, de J. C.

Ainsi les riches qui prient, soivent pu-

blic, ou en particulier, sont obligés de
faire des aumônes abondantes, s'ils veulent que leurs priéres montent jusqu'au
trône de Dieu comme un encens précieux. Mais s'ils sont durs & impitoya-
bles envers les pauvres, ils auront beau
prier, Dieu ne les écoutera point, il fer-
mera ses oreilles à leur voix, il détournera d'eux sa face adorable, & il leur
dira ce qu'il dit autrefois aux Juifs par
la bouche du Prophéte Isaïe : *Lorsque*   Isa. 1.
vous étendrez vos mains vers moi, je dé-   15.
tournerai mes yeux de vous, & lorsque vous
multiplierez vos priéres, je ne vous écoute-
rai point.

CHAPITRE VI.

L'on parle de la matiére de l'aumône ; l'on
prouve qu'on la doit ordinairement faire.
de son superflu : l'on explique ce qu'il
faut entendre par le superflu.

APRE's avoir prouvé dans les Chapî-
tres précédens, que les riches sont
indispensablement obligés de faire l'aumône, il faut maintenant leur expliquer quelle portion de leurs biens ils
doivent donner aux pauvres ; car il leur
est très-important d'en être instruits, &
ils se séduisent souvent eux-mêmes, en

s'imaginant qu'ils accompliſſent le précepte de l'aumône, quoiqu'ils ne faſſent que des charités très-modiques, & qui n'ont aucune proportion avec leurs biens. Comme cette matiere eſt de la derniere conſéquence, nous ne leur dirons rien de nous-mêmes, & nous ne ferons que leur expoſer la doctrine des ſaints Peres de l'Egliſe.

Lorſque ces ſaints Docteurs expliquent ces paroles de J. C. rapportées par S. Luc : *Verumtamen quod ſupereſt date eleemoſynam ; & ecce omnia munda ſunt vobis : Donnez l'aumône de ce qui vous reſte, ou de ce qui vous eſt ſuperflu, & toutes choſes vous ſeront pures :* Ils diſent tous que notre ſuperflu appartient aux pauvres, & que nous ſommes obligés de leur diſtribuer tout ce qui nous reſte, après que nous avons ſatisfait à nos beſoins, & à ceux de notre famille.

S. Baſile dans ſes régles de Morale, ſuppoſe cette vérité comme un principe certain : Il la prouve même par ces autres paroles de J. C. *Que celui qui a deux vêtemens, en donne à celui qui n'en a point ; & que celui qui a des alimens, faſſe la même choſe ;* & par ce paſſage de S. Paul aux Corinthiens : *Qu'avez-vous que vous n'ayez point reçû ? Que ſi vous l'avez reçû, pourquoi vous en glorifiez-vous,*

Luc. 11.
41.

Moral.
regul.
48. c. 2.

Luc. 3.
11.

1. Cor.
4. 7.

omme si vous ne l'aviez point reçû ? Que 2. Cor. 8.14.15. votre abondance supplée maintenant à la pauvreté de vos freres, afin que votre pauvreté soit soulagée un jour par leur abondance, & qu'ainsi tout soit réduit à l'egalité, selon qu'il est écrit (de la manne :) Celui qui en a recueilli beaucoup, n'en aura pas plus que les autres, & celui qui en recueillit peu, n'en eut pas moins.

S. Jean Chrysostôme enseigne la même doctrine dans ses Homelies. » Nous Hom. 19. in 2. ad Cor. » n'avons pas dessein, dit-il à ses Audi- » teurs, de vous réduire à la derniere » pauvreté ; mais nous voulons vous » retrancher le superflu, & vous accou- » tumer à vous contenter du necessaire, » c'est-à-dire, des choses sans lesquel- » les on ne peut vivre. On ne vous les » refuse pas, & on ne vous ôte point » votre nourriture : Je dis votre nour- » riture, & non votre luxe ; vos habits, » & non vos ornemens.

Il ajoute, que le superflu est tout ce qui est au-delà du necessaire, & sans quoi on peut vivre honnêtement ; que les choses dont on peut se passer, sont censées superflues, & que cela a lieu dans les habits, dans les alimens, dans les logemens, & generalement en toutes choses.

Ce saint Docteur, après avoir proposé pour modéle aux Fidéles la veuve de l'Evangile, qui donna aux pauvres de son nécessaire, & même tout ce qu'elle avoit, leur dit ensuite: Si vous n'avez pas la force de vous conformer à la conduite genereuse de cette sainte femme, donnez au moins ce que vous avez de superflu: Retenez ce qui vous est nécessaire, & donnez le surplus. Or en parlant ainsi, il leur déclare encore fort clairement, qu'ils ne sçauroient se dispenser d'employer leur superflu en aumônes, & que c'est là le moins qu'ils puissent faire pour s'acquitter du precepte de la charité.

Hom. 18. in Ep ad Heb.

Hom. 9.

S. Césaire d'Arles soutient que nous ne devons pas seulement donner à l'Eglise les dixmes, mais que nous sommes obligés de distribuer aux pauvres tout ce qui nous reste après que nous avons satisfait à nos besoins; & que si nous donnons à nos passions & à notre vanité ce que Dieu avoit destiné aux pauvres, nous sommes coupables de la mort de tous ceux qui perissent de faim ou de froid dans le lieu de notre domicile, & que nous en serons punis au jour du Jugement dernier.

Tract. 50. in Joan.

S. Augustin parlant de la femme pécheresse de l'Evangile, qui après avoir arrosé de ses larmes les pieds du Sau-

veur du monde, les essuya avec ses cheveux, dit que nous devons l'imiter, en
essuyant aussi de nos cheveux les pieds de
J. C. c'est à-dire, en donnant le super- *Serm. 61.*
flu de nos biens aux pauvres. Il représente que nous ne pouvons nous en dispenser sans une injustice visible, parceque notre superflu leur appartient, leur
est nécessaire pour subsister, & fait tout
leur revenu : *Superflua divitum necessa-*
ria sunt pauperum. Il passe même plus *Exposit.*
avant ; car il accuse les riches qui ne *in Psal.*
donnent par leur superflu aux pauvres, *247.*
de retenir & de s'approprier le bien
d'autrui : *Res aliena possidentur, cum su-*
perflua possidentur.

Si l'on jugeoit par cette maxime de
S. Augustin de la conduite de la plûpart
des gens du monde, on en trouveroit
très-peu à qui on ne pût reprocher d'a-
voir le bien d'autrui entre leurs mains :
car où sont ceux qui ayent soin de donner aux pauvres tout ce qui leur reste,
après qu'ils ont vécu honnêtement, &
selon les maximes de l'Evangile ? L'on
voit au contraire, que la plûpart des
riches accumulent incessamment leurs
revenus, que plus ils ont de bien, plus
ils en veulent avoir, qu'ils épargnent,
non pour les pauvres, mais pour leurs
cupidités ; qu'ils font tous les jours de

H vj

nouveaux projets pour augmenter leur fortune ; & que pendant qu'ils amassent des tréfors infinis , ils ne distribuent presque point d'aumônes. Ainsi , pour parler avec S. Augustin, ils commettent une infinité de vols & de larcins ; & leur superflu qu'ils retiennent avec injustice , corrompt le reste de leur bien , attire sur eux la malédiction de Dieu, & les fait descendre dans les enfers avec le mauvais Riche , dont ils imitent l'inhumanité.

Et ce qui est très-funeste pour eux, ils ne laissent pas de passer dans le monde pour d'honnêtes gens ; on les loue hautement ; on les regarde comme des personnes sages & intelligentes ; l'on dit qu'ils ont de la conduite , & qu'ils établissent solidement leur maison : ces applaudissemens les aveuglent , les séduisent , & les entretiennent dans leur avarice.

Il y a des riches au contraire, qui bien-loin d'accumuler leurs revenus, les prodiguent & les dissipent pour entretenir leur luxe & leur vanité , pour goûter les voluptés du siecle, & pour assouvir leurs passions ; & qui après cela s'imaginent n'avoir jamais de superflu, & être par-conséquent dispensés de faire l'aumône. Mais c'est-là une autre illusion

du démon , & une erreur très-dange-
reuse dont il les faut guérir.

Il est vrai qu'ils n'ont presque jamais
d'argent entre leurs mains ; mais c'est
parcequ'ils ne refusent rien à leurs sens,
qu'ils vivent continuellement dans la
bonne chere , qu'ils suivent en toutes
rencontres les mouvemens de leur ambition , & qu'ils ne travaillent qu'à contenter les désirs déreglés du vieil homme. S'ils étoient exacts à se mortifier ,
s'ils vivoient dans la retenue & dans la
modestie qui convient à des Chrétiens,
s'ils s'éloignoient des modes & des coutumes du siecle , & s'ils se contentoient
de satisfaire les véritables besoins de la
nature , sans rien donner à la concupiscence ; ils auroient souvent du superflu,
& ils se trouveroient par consequent en
état d'assister les pauvres. » Nous avons
» beaucoup de superflu, dit S. Augustin,
» lorsque nous nous contentons du né-
» cessaire : mais si nous recherchons des
» choses vaines & inutiles, nous n'avons
» jamais assez de bien, & nous sommes
» toujours pauvres. « Ce saint Docteur
ajoute ensuite , que si les Chrétiens
étoient résolus de n'accorder à la nature
que ce qu'elle demande , ils reconnoîtroient bientôt qu'elle se passe de très-peu
de chose; mais qu'ils sont toujours dans

Exposit.
in Psal.
147.

l'indigence, parcequ'ils ne penſent qu'à ſuivre & à ſatisfaire leurs paſſions.

S. Leon Pape dit auſſi à ce propos, que ce qui ſuffit à la nature, ne ſuffit pas à la concupiſcence : *Non ſufficit concupiſcentia, quod poteſt ſatis eſſe natura.* Ainſi il n'y a pas de quoi s'étonner, ſi ceux qui ſe laiſſent aller à la profuſion, & qui n'ont point d'autre regle de leur conduite que l'eſprit du monde & l'amour propre, manquent d'argent, lorſqu'il s'agit de faire l'aumône. Mais cela ne les en diſpenſe pas devant Dieu : car il ne leur eſt point permis de vivre dans l'immortification, ni de faire des dépenſes vaines & inutiles, pour ne pas dire criminelles.

Enfin, S. Thomas enſeigne qu'un riche qui a du ſuperflu entre les mains, & qui ne voit point de néceſſité apparente qui l'oblige de le garder, péche mortellement, s'il ne fait pas l'aumône à un pauvre qui ſouffre une extrême miſere, & qui n'eſt point ſecouru par d'autres riches.

Il faut donc conclure de toutes ces Maximes des ſaints Peres, que le ſuperflu des riches appartient aux pauvres, & qu'ils ſe rendent criminels, lorſque ne l'employant pas à les ſecourir, ils le retiennent inutile dans leurs cof-

Serm. 12. de Quadrageſima.

2. 2. q. 32. art. 5. ad 3.

fres , ou qu'ils s'en servent pour faire à
l'infini de nouvellesacquisitions.Mais il
est necessaire, avant que de finir ce Chapitre, d'expliquer plus au long ce qu'on
n'a fait qu'insinuer en le commen-
çant, sçavoir en quoi consiste le superflu.

Il ne se prend pas dans l'indivisible , *Ibid. in*
dit S. Thomas , & il ne doit pas être re- *corpore.*
glé par rapport à ce qui nous est absolument necessaire pour vivre, & pour ne
point mourir : car il faut avoir égard
à notre âge & à notre complexion , à la
condition où nous nous trouvons engagés par l'ordre de Dieu , & à la famille
dont nous sommes chargés. Il nous est
permis d'user de nos biens pour subsister honnêtement dans notre état,nous
pouvons même avoir quelque argent en
réserve pour fournir aux dépenses extraordinaires qui surviennent lorsqu'on
s'y attend le moins.

Ceux qui ont des enfans ne font rien
d'illegitime , quand ils épargnent quelque chose pour les pourvoir,& pour les
établir ; pourvû néanmoins qu'ils ne se
laissent point emporter à l'ambition, &
qu'ils ne prétendent pas les élever par
leurs épargnes & par leur avarice beaucoup audessus de leur état & de leur
naissance, pendant qu'ils négligent ab-

folument les pauvres, & qu'ils n'ont
pas foin de les affifter.

Nous reconnoiffons auffi que ceux
qui gagnent leur vie par leur induftrie
& par leur travail, peuvent, après qu'ils
ont fait des aumônes fuffifantes, refer-
ver quelque chofe tous les ans, pour
avoir de quoi fubfifter lorfqu'ils feront
vieux, ou malades.

Mais après que les riches ont fatisfait
à tous ces devoirs, & pourvu à ces fortes de néceffités, l'argent qui leur refte,
doit être regardé comme leur fuperflu ;
& ils font par conféquent obligés de le
donner aux pauvres ; & s'ils le retiennent pour eux feuls, ils péchent griévement, & ils ufurpent le bien d'autrui,
felon la doctrine de S. Auguftin & des
autres faints Peres de l'Eglife, dont on
a rapporté les témoignages.

CHAPITRE VII.

L'on prouve que dans les néceffités ex-
traordinaires & dans les tems de fa-
mine publique, l'on doit faire l'aumô-
ne de fon néceffaire.

LORSQUE les néceffités des pauvres ne font que communes & ordinaires, l'on peut s'en tenir à ce qu'on
a repréfenté dans le Chapitre préce-

dent, & se contenter de leur distribuer
son superflu : mais quand il arrive des
famines publiques, & que les Villes &
les Provinces sont affligées & désolées
par des fleaux extraordinaires, il faut
porter plus loin sa charité, augmenter
ses aumônes, & donner même de son
nécessaire.

Or les Théologiens distinguent deux
sortes de nécessaire : Ils disent qu'il y a
le nécessaire de la nature, & le necessaire de l'état & de la condition. Que
le nécessaire de la nature regarde ce qui
nous est absolument nécessaire pour vivre, & pour conserver notre santé : Et
que le nécessaire de l'état & de la condition comprend les choses qui nous
conviennent, & dont nous avons besoin pour subsister honnêtement & avec
bienséance, selon le rang que nous tenons dans le monde.

Lors donc que les pauvres sont extraordinairement pressés de la faim, il faut
commencer par retrancher tout ce qu'il
nous est possible du nécessaire de notre
état & de notre condition ; il faut vendre la plûpart des choses qu'il nous étoit
permis d'avoir en un autre tems, mais
dont nous pouvons nous passer ; il faut
nous défaire, autant qu'il se peut, des
chevaux, des chiens, & des autres ani-

maux que nous avions coutume de
nourrir, ou au moins d'en diminuer le
nombre. Il faut renoncer aux récréa-
tions & aux divertiffemens, que nous
ne pourrions prendre fans qu'il nous en
coutât quelque chofe de confidérable.
Il faut donner ordre qu'on ne ferve plus
fur notre table plufieurs des mets qui
n'étoient que de bienféance & de cere-
monie, & dont nous n'ufions qu'à caufe
de notre rang & de notre condition. Et
nous devons faire tous ces retranche-
mens, afin de fecourir plus abondamment nos freres, & de pouvoir leur faire de plus grandes aumônes.

Il n'en faut pas même demeurer-là,
quand la mifere augmente de plus en
plus, & paffe jufques à la derniere ex-
tremité. Il eft à propos de retrancher
alors quelque chofe du néceffaire de la
nature, c'eft-à-dire, de ce qui nous
fembloit en un autre tems abfolument
néceffaire, mais dont la charité nous
apprend à nous paffer. Il faut nous réduire, fi nous en avons la force, à une
nourriture plus commune & plus grof-
fiere que celle dont nous avions coutume d'ufer. Il faut nous condamner
nous-mêmes à porter nos habits plus
long-tems qu'à l'ordinaire, afin de donner aux pauvres l'argent qu'il nous cou-

teroit pour en avoir d'autres. Il faut faire de genereux efforts fur nous-mêmes, & nous mortifier en plufieurs manieres differentes, afin de nous mettre en état d'augmenter nos aumônes, & de donner de plus grands fecours au prochain.

On ne dit pas qu'il faille fe dénier abfolument toutes chofes; car ce feroit fe donner foi-même la mort; ce qui n'eft jamais permis. Mais l'on prétend que dans les miferes extrêmes, on doit fe traiter avec une fainte rigueur, n'accorder pas à la nature tout ce qu'elle pourroit demander pour vivre commodement, & partager autant qu'il eft poffible fon néceffaire avec les pauvres. C'eft ce que firent du tems de S. Paul les Fidéles de l'Eglife de Macedoine; car ce faint Apôtre nous affure qu'étant eux-mêmes très-pauvres, ils ne laifférent pas de fecourir les pauvres de Jerufalem, & qu'ils retranchérent même de leur néceffaire, pour leur envoyer de grandes aumônes. *Leur profonde pauvreté*, dit-il, *a répandu avec abondance les richeffes de leur charité fincere: car il eft vrai, & il faut que je leur rende ce témoignage, qu'ils fe font portés d'eux-mêmes à donner autant qu'ils pouvoient, & même au-delà de ce qu'ils pouvoient: nous conjurant avec beaucoup de prieres de re-*

1. Cor.
2. 3. 48.

cevoir leurs aumônes, & de prendre part au soin de les porter aux Saints.

Le Prophéte Isaie nous avertit d'en user ainsi, lorsqu'il nous ordonne de rompre notre pain, afin d'en donner une partie à celui qui a faim : *Frange esurienti panem tuum.* Il ne dit pas simplement, Donnez du pain au pauvre ; mais, Rompez votre pain pour lui en donner une partie ; nous faisant entendre par-là que dans les besoins extrêmes du prochain, nous sommes obligés de nous retrancher quelque chose de notre propre nourriture, si cela est possible, afin de le secourir, & de l'empêcher de mourir de faim.

La veuve de Sareptha tint une semblable conduite envers le Prophéte Elie pendant un tems de famine: car n'ayant pour elle & pour son fils qu'un peu d'huile, & autant de farine, dit le Texte sacré, qu'on en peut prendre avec trois doigts, elle ne laissa pas d'en faire part à cet homme de Dieu, qui étoit pressé de la faim ; & cette charité attira sur elle les bénédictions du Ciel.

La veuve de l'Evangile fit aussi l'aumône de son necessaire ; car J. C. dit, qu'au lieu que les riches ne mettoient dans le tronc que le superflu de leurs biens, elle donna de son indigence, &

même tout ce qu'elle avoit pour vivre.

S. Jean Chryſoſtome propoſe aux riches l'exemple de ces deux veuves, pour les porter à retrancher de leur néceſſaire, lorſqu'il s'agit d'aſſiſter les pauvres, qui ſont dans une néceſſité extraordinaire. Il obſerve que le Prophéte Elie ayant commandé à celle de Sarep-tha, qui n'avoit que très-peu de farine, de lui en faire du pain, avant que d'en faire pour elle & pour ſon fils, elle lui obéit ſur le champ, & qu'elle ſe priva de ſon néceſſaire pour le ſecourir: & puis il ajoute : » Ecoutez ceci, ô vous » femmes, qui étant riches & opulen- » tes, employez vos biens en des choſes » vaines & inutiles, & ne voudriez pas » cependant donner deux ou trois obo- » les aux pauvres, ou à quelque hom- » me de pieté, qui ſeroit réduit à la » mendicité pour la cauſe de Dieu. Cet- » te veuve, qui étoit ſans biens, qui » n'avoit qu'une poignée de farine, & » qui s'attendoit à voir un moment » après mourir ſon fils de faim, enten- » dant que le Prophéte lui diſoit : Fai- » tes d'abord pour moi de ce reſte de fa- » rine un petit pain cuit ſous la cendre, » & apportez-le moi, & vous en ferez » enſuite pour vous & pour votre fils; » elle n'en témoigna point de peine; &

Hom. 41 in Gen.

» bien-loin de négliger d'executer ſes
» ordres, elle les ſuivit très - exacte-
» ment.» Elle nous apprend par ſa conduite ſi charitable à retrancher quelque choſe de notre nourriture, pour
aſſiſter les ſerviteurs de Dieu.

Ce ſaint Docteur ajoute enſuite, que
l'exemple de la veuve de l'Evangile
nous doit auſſi porter à nous faire une
ſainte violence, & à nous priver même
de pluſieurs choſes qui pourroient nous
être neceſſaires, afin de nous mettre en
état de donner l'aumône aux pauvres
dont la miſére eſt fort preſſante.

S. Auguſtin étant abſent de ſa ville
Epiſcopale pendant un tems de miſere
& de calamité, apprit que les Clercs de
ſon Egliſe & les Habitans d'Hyppone
avoient interrompu leur ancienne coutume de donner des habits à un grand
nombre de pauvres, ſe fondant & s'ex-
cuſant ſur le malheur du tems.: il en
fut ſenſiblement touché, & il leur écrivit auſſitôt une lettre fort tendre, pour
les exhorter à continuer leur charité ; il
leur manda même que c'étoit parceque
les tems étoient mauvais & fâcheux,
qu'ils devoient augmenter leurs aumônes; & pour les en convaincre, il leur
propoſa cette comparaiſon familiere.
Comme lorſqu'une maiſon, leur dit-il,

Epiſt. 122.

menacè ruine de toutes parts, & que ses
murailles commencent à s'ébranler & à
s'écrouler, ceux qui l'habitoient, en sortent au plûtôt, & se retirent en des lieux
plus assurés. Ainsi, puisque vous voyez
que les tribulations & les calamités qui
vous pressent, vous avertissent que le
monde approche de sa fin, & doit bientôt perir, ne laissez pas votre argent
sur la terre ; mais mettez-le entre les
mains des pauvres, qui vous le conser-
veront, & qui vous le rendront dans le
Ciel au jour du dernier Jugement.

Lorsque S. Jean-Baptiste préchoit
sur les bords du Jourdain, & qu'il di-
soit aux Juifs : *Faites de dignes fruits de* Luc. 3.
penitence : les peuples le vinrent trouver, & lui dirent : *Que devons-nous*
donc faire ? Il leur répondit : *Que celui*
qui a deux robes, en donne une à celui qui
n'en a point, & que celui qui a des ali-
mens fasse la même chose : Sur quoi S. Gregoire l'Pape fait cette réflexion. »S. Jean Hom.
» nomme la robe, qui est beaucoup plus 20. in
» necessaire que le manteau, & ordon- Evang.
» nant de la donner aux pauvres, veut
» nous apprendre que pour faire de di-
» gnes fruits de penitence, nous devons
» partager avec le prochain, non-seu-
» lement les choses exterieures, dont
» nous n'avons pas beaucoup besoin,

» mais même celles qui nous font les
» plus néceſſaires, comme les alimens
» que nous prenons ordinairement, &
» les vétemens dont nous nous ſervons
» pour couvrir notre corps. En effet,
» étant écrit dans la Loi, *Vous aimerez*
» *votre prochain comme vous-même*, ce-
» lui-là ne l'aime pas autant qu'il le
» doit, qui le voyant dans la néceſſité,
» ne partage pas avec lui ſon néceſſaire.

Lib. 10.
Moral c.
26.

Ce grand Pape paſſe encore plus
avant; car il ſoutient que la perfection
de la charité conſiſte à s'incommoder &
à s'appauvrir pour aſſiſter le prochain,
& à lui donner ce qu'on ſe refuſe à ſoi-
même; & s'étant objecté que S. Paul dit

r. Cor.
8. 13.

aux Corinthiens : Nous ne demandons
pas que les autres ſoient ſoulagés, &
que pour vous, vous ſoyez réduits à la
pauvreté; il répond que c'étoit par con-
deſcendance, & pour épargner leur foibleſſe, que l'Apôtre leur parloit ainſi,
parcequ'il vaut mieux que ceux qui ne
ſont pas en état de ſouffrir la pauvreté,
faſſent de moindres aumônes, que de
s'y précipiter eux-mêmes, & de ſe laiſſer enſuite aller aux plaintes & aux murmures, lorſqu'ils ſont preſſés de la faim
& accablés de miſere.

Comme ce ſaint Docteur ne propoſe
cette Morale qu'à ceux qui tendent à un
haut

haut point de perfection, dont tous les
Fidéles ne font pas capables, nous ne
prétendons pas en faire une régle générale, ni obliger tout le monde à fe rendre pauvre, pour affifter les pauvres. Il
ne fera pas néanmoins inutile d'avoir
expofé la doctrine de ce faint Pontife
aux grandes ames qui brûlent du defir
de s'avancer de plus en plus dans la charité & dans la juftice Chrétienne, & qui
voudront imiter la grande fainte Paule,
qui, au rapport de S. Jérôme, avoit
tant d'amour pour les pauvres, & les
fecouroit avec tant de zéle, qu'elle con-
fentoit de fe réduire elle - même à la
mendicité, pourvu qu'elle pût fubvenir
à tous leurs befoins.

Mais fans nous arrêter davantage à
chercher des autorités pour confirmer
la propofition que nous avons avancée,
il fuffira d'expliquer la doctrine de S.
Thomas ; car elle eft pleine de fageffe
& de difcretion ; & elle éclaircit toutes
les difficultés que l'on pourroit former
fur ce fujet. Ce grand Saint s'étant pro- 2. 2. q.
pofé cette queftion, Si l'on eft obligé de 32. art.
faire l'aumône de fon néceffaire, répond 9.
qu'il y a un néceffaire fans lequel on ne
peut abfolument fubfifter, & qu'on ne
doit pas le donner aux pauvres : Par
exemple, dit-il, un homme dans un tems

I

de famine n'a précifément que ce qu'il lui faut pour fe nourrir avec fes enfans, & ceux dont il eft chargé; il ne doit pas en faire l'aumône, & s'il la faifoit, il fe donneroit la mort à lui - même, & à ceux qui lui appartiennent.

Ce faint Docteur ajoute, qu'il y a néanmoins une exception à faire en faveur des perfonnes qui font très utiles à l'Eglife & à l'Etat; & qu'un particulier feroit très-louable de s'expofer au danger de mourir de faim, pour les fecourir & pour leur donner moyen de fubfifter, parcequ'il faut préférer le bien public à fes propres intérêts.

La veuve de Sareptha étoit animée de cet efprit, lorfqu'elle fe priva du peu d'huile & de farine qu'elle avoit, pour nourrir Elie qui étoit un grand Prophéte.

Les Payens ont auffi fuivi cette Maxime; car ils ont enfeigné, qu'il faut Lib. 3. tout faire céder au bien public : Ciceron a même dit dans fes Offices, que fi un homme qui fe fauve d'un naufrage fur une planche, apperçoit au milieu de la Mer un illuftre perfonnage très-utile à la République, il doit lui céder fa planche, & s'expofer à la mort pour lui conferver la vie.

S. Thomas déclare enfuite, qu'il y a

le néceſſaire de l'état & de la condition, ſans lequel on ne peut vivre conformé- ment au rang que l'on tient dans le monde par l'ordre de la Providence. Que ce néceſſaire ne conſiſte pas dans l'indiviſible ; qu'on peut y ajouter quelque choſe, ſans être coupable de paſſer les bornes de la néceſſité; & qu'on en peut auſſi retrancher pluſieurs cho- ſes, ſans manquer pour cela du néceſ- ſaire. Qu'il eſt bon & avantageux de faire l'aumône de ce néceſſaire ; & qu'on le conſeille même: mais qu'il n'y a point de précepte qui y oblige ; parceque per- ſonne ne peut être forcé par une Loi & un Commandement à vivre d'une ma- niere qui ne convienne pas à la bien- ſcance de ſon état & de ſa condition.

Mais il ajoute, que s'il arrivoit qu'un homme fût réduit à une extrême pau- vreté, ou qu'il ſurvînt une grande fa- mine, (c'eſt-là de quoi il s'agit main- tenant,) il faudroit alors retrancher du néceſſaire de l'état & de la condition, pour ſubvenir à une plus grande né- ceſſité.

Ainſi, pour nous conformer à ce ſaint Docteur, nous avouons : 1º. Que ceux qui n'ont que ce qui leur eſt néceſſaire pour vivre dans le tems préſent, ne ſont pas obligés de s'en priver pour ſecourir

les autres. Nous croyons néanmoins que
dans les miseres extrêmes on doit exhorter les Fidéles à retrancher le plus
qu'il leur est possible du nécessaire de la
nature au sens que nous l'avons expliqué, afin de prolonger la vie du prochain, qui manque absolument de toutes choses.

2°. Nous demeurons d'accord, que
lorsqu'il n'y a qu'une pauvreté commune & ordinaire, on ne doit pas exiger
des riches qu'ils se privent du nécessaire
de leur état & de leur condition.

3°. Mais nous soutenons, après ce
saint Docteur, que dans les tems de famine & de désolation publique on est
absolument obligé de prendre du nécessaire de l'état & de la condition pour
faire l'aumône, & pour sauver la vie à
ceux qui sont sur le point de pétir de
misere.

Il est certain que les maximes qu'on
a expliquées dans ce Chapitre, devroient donner de grands scrupules aux
riches qui ont vû passer des années de
disette & de famine, & qui cependant
ont toujours continué de vivre à leur
ordinaire, qui n'ont rien retranché de
leur luxe & de leur magnificence, qui
n'ont point interrompu leurs divertiffemens mondains, & qui n'ont point

cessé de faire des dépenses vaines &
inutiles. Les pauvres qui sont morts de
faim & de maladie sans être assistés, s'é-
leveront contr'eux au jour du Jugement
dernier, & leur diront à la face de toutes les Nations : Cet argent que vous
avez donné à vos vanités, nous appar-
tenoit : Vous nous avez préféré vos chevaux, & vos ameublemens somptueux :
Vous avez été cruels envers nous, au
même tems que vous n'avez rien refusé
à vos passions : Vous nous avez laissé
languir de misere, pendant que vous
vaquiez à la joye & aux plaisirs : Vous
êtes coupables de notre mort, parceque
vous n'avez rien voulu diminuer de votre luxe & de vos pompes pour nous secourir. Leurs plaintes & leurs accusations monteront jusqu'au Trône de
Dieu, & provoqueront sa colere ; &
alors ces impies seront précipités dans
les enfers ; & ils verront avec des transf-
ports de fureur & de rage, que ceux
qu'ils auront ainsi méprisés & abandonnés, iront se reposer dans le sein d'A-
braham.

CHAPITRE VIII.

Que c'est une régle générale, que les au-
mônes des Fidéles doivent être propor-
tionnées à leurs biens : qu'ils péchent,
s'ils en font de trop légeres ; mais qu'ils
ne font pas ordinairement à louer lorf-
qu'ils en font d'excessives.

APRÈS avoir prouvé dans les Chapitres précédens, que les riches
doivent donner leur superflu aux*pauvres, & même de leur nécessaire dans
les grandes disettes & dans les tems de
famine, il faut maintenant ajouter,
qu'ils font obligés en tout tems de proportionner leurs aumônes à leurs biens;
que ceux qui en ont davantage, doivent
en faire de plus grandes ; & que ceux
qui en ont moins, peuvent se contenter d'en faire de moins considérables.

C'est-là la régle que le faint homme
Tobie donna à fon fils avant que de
Tob.4. 8. mourir : *Soyez charitable*, lui dit-il, *en*
9. *la maniere que vous le pourrez : fi vous*
avez beaucoup de bien, donnez beaucoup :
fi vous en avez peu, ayez foin de donner
de ce peu même de bon cœur.

Le Sage ordonne la même chofe à
Eccli. 14. tous les riches : *Donnez l'aumône au pau-*

vre, leur dit-il, *selon que vous le pouve‑* 13. &
assistez votre prochain selon le pouvoir que cap. 29.
vous en aurez. 27.

Et S. Paul avertit les Corinthiens de 1. Cor.
mettre à part chaque semaine tout ce 16. 2.
qu'ils pourront prendre sur leurs biens
& sur leurs revenus, pour en faire l'aumône.

Les saints Peres enseignent aussi qu'il
faut qu'il y ait de la proportion entre
les biens & les aumônes des Fidéles, &
que sans cela ils ne sont pas en état d'o-
pérer leur salut. » Plus nous avons reçû Homil.
» de graces, dit S. Jean Chrysostome, 52. in
» plus nous devenons coupables, si nous Matth.
» en sommes ingrats, & si les faveurs
» dont Dieu nous a honorés ne nous
» rendent pas meilleurs. C'est pour ce
» sujet que les riches qui auront mal vê-
» cu, seront plus rigoureusement punis
» que les pauvres, parceque l'abondan-
» ce dont ils ont joui, ne les aura pas
» portés à témoigner plus de reconnois-
» sance à Dieu, ni plus de charité à
» leurs freres. Et ne me dites point qu'ils
» ont fait quelques aumônes ; car si les
» aumônes qu'ils ont faites, n'ont du
» rapport à leurs richesses, elles ne les
» délivreront point des peines qu'ils
» méritent.

S. Chrysostome déclare en un autre

lieu, que ceux qui auront fait des aumônes, ne laifferont pas d'être condamnés au Jugement dernier, s'ils font convaincus d'en avoir fait de trop foibles
& de trop modiques par rapport à leurs
biens. On n'examinera pas fimplement
alors, dit-il, fi vous aurez diftribué aux
pauvres plufieurs fommes d'argent; mais
fi vous en aurez donné moins que vos
biens ne le permettoient. *Non enim qua-*
ritur multa ne dederis , fed num minùs
dederis quàm ferant facultates.

Homil.
8. in E-
piſt. ad
Coloſſ.

Il enfeigne que ceux qui poffedent de
grands biens, fe trompent étrangement,
s'ils croyent fatisfaire au précepte de
l'aumône, en ne donnant que très-peu
de chofe aux pauvres, pendant qu'ils ré-
fervent de grandes fommes dans leurs
coffres. Et afin de leur faire ouvrir les
yeux , & de les convaincre de l'illufion
où ils font , il leur adreffe ces paroles :

Homil.
23. in E-
piſt. ad
Hebræos.

Homil.
5. in
Matth.

» Avez-vous oublié ce que dit Saint
» Paul, que celui qui féme peu, recueil-
» lera peu? Quelle eft donc cette épar-
» gne que vous voulez faire en cette
» rencontre? Ce n'eft pas perdre, mais
» épargner, que de fémer avec abon-
» dance: ce n'eft pas répandre, mais
» amaffer ; car la moiffon récompenfera
» la fémence, & la payera avec ufure.
» Si vous aviez à cultiver une bonne

» terre , & qui pourroit rapporter beau-
» coup , vous ne vous contenteriez pas
» d'y jetter le bled que vous avez , mais
» vous en emprunteriez même , pour la
» pouvoir femer comme il faut , & vous
» croiriez qu'en cette rencontre le mé-
» nage feroit une perte. Et lorfque vous
» avez à cultiver , non la terre , mais le
» Ciel , qui n'est fujet à aucune inégali-
» té des faifons , & qui rend tout très-
» certainement , & avec ufure , vous hé-
» fitez , vous tremblez , & vous ne com-
» prenez pas que c'est perdre alors que
» d'épargner , & gagner que de dépen-
» fer. Répandez donc, afin de ménager ;
» n'amaffez point , afin d'amaffer ; per-
» dez , afin de conferver ; prodiguez ,
» afin de gagner.

C'est pour accoutumer les Fidéles à Homil.
proportionner leurs aumônes à leurs 41. in I.
ad Cor.
biens, qu'il leur confeille d'avoir un pé-
tit tronc dans leurs maifons , comme
nous l'avons déja remarqué, & d'y mettre chaque jour une partie de tout ce
qu'ils reçoivent , foit de leurs revenus
ordinaires , ou de leur travail.

Il dit à ceux qui ont de grands biens, Homil.
qu'ils ne doivent point fe flater d'avoir 21. in I.
ad Cor.
donné l'aumône , à moins qu'ils ne la
faffent abondamment;& que c'est pour
leur marquer cette vérité, que le Pro-

phéte loue, non tous ceux qui font des aumônes, mais ceux qui en font de grandes & d'abondantes; car il ne dît pas fimplement, en parlant du Jufte, Il a donné aux pauvres; mais il a répandu fes dons & fes libéralités fur les pauvres.

Pf. 111. S.

S. Auguftin foutient auffi, que ceux qui ont de grands biens, font obligés de faire de grandes aumônes; car après avoir rapporté ces paroles de J. C. *Quiconque donnera feulement à boire un verre d'eau froide à l'un de ces plus petits, comme étant de mes Difciples; je vous dis, en vérité qu'il ne fera point privé de fa récompenfe*; Il ajoute : » Notre Seigneur met » en vente le Royaume des Cieux, & il » veut qu'on le puiffe acheter en donnant » un verre d'eau froide. Il fuffit donc à » celui qui eft pauvre, pour faire l'aumô- » ne de donner un verre d'eau froide : » mais celui qui eft riche, doit faire de » grandes aumônes, & les proportionner » aux biens qu'il poffede ; *qui plus habet, plus faciat*. Ainfi la Veuve de l'E- » vangile fit fon aumône de deux obo- » les : mais Zachée donna aux pauvres » la moitié de fes biens ; & s'il réferva » l'autre, ce fut pour réparer les frau- » des & les injuftices qu'il pouvoit avoir » faites au prochain.

Matth. 10. 42.

Serm. 39.

L'on voit dans l'Ecriture que Caïn n'offrit à Dieu que les moindres de ſes fruits, réſervant pour lui les plus beaux & les meilleurs, & que Dieu lui dit à cette occaſion : *Si vous offrez bien ; mais ſi vous partagez mal, vous péchez.* S. Ambroiſe obſerve que la plûpart des riches tombent dans ce défaut ; car ils font un partage très-injuſte de leurs biens : ils n'en donnent & ils n'en offrent à Dieu en la perſonne des pauvres que la moindre partie, & ils réſervent preſque tout pour eux-mêmes, pour leurs paſſions, & pour leurs vanités. Ils ont peine à ſe réſoudre à faire une petite aumône ; ils la diminuent, ils la différent, ils la retardent le plus qu'ils peuvent. Mais ils ſont toujours prêts à dépenſer des ſommes conſidérables pour leur luxe, pour leur ambition, pour leur ſanté, & pour contenter leur amour propre.

Enfin, S. Cyprien veut que les Fidéles faſſent connoître par leurs libéralités envers les pauvres, & par leurs grandes aumônes, qu'ils ſont riches & opulens : *Divitem te ſentiant pauperes, locupletem ſentiant indigentes :* Que les pauvres & les indigens ſentent & s'apperçoivent que vous êtes riches. Et S. Ambroiſe dit, que dans l'Egliſe de Dieu celui-là eſt véritablement riche, qui eſt

Genes. 4. 7. ſecundùm 70.

De diſciplinâ & habitu virginum.

I vj

riche pour les pauvres , & non pas pour

ſoi-même : *Ille eſt dives in Eccleſia , qui
pauperi , non ſibi , dives eſt.*

Ce n'eſt pas ainſi que la plûpart des
gens du monde ſe conduiſent. Ils témoignent par leurs divertiſſemens, par leur
luxe, par leurs profuſions, par leurs débauches, qu'ils ont du bien, & qu'ils
jouiſſent d'une fortune abondante ; car
ils ne manquent point alors d'argent, &
ils en trouvent facilement pour fournir à leurs dépenſes folles & téméraires.
Mais les pauvres ne s'apperçoivent
point de leur opulence, parcequ'ils ne
reçoivent d'eux aucunes aumônes ; ou
s'ils en reçoivent quelques-unes, elles
ſont ſi médiocres, que leur miſere n'en
eſt preſque point ſoulagée.

Que les riches de la terre s'examinent
ſérieuſement ſur ce point ; qu'ils voyent
quelles ſont les aumônes qu'ils font
tous les ans ; qu'ils ſupputent ce qu'ils
donnent aux pauvres, ou qu'ils employent en œuvres de piété. Et s'ils reconnoiſſent que leurs charités n'ont
point de proportion avec leurs biens ,
qu'ils tremblent dans la vue des jugemens de Dieu : car à la fin des ſiécles
leurs aumônes ſeront miſes dans la ba-
lance ; & ſi elles ſe trouvent plus légeres que leurs biens, elles n'auront pas

la force de les fauver, ni de les garantir de la colere de Dieu au jour des vengeances.

Il y a un autre inconvenient qu'il faut auffi éviter, qui eft de faire des aumônes indifcretes, & trop fortes par rapport aux biens que l'on poffede ; car la prudence, même Chrétienne, veut qu'on y garde une jufte modération, & qu'on ne fe réduife pas foi-même à la mendicité, fous prétexte d'affifter les autres. L'on a rapporté au commencement de ce Chapitre les autorités de l'Ecriture, qui ordonnent de faire l'aumône, & de fecourir le prochain felon fes biens & fes facultés. l'Eccléfiaftique donne expreffément cet avis aux riches: *Affiftez votre prochain felon le pouvoir que* Cap. 29. *vous en aurez ; mais prenez garde à vous* 27. *pour ne pas tomber (dans le malheur & dans la pauvreté.*) Et S. Paul dit aux Corinthiens : *Nous ne demandons pas que* 2. Cor. 8. *les autres foient foulagés, & que vous foyez* 13. *réduits à la pauvreté.* C'eft pourquoi S. Auguftin prefcrit cette régle aux Fidéles dans leurs charités. »Que chacun, Serm. 39. » dit-il, donne l'aumône à proportion » de fon bien ; mais que perfonne ne la » faffe jufqu'à fe réduire foi-même à la » néceffité.

» Que celui qui fait l'aumône, dit Serm. 39.

de jeju-
nio fe-
ptimi
menfis.

» auffi S. Leon Pape, tempere & réglé
» tellement fa libéralité, que les pau-
» vres en foient foulagés, & que fa fa-
» mille ne manque point des chofes né-
» ceffaires.

Un autre grand Pape, fçavoir S. Grégoire, rend raifon pourquoi il ne faut
pas fe réduire à la mendicité à force de
faire l'aumône : C'eft, dit-il, que tout
le monde n'étant pas en état de fouffrir
la pauvreté, on ne doit pas s'y expofer
témérairement, de peur de tomber enfuite dans l'impatience & dans le murmure.

Curæ Pa-
ftoralis
part. 3.
admo-
nit. 21.

Ainfi c'eft dans la vue de leur propre
infirmité, que les Fidéles ne doivent pas
faire des aumônes fi exceffives, qu'ils
tombent eux-mêmes dans l'indigence.
Il faut qu'ils fe regardent comme des
perfonnes foibles, à qui la pauvreté feroit peut-être auffi pernicieufe que les
grandes richeffes. Il faut qu'ils ayent de
l'amour pour les pauvres ; mais il faut
qu'ils fe ménagent eux-mêmes, & qu'ils
évitent de s'expofer au danger de pécher contre Dieu, & de murmurer contre fa providence. Il faut que leur charité foit accompagnée de prudence, &
qu'ils s'éloignent de toutes les extrémi-
tés qui pourroient leur être dans la fuite une occafion de chûte & de fcandale.

Il faut qu'ils soient de sages œconômes & de fidéles administrateurs de leurs biens, afin de pouvoir assister plus long-tems leurs freres qui sont réduits à la pauvreté.

L'on sçait néanmoins que sainte Paule & quelques autres Saints ont presque tout dépensé leurs biens au soulagement des pauvres; & l'on a ci-devant rapporté, que S. Grégoire Pape dit qu'il faut faire l'aumône jusqu'à s'incommoder. Mais l'exemple de ces grands Saints ne doit pas être proposé pour modéle indifféremment à toutes sortes de personnes ; car ayant été prévenus d'une grace extraordinaire, ils étoient en état de supporter, non seulement en patience, mais avec joye, toutes les suites de la pauvreté : & lorsque S. Grégoire propose de faire l'aumône jusqu'à s'incommoder, il ne parle, comme nous l'avons déja observé, qu'à ceux qui sont montés à un haut point de perfection.

Le commun des Fidéles doivent donc ordinairement se contenter de faire des aumônes proportionnées aux biens qu'ils possedent légitimement, de peur de tenter Dieu, en présumant trop de leurs forces & de leur constance. Et s'il plaît un jour à venir à Notre Seigneur de les faire croître en vertu, & d'allu-

mer dans leur cœur le feu d'une charité
surabondante, ils pourront alors suivre
l'ardeur de leur zéle, & on ne les détournera plus de faire des aumônes plus
fortes que leurs biens, ni de se réduire
eux-mêmes à la pauvreté.

CH   /TRE IX.

Qu'il faut faire l'aumône avec beaucoup
d'humilité : qu'on doit toujours parler
aux pauvres avec douceur & avec hon-
nêteté ; & qu'il est bon de leur distribuer
quelquefois soi-même l'argent qu'on
veut leur donner, & de ne s'en reposer
pas toujours sur ses domestiques.

I L y a quelquefois des riches qui affoiblissent leurs aumônes par la maniere haute & impérieuse dont ils les
font, & qui les privent d'une partie du
mérite qu'elles devroient avoir. Ils ne
regardent presque pas les pauvres ; ils
les traitent avec mépris, au moins à l'extérieur ; ils les rebutent ; ils leur disent
des paroles dures & offensantes ; & il
sembleroit à les voir agir, qu'ils les
croiroient absolument indignes de communiquer avec eux, & même de leur
parler. C'est pour avertir les Fidéles d'é-
viter ces défauts, que l'on a dessein de

prouver dans ce Chapitre, que ceux qui
donnent l'aumône, doivent l'accompagner d'une humilité profonde, éviter
les paroles dures & fâcheuses qui pourroient offenser les pauvres, & leur témoigner au contraire toute sorte de
bonté & d'humanité.

Mon fils, dit le Sage, *ne privez pas* **Eccli. 4.**
le pauvre de son aumône, & ne détournez **1.2. & se-**
pas vos yeux de lui: ne méprisez pas celui **quentib.**
qui a faim, & n'aigrissez pas le pauvre
dans son indigence. N'attristez point le
cœur du pauvre, & ne différez point de
donner à celui qui souffre. Rendez-vous af-
fable à l'assemblée des pauvres: prêtez l'o- **Ibid. cap.**
reille au pauvre sans chagrin; acquittez- **29. 11.**
vous de ce que vous lui devez, & répon-
dez-lui favorablement & avec douceur:
usez de bonté & de patience envers le mi-
sérable, & ne le faites pas languir pour
la grace qu'il vous demande.

Mon fils, dit encore le Sage, *ne mê-* **Ibid. cap.**
lez point les reproches au bien que vous **18. 15. &**
faites, & ne joignez jamais à votre don **sequent.**
des paroles tristes & affligeantes. La rosée
ne rafraîchit-elle pas l'ardeur du grand
chaud; ainsi la parole douce vaut mieux
que le don. La douceur des paroles ne pas-
se-t-elle pas le don même: mais toutes les
deux se trouvent dans l'homme juste. L'in-
sensé fait des reproches aigres, & le don de
l'indiscret dessèche les yeux.

Le Prophéte Iſaïe avertit auſſi les riches de prendre bien garde de ne pas
mépriſer ceux qu'ils aſſiſtent, & à qui
ils font l'aumône. *Rompez votre pain ,*
leur dit-il, *& donnez-en une partie à ce-*
lui qui a faim : faites entrer dans votre
maiſon les pauvres & ceux qui ne ſçavent
où ſe retirer : lorſque vous verrez un hom-
me nud, revêtez-le, & ne mépriſez point
votre propre chair. Il leur marque par
ces paroles, que la raiſon pourquoi il
ne leur eſt pas permis de mépriſer les
pauvres, c'eſt qu'ils ſont leurs freres, &
une portion de leur propre chair : *&*
carnem tuam ne deſpexeris.

Notre Seigneur J. C. releve encore
davantage la dignité des pauvres ; car il
dit dans l'Evangile, qu'ils ſont ſes membres vivans ; il y déclare qu'il tient fait
à lui-même tout le bien qu'on leur fait ;
il reconnoît qu'il reçoit tous les ſecours
& toutes les aumônes qu'on leur donne.
Je vous dis en vérité, répondra-t-il aux
Elûs au jour du Jugement, *qu'autant de*
fois que vous avez rendu ces devoirs de
charité aux moindres de mes freres, c'eſt
à moi-même que vous les avez rendus. Or
puiſque les pauvres nous repréſentent
J. C. & qu'ils ſont même ſon corps, &
que les aſſiſter & les nourrir, c'eſt l'aſſiſter & le nourrir lui-même ; bien-loin

Iſa. 5 8. 7.

Matth.
2 5. 40.

de les méprifer , de s'élever au-deſſus
d'eux , & de les contriſter par des paroles offenſantes , il faut les honorer ,
s'humilier devant eux , & leur parler
d'une maniere douce & honnête. C'eſt
ce que nous allons voir avec plus d'é-
tendue dans les témoignages des ſaints
Peres.

S. Jean Chryſoſtome enſeigne en pluſieurs endroits de ſes ouvrages, que ceux
qui font l'aumône , ont de l'obligation
aux pauvres qui la reçoivent.

Il obſerve qu'Abraham ſe portoit
avec une ardeur toute extraordinaire à
exercer l'hoſpitalité ; qu'il alloit audevant des étrangers pour les inviter à lo-
ger chez lui ; qu'il les prioit avec humilité de lui accorder cette faveur; qu'il
leur adreſſoit ces paroles pleines de tendreſſe & de reconnoiſſance : *Si j'ai trou-*
vé grace devant vos yeux , ne paſſez point
ſans vous arrêter chez votre ſerviteur ;
& qu'en leur parlant ainſi, il témoignoit
aſſez qu'il leur étoit très obligé de ce
qu'ils vouloient bien accepter ſon logis;
& que c'étoit lui , & non pas eux qui re-
çevoient un bienfait.

Ce ſaint Docteur , pour prouver que
ceux qui font l'aumône ont effectivement de l'obligation aux pauvres qui la
reçoivent, repréſente qu'ils ne leur don-

Homil.
41. in
Geneſim.

Geneſ.
18. 3.

Ibid. &
Hom. 14.
in 1. ad
Timoth.

nent que des biens peu importans, qui
ne regardent que le corps, qu'ils ne
pourroient pas conferver longtems, &
qu'ils laifferoient ici-bas à leur mort ;
& qu'au contraire ils en reçoivent de
fpirituels & d'éternels, parceque les
pauvres attirent fur eux les graces du
Ciel, leur obtiennent par leurs prieres
la rémiffion de leurs péchés, & les recevront à la fin des fiecles dans les tabernacles éternels, felon la promeffe de J.C.

.Il conclut enfuite que nous devons
parler d'une maniere douce & honnête
aux pauvres qui s'adreffent à nous, afin
de leur rendre plus agréable l'aumône
que nous leur faifons, & de les confoler
au moins par notre douceur & par notre
bonté exterieure, lorfque nous ne fommes pas en état de leur rien donner.»Ne
» nous rendons pas, dit-il, rudes ni dif-
» ficiles envers les pauvres qui nous
» abordent. Si nous pouvons foulager
» leur mifere, faifons-le avec joye &
» avec allegreffe, étant perfuadés que
» bien-loin de leur rien donner, nous
» recevons d'eux un bienfait. Que fi
» nous ne fommes pas en état de leur
» procurer aucun fecours, ayons au
» moins foin de leur parler avec dou-
» ceur, & de leur témoigner par des pa-
» roles honnêtes & civiles, que nous

» compatiſſons à leurs maux, & que
» nous nous intéreſſons à ce qui les tou-
» che ; & prenons bien garde de ne
» les pas traiter avec mépris, ni avec
» rudeſſe.

» En effet, pourquoi leur parleriez-
» vous durement? vous contraignent-
» ils ? vous font-ils violence ? ils vous
» prient au contraire; ils vous ſupplient;
» ils s'humilient devant vous. Or ceux
» qui agiſſent ainſi, ne méritent pas
» certainement qu'on leur faſſe affront
» ni inſulte. Mais je n'en dis pas aſſez,
» lorſque je marque, qu'ils vous prient,
» & qu'ils vous ſupplient: car ils vous
» ſouhaitent toutes ſortes de biens &
» de proſperités, & ils les demandent à
» Dieu pour vous ; & tout cela pour ob-
» tenir une ſeule obole ; & encore ne la
» leur donnez-vous pas.

Il ſe trouva du tems de ce grand Saint
des riches inſolens, qui non contens
de maltraiter de paroles les pauvres,
avoient même la témerité de les frap-
per. Il s'en plaint dans une de ſes Homelies ſur S. Matthieu. » Si vous ne Hom,
» voulez rien donner à ce pauvre, leur ſ5. in
» dit-il, pourquoi le tourmentez-vous, Matth.
» & pourquoi ajoutez-vous cette nou-
» velle affliction à tant d'autres qui l'ac-
» cablent ? il vient à vous comme un

» homme qui a fait naufrage; il vous
» tend les mains, & au lieu de lui ser-
» vir de port & d'azile, vous le rejettez
» dans la mer, & le précipitez de nou-
» veau dans la tempête. Si vous ne vou-
» lez rien lui donner, pourquoi le frap-
» pez-vous ? Si vous ne voulez point le
» fecourir, pourquoi l'outragez-vous ?

» Vous tournez votre propre épée
» contre vous-même, & vous vous blef-
» fez plus que vous ne bleffez ce pau-
» vre, lorfque vous l'obligez par vos
» traîtemens injurieux à gémir en fe-
» cret, & à répandre des larmes. N'é-
» toit-ce pas Dieu qui vous l'envoyoit ?
» Confiderez donc fur qui retombe cet-
» te injure, puifque Dieu vous envoyant
» ce pauvre, & vous commandant de
» l'affifter; non feulement vous ne lui
» donnez pas l'aumône, mais vous ofez
» même l'outrager. Si vous ne compre-
» nez pas encore l'excès que vous com-
» mettez en cette rencontre, jugez-en
» par ce qui fe paffe entre les hommes,
» & vous connoîtrez alors la grandeur
» de votre faute.

» Que diriez-vous, fi ayant comman-
» dé à un de vos domeftiques de rede-
» mander à une autre perfonne qui
» feroit auffi à vous, l'argent que
» vous lui auriez prêté; & que celui

» qui feroit depofitaire de cet argent,
» non-feulement ne le rendît pas, mais
» traitât avec toutes fortes d'outrages
» celui qui le lui redemanderoit de vo-
» tre part : avec quelle feverité puni-
» riez-vous ce ferviteur, dont vous
» croiriez avoir été, fi cruellement of-
» fenfé ? Et cependant vous traitez Dieu
» de la même maniere que vous vous
» plaindriez alors d'avoir été traité de
» ce ferviteur. C'eft lui qui vous en-
» voye ce pauvre, & il vous comman-
» de de lui donner ce qu'il vous a con-
» fié, & ce qui eft plus à lui qu'à vous-
» même. Que fi au lieu de lui faire cha-
» rité, vous lui faites des outrages, ju-
» gez quelle punition vous meritez.
» Ayons donc foin d'affifter les pauvres
» de notre argent, & confolons-les en
» même-tems par nos paroles.

S. Auguftin, pour maintenir les riches dans l'humilité au milieu des aumônes qu'ils diftribuent, leur déclare,
auffi bien que S. Jean Chrifoftome, *Serm.*
qu'ils ont de l'obligation aux pauvres *389,*
qu'ils affiftent, parce qu'ils reçoivent
d'eux plus qu'ils ne leur donnent; qu'ils
ne leur communiquent que des chofes
temporelles, qui ne regardent que le
corps, & qu'ils en reçoivent des richeffes fpirituelles qui ornent & qui embel-

liffent leur ame ; qu'ils ne leur donnent que des biens qui ne fçauroient
les garantir pour long-tems de la faim
& de la mifere ; & qu'ils en reçoivent
qui éteindront pour jamais dans l'é-
ternité leur faim & leur foif.

Il leur repréfente encore que Dieu
dit par la bouche du Prophéte Aggée;
Cap.2.9. *L'argent eft à moi, & l'or eft à moi :* puis
il ajoute que ces paroles doivent faire
comprendre aux riches, qu'ils font très-
injuftes, lorfqu'ils refufent de faire l'aumône, puifque Dieu ne leur demande
point leur bien , mais le fien propre
qu'il avoit laiffé entre leurs mains ; &
Serm.50. qu'elles doivent garantir de l'orgueil
ceux qui fecourent les pauvres , puifqu'ils ne leur donnent que des biens
qui ne leur appartiennent point. » L'or
» eft à moi, dit Dieu, l'argent eft à moi,
» & non pas à vous, ô riches : Pour-
» quoi donc refufez-vous de donner au
» pauvre ce qui eft à moi ? Et pourquoi
» vous élevez-vous, & tirez-vous va-
» nité de donner ce qui eft à moi? *Meum*
» *eft aurum , meum eft argentum, non eft*
» *veftrum , ô divites : quid ergo dubitatis*
» *pauperi dare de meo ? aut quid extoll.*
» *mini , cùm datis de meo ?*

S. Gregoire Pape expliquant ces pa-
Job, 31. roles de Job ; *Si j'ai meprifé le paffant à*
caufe

cause qu'il étoit mal habillé, & le pauvre qui étoit nud, parle très-fortement contre les riches qui traitent les pauvres avec mépris, qui leur difent de mauvaifes paroles, & qui leur font des reproches durs & pleins d'amertume. » Job, dit-il, a fait paroître fon hu- Lib. 11. » milité, en ne méprifant point le pau- Moral. » vre, & fa mifericorde, en lui don- c. 14. » nant de quoi fe couvrir ; car ces deux » vertus doivent être tellement unies » enfemble, qu'elles s'entr'aident & fe » fortifient mutuellement ; en forte que » l'humilité qui nous infpire du refpect » pour le prochain, n'abandonne point » la mifericorde, & que la mifericorde » ne s'enfle point d'orgueil en faifant » l'aumône. Il faut que la mifericorde » foutienne l'humilité, & l'humilité la » mifericorde, afin que quand nous » voyons un pauvre qui eft de même » nature que nous, notre impieté ne » nous empêche point de le fecourir, » & que nous ne le traitions point non » plus avec mépris par efprit d'orgueil: » car il y en a qui fe voyant preffés par » des pauvres, qui font leurs freres, de » l.s affifter dans leurs befoins, les » chargent d'injures, avant que de leur » accorder aucun fecours. Il arrive de- » là, qu'encore qu'ils faffent la charité

K

» à l'extérieur, ils perdent néanmoins
» par les paroles outrageufes qu'ils pro-
» ferent, la grace & le mérite de l'hu-
» milité ; & lorfqu'ils donnent l'aumô-
» ne aux pauvres après les avoir ainfi
» maltraités, ils ne font pas tant cen-
» fés les fecourir, que leur faire fatis-
» faction pour l'injure qu'ils viennent
» de recevoir de leur part. C'eft donc
» peu de chofe pour eux que de donner
» alors l'aumône qu'on leur demande,
» puifqu'elle fuffit à peine pour couvrir
» & pour effacer l'excès des paroles
» dont ils font coupables ; & c'eft pro-
» prement à eux que l'Ecclefiaftique
» dit : *Ne mêlez point les reproches au*
» *bien que vous faites : & ne joignez ja-*
» *mais à votre don des paroles trifes &*
» *affligeantes :* Et encore, *la douceur des*
» *paroles ne paffe-t-elle pas le don même.*
   » Ceux qui donnent l'aumône, pour-
» fuit S. Gregoire, feront bien éloignés
» d'en concevoir de la vanité, s'ils font
» une réflexion ferieufe à ces paroles de
Luc. 16. » leur divin Maître : *Employez vos ri-*
» *cheffes injuftes à vous faire des amis,*
» *afin que lorfque vous viendrez à man-*
» *quer, ils vous reçoivent dans les Taber-*
» *nacles éternels :* car fi c'eft l'amitié des
» pauvres qui nous procure l'entrée
» des Tabernacles éternels, ceux qui

» donnent doivent être perſuadés, qu'ils
» offrent plutôt des preſens à des pro-
» tecteurs, que des aumônes à des pau-
» vres.

» C'eſt auſſi pour éloigner les riches
» de l'eſprit de vanité que S. Paul leur
» dit : *Que votre abondance ſupplée main-* 2. Cor. 8.
» *tenant à leur pauvreté, afin que votre* 14.
» *pauvreté ſoit un jour ſoulagée par leur*
» *abondance :* car ces paroles nous ap-
» prennent que nous verrons un jour à
» venir dans l'abondance ceux qui ſouf-
» frent maintenant la pauvreté, & que
» nous qui ſommes maintenant riches,
» nous ſerons un jour à venir réduits à
» une extrême pauvreté, ſi nous negli-
» geons de faire l'aumône.

» Ainſi l'on peut dire que celui qui
» donne maintenant au pauvre un ſe-
» cours temporel, & qui en doit rece-
» voir un jour à venir une récompenſe
» éternelle, cultive une bonne terre,
» qui lui rendra dans la ſuite beaucoup
» plus qu'il ne lui a confié. Il ne faut
» donc pas que le riche tire vanité des
» aumônes qu'il diſtribue, puiſqu'en
» donnant au pauvre, il ſe procure à
» lui-même des richeſſes ſurabondan-
» tes, qui le garantiront de la pauvreté
» dans toute l'éternité.

» Celui, ajoute ce ſaint Pape, qui s'é-

» leve par un sentiment de vanité au-
» dessus du pauvre qu'il assiste, comme
» audedans de lui-même, en s'enflant
» ainsi d'orgueil, une faute beaucoup
» plus grande que le bien qu'il fait à
» l'exterieur en donnant l'aumône, &
» que le mérite qu'il auroit pû acque-
» rir. Il se dépouille des biens inte-
» rieurs, lorsqu'il méprise le pauvre
» qu'il entreprend de revêtir, & il de-
» vient plus méchant & plus pécheur
» qu'il n'étoit auparavant, dès qu'il se
» croit meilleur & plus excellent que
» son prochain qui est pauvre ; car ce-
» lui qui manque d'habits, est moins
» pauvre que celui qui manque d'humi-
» lité. C'est pourquoi, quand nous
» voyons que ceux qui sont de même
» nature que nous, ont besoin de biens
» exterieurs, nous devons considerer
» combien il y a de biens interieurs
» que nous n'avons pas nous-mêmes.
» Nous reconnoîtrons par-là que nous
» sommes d'autant plus véritablement
» pauvres, que nous le sommes inté-
» rieurement; & nous n'entreprendrons
» pas de nous élever dans notre pensée
» audessus des pauvres.

Puisque nous avons entrepris de
prouver dans ce Chapitre, que l'aumône doit être faite avec humilité, il

faut ajouter que S. Jean Chryſoſtome avertit les riches de diſtribuer eux mêmes leurs charités, autant que cela leur eſt poſſible, & de ne s'en repoſer pas toujours ſurleursDomeſtiques & ſur leurs Officiers; car ce conſeil, s'ils le ſuivent, contribuera encore à les humilier, & les garantira de la vanité qui les porte ſouvent à s'élever audeſſus de ceux qu'ils aſſiſtent.

Il leur propoſe l'exemple du Patriarche Abraham, qui ayant trois cens dixhuit eſclaves ou ſerviteurs, ne ſe déchargeoit par ſur eux de ce qu'il y avoit à faire, lorſqu'il recevoit des hôtes, mais les ſervoit lui-même avec Sara ſa femme, alloit audevant d'eux, leur apprêtoit à manger, & leur rendoit par lui-même tous les devoirs de l'hoſpitalité.

Gen. 18.

Hom. 21. in Epiſt. ad Rom. & Hom. 14. in 1. ad Tim.

Il leur dit que c'eſt à J. C. lui-même que nous préſentons nos aumônes, & que par conſequent nous conſacrons nos mains, lorſque nous les employons à un tel miniſtere.

Il leur repréſente, qu'à la vérité il y a beaucoup de mérite à diſtribuer les aumônes des autres, & qu'à la naiſſance de l'Egliſe l'on commit même cet emploi à ſaint Eſtienne; mais qu'il y en a infiniment plus à diſtribuer ſoi-même les ſiennes propres ; parcequ'outre la dé-

pense que l'on fait, l'on a encore la peï-
ne de partager son argent, & de l'appliquer à ceux qui en ont plus de besoin.

Il leur dit, qu'en allant chercher les
pauvres, & en leur parlant soi-même,
on s'humanise avec eux, on s'humilie,
on dompte sa fierté, on exerce son zéle,
on s'accoutume, à pratiquer les œuvres
exterieures de charité, & l'on s'édifie
par la vûe de la simplicité & de la pauvreté qui regne dans leurs maisons ; au
lieu que l'on ne rencontre ordinairement chez les riches & chez les grands
de la terre, que du luxe, des pompes,
& des sujets de scandale.

Il est donc très à propos que les riches s'accoutument à distribuer eux-
mêmes leurs aumônes aux pauvres, &
à n'abandonner pas entierement ce mi-
nistere à leurs Domestiques & à leurs
Officiers. On ne prétend pas néanmoins
qu'ils soient obligés de vaquer toujours
à cette distribution ; car leur santé &
leurs emplois ne leur en laissent pas
toujours le tems, ni la liberté ; mais
on leur conseille de s'y exercer le plus
souvent qu'ils pourront, afin de s'humilier, de consacrer leurs mains, & d'honorer Dieu en la personne des pauvres.
S'ils avoient quelque chose de précieux,
& qui fût digne d'être offert à un grand

Prince & à un Monarque, ils se garderoient bien de l'envoyer par un autre,
& ils se tiendroient très-heureux de le
porter & de le présenter eux-mêmes.
Qu'ils ayent donc soin de faire la même
chose, lorsqu'il s'agit de distribuer leurs
aumônes ; car c'est à J. C. lui-même
qu'ils les offrent, & qu'ils les donnent.
Et s'ils agissent par l'esprit de la Foi, ils
comprendront qu'il y a mille fois plus
de gloire & plus de merite à les lui présenter, qu'à rendre hommage aux Rois
& aux Empereurs, & à leur offrir les
dons les plus précieux.

CHAPITRE X.

Que l'aumône doit être accompagnée de
la misericorde interieure : qu'elle ne ti-
re pas tant son mérite de la grandeur
du don, que de l'ardeur & du zéle de
la volonné de celui qui la fait.

JESUS-CHRIST ayant dit dans l'E-
vangile, que les vrais adorateurs
adorent Dieu en esprit & en vérité ; il
ne suffit pas, pour accomplir pleinement le précepte de la charité, de distribuer à l'exterieur quelque argent aux
pauvres ; mais il faut avoir le cœur
plein de compassion pour leur misere,

être véritablement touché des maux qu'ils souffrent, avoir pour eux une affection tendre & paternelle, & se porter à les secourir, non par une espece de contrainte, ni pour se délivrer de leur importunité, mais avec une volonté pleine, & un zéle tout brûlant d'amour; car l'aumône doit être accompagnée de la misericorde interieure, & elle tire principalement son mérite, non de la grandeur du don exterieur, mais de la grandeur & du zéle de la volonté de celui qui la fait.

2. Co. 9. 9. Et aussi voyons-nous dans les saintes Ecritures, que S. Paul parlant de l'aumône, veut que chacun donne ce qu'il aura résolu en lui-même de donner, non avec tristesse, ni comme par force, parceque Dieu aime celui qui donne Job. 30. avec joye, que le saint homme Job ne 25. se contentoit pas d'assister à l'exterieur les pauvres, mais qu'il pleuroit sur celui qui étoit affligé, & que son ame étoit compatissante envers le pauvre ; que Dieu se plaint hautement de ceux qui ne sont pas touchés de compassion pour la misere de leurs freres ; & qu'il dit par la bouche du Prophéte Amos :

Amos. 6 *Malheur à vous qui bûvez le vin à plei-*
6. *nes coupes, & vous parfumez des huiles de senteur les plus précieuses, & qui êtes*

insensibles à l'affliction de Joseph. Que l'Apôtre S. Pierre avertit les Fidéles de compatir aux afflictions du prochain, lorsqu'il leur adresse ces paroles: *Ayez* 1. Pet. 3. *entre vous tous une parfaite union, une* 8. *bonté compatissante, une amitié de freres, & une affection pleine de tendresse.* Que Heb. 10. S. Paul louë les Hebreux d'avoir eu de 34. la compassion pour ceux qui étoient dans les chaînes & dans les prisons; que le Prophéte Isaie promet de la part de Dieu une très-grande récompense, non pas à tous ceux qui auront donné l'aumône; mais à ceux qui l'auront faite avec joye, & de toute la plenitude de leur cœur, & qui auront eu soin de consoler les pauvres: *Si vous assistez,* Isa. 58. dit-il, *le pauvre avec une effusion de cœur,* 10. *& si vous remplissez de consolation l'ame affligée, votre lumiere se levera dans les ténébres, & vos ténébres deviendront comme le midi:* & que Dieu témoigne lui-même dans Jeremie, que son cœur est pénétré de douleur dans la vûe des maux qui doivent accabler son peuple: *Ma douleur,* dit-il, *est audessus de toute* Jerem 8. *douleur: mon cœur est tout languissant au* 18. 19. *dedans de moi: J'entens la voix de la* 21. *fille de mon peuple qui crie d'une terre étrangere. La plaie profonde de la fille de mon peuple me blesse profondement: J'en*

K v

suis attristé : j'en suis tout épouvanté.

Les saints Peres de l'Eglise qui avoient toujours les Ecritures devant les yeux, & qui y puisoient la connoissance des vertus Chrétiennes , nous enseignent aussi que l'aumône doit être accompagnée de compassion interieure,& qu'elle tire son plus grand mérite du zéle & de l'ardeur de la volonté de ceux qui assistent les pauvres.

Hom.16. in ad Cor.

» Pour faire pleinement l'aumône , » dit S. Jean Chrysostome , il faut la » faire volontiers , avec joye , & abon- » damment. Il faut être persuadé, que » bien-loin de donner, on reçoit soi- » même. Il faut croire, que non-seu- » lement on ne perd pas l'argent que » l'on distribue, mais que l'on fait un » gain considerable.

Hom. 55 in Gen.

» L'on ne juge pas, dit encore ce saint » Docteur, de la grandeur de l'aumône » par la quantité de l'argent que l'on » distribue, mais par la joye & par la » promptitude avec laquelle on le don- » ne. Celui qui ne donna qu'un verre » d'eau froide, & celle qui ne mit que » deux oboles dans le tronc, furent » l'un & l'autre agréables à Notre Sei- » gneur; ce qui marque que c'est prin- » cipalement l'esprit & la volonté que » Dieu demande. Il arrive quelquefois

» que celui qui a peu de chofe, eft néan-
» moins très-liberal, parcequ'il a beau-
» coup de zéle & de bonne volonté, &
» que celui qui a beaucoup de bien, eft
» inferieur au pauvre en liberalité, lors
» même qu'il donne confiderablement
» parcequ'il eft attaché à fes richeffes,
» & qu'il ne les donne qu'à regret &
» par une efpece de contrainte.

S. Ambroife enfeigne, que c'eft l'af- Lib. 1. de
fection avec laquelle l'on fait l'aumô- Offi. c.
ne, qui lui donne fon prix, & qui la 30.
rend plus ou moins confidérable ; que
Dieu ne demande pas tant nos biens
que notre foi & notre piété ; & que ce
fut le zéle & la ferveur d'Abel qui mé- De Nab.
rita à fon oblation la préférence au- c. 16.
deffus de celle de fon frere Caïn.

» D'où eft-ce que procede l'aumône,
» dit S. Auguftin, c'eft du cœur ; fi vous In Pfal.
» étendez votre main vers le pauvre, 125.
» pour lui diftribuer de l'argent, & que
» votre cœur ne foit pas plein de pitié,
» & de mifericorde pour lui, cela ne
» vous fert de rien ; mais fi votre cœur
» eft touché de compaffion pour fa mi-
» fere, quand même votre main n'au-
» roit rien à lui donner, Dieu ne laiffe-
» roit pas de recevoir votre aumône,
» & de vous en récompenfer.

C'eft fur ce principe que ce faint Pere

s'appuye, lorfqu'il déclare enfuite, que la veuve qui ne mit que deux oboles dans le tronc , ne fit pas une moindre aumône que Zachée , qui donna aux pauvres la moitié de fes biens, & ne retint l'autre que pour avoir de quoi reftituer à ceux qu'il avoit injuftement opprimés. » Elle étoit, dit-il , moins ri-
» che que lui , mais elle l'égaloit par les
» mouvemens & les défirs de fa volon-
» té. Elle mit deux oboles dans le tronc
» avec autant de zéle qu'il donna aux
» pauvres la moitié de fes biens. Si vous
» confiderez ce qu'ils donnérent, vous
» trouverez que leurs aumônes furent
» differentes ; mais fi vous faites atten-
» tion au fond dont elles partoient,
» vous jugerez qu'elles étoient parfai-
» tement égales.

Nous lifons la même doctrine dans S. Gregoire Pape. Il explique même en particulier pourquoi nous devons ac-compagner nos aumônes de compaffion interieure , & avoir foin de les faire avec un cœur plein de tendreffe.» Quoi-

Lib. 20.
Moralc.
6.

» que la véritable compaffion, dit-il ,
» confifte à fecourir notre prochain, &
» à lui communiquer les biens tempo-
» rels que nous poffedons, il arrive
» néanmoins affez fouvent à ceux qui
» vivent dans l'abondance , que leur

» main a plutôt donné quelque argent
» à l'exterieur, que leur cœur ne s'est
» attendri par un véritable fentiment de
» compaffion. Cependant , pour faire
» parfaitement l'aumône, il faut entrer
» dans l'affliction de ceux que l'on affif-
» te, & y participer autant qu'on le
» peut, avant même que de les fecourir.
» Et on ne doit pas imiter ceux qui fe
» déterminent à faire du bien au pro-
» chain , plutôt par un effet de l'a-
» bondance dont ils jouiffent, que par
» une véritable compaffion de fa mi-
» fere.

   » Comme le faint homme Job, ajoû-
» te S. Gregoire, fçavoit que le don du
» cœur eft plus excellent devant Dieu
» que celui des biens temporels, il di-
» foit : *Je pleurois autrefois fur celui qui* Job :**
» *étoit affligé , & mon ame étoit compa-* 25.
» *tiffante envers le pauvre.* Et en effet ,
» celui qui donne des biens temporels,
» ne donne que des chofes qui font
» hors de lui ; mais celui qui témoigne
» de la compaffion au prochain, & qui
» s'afflige de ce qui lui caufe de la dou-
» leur, lui donne quelque chofe qui
» part du plus profond de fon cœur.

   Ce faint Pontife dit encore, qu'on
doit d'autant plus eftimer l'efprit de
compaffion, qu'il eft toujours accom-

pagné de l'aumône exterieure , & qu'il
porte tous ceux qui ont du bien , à fecourir les pauvres ; au lieu que l'aumône exterieure fe trouve quelquefois
fans la compaffion interieure , & n'eft
alors que très-peu de chofe aux yeux
de Dieu , qui demande plutôt le cœur
que les biens temporels.

Ainfi ceux qui donnent l'aumône
fans réflexion & fans attention , par
pure coutume , & feulement pour fe délivrer de l'importunité des pauvres , &
qui n'ont pas foin de l'accompagner de
compaffion interieure , diminuent eux-
mêmes le prix de leurs charités , & n'en
tirent pas tout le mérite qui y eft attaché : car il n'y a que leur main qui fe
remue , & qui agiffe , & leur cœur demeure cependant froid & infenfible.
Leurs aumônes font , pour ainfi dire ,
des aumônes Juïves & des œuvres fer-
viles , parcequ'elles font toutes exterieures , & qu'ils les font fans amour. Il vau-
droit mieux pour eux être moins riches ,
& avoir plus de tendreffe & plus de
compaffion pour les pauvres , leurs aumônes en feroient beaucoup plus confiderables & plus précieufes aux yeux
de Dieu , qui confidere la difpofition
du cœur de celui qui donne , avant
que de faire attention aux dons qu'il

offie, & à l'argent qu'il diftribue.

Les gens du monde s'imaginent être
fort parfaits, lorfqu'ils donnent aux
pauvres quelques aumônes legeres, &
qui n'ont même nulle proportion à la
grandeur de leurs richeffes ; ils s'applaudiffent d'avoir pû fe furmonter en ce
point,& ils ne fe mettent point en peine
d'examiner de quelle maniere ils font
ces fortes d'aumônes , trop contens
d'eux-mêmes de s'y être enfin réfolus.
Ainfi la plûpart d'entr'eux négligeront
les vérités qu'on a expliquées dans ce
Chapitre. Mais les juftes & les parfaits
Chrétiens qui veulent fe mettre en état
de plaire de plus en plus à la fouveraine
Majefté de Dieu,& de lui préfenter des
œuvres pleines & dignes de lui, pour
ufer des termes de l'Ecriture , auront
foin de profiter de ce qu'on vient de
leur repréfenter ; ils feront en forte que
leurs aumônes foient encore plus l'ouvrage de leur cœur & de leur efprit,que
de leurs mains. Ils pleureront fur les
miferes des pauvres ; ils gemiront avec
eux ; ils leur témoigneront de la compaffion ; ils les confoleront ; ils leur
donneront des marques exterieures de
la tendreffe & de la charité qu'ils ont
pour eux. Et par ce moyen ils tireront
eux-mêmes de très-grands avantages

des liberalités qu'ils leur feront ; &
toutes les fois qu'ils étendront la main
pour leur diftribuer de l'argent, ils ac-
quereront de nouveaux dégrés de mérite ; & après avoir ainfi exercé la mifericorde fur la terre, ils feront un jour à
venir couronnés dans le Ciel par cette
même mifericorde.

LA VIE
DES RICHES.
LIVRE TROISIE'ME.

CHAPITRE PREMIER.

Qu'il faut quelquefois prévenir les pau-
vres, & leur épargner la honte
de demander.

IL fe trouve affez fouvent des pauvres, qui font de bonne famille, qui
ont eu autrefois du bien, qui tiennent
encore un rang honnête dans le monde, qui ne paffent pas pour pauvres
dans le public, & qui néanmoins ne

laiſſent pas de ſouffrir beaucoup de miſere, & de manquer des choſes les plus
néceſſaires, ſans oſer ſe produire, ni ſe
faire connoître. Il faut ſans doute les
aſſiſter & les ſecourir promptement:
c'eſt un devoir indiſpenſable; ſurtout
s'ils ſont honnêtes gens, & s'ils ne ſe
ſont point réduits à cet état d'indigence
par leur mauvaiſe conduite, & par leurs
débauches. Mais il y a des regles à garder dans les aumônes qu'on leur fait.
Les ſaints Peres enſeignent, qu'on doit
ordinairement les prévenir, leur épargner la honte de demander, conſerver
leur réputation, & ne pas divulguer leur
pauvreté. Ils diſent que la charité veut
qu'on les ménage, & qu'on aille audevant de leurs beſoins ; & ils ſoutiennent qu'il y a de la cruauté & de l'inhumanité à découvrir leur miſere, & à les
faire remarquer, ſur tout aux gens du
monde, qui ſont preſque toujours ſuperbes, & qui n'ont que du mépris pour
les pauvres.

Il faut, dit S. Ambroiſe, aller chercher ceux qui ont honte de ſe montrer,
& qui tout malheureux qu'ils ſont, ne
veulent pas que l'on connoiſſe leur miſere: *Requirendus ille qui erubeſcit videri.*

Ce ſaint Docteur allegue l'exemple
du Patriarche Abraham, qui alloit trou-

Lib. 1.
Offic. c.
16.
Lib 1.de
Abra-
ham. c.
5.

ver les Pelerins dans les grands chemins, pour leur offrir l'hospitalité, & pour les prier de choisir son logis. Il dit que sa conduite nous apprend qu'en plusieurs rencontres il faut prévenir les pauvres, aller audevant de leurs besoins, & les secourir sans attendre qu'ils se soient ouverts de leur infortune.

Hom. 41. in Gen.

S. Jean Chrysostome se sert du même exemple d'Abraham, pour prouver qu'en plusieurs rencontres la **charité** oblige à prévenir les pauvres.

Et lorsqu'il explique ces paroles de

Rom 11. 13.

l'Epître de S. Paul aux Romains : *Hospitalitatem sectantes: Soyez prompts à exercer l'hospitalité :* il observe qu'il ne dit pas simplement, *Exercez l'hospitalité :* mais, empressez-vous de l'exercer, soyez prompts à vous acquitter de ce devoir ;

Hom 11. in Epist. ad Rom.

& il ajoute, que l'Apôtre veut nous apprendre par-là, que nous ne devons pas toujours attendre que les pauvres viennent nous chercher, & qu'ils courent après nous ; mais que notre devoir nous oblige souvent à les prévenir, à les rechercher, à les prier, & à courir même après eux à l'exemple du saint Patriarche Abraham.

Ce saint Archevêque déclare en un autre lieu, que ceux qui publient les charités qu'ils font à des pauvres, qui n'étoient pas encore connus pour tels dans le monde, leur volent leur réputation; qu'à proprement parler ils ne leur donnent pas l'aumône, mais qu'ils leur font un véritable affront : *Non modo id eleemofyna non eft, fed contumelia.*

S. Auguftin enfeigne auffi, que la charité oblige fouvent à prévenir les pauvres, & à leur épargner la peine & la honte de demander, & de découvrir leur mifere. » Informez-vous, dit-il, de » l'état des affaires de vos freres, de » peur qu'il n'y en ait quelques-uns » qui souffrent les incommodités de la » pauvreté, fans que vous le fçachiez. » Ne dites point : Si ce pauvre me de- » mande l'aumône, je la lui donnerai. » Vous la donnez à celui qui vous la » demande, parcequ'il eft écrit : *Don-* » *nez à tous ceux qui vous demandent.* Or » confiderez qu'il eft auffi écrit à l'oc- » cafion de celui qui ne vous la deman- » de pas encore : *Heureux celui qui pen-* » *fe attentivement au pauvre, & qui s'ap-* » *plique à comprendre fa mifere.* Cher- » chez donc vous-mêmes des pauvres » pour leur donner l'aumône, puifque » celui-là eft heureux, qui s'applique à » comprendre & à découvrir la mife- » re du pauvre, & qui n'attend pas, » pour lui faire l'aumône, qu'il la lui » demande.

Hom. 13. in 1. ad Cor.

Conc. 1. in Pfal. 103.

Luc. 6. 30.

Pfal. 40. 1.

» Soyez curieux en cette rencontre;
» ayez de la prévoyance lorfqu'il s'a-
» git des befoins de vos freres ; exami-
» nez s'ils ont de quoi vivre , quels
» biens ils poffedent , & s'ils fuffifent
» pour les faire fubfifter. On ne vous
» blâmera point de cette curiofité. Il y
» a des pauvres qui viennent vous trou-
» ver pour vous demander l'aumône ;
» mais il y en a d'autres que vous devez
» prévenir , afin qu'ils ne foient pas
» obligés de vous la demander : car
» comme il vous eft dit à l'occafion
» de ceux qui viennent vous trouver.
» *Donnez à tous ceux qui vous demandent ;*
» il vous eft auffi dit à l'occafion de ceux
» que vous devez vous-même cher-
» cher : *Que votre aumône fue dans votre*
» *main , jufqu'à ce que vous trouviez un*
» *jufte pour la lui donner.* Moins ce pau-
» vre eft hardi à vous demander , plus
» vous devez veiller pour le prévenir ,
» & pour empêcher qu'il ne foit obligé
» de vous demander.

» Soyez donc curieux en cette rencon-
» tre, mes freres, & vous découvrirez ,
» plufieurs ferviteurs de Dieu, qui font
» réduits à une grande pauvreté , pour-
» vu néanmoins que vous ayez deffein
» de les découvrir : car il y en a plu-
» fieurs qui font bien-aifes de n'être

» pas informés des miseres de leurs fre-
» res, afin de pouvoir s'exempter de
» faire l'aumône, & de s'excuser en di-
» sant : Nous ne sçavions pas qu'ils
» étoient pauvres, ni qu'ils souffrissent
» une si grande misere.

Le Pape S. Leon examinant ces paroles du Psalmiste, que S. Augustin allegue aussi sur ce sujet, comme on vient
de le voir : *Heureux celui qui pense at-*
tentivement au pauvre, & qui s'appli-
que à comprendre sa misere, dit : » Pour- Collect.
» quoi faut-il veiller pour comprendre la & elee-
» misere du pauvre? c'est afin de décou- Serm. 4.
» vrir celui qui n'ose se déclarer, & que
» la pudeur empêche de se manifester.
» Car il y a des gens qui auroient honte
» de demander les choses dont ils ont
» besoin, & qui aiment mieux souffrir
» en secret leur misere & leur pauvre-
» té, que d'avoir la confusion de men-
» dier publiquement. Ce sont ces sortes
» de pauvres qu'il faut chercher & se
» mettre en peine de découvrir, afin
» de les assister en secret ; & ils en au-
» ront d'autant plus de joye, qu'on au-
» ra en même tems soulagé leur pau-
» vreté, & conservé leur honneur dans
» le monde.

S. Pierre Chrysologue parle aussi de Serm. 9.
l'obligation qu'ont les riches de preve-

nir les pauvres honteux, & de leur épargner la honte de demander ; & il accuse
ceux qui divulguent les aumônes qu'ils
leur font, de les outrager, & de les in-
sulter au milieu de leur misere.

Ceux que Dieu a mis en état de faire
l'aumône, ne doivent donc pas se contenter de secourir les pauvres qui se présentent à eux, qui font couchés dans
les places publiques & aux portes des
Eglises, qui les avertissent de penser à
eux par leurs cris & par leurs clameurs,
& qui les fatiguent quelquefois par
leurs empressemens & par leur importunités. Il faut qu'ils cherchent eux-
mêmes ceux dont les besoins, pour n'ê-
tre pas connus dans le public, n'en font
pas moins pressans. Il faut qu'ils fassent
des perquisitions pour les trouver &
pour les connoître. Il faut qu'ils s'en in-
forment à ceux qui peuvent en sçavoir
des nouvelles. Il faut ensuite qu'ils les
assistent en secret, & sans les découvrir.
Il faut qu'ils les traitent à l'exterieur
comme des gens riches, & qu'ils ménagent leur credit & leur réputation. Il faut
enfin qu'ils pratiquent à la lettre envers eux, ce que dit J. C. dans l'Evangile : *Lorsque vous donnerez l'aumône, que*
votre main gauche ne sçache point ce que
fait votre main droite, afin que votre au-

Matth. c.
3. 4.

mône se fasse en secret. En les assistant ainsi, ils leur feront une double charité ; car non seulement ils nourriront leurs corps ; mais ils les feront vivre avec honneur dans le monde , & ils leur donneront moyen de continuer leurs emplois ordinaires , & peutêtre même de rétablir dans la suite leurs affaires , & de pourvoir avantageusement leurs enfans. Et Dieu qui voit tout ce qui se passe dans le secret , leur en rendra la récompense , sinon ici-bas & devant les hommes , au moins au jour de la retribution générale.

CHAPITRE II.

L'on traite cette question , S'il est à propos d'examiner la vie & les qualités des pauvres que l'on assiste : & s'il faut faire l'aumône même aux méchans.

CE n'est point par des raisons humaines , ni par de vaines subtilités , mais par l'Ecriture sainte & par les Peres de l'Eglise, qu'il faut juger de cette question , S'il est à propos d'examiner la vie & les qualités des pauvres qu'on assiste , & si l'on doit faire l'aumône , même aux méchans. Ainsi nous rapporterons d'abord ce que l'Ecriture

dit fur ce fujet , & puis nous pafferons
aux faints Peres.

Il eft bon, dit Salomon, *que vous fou-*
teniez le jufte : mais ne retirez pas auffi
votre main de celui qui ne l'eft pas : car
celui qui craint Dieu , ne neglige rien.
L'on voit par ces paroles, que Salomon
veut que l'on faffe l'aumône à tout le
monde , non feulement aux juftes, mais
aux méchans.

C'eft auffi l'efprit de l'Evangile ; car
J. C. nous ordonne de donner à tous
ceux qui nous demandent. Après nous
avoir commandé d'aimer notre prochain , il nous apprend par la Parabole
du Samaritain qu'il nous propofe, qu'aimer le prochain , c'eft lui faire du bien,
& que generalement tous ceux qui ont
befoin de notre fecours & de notre protection, fans faire attention à leurs qualités perfonnelles , font notre prochain.
Il veut que nous aimions même ceux
qui nous calomnient & qui nous perfe-
cutent : Or ils font très-certainement
du nombre des méchans. Il nous propofe enfin l'exemple de Dieu même,
qui accorde les biens exterieurs de la
nature également à tous les hommes,&
qui fait lever le foleil, & tomber la
pluie fur les bons & fur les méchans,
fur les juftes & fur les injuftes, pour
nous

Ecclef.
13.

Luc. 6.
30.

Matth.
5.
Luc. 10.

Matth.
5. 45.

hous marquer que nous devons communiquer nos biens à tout le monde.

Mais l'Ecclesiastique s'explique d'une
autre maniere ; car il recommande d'assister les justes , & il défend de faire du
bien aux méchans. *Si vous faites*, dit-il *Eccli. 12.*
du bien , sçachez à qui vous le ferez , & *1. & seq.*
ce que vous ferez de bien plaira beaucoup.
Faites du bien au juste , & vous en rece-
vrez une grande récompense , sinon de lui,
au moins du Seigneur. Donnez à celui qui
a de la bonté , & n'assistez point le pécheur:
car Dieu rendra aux méchans & aux pé-
cheurs ce qu'ils méritent , & il les reserve
pour le jour de la vengeance. Donnez à ce-
lui qui est bon , & n'assistez point le pé-
cheur. Faites du bien à celui qui est hum-
ble , & ne donnez point au méchant. Em-
pêchez qu'on ne lui donne du pain , de peur
qu'il ne devienne ainsi plus puissant que
vous : car vous trouverez un double mal
dans le bien que vous lui ferez , parceque
le Très-haut hait lui-même les pécheurs ,
& qu'il exerce sa vengeance contre les
méchans.

Tobie avertit aussi son fils de ne
point répandre ses liberalités sur les pécheurs ; car après lui avoir dit : *Mangez* Tob. 4.
votre pain avec les pauvres , & avec ceux 17.
qui ont faim , & couvrez de vos vêtemens
ceux qui sont nuds , il ajoute : *Mettez vo-* Vers. 18.

L

tre pain & votre vin fur le tombeau du
jufte ; & gardez-vous d'en manger & d'en
boire avec les pécheurs.

Quoique l'Ecclefiaftique & Tobie
parlent ainfi, il ne faut pas néanmoins
croire qu'ils foient contraires à Salomon, & encore moins à l'Evangile.
Une telle penfée feroit témeraire, &
même très-criminelle ; car les faintes
Ecritures ayant été infpirées par le
Saint-Efprit, tout y eft vérité, & il ne
peut y avoir de contradiction ; & nous
expliquerons dans la fuite comment il
faut entendre & concilier ces differens
paffages.

Voilà ce que nous trouvons de plus
précis dans l'Ecriture fur ce fujet. Pour
ce qui eft des faints Peres, ils traitent
cette queftion avec beaucoup d'étendue. Les uns enfeignent qu'il faut faire
l'aumône avec un grand difcernement,
& examiner les mœurs & la conduite
de ceux à qui on la donne. Les autres
ne veulent pas qu'on s'arrête à faire cet
examen ; & ils foutiennent qu'il faut
faire l'aumône à tous ceux qui la demandent, même aux méchans & aux
pécheurs. Mais nous juftifierons encore
à la fin de ce Chapitre, que quoiqu'ils
s'énoncent en termes differens, & qui
femblent quelquefois contraires, ils

font néanmoins parfaitement d'accords,
qu'ils ont tous été conduits par le même
esprit, & qu'ils n'ont point d'autre intention que de porter les Fideles à la
charité, qui est la reine des vertus.

S.Clement Alexandrin, dans son Trai-
té intitulé, *Qui est le riche qui sera sauvé,*
enseigne qu'il ne faut pas s'arrêter à faire la discussion des mœurs & des qualités des pauvres qui demandent l'aumône, de peur d'en rebuter quelques-
uns qui seroient dignes qu'on les secou-
rût; & qu'il est beaucoup plus avantageux d'assister tous ceux qui se présentent, que de se mettre en danger de rejetter les personnes de vertu qu'on ne
connoît pas. » Ne vous embarrassez
» point, dit-il, à juger de ceux qui sont
» dignes d'être secourus; car peutêtre
» que vos préjugés vous feroient tom-
» ber dans l'erreur.Il vaut encore mieux
» que vous vous trompiez,& que vous
» fassiez du bien à ceux qui ne le mé-
» ritent pas, en les confondant avec
» ceux qui en sont dignes, que de man-
» quer d'en faire à ceux qui le méritent,
» en voulant éviter ceux qui en sont in-
» dignes. Cet excès de précaution vous
» empêche de faire du bien aux vérita-
» bles amis de Dieu; mais cette négli-
» gence sera punie par des tourmens

In tom.
Biblioth.
Patrum.

L ij

» éternels. En faifant du bien à tout le
» monde, il eft indubitable que vous
» rencontrerez quelqu'un de ceux que
» Dieu a prédeftinés, & qui pourront
» contribuer à votre falut.

In Pfal.
24. S. Bafile déclare au contraire, que J. C.
ayant dit, *Donnez à tous ceux qui vous
demandent*, il faut que nous foyons portés dans le fond de notre cœur, par un
mouvement fincere de la charité fra-
ternelle, à faire l'aumône à tous ceux
qui nous la demandent; mais que nous
devons examiner par les lumieres de la
raifon les befoins & les néceffités des
pauvres qui s'adreffent à nous, & qui
nous follicitent; parcequ'il y en a qui
fe font un emploi & un métier de la
mendicité, & qu'il s'en trouve même
qui affectent de faire croire qu'ils ont
des membres eftropiés & mutilés, & qui
fuppofent des plaies & des ulceres, pour
tromper les fimples, & pour attendrir
leur cœur. Il dit qu'il eft inutile de donner à ces fortes de pauvres, & que les
aumônes qu'on leur fait ne fervent ordinairement qu'à les entretenir dans
leur mendicité, & même dans leur malice & dans leur corruption. Il ajoute
qu'il faut les repouffer, & méprifer leurs
clameurs; & que fi on leur donne, ce
doit être fort peu de chofe, & feulement

pour les empêcher de murmurer, & de se porter à quelques excès.

Pour ce qui est de S. Jean Chrysostome, il dit qu'il faut donner l'aumône generalement à tous les pauvres qui se présentent ; que quand on ne la fait qu'à ses amis & à ceux que l'on connoît, on est suspect d'agir par des vûes humaines & par amour propre ; mais que lorsqu'on la répand dans le sein des inconnus & des étrangers, on n'a ordinairement que Dieu en vûe, & on ne cherche qu'à lui plaire.

Hom. 10. in Epist. ad Heb.

Ce grand saint considerant qu'Abraham s'empressoit de recevoir chez lui les étrangers & les passans, même sans les connoître, & sans sçavoir qui ils étoient, déclare aux Fidéles que cela leur apprend à faire l'aumône à toutes sortes de pauvres, sans examiner leurs mœurs ni leur conduite. » Ne vous informez point avec trop de curiosité, » leur dit-il, de ce qui regarde les pau- » vres, puisque c'est à cause de J. C. » que vous les assistez. Si vous vous ar- » rêtez à les examiner, il arrivera sou- » vent que vous refuserez de secourir » un homme qui sera juste & agréable à » Dieu, & que vous perdrez par con- » séquent le mérite qui étoit attaché à » cette bonne œuvre. Celui qui fait du

Hom. in 11. ad Ep. ad Rom.

L iij

» bien à des méchans, est exempt de
» faute; il mérite même souvent d'être
» récompensé; car celui qui reçoit le
Matth.
10. 41.
» Prophéte en qualité de Prophéte, re-
» cevra la récompense du Prophéte;
» mais au contraire celui qui pour être
» trop curieux, & vouloir trop péné-
» trer dans tout ce qui regarde les pau-
» vres, manque à en assister un qui
» mérite de l'être, en sera puni très-se-
» verement. N'examinez donc point
» avec trop de curiosité la vie & les af-
» faires des pauvres, car il y a de l'in-
» discretion & de la témerité à vouloir
» fouiller dans la vie & dans les actions
» d'un pauvre homme, sous prétexte
» qu'on lui donne un pain, Et en effet,
» quand même il seroit un homicide,
» un voleur, ou quelque chose de sem-
» blable, pourriez-vous prétendre qu'il
» ne mérite pas qu'on lui donne du
» pain, ou un peu d'argent.

Ce saint Docteur dit ensuite, que puisque Dieu fait lever le Soleil sur les méchans, nous ne devons pas refuser de
leur faire quelque bien. Il ajoute que
J. C. nous en a lui-même donné l'e-
xemple, lorsqu'il a prié sur la Croix
pour ses ennemis qui lui donnoient la
mort; lorsqu'il a guéri le serviteur de
Malchus, à qui S. Pierre avoit abattu

l'oreille; lorſqu'il a reçû avec tant de
douceur le baiſer ſacrilege de Judas, &
qu'il a comblé ce traître de tant de faveurs & de miſericordes.

Il dit même qu'il arrive ſouvent que
ceux qui ſe rendent trop difficiles dans
le choix des pauvres qu'ils veulent aſſiſter, y ſont trompés, & qu'ils en nourriſſent pluſieurs qui ſont très-corrom-
pus dans leurs mœurs; & qu'au contraire, ceux qui agiſſent plus ſimplement, en rencontrent pour l'ordinaire
beaucoup de bons & de bien réglés : té-
moin Abraham qui étant prêt d'exercer
l'hoſpitalité envers tous ceux qu'il trouvoit dans les chemins & dans les campagnes, mérita de recevoir dans ſa maiſon des Anges, & le Seigneur même &
le Roy des Anges. Et puis il conclut
ſon diſcours par ces paroles : » Je
» vous prie, mes Freres, agiſſons avec
» ſimplicité dans les aumônes que nous
» faiſons : Suppoſons, ſi vous le vou-
» lez, que le pauvre qui ſe préſente à
» vous, ſoit un fourbe & un impoſteur,
» il ne vous eſt point commandé d'en
» faire des perquiſitions, ni d'examiner
» dans le détail ſi cela eſt vrai : & bien-
» loin de cela, J. C. dit dans l'Evangile:
» *Donnez à tous ceux qui vous demandent.*

S. Ambroiſe ſemble être oppoſé à S.

Hom. 1.
in Ep ad
Philipp.

L iiij

Jean Chryſoſtome, & incliner plutôt
du côté de S. Baſile ; car il dit qu'il faut
uſer de grande circonſpection dans les
aumônes que l'on diſtribue , afin de ne
ſe laiſſer pas ſurprendre par les artifices
des méchans pauvres , qui ſuppoſent
ſouvent des maladies & des infortunes,
pour obliger les Fidéles à leur faire des
aumônes plus abondantes ; & il veut
qu'on examine les beſoins de ceux qu'on
Lib. 1.
de Off.
c. 16.
aſſiſte. » Il faut, dit-il, être liberal avec
» diſcretion ; car ſans cela les largeſſes
» que l'on fait , ſont preſque toujours
» inutiles. Jamais on ne vit tant de
» gens demander l'aumône , ni avec
» tant d'empreſſement & d'avidité. Il
» s'en préſente tous les jours de forts
» & de vigoureux, qui ne mandient
» que pour mener une vie libertine, &
» pour avoir la liberté de courir de tous
» côtés. Ils enlevent les charités que
» l'on feroit aux véritables pauvres , &
» ils les en fruſtent par leurs importuni-
» tés. Ne ſe contentant pas de peu, ils
» veulent qu'on leur donne beaucoup ;
» & afin de tromper plus facilement
» les Fidéles , & pour les engager à leur
» faire de plus fortes aumônes , ils af-
» fectent d'être mieux vêtus que ceux
» du commun, & ils ſuppoſent qu'ils
» ſont de bonne famille. Si on ſe laiſſoit

» furprendre à leurs artifices, on n'au-
» roit bientôt plus de quoi affifter les
» véritables pauvres. Il faut donc re-
» gler fes liberalités avec tant de pru-
» dence, qu'on ne les renvoye pas fans
» rien leur donner, & qu'on ne fouffre
» pas auffi qu'ils enlevent par leurs
» fraudes & par leurs tromperies ce qui
» étoit deftiné à faire fubfifter ceux
» dont la pauvreté eft réelle & vérita-
» ble ; & la regle la plus fage & la plus
» Chrétienne que l'on puiffe fe prefcri-
» re en ces occafions, c'eft de ne rien
» faire envers qui que ce foit contre les
» devoirs de l'humanité, & d'avoir foin
» de donner les fecours néceffaires à
» ceux qui font dans le befoin.

» Il y en a d'autres, ajoute S. Am-
» broife, qui fe difent accablés de det-
» tes; il faut voir fi ce qu'ils avancent
» eft véritable. D'autres affurent que
» des voleurs les ont dépouillés de tous
» leurs biens ; fi l'on n'eft pas affuré de
» ce fait, on doit examiner les mœurs
» & la conduite de ceux qui fe plai-
» gnent ainfi, afin de les affifter enfuite
» plus liberalement. Il ne faut pas feu-
» lement avoir des oreilles pour enten-
» dre les cris des malheureux, il faut
» encore des yeux pour examiner leurs
» miferes. L'infirmité d'un pauvre doit

» plus toucher que fes gemiffemens &
» fes clameurs ; & cependant on fe
» laiffe vaincre par fes importunités &
» par fon impudence, ce qui ne de-
» vroit pas être.

Ce faint Pere reconnoît néanmoins
qu'il ne faut pas porter trop loin l'examen qu'on fait des pauvres avant que
de les affifter, & qu'on ne doit pas trop
s'arrêter à juger s'ils font effectivement
dignes d'être fecourus, parceque la charité n'eft point fi fcrupuleufe, & qu'elle
ne prend pas tant de précautions, lorfqu'il s'agit de faire du bien au prochain. » N'examinez point, dit-il, ce
» que mérite chacun des pauvres qui
» fe préfentent à vous pour recevoir
» l'aumône ; la mifericorde ne s'occupe
» point à juger du mérite ; mais elle af-
» fifte ceux qui font dans la néceffité :
» elle n'examine point la vertu, mais
» la pauvreté pour la foulager ; car il
» eft écrit : Heureux celui qui s'appli-
» que à comprendre la mifere du pau-
» vre : Et qui eft-ce qui comprend la
» mifere du pauvre? c'eft celui qui com-
» patit à fes fouffrances ; qui fait ré-
» flexion qu'il lui eft égal quant à la na-
» ture ; qui confidere que c'eft le Sei-
» gneur qui a fait le riche & le pauvre ;
» qui eft perfuadé qu'il fanctifie fes

De Nab.
1. 8.

Pfal. 40.
1.

» fruits & ses biens, lorsqu'il en sépa-
» re une portion pour la donner aux
» pauvres.

S. Gregoire Pape enseigne expressément, qu'il ne faut pas donner l'aumône aux méchans & aux pécheurs ; & il
le prouve par ces paroles de l'Ecclesiastique que nous avons rapportées ci-des-
sus : *Donnez à celui qui est bon, & n'as-*
sistez point le pécheur : Faites du bien à
celui qui est humble, & ne donnez point au
méchant. Et par ces autres du saint homme Tobie à son fils : *Mangez votre*
pain avec les pauvres, & avec ceux qui
ont faim : & couvrez de vos vêtemens
ceux qui sont nuds : Mettez votre pain &
votre vin sur le tombeau du juste, & gar-
dez-vous d'en manger & d'en boire avec
les pécheurs.

Mais il explique ensuite qui sont
ceux qu'on peut accuser de nourrir &
d'assister les méchans & les pécheurs.
» Celui-là, dit-il, donne son pain &
» son vin aux pécheurs, qui fournit
» aux méchans de quoi les entretenir
» dans leur iniquité ; c'est ce que font
» les riches du siécle, qui prodiguent
» leur bien pour nourrir des Bâteleurs
» & des Comediens, pendant que les
» pauvres de J. C. souffrent la faim.
» Mais celui qui donne du pain à un

Cura
Pastoral.
part. 3.
admon.
21.
Eccli. 12.
Tob. 4.
17. 18.

L vj

» pauvre, quoique pécheur, non pas
» néanmoins parce qu'il eſt pécheur;
» mais parcequ'il eſt homme, ne nour-
» rit pas un pécheur, mais un juſte,
» parcequ'il n'aime pas en lui le péché,
» mais la nature.

in Pſal.
101.

S. Auguſtin avoit fait cette diſtinc-
tion avant S. Gregoire, & il avoit déclaré, qu'on peut quelquefois aſſiſter
des méchans, non pas en tant que méchans, mais comme des hommes; qu'on
doit ſéparer dans un pécheur ſa nature
de ſon péché; que l'un eſt l'ouvrage de
Dieu, & l'autre l'ouvrage de l'homme;
qu'on peut lui donner pour faire ſubſiſter ſa nature, qui eſt l'ouvrage de
Dieu; mais qu'il n'eſt point permis de
contribuer à entretenir ſon ouvrage,
c'eſt-à-dire, ſon péché; qu'il faut examiner lorſqu'on donne quelque ſecours
à un homme pécheur, ſi l'on a intention
de le faire perſévérer dans ſon iniquité, ou ſi l'on veut ſimplement le nourrir, & l'empêcher de mourir de faim;
que, ſelon l'Evangile, pour recevoir la
récompenſe du juſte & du Prophéte, il
ne ſuffit pas de les recevoir ſimplement
comme des hommes, mais qu'il faut
les recevoir en qualité de juſtes & de
Prophétes; & que par la même raiſon
on n'eſt pas coupable lorſqu'on fait du

bien à des pécheurs simplement comme à des hommes : mais que le mal consiste à les assister & à les secourir comme pécheurs, c'est-à-dire, pour leur donner moyen de continuer leurs crimes & leurs iniquités.

C'est en suivant cette même doctrine que S. Leon Pape enseigne qu'on doit faire du bien à tous les hommes, & même aux Payens & aux Infidéles, parcequ'ils participent à notre nature, & qu'en cette qualité ils méritent que nous les aimions, & que nous répandions sur eux nos liberalités : *Quia in omnibus hominibus natura est diligenda communio.* Serm. 32 de Quadragesima.

Enfin S. Thomas décide, qu'on peut assister le pécheur, non pas à la vérité en qualité de pécheur, c'est-à-dire, pour lui donner moyen de continuer ses désordres, mais en qualité d'homme, & pour soutenir sa nature & lui conserver la vie. 2. 2. q. 52 art. 9. ad 1.

Après toutes ces autorités differentes, il nous sera facile d'éclaircir les questions dont il s'agit ; sçavoir s'il est à propos d'examiner la vie & les qualités des pauvres que l'on assiste, & s'il faut faire l'aumône, même aux méchans.

1°. Il est certain qu'il n'est point permis de donner aux pécheurs ce qui leur

fert pour commettre leurs crimes &
leurs défordres:qu'on ne peut par exemple, fournir de l'argent à un ufurier pour
l'employer à fon trafic illicite; que l'on
bleffe fa confcience, lorfqu'on donne à
un yvrogne de quoi fréquenter les ca-
barets; & que l'on péche, quand on
contribue à mettre une femme proftí-
tuée en état de continuer fon infame
commerce. C'eft en ce fens que le faint
homme Tobie & l'Ecelefiaftique difent,
qu'il ne faut point affifter les pécheurs;
ni manger fon pain avec eux.

2°. L'on peut legitimement faire l'au-
môné à toutes fortes de pauvres, même à ceux qui font pécheurs; pourvu
qu'on ne participe point à leurs péchés,
& qu'on ne leur donne que ce qui leur
eft néceffaire pour fubfifter fimplement;
pourvu qu'on les affifte, non parcequ'ils
péchent, mais parcequ'ils font l'ouvrage de Dieu, & qu'ils portent fon image;
pourvu qu'on ne confidere en eux que
la nature humaine, & qu'on haïffe en
même-tems leurs iniqu'tés & leurs défordres. L'on vient de voir que c'eft-là la
doctrine des faints Peres, qu'ils diftin-
guent dans les pécheurs leur nature de
leur iniquité; & qu'ils enfeignent qu'on
peut aimer la premiere, & lui faire du
bien, fans néanmoins favorifer l'autre
en aucune maniere.

C'est pourquoi il n'y a point de contrarieté entre les lieux de l'Ecriture & les témoignages des saints Peres que nous avons rapportés : car ceux qui disent qu'il ne faut point assister les pécheurs, nous marquent seulement qu'il n'est pas permis de participer à leurs péchés, & qu'on ne doit point leur fournir ce qui contribueroit à les entretenir dans leurs crimes. Mais les autres qui nous ordonnent de faire du bien à tous les hommes, sans en excepter même les méchans, ne regardent en eux que l'ouvrage de Dieu, & la nature humaine, qui est bonne & qui mérite d'être secourue ; & ils ne parlent nullement de leurs péchés, qui ne sont dignes que de haine, & que nous devons combattre de toutes nos forces.

3°. Quant à l'autre question qu'on a proposée : si l'on est obligé d'examiner la vie & les qualités des pauvres qu'on assiste, il faut distinguer entre les aumônes que l'on fait tous les jours, & qui sont ordinairement légeres & peu considérables, & celles qui sont plus fortes & plus importantes.

Il n'est point nécessaire d'entrer dans le détail de la vie & des mœurs des pauvres que l'on rencontre dans les voyes publiques, & à qui on ne donne que peu de chofe. Cela ne feroit pas même poffible : on manqueroit l'occafion qui fe préfente de leur faire du bien, & l'on fe mettroit prefque toujours par ce retardement hors d'état d'obéïr à ce que dit J. C. Donnez à tous ceux qui vous demandent ; car les pauvres fe retireroient fans attendre qu'on eût fait des perquifitions à leur fujet ; & fouvent même ils fe laifferoient aller aux plaintes & aux murmures contre ceux qui voudroient les traiter de la forte.

Mais lorfqu'on a des fommes confiderables à difttibuer aux pauvres, on doit ordinairement s'affurer , autant qu'on le peut , de leurs mœurs & de leur probité. Il faut s'informer s'ils craignent Dieu , & s'ils le fervent dans leur état & dans leur condition. Il faut examiner quel ufage ils font des fecours qu'on leur donne , & s'ils en tirent quelque avantage pour leur falut ; car il y a une benediction particuliere à fecourir les Juftes : ce font des amis & des protecteurs qu'on fe fait dans le Ciel ; & après les avoir nourris ici-bas, on fera reçû par eux dans les Tabernacles éternels , felon la promeffe de J. C. dans l'Evangile.

CHAPITRE III.

L'on examine si entre les pauvres on en peut preferer quelques-uns aux autres.

APRE'S avoir expliqué dans le Chapitre précedent, en quel sens on peut faire l'aumône à tous les hommes, même aux méchans & aux pécheurs; il faut maintenant examiner, si entre les pauvres qu'on assiste, l'on doit en préferer quelques-uns aux autres.

Ceux qui ne sont pas assez instruits des maximes de la Morale Chrétienne, pourront peut-être s'imaginer que cela n'est pas permis, parceque S. Paul dit, que Dieu ne fait point acception des personnes ; que S. Jacques défend à ceux qui ont embrassé la Foi, de mettre de la difference entre les personnes, & de les traiter inégalement ; & que l'Evangile nous apprend que Dieu fait lever le Soleil, & tomber les pluies & les rosées sur tous les hommes sans aucune distinction.

Mais ce n'est pas là le sens de l'Ecriture, & les saints Peres de l'Eglise enseignent le contraire : car ils disent, que lorsqu'on ne peut pas assister tous les pauvres qui se présentent, on doit pré-

Ephes. 6.
9.
Coloss. 3.
25.
Jacob. 2.
1 2. &
sequent.
Matth. 5.
45.

ferer les bons aux méchans, les Fidéles,
aux Infidéles, les plus vertueux à ceux
qui le font moins; & que dans les occafions où on a de grandes diftributions
à faire, il eft à propos d'avoir égard
aux honnêtes gens, & de leur donner
davantage qu'aux autres. Ils fe fondent
Galat. 6. fur l'autorité de S. Paul : *pendant que*
10. *nous en avons le tems, dit cet Apôtre,*
faifons du bien à tous les hommes: mais
principalement à ceux qu'une même foi a
rendu comme nous domestiques du Seigneur.
1. Tim. *Si quelqu'un*, dit-il encore, *n'a pas foin*
5. 8. *des fiens, & particulierement de ceux de*
fa maifon, il renonce à la foi, & eft pire
qu'un Infidéle. Ils alleguent auffi l'exemple du faint homme Tobie, qui étant
captif dans la ville de Ninive, préferoit
dans la diftribution de fes aumônes, les
Ifraëlites fes freres à tous les Infidéles
Tob. 1. 3. dont il étoit environné. *Il faifoit part*
tous les jours de ce qu'il pouvoit avoir à
ceux de fa nation, à fes freres qui étoient
captifs avec lui, dit le Texte facré. Mais
afin d'inftruire pleinement les Lecteurs
de cette vérité, qui eft importante & de
pratique, il faut leur rapporter en particulier ce que ces faints Docteurs ont
dit de plus remarquable fur ce fujet.

Un jeune homme, nommé Letus, qui
avoit témoigné vouloir renoncer au

monde, & se donner entiérement à
Dieu, sembloit n'être plus si ferme
dans cette résolution, & l'on avoit un
juste fondement de craindre qu'il ne re-
tournât au siecle, & qu'il ne s'y enga-
geât de nouveau. S. Augustin en ayant
été averti, lui écrivit pour le fortifier
contre cette tentation. Il n'est pas nécessaire d'expliquer tout ce qu'il lui repré-
senta pour le porter à s'éloigner de plus
en plus du monde, & à rompre tous
les engagemens qui pourroient l'y retenir. Mais il faut faire observer aux Fi- *Epist.*
déles, qu'il lui manda, que s'il étoit ré- *243.*
folu de vendre tous ses biens, & d'en
distribuer le prix aux pauvres, il devoit
préferer dans cette distribution sa mere
& ses parens à toutes autres sortes de
personnes ; parceque S. Paul dit : *Que*
si quelqu'un n'a pas soin des siens, & par-
ticulierement de ceux de sa maison, il re-
nonce à la Foi, & est pire qu'un Infidéle.

Ce saint Docteur parle encore de cette
préference dans son premier livre de la
Doctrine Chrétienne. » Il faut, dit-il, Cap. 28
» aimer generalement tous les hom-
» mes ; mais comme vous ne pouvez
» pas faire du bien à tous, vous devez
» principalement secourir ceux qui
» vous sont plus unis, soit parcequ'ils
» demeurent avec vous, & qu'ils se pré-

» fentent à vous dans de certaines con=
» jonctures favorables , ou que vous
» avez avec eux d'autres liaifons. C'eft-
» là comme un fort qui doit vous dé-
» terminer à les affifter ; car comme fi
» vous aviez quelque chofe à diftri-
» buer aux pauvres,qui ne pût être don-
» né à deux , & que cependant il s'en
» préfentât deux à vous,dont un nefouf-
» frît pas une plus grande néceffité que
» l'autre , & ne vous fut pasplus recom-
» mandable par quelque liaifon parti-
» culiere , vous ne pourriez rien faire
» de plus jufte en cette rencontre , que
» de tirer au fort , pour fçavoir celui à
» qui vous donneriez ce qui ne pour-
» roit être donné à deux. Ainfi ne pou-
» vant affifter tous les hommes , vous
» devez regarder les engagemens que
» vous avez avec quelques-uns en par-
» ticulier , comme un fort qui vous dé-
» termine à les fecourir plutôt que les
» autres.

S. Ambroife nous apprend auffi qu'il
y a un ordre qu'il faut garder dans la
diftribution des aumônes. Il veut qu'on
préfere les Fidéles aux Infidéles; qu'entre les Fidéles on affifte , avant tous les
autres , fes propres parens , ceux qui
font vieux ou infirmes , les perfonnes
de condition qui ont perdu leurs biens

par des accidens imprévus, & ceux qui
souffrent une nécessité extrême. » Il est Lib. 1.
de Offic.
30.
» à propos, dit-il, de soulager les Fi-
» déles dans leurs miseres, & de com-
» mencer par eux vos liberalités. Ce
» seroit une faute inexcusable, si, con-
» noissant qu'ils n'ont pas de quoi vi-
» vre, qu'ils souffrent la faim, & qu'ils
» manquent de tout, & que d'ailleurs
» par une certaine honte ils n'osent dé-
» clarer l'état malheureux où ils sont
» réduits, vous aviez la dureté de les
» abandonner dans leur misere.

Il ajoute, qu'on se rendroit encore
très-coupable, si on ne les assistoit pas
lorsqu'ils sont tombés en captivité,
qu'on les couvre de calomnies & d'injures, qu'on les traîne en prison pour leurs
dettes, qu'on les tourmente, & qu'on
les persécute pour les obliger à les
payer ; parcequ'encore que la charité &
la misericorde soit dûe à tous les hommes, on la doit néanmoins exercer envers les Justes & les Fidéles préférablement à tous les autres: *Nam etsi omnibus
debetur misericordia, tamen Justo ampliùs.*

» C'est une chose louable », continue
» S. Ambroise, d'avoir soin de vos pa-
» rens, qui sont dans la nécessité : ils au-
» ront moins de peine & de confusion à
» vous découvrir leur misere, qu'à des
» étrangers.

» Il faut enfin dans les aumônes que
» l'on fait, avoir égard à l'âge, aux in-
» firmités, & même à la pudeur de ceux
» qui demandent : car la retenue qu'on
» remarque fur leur vifage, témoigne
» fouvent qu'ils font de naiffance.

» L'on doit ordinairement donner da-
» vantage aux vieilles gens, parceque
» leur âge les met hors d'état de travail-
» ler, & de gagner leur vie. J'en dis
» autant des malades, & de ceux qui ont
» quelque incommodité habituelle.

» Ceux qui font tombés d'un état flo-
» riffant dans une extrême pauvreté, mé-
» ritent auffi notre compaffion, furtout
» fi leur difgrace n'eft point une fuite
» de leur mauvaife conduite : mais un
» pur effet de leur infortune, & s'il eft
» conftant que ce font des voleurs, des
» ennemis, des envieux, des calomnia-
» teurs, qui les ont dépouillés de leurs
» biens, & réduits à la néceffité.

Jean, Evêque de Ravenne, ayant écrit
à S. Gregoire Pape pour le prier d'envoyer des aumônes à un Evêque fchif-
matique, dont la ville avoit été prefque
réduite en cendres par un grand incen-
die. Ce faint Pontife lui répondit : Qu'il
falloit d'abord penfer à fecourir les Fidéles qui vivoient en paix dans le fein de
l'Eglife, & qu'enfuite on pourrot pour-

voir aux besoins des autres, & même de ceux qui lui faisoient la guerre par leur schisme & par leur séparation scandaleu-
» se. A l'égard de ce que vous me man-
» dez, lui écrit-il, qu'il faut envoyer des
» aumônes à la ville de Severe sch. sma-
» tique, qui a été brûlée, je vous dirai,
» que je suis persuadé que votre frater-
» nité n'a cette pensée que parcequ'el-
» le ne sçait pas que cet homme envoye
» des presens considerables au Palais,
» pour indisposer & pour irriter con-
» tre moi l'Empereur ; & quand même
» il ne tomberoit pas dans ces excès, je
» suis convaincu qu'il faut d'abord fai-
» re l'aumône aux Fidéles, & qu'on
» peut ensuite la faire aussi aux enne-
» mis de l'Eglise. » Ce grand Saint re-
connoît donc qu'on doit plutôt secourir les bons pauvres, que ceux qui ne sont pas reglés dans leurs mœurs ; & qu'agir ainsi, c'est avoir une piété lumineuse, & sçavoir l'ordre de la chatité, qui prefe-re toujours les Justes aux pécheurs.

Le Pape S. Leon enseigne la même trine. » Il faut, dit-il, que la cha-
» rité nous fasse désirer de secourir ge-
» neralement tous les pauvres ; mais
» nous devons particulierement nous
» souvenir de ceux qui sont membres
» du corps de J. C. & ausquels nous

Epist. lib. 2. Epist. 32. in dict. 19.

Serm. 42 de jeiu-nio septimi mensis.

» fommes unis par la Foi Catholique,
» car nous fommes infiniment plus re-
» devables aux Fidéles qui participent
» avec nous à la grace du Sauveur,
» qu'aux étrangers avec lefquels nous
» n'avons que la nature de commune.

Il ajoute en un autre lieu, que nous devons préferer les Fidéles aux Infidéles, parceque nous avons été rachetés avec eux par le même Sang de J. C. que nous renaiffons avec eux dans les mêmes eaux ; que nous fommes fanctifiés par le même Efprit : que nous vivons de la même Foi, & que nous recevons les mêmes Sacremens.

Serm. 3.
de Quadragefi-
ma.

S. Thomas fuit auffi les mêmes maximes dans fa Somme ; car s'étant propofé cette queftion : S'il faut plutôt faire l'aumône à fes parens qu'aux autres pauvres ; il répond : Que felon S. Auguftin, nous fommes obligés d'affifter préférablement à tous les autres hommes, ceux qui nous font unis d'une maniere particuliere. Mais il ajoute que fi un étranger souffroit une plus grande pauvreté, ou étoit plus utile au puque nos parens, il faudroit plutôt le fecourir qu'eux, furtout, fi nous n'étions pas fpécialement chargés de nos parens, & qu'ils ne fuffent à notre égard que d'un dégré éloigné. Ainfi il reconnoît qu'entre

2. 2. q.
32. art 9.

qu'entre les pauvres, on peut en préférer quelques-uns aux autres, & qu'en
plusieurs rencontres on y est même obligé par principe de justice & de charité.

C'est pourquoi nous devons faire nos
aumônes avec prudence & avec discer-
nement ; avoir égard, en les distribuant,
aux besoins des pauvres, & non pas à
nos inclinations particulieres ; donner
davantage à ceux qui sont plus abandonnés ; & considérer plûtôt la misere
des personnes, que les personnes mêmes.
Nous devons aimer tendrement tous
les pauvres, & être préparés dans notre
cœur à les secourir tous, si nous le pou-
vions ; mais comme nos biens n'y suffiroient pas, il faut donner à ceux qui sont
les plus pressés & les plus affligés. Et
lorsque la nécessité paroît égale de tous
côtés, il faut examiner ceux qui ont
plus de vertu, & qui paroissent plus utiles à l'Eglise & à la République. L'on
doit même en ces rencontres préférer
ses parens aux étrangers, & ses compa-
triotes à ceux d'une Province éloignée.

L'on ne sera point accusé, en agissant
de la sorte, de faire acception des personnes, ni de mettre de la différence
entr'elles ; ce que S. Paul & S. Jacques
nous défendent, comme on l'a vû au
commencement de ce Chapitre ; car ce

M

sera, non aux personnes, mais à la vertu,
à la misere, & à la parenté que l'on donnera la préférence ; ce qui est, non-seulement permis, mais d'obligation.

On ne sera point non plus coupable,
quoiqu'on ne suive pas à la lettre l'e-
xemple de Dieu, qui fait lever le Soleil,
& tomber les pluyes & les rosées sur les
bons & sur les méchans : car il est un
Etre infini & tout-puissant, qui suffit à
tous les hommes, qui donne sans s'appauvrir, & qui ne sçauroit épuiser les
trésors de sa bonté & de sa miséricorde.
Mais pour nous, il est visible que notre
pouvoir est très-borné & très-limité, &
que nous ne sommes pas en état de secourir tout le monde; & par conséquent
nous pouvons nous réserver pour assister ceux qui ont plus de vertu, & qui
sont plus fidéles à Dieu.

CHAPITRE IV.

*Contre ceux qui persévérant dans leurs
péchés, se confient sur ce qu'ils font
quelques aumônes de tems en tems.*

L'ON a dit au Chapitre premier du
second Livre de ce Traité, que l'aumône a la force d'effacer les péchés ; &
on l'a prouvé par l'Ecriture & par les
saints Peres. Cette vérité, toute sainte

qu'elle est en elle-même, ne laisseroit pas d'être une occasion de chute & de scandale pour plusieurs personnes, si on la prenoit dans un mauvais sens, & si on ne l'entendoit pas comme les saints Peres de l'Eglise l'ont eux-mêmes entendue. Voici donc le sens légitime qu'il faut lui donner.

L'aumône est une des pénitences les plus efficaces que ceux qui veulent se convertir, puissent faire, pour fléchir la Justice divine, & pour obtenir la rémission de leurs péchés ; c'est ce que le Prophéte vouloit marquer lorsqu'il disoit à Nabuchodonosor : *Rachetez vos* Dan. 4. *péchés par des aumônes.* 24.

Ceux qui ont dessein de se donner sincerement à Dieu, qui cherchent à le servir, & qui combattent leurs passions, peuvent obtenir de J. C. en faisant des aumônes abondantes, la force de se surmonter eux-mêmes, & la grace d'une pleine conversion. Ainsi parce que Corneille le Centenier avoit déja un commencement de justice & de religion, qu'il craignoit Dieu, qu'il faisoit beaucoup d'aumônes, & qu'il prioit incessamment le Seigneur, un Ange lui apparut & lui dit : *Vos prieres & vos au-* Act. 10. *mônes sont montées jusqu'à Dieu, & il* 2. 4. *s'en est souvenu.*

Mais ce feroit une erreur très-perni-
cieufe de s'imaginer, qu'encore que l'on
vive dans le défordre, que l'on aime
fes péchés, & qu'on y perfévere, on ne
laiffera pas d'être fauvé, fous prétexte
qu'on fait quelques charités aux pauvres; car les faints Peres nous enfeignent, que les aumônes font inutiles à
ceux qui ont de l'attache à leurs péchés,
qui ne veulent point s'en corriger, &
qui y perféverent.

Serm. 12.
de tem-
pore. S. Ambroife dit que ceux qui ne ceffent point de pécher au même tems
qu'ils font des aumônes, offrent en quelque maniere leurs biens à Dieu, & leurs
perfonnes au Démon. Cette propofition
fait horreur, lorfqu'on y penfe; cependant elle n'eft que trop véritable; car
l'on voit quelquefois des gens, qui par
vanité, par amour propre, & par d'autres motifs, font à l'extérieur des aumônes, & donnent aux pauvres une portion
de leurs biens, pendant qu'ils commettent des ufures, qu'ils oppriment les
peuples, qu'ils défolent les Provinces,
& qu'ils s'abandonnent à de très-grands
excès; c'eft-là ce qu'on appelle facrifier
fon argent à Dieu, fon ame & fon corps
au Démon.

S. Auguftin condamne auffi très-fortement ceux qui prétendent faire une

funeſte alliance de leurs péchés & de
leurs aumônes, & qui ne refuſent pas de
donner quelque ſecours aux pauvres ,
pourvu qu'on leur permette de ſuivre
en même tems l'impétuoſité de leurs
paſſions ; comme ſi les charités qu'ils
font à l'extérieur, pouvoient diminuer
l'énormité de leurs iniquités, & en faire
perdre à Dieu la mémoire. » Que per-
» ſonne, dit ce Pere, ne s'imagine qu'il
» puiſſe commettre tous les jours ces
» crimes horribles, dont il eſt dit, que
» ceux qui les commettent, ne poſſede-
» ront point le Royaume de Dieu ; &
» qu'il puiſſe auſſi s'en purifier tous les
» jours par le moyen de l'aumône. Car
» il faut commencer par changer de vie
» & ſe convertir ; & enſuite on peut ap-
» paiſer Dieu par ſes aumônes , & obte-
» nir de ſa miſéricorde le pardon de ſes
» péchés paſſés ; mais on ne doit pas pré-
» tendre acheter de lui , en faiſant quel-
» que bien aux pauvres , la permiſſion
» de les commettre toujours impuné-
» ment. Et il faut bien prendre garde de
» ne pas croire qu'il permette aux hom-
» mes de pécher, quoique ſa bonté le
» porte à leur remettre leurs péchés ,
» lorſqu'ils en font une pénitence &
» une ſatisfaction convenable. Ceux
» donc qui menant une vie déreglée, ne

Enchi-
rid. cap.
70.

Ibid.
cap. 75.
76. 77.

M iij

» se mettent point en peine de sortir de
» leurs désordres, ni de s'en corriger, &
» cependant font plusieurs aumônes, se
» flatent en vain de trouver miséricorde
» auprès de Dieu, sous prétexte que
» J. C. a dit, Donnez l'aumône, & tou-
» tes choses vous seront pures.

» Celui, ajoute ce saint Docteur, qui
» veut garder un ordre légitime dans
» l'aumône qu'il fait, doit commencer
» par soi-même, & se la donner, avant
» que de la donner aux autres : car l'au-
» mône est une œuvre de miséricorde,
» & il a été dit avec beaucoup de vérité :

Eccli.
30. 24.

» *Ayez pitié de votre ame, en vous ren-*
» *dant agréable à Dieu.* L'impureté que
» nous avions contractée en naissant dé-
» plaisoit à Dieu ; mais nous renais-
» sons pour nous mettre en état de lui
» plaire ; & c'est-là la premiere aumô-
» ne que nous nous sommes donnée.

Ce grand Saint représente ensuite,
que les Pharisiens faisoient de très-grandes aumônes, & des oblations très-
abondantes ; qu'ils payoient même la
dixme des moindres herbes : & que cé-
pendant J. C. ne laissoit pas de les condamner, parcequ'ils n'avoient pas soin
de se faire l'aumône à eux-mêmes, en
purifiant leur cœur, & en s'abstenant
de toutes sortes d'iniquités. Puis il con-

clut que c'eſt ſe tromper & s'abuſer
ſoi-même, que de croire qu'en diſtribuant des aumônes, on puiſſe mériter
l'impunité de ſes péchés, quand on y
perſévere, & obtenir de Dieu la permiſſion de les commettre toujours ſans
rien craindre.

» Vous avez entendu qu'on vous a   Serm.
» ſouvent enſeigné, dit encore S. Au-   188.
» guſtin, qu'on rachete toutes ſortes de
» péchés par l'aumône. Ne prenez pas
» cette propoſition dans le mauvais ſens
» que quelques-uns lui donnent. Vos
» aumônes peuvent à la vérité vous être
» utiles, & vous ſervir pour effacer vos
» péchés paſſés, pourvu que vous chan-
» giez de vie, & que vous corrigiez vos
» mœurs. Mais ſi vous perſéverez tou-
» jours dans vos déſordres & dans vos
» crimes, vos aumônes ne corrompront
» pas votre Juge, & n'empêcheront pas
» que Dieu ne vous puniſſe.

Enfin ce ſaint Docteur rapporte qu'il   De civit.
s'eſt autrefois trouvé des gens qui   Dei lib.
croyoient, que ceux-là ſeuls ſeront   21. cap.
damnés, qui n'auront pas eu ſoin de   22. 27.
faire l'aumône, ſuivant cette parole de
l'Apôtre S. Jacques : *On jugera ſans mi-*
ſéricorde celui qui n'aura point fait miſé-
ricorde : mais que pour ceux qui aſſiſtent
les pauvres, ils ne ſeront point damnés,

quelque crimes qu'ils puiſſent commettre, quand même ils y perſévere-
roient juſqu'à la mort ; ou que s'ils le
font, ils obtiendront après quelque tems
leur délivrance, & qu'ils ſortiront des
peines de l'enfer.

Mais il les refute très-doctement, &
il poſe pluſieurs principes, qui ſont d'u-
ne grande inſtruction ſur ce ſujet. Il dit
1°. Que les aumônes de ces ſortes de
pécheurs ne ſçauroient les délivrer de
la damnation éternelle, parce qu'elles
ſont toujours fort inférieures à leurs
concuſſions & à leurs larcins ; & qu'a-
près avoir volé des ſommes très-conſi-
derables, & ruiné des Provinces entieres, ils ſe contentent de donner très-
peu de choſe à J. C. en la perſonne des
pauvres.

2°. Que quand même ils diſtribue-
roient tous leurs biens en charités pour
obtenir de Dieu miſéricorde & la rémiſſion de leurs péchés, ils n'en tireroient
aucun avantage, s'ils refuſoient de ſe
convertir, & s'ils perſéveroient dans
leurs déſordres.

3°. Que pour faire utilement l'aumône, il faut ſe la faire d'abord à ſoi-même, comme on l'a ci-devant expliqué,
parcequ'il n'eſt pas raiſonnable d'exercer envers le prochain une charité qu'on

n'exerce pas envers soi-même ; étant écrit : *Vous aimerez votre prochain comme vous-même :* & encore : *Ayez pitié de votre ame en vous rendant agréable à Dieu.*

Matth. 12. 39. Eccli. 30. 4.

4°. Mais il passe encore plus avant ; car il soutient que les aumônes de ceux qui ne veulent pas se convertir, & qui aiment leurs péchés, ne sont pas à proprement parler des aumônes. » Il ne » faut pas, dit-il, croire que ceux qui » refusent de changer de vie, fassent des » aumônes ; car J. C. disant à ceux qui » n'ont pas assisté les pauvres : *Je vous* » *dis en vérité, qu'autant de fois que vous* » *avez manqué à rendre ces assistances aux* » *moindres de ces petits, vous avez man-* » *qué à me les rendre à moi-même,* témoi- » gne assez qu'ils ne les rendent pas, » lors même qu'ils croyent les rendre: » En effet s'ils donnoient du pain à un » Chrétien qui a faim, comme J. C. » même, certainement ils ne se refuse- » roient pas à eux-mêmes le pain de » justice, qui est J. C. parceque Dieu » ne regarde pas à qui l'on donne, mais » avec quel esprit l'on donne.

Matth. 25. 45.

. La même doctrine se trouve dans S. Grégoire : » Quelquefois un homme » pécheur, dit ce saint Pape, semble se » porter à de bonnes œuvres : mais le

Moral. lib. 12. c. 18.

M v

» mal qu'il commet, détruit & cor-
» rompt tout le bien qu'il fait à l'exté-
» rieur ; & parceque ſes péchés déplai-
» ſent à Dieu, tout ce qui paroît de bon
» en lui, ne ſçauroit plaire à Dieu,
» & lui eſt par conſéquent inutile de-
» vant ſa ſouveraine Majeſté.

Ibid. c.
43.

　» Quelquefois, ajoute ce ſaint Pon-
» tife, les riches ſuperbes qui oppriment
» leurs inférieurs, & prennent le bien
» d'autrui, ne laiſſent pas de faire quel-
» ques aumônes ; & après avoir dé-
» pouillé pluſieurs perſonnes, ils en aſ-
» ſiſtent, & en protegent quelques au-
» tres. Ils ſemblent vouloir racheter
» par-là leurs iniquités, qu'ils ne quit-
» tent point néanmoins. Mais il faut
» qu'ils ſçachent que nos aumônes ont
» le pouvoir d'effacer nos péchés, &
» de nous en délivrer, lorſque nous les
» pleurons, & que nous ceſſons de les
» commettre ; & qu'au contraire ceux
» qui ne voulant point quitter leurs pé-
» chés, ne laiſſent pas de faire des au-
» mônes, perdent leur argent, & n'en
» reçoivent aucun ſecours pour le ſou-
» lagement de leur ame, qui demeure
» toujours ſouillée par leurs vices. L'au-
» mône d'un riche bouffi d'orgueil, dit-
» il encore, ne ſçauroit le délivrer des
» peines qu'il mérite, parceque la vie-

» lence qu'il fait aux pauvres, en les
» dépuoillant de leurs biens, empêche
» que ses charités ne montent & ne s'é-
» levent jusqu'au trône de Dieu.

S. Grégoire parle encore de cette
matiere d'une maniere très-lumineuse,
lorsqu'il explique ces paroles de Job :
Je me suis revêtu de la justice ; l'équité que Job. 29.
j'ai gardée dans mes jugemens m'a servi 14. 15.
comme d'un vêtement royal & d'un dia-
dême. J'ai été l'œil de l'aveugle, & le pied
du boiteux. » Avant, dit-il, que d'exa- Moral.
» miner en particulier ces bonnes œu- l. 19. c.
» vres de Job, il faut remarquer l'ordre 14.
» admirable qu'il garde en les publiant,
» parlant d'abord des actions de justice,
» & puis de celles de miséricorde : car
» celui-là seul exerce comme il faut les
» œuvres de piété, qui s'acquite avant
» toutes choses de celles qui sont de ju-
» stice, afin que les ruisseaux de miséri-
» corde, qui coulent vers le prochain,
» tirent leur source de la justice. Car il
» y en a plusieurs qui semblent exercer
» envers le prochain des œuvres de mi-
» séricorde, & qui cependant ne veu-
» lent point quitter leurs actions injus-
» tes & criminelles. S'ils vouloient té-
» moigner véritablement leur miséri-
» corde envers leurs freres, ils devroient
» se la témoigner premierement à eux-

M vj

» mêmes, en vivant d'une maniere fain-
» te & innocente , selon ces paroles de
» l'Ecriture : *Ayez pitié de votre ame,*
» *en vous rendant agréable à Dieu.* Ainsi
» celui qui veut avoir compassion de
» son prochain , doit tirer ce sentiment
» de soi-même, puisqu'il est écrit : *Vous*
» *aimerez votre prochain comme vous-mê-*
» *me.* Comment donc un homme au-
» roit-il une véritable compassion pour
» le prochain, qui, en vivant mal, est
» cruel à soi-même ? Ce qui a encore
» fait dire au Sage : *A qui pourra être bon*
» *celui qui est méchant à soi-même ?* Car
» pour bien exercer la miséricorde en-
» vers les pauvres, deux choses doivent
» nécessairement y concourir ; sçavoir
» la personne qui donne, & la chose qui
» est donnée. Mais comme la personne
» qui donne est incomparablement plus
» noble & plus excellente que la chose
» qui est donnée, il arrive que celui qui,
» en distribuant de ses biens extérieurs
» à son prochain qui en a besoin, ne
» quitte pas sa vie déréglée & corrom-
» pue, donne de son bien à Dieu, & se
» donne soi-même au péché & au Dé-
» mon. Il offre ce qui est moindre au
» Créateur, & reserve ce qu'il y a de
» meilleur pour l'iniquité ; de sorte que
» c'est avec beaucoup de raison que Job

Eccli.
30. 24.

Levit.
6. 27.

Eccli.
14. 5.

» dit d'abord : *Je me suis revêtu de la jus-*
» *tice, & l'équité que j'ai gardée dans mes*
» *jugemens m'a servi comme d'un vête-*
» *ment royal & d'un diadême* ; & puis il
» ajoute : *J'ai été l'œil de l'aveugle & le*
» *pied du boiteux.*

Que les riches qui veulent que leurs
aumônes leur soient utiles, & leur servent pour la vie éternelle, ayent donc
soin de se convertir sincerement à Dieu,
& de régler leur conduite sur sa loi &
sur ses préceptes ; qu'ils se fassent d'a-
bord miséricorde à eux-mêmes, en pratiquant les vertus Chrétiennes ; & ensuite ils la feront à leurs freres, en leur
donnant des secours temporels ; qu'ils
ayent pitié de leur propre ame, en se
rendant agréables à Dieu ; & alors la
compassion qu'ils auront de leurs freres,
qui souffrent la pauvreté, leur deviendra méritoire.

Mais s'ils aiment leurs iniquités, s'ils
y perséverent, s'ils ne font aucuns efforts pour en sortir, les aumônes qu'ils
distribueront, quelque grandes qu'elles
puissent être, n'auront pas la force de
les justifier, & elles leur seront inutiles
pour le salut éternel : l'argent qu'ils auront semé dans le sein des pauvres, demeurera stérile pour eux, & ils n'en re-
cueilleront aucun fruit : les charités

qu'ils feront, diminueront leurs biens
temporels, & ne leurs en procureront
point de spirituels ni d'éternels. Ainsi
ils deviendront pauvres ici-bas, & ils
le feront encore davantage dans l'autre
monde, & ils paroîtront les mains vuides aux pieds du trône de Notre-Seigneur J. C.

Il faut néanmoins avertir les Lecteurs, avant que de finir ce Chapitre,
que ce que nous y avons représenté, ne
regarde que les pécheurs impénitens,
dont le cœur est endurci, qui ferment
leurs yeux à la lumiere, & qui disent à
Dieu, sinon de paroles, au moins par
leurs actions : Retirez-vous de nous ;
nous ne voulons point connoître vos
voyes, ni porter votre joug. Car pour
ce qui est de ceux qui gémissent de leurs
péchés, & qui ont dessein d'en sortir,
qui combattent leurs passions, & qui
s'efforcent de les dompter, qui travaillent à se dépouiller du vieil homme, &
à se revêtir du nouveau, non-seulement
il leur sera très-utile de faire des aumônes ; mais ils y sont absolument obligés,
s'ils en ont le moyen, parceque c'est-là
une des pénitences les plus méritoires
qu'ils puissent offrir à Dieu, pour appaiser sa justice, que leurs péchés ont
irritée. En partageant leur argent avec

leurs freres, ils attireront fur eux-mêmes les bénédictions du ciel : en té-
moignant de la compaſſion à leur prochain, ils engageront Dieu à leur faire
miſéricorde ; & en traitant les pauvres
avec bonté & avec charité, ils obtiendront de Notre-Seigneur toutes les graces qui leur ſont néceſſaires pour renoncer ſincerement à leurs péchés, & pour
ſe convertir à lui ſans réſerve & de toute la plénitude de leur cœur.

CHAPITRE V.

Contre ceux qui font des aumônes d'un
bien mal acquis; & qui n'ayant pas
ſoin de payer leurs dettes, ne laiſſent
pas de diſtribuer des charités aux pau-
vres : l'on prouve qu'il faut reſtituer,
& ſatisfaire ſes créanciers, avant que
de donner l'aumône.

IL eſt encore néceſſaire de refuter
une erreur qui ſe gliſſe ſouvent dans
l'eſprit des gens du monde. Il y en a qui
s'imaginent, qu'après avoir commis de
grandes violences, exercé des uſures
énormes, dépouillé la veuve & l'orphelin, ruiné & déſolé des provinces entiéres, ils en ſont quittes pour faire quelques aumônes, pour bâtir des hôpitaux,

& pour fonder des Monasteres; commè
fi Dieu avoit agréables les oblations
qu'on lui fait d'un bien mal acquis, &
qu'il approuvât ceux qui, pour affifter
quelques pauvres, appauvriffent & oppriment une infinité de perfonnes, &
qui prétendent pouvoir donner par charité ce qu'ils ont arraché par violence.

Il s'en trouve d'autres qui refufant de
payer leurs créanciers, & les traitant
avec la derniere inhumanité, font cependant des liberalités en quelques rencontres, & exercent affez fouvent des
œuvres de charité.

C'eftpourquoi, afin d'inftruire les
uns & les autres, il faut prouver que les
aumônes, pour être méritoires, doivent être fait d'un bien legitime ; que
Dieu défaprouve & condamne les offrandes injuftes ; & qu'il ne veut pas
que l'on commette des péchés, afin de
pratiquer enfuite des œuvres de mifericorde ; qu'on doit commencer par reftituer ce qu'on a acquis par de mauvaifes
voyes, qu'on eft obligé avant toutes
chofes, de payer fes dettes, & de fatisfaire fes créanciers ; & qu'on peut enfuite faire des charités, & avoir foin des
pauvres.

Tobie inftruifant fon fils, avant que
de mourir, l'avertit de faire l'aumône ;

mais il lui marque en même-tems,qu'il la doit faire d'un bien qui ſoit à lui ,& qui lui appartienne legitimement : *Ex* Tobie *ſubſtantia tua fac eleemoſynam : Faites ,* 4. 7. *lui dit-il , l'aumône de votre propre bien.*

Salomon veut auſſi que les aumônes ſoient faites d'un bien legitime,& qu'on ait acquis par des voyes honnêtes & li- cites : *Honora Dominum de tua ſubſtan-* Prov. ſſ *tia , & de primitiis omnium frugum tua-* *rum da ei : Honorez le Seigneur de votre bien , dit-il , & donnez-lui les prémices de tous vos fruits.*

Il nous apprend au contraire , que les offrandes des pécheurs ſont rejettées de Dieu , lorſqu'elles proviennent de leurs crimes. *Les Hoſties & les victimes des im-* Prov.ſſ *pies , dit-il , ſont abominables devant le* 8. & cap. *Seigneur , parcequ'ils les offrent du fruit* 21.27. *de leurs crimes.*

L'Eccléſiaſtique condamne auſſi les dons & les ſacrifices des impies : *L'obla-* Cap. ſ4. *tion , dit-il , de celui qui ſacrifie d'un bien* ſſ. ſſ *d'iniquité , eſt ſouillée , & les inſultes des* 24. *injuſtes ne ſont point agréées de Dieu. Le Très-haut n'approuve point les dons des injuſtes : il ne regarde point les oblations des méchans , & la multitude de leurs ſa- crifices n'obtiendra point de lui le pardon de leurs péchés. Celui qui offre un ſacrifice de la ſubſtance des pauvres , eſt comme ce-*

lui qui égorge le fils aux yeux du pere.

« Dieu déclare lui-même par la bouche du Prophéte Isaïe, qu'étant juste, il ne veut point qu'on lui offre des sacrifices d'un bien injuste & usurpé sur les pauvres. *Je suis,* dit-il, *le Seigneur qui aime la justice, & qui hait les holocaustes qui viennent de rapines & de violence.*

Les saints Peres qui ont interprété ces paroles sacrées, ont tous enseigné, comme on le verra dans la suite, que les aumônes qui ne font pas accompagnées de justice & d'équité, bien-loin d'appaiser la colere de Dieu, la provoquent & l'irritent ; & que ceux qui les distribuent augmentent leur jugement, parcequ'ils font insulte à Dieu, en lui offrant ce qui ne leur appartient pas, & qu'ils devroient restituer à ceux qu'ils ont dépouillés. En effet, c'est en quelque maniere vouloir partager avec lui le fruit de leurs injustices, & le rendre, pour ainsi dire, participant de leurs larcins.

Dieu proteste encore qu'il ne recevra point les Oblations & les Présens, & qu'il n'écoutera pas même les prieres de ceux qui commettent des injustices, & qui oppriment leurs freres : *Ecoutez,* dit-il, *Princes de Jacob, & vous Chefs de la maison d'Israel : N'est-ce pas à vous à*

Isa. 61. 8.

Michée. 3. 1. 2. 3. 4.

sçavoir ce qui est juste ? Et cependant vous avez de la haine pour le bien, & de l'amour pour le mal. Vous arrachez aux pauvres jusqu'à leur peau, & vous leur ôtez la chair de dessus les os. Ils ont mangé la chair de mon peuple ; ils lui ont arraché la peau : ils lui ont brisé les os. . . . Il viendra un jour auquel ils crieront au Seigneur, & il ne les exaucera point : il détournera alors son visage d'eux, comme le mérite la malignité de leurs actions.

Enfin Dieu fait cette plainte & cette menace contre les riches injustes par la voix du Prophéte Malachie : *Vous avez* Malac. *couvert l'Autel du Seigneur de larmes &* 2. 13. *de pleurs : vous l'avez fait retentir de cris : C'est pourquoi je ne regarderai plus vos sacrifices ; & quoique vous fassiez pour m'appaiser, je ne recevrai point de présent de votre main.*

Que ceux qui font des aumônes & des oblations d'un bien mal acquis, considerent attentivement ces paroles terribles. Ils couvrent l'Autel du Seigneur des larmes & des pleurs des peuples qu'ils ont ruinés par leurs exactions & par leurs concussions. Ils font retentir nos Temples & nos Eglises des plaintes & des cris des veuves & des orphelins dont ils ont enlevé les héritages, & qui s'y retirent pour y gemir & pour y pleu-

rer en preſence du Seigneur. Ils préſentent à Dieu des ſacrifices de ſang ; c'eſt-
à-dire, le ſang des pauvres qu'ils ont
opprimés. Et par conſéquent tous leurs
preſens, toutes leurs aumônes, toutes
leurs prétendues bonnes œuvres ne ſçauroient plaire à la divine Majeſté ni attirer ſur eux les graces du Ciel, & encore
moins leur mériter la vie éternelle.

Les ſaints Peres veulent auſſi que les
aumônes & les oblations ſe faſſent d'un
bien juſte & légitime ; & ils condamnent ceux qui offrent à Dieu ce qu'ils
ont amaſſé par des uſures & par des
injuſtices.

S. Baſile expliquant ce verſet du
Pſeaume 28. *Offrez au Seigneur, ô en-*
fans de Dieu : offrez au Seigneur les pe-
tits des beliers , obſerve, que le Prophéte, avant que de prononcer ces paroles :
Offrez les petits des beliers , dit : *Offrez*
au Seigneur , ô enfans de Dieu , pour
nous marquer qu'il faut être juſte & en
état de grace, pour offrir à Dieu des ſacrifices qui lui ſoient agréables , & qu'il
ne reçoit que ceux qui partent d'un
cœur pur & ſincere.

Cette maxime de S. Baſile condamne certainement ceux qui perſéverant
dans leurs péchés , préſentent à Dieu
des biens qui ſont le prix de leurs ini-

quités ; mais il n'en faut pas conclure
que Dieu n'accepte point les vœux &
les offrandes de ceux qui gemissent de
leurs péchés , & qui ont dessein de se
convertir ; car ils commencent à être du
nombre des Justes : & nous avons remarqué dans le Chapitre précedent, que
leurs dons plaisent a Dieu,& qu'ils leur
obtiennent souvent une conversion
pleine & entiere.

S. Basile passe encore plus avant ; car
non-seulement il dit qu'il ne faut faire
des aumônes & des oblations que d'un
bien légitime ; mais il accuse les Prêtres
& les Pasteurs qui reçoivent celles des *In cap.*
usuriers , des concussionnaires, des mo- *1. Isai.*
nopoleurs , de participer à leurs injustices & à leurs crimes. Il ajoute même , ce
qui n'est que trop véritable, que souvent les Ecclésiastiques intéressés, au
lieu de les instruire & de les reprendre
de leurs malversations , leur donnent
des louanges, & leur applaudissent, afin
de les engager à leur faire des dons plus
abondans ; & il leur applique ce que
Dieu disoit autrefois des Chefs de la
Synagogue : *Vos Princes sont des infidé-* Isa.1.23.
les : ils sont les compagnons des voleurs :
ils aiment tous les présens : ils ne cherchent
que le gain & l'interêt.

S. Jerôme avertit aussi les Prêtres & *In cap.*
1. Isa.

les Pasteurs de ne pas recevoir les présens de ceux qui commettent des injustices, de peur qu'on ne les accuse d'ap-
prouver leurs crimes & leurs rapines,
& d'y participer, & qu'on ne leur fasse
les mêmes reproches que le Prophéte
Royal faisoit autrefois aux Juifs : *Si*
vous voyiez un voleur, vous couriez avec
lui : & vous vous rendiez les compagnons
des adulteres.

Quoique S. Jean Chrysostome parle
incessamment en faveur des pauvres,
il condamne néanmoins très-fortement
ceux qui donnent l'aumône d'un bien
mal acquis. » Je n'appelle pas miséri-
» corde, dit-il, l'aumône qui se fait de
» ce qui a été volé ; & en effet, ce n'est
» pas une véritable misericorde. Ce
» sont les olives seules, & non pas les
» épines, qui produisent l'huile ; ainsi,
» ni l'avarice, ni l'injustice, ni les vo-
» leries, ni les rapines, ne sçauroient
» être la source de la miséricorde. Pre-
» nez donc bien garde de ne pas desho-
» norer l'aumône, & de n'être pas cau-
» se qu'on la méprise, ni qu'on en par-
» le en mauvaise part. Car si vous ra-
» vissez le bien d'autrui pour en faire
» ensuite l'aumône, il n'y a rien de
» plus criminel qu'une telle miséricor-
» de. Je dis plus, ce qui provient de vo-

[marginal notes:] Psal. 49. 19.

Hom. 6. in 2. ad Tim.

» leries & de rapines, n'eſt pas une mi-
» ſericorde, mais une barbarie, un cri-
» me, une cruauté ; & ce qui eſt enco-
» re plus horrible, c'eſt contre Dieu
» même que l'on péche alors, & c'eſt à
» ſa ſouveraine Majeſté que l'on fait
» inſulte.

Il repréſente enſuite, que ſi le ſacrifice de Cain fut rejetté de Dieu, parcequ'il ne lui offroit que les moindres de
ſes fruits ; les aumônes de ceux qui ne
donnent que le bien d'autrui qu'ils ont
uſurpé, feront à plus forte raiſon con-
damnées par le Seigneur. Il ajoute, que
ſi on n'oſe pas prier Dieu, ayant les
mains ſales & impures, on doit encore
plus craindre de lui offrir les ordures &
les impuretés des injuſtices & des concuſſions qu'on a commiſes.

» Si un homme, dit-il dans une de ſes Hom.
» Homelies ſur S. Jean, offroit à Dieu 71. in Joan.
« en ſacrifice un âne puant & corrom-
» pu qu'il auroit trouvé dans un grand
» chemin, ne feroit-il pas très-crimi-
» nel, & ne mériteroit-il pas, pour ainſi
» dire, d'être lapidé. Cependant, vous
» qui faites l'aumône d'un bien mal ac-
» quis, vous offrez un ſacrifice encore
« plus impur & plus abominable ; car
» c'eſt votre péché même que vous pré-
» ſentez ſur l'Autel. Et ne dites point

» que ce n'eſt pas l'argent mal acquis
» que vous offrez à Dieu par l'aumô-
» ne ; mais un autre qui vous appar-
» tient légitimement. Car ne vous y
» trompez pas : comme celui qui jet-
» teroit du fumier dans une fontaine pu-
» re, en corromproit toutes les eaux ;
» ainſi un peu de bien mal acquis ſouil-
» le & corrompt toutes vos richeſſes.
» C'eſtpourquoi abſtenez vous d'abord
» de toutes ſortes d'injuſtices & de ra-
» pines : & enſuite vous pourrez faire
» l'aumône. Empêchez votre main de
» commettre des crimes, & puis éten-
» dez-la vers le pauvre pour le ſoula-
» ger ; car il eſt écrit : *Eloignez-vous du*
» *mal, & faites le bien.* Mais ſi nous
» dépouillons les pauvres pour en aſ-
» ſiſter d'autres, nous nous rendons di-
» gnes d'un ſupplice terrible ; & ce qui
» étoit deſtiné à nous purifier, & à nous
» reconcilier avec Dieu, devient pour
» nous la matiere d'un nouveau péché,
» & il vaut infiniment mieux ne point
» faire l'aumône, que de la faire d'un
» bien de cette nature.

Ce ſaint Docteur s'éleve encore contre ceux qui prétendent excuſer leurs
uſures, ſous prétexte qu'ils donnent aux
pauvres une partie du profit qu'ils en tirent ; & il leur déclare que Dieu ne reçoit

Pſal. 36. 13.

ᵗoit point de telles oblations. » Quelle Hom.56. in Matth.
» eſt, dit-il, l'excuſe dont ſe couvre la
» plûpart du monde ? Il eſt vrai, diſent-
» ils, que je préte mon argent à uſure ;
» mais c'eſt pour aſſiſter les pauvres.
» Malheureux que dites-vous ? Dieu
» rejette avec horreur ces deteſtables
» aumônes : Il ne veut point ces ſacri-
» fices ſanglans. Ne raiſonnez point ſur
» la Loi de Dieu. Il eſt plus avantageux
» de ne rien donner aux pauvres, que
» de leur donner d'un bien ſi cruelle-
» ment acquis. Vous faites même ſou-
» vent qu'un argent qui avoit été amaſ-
» ſé par de juſtes travaux & par des
» voyes très-innocentes, devient enfin
» maudit de Dieu par vos uſures ille-
» gitimes ; & vous êtes auſſi coupables
» que ſi vous forciez des entrailles ſai-
» nes & pures d'enfanter des ſcorpions
» & des viperes.

Enfin ce grand Saint compare ceux
qui font des aumônes & des offrandes
d'un bien injuſte & mal acquis, au traître Judas, qui apporta dans le Temple
l'argent qu'il avoit reçû pour livrer
J. C. entre les mains des Juifs. » Ecou- Hom.85. in Matth.
» tez ceci, dit-il, vous tous qui faites
» gemir par votre avarice le pauvre &
» l'orphelin. Lorſque vous donnez en
» aumône un bien qui eſt le prix de quel-

N

» que violence , ou qui vous vient du
» sang & de la substance des pauvres,
» vous imitez Judas , qui alla donner
» au Temple l'argent qui étoit le prix
» du Sang de J. C. & vos aumônes sont
» plutôt diaboliques que Chretiennes.
» Il y en a encore aujourd'hui , qui
» après s'être enrichi du bien d'autrui ,
» se croyent exempts de tout péché ,
» pourvu qu'ils donnent aux pauvres
» une partie de ce qu'ils ont usurpé.
» C'est de ces sortes de personnes que
» le Prophéte parle, lorsqu'il dit : Vous
Malach. » couvrez mon Autel de larmes. J. C,
3.13. » ne veut point être nourri de rapines ;
» cette nourriture lui est odieuse.

　　» Comment, méprisez-vous le Sei-
» gneur jusqu'à un tel point que vous
» osiez lui offrir des choses impures ?
» Ne vaut-il pas encore mieux qu'il sei-
» che de faim,que de le soulager par ces
» sortes d'alimens ? On n'est que cruel
» en le laissant mourir de faim : mais on
» joint l'outrage & l'insulte à la cruau-
» té, lorsqu'on lui offre une si horrible
» nourriture.Il est plus avantageux de ne
» rien donner du tout que de donner aux
» uns le bien des autres. Dites-moi, je
» vous prie, si vous voyiez deux hom-
» mes,l'un nud & l'autre vêtu,ne feriez-
» vous pas une injustice & une injure à
» celui qui est vêtu, si vous le dépouil-

» liez, afin de revêtir celui qui eſt nud?
» Il eſt certain que vous en feriez une,
» & une très-grande. Si donc lorſque
» vous donneriez à l'un tout ce que
» vous auriez pris à l'autre, vous n'e-
» xerceriez pas une charité, mais vous
» commettriez plutôt une injuſtice, de
» quel ſupplice n'êtes-vous point di-
» gne, lorſque vous ne donnez pas la
» trentiéme partie de ce que vous avez
» ravi, & que vous ne laiſſez pas d'ap-
» peller cela une aumône? Si Dieu con-
» damnoit autrefois ceux qui lui of-
» froient en ſacrifice une victime boiteu-
» ſe, comment vous excuſerez-vous en
» le traitant avec encore plus de mépris?
» Et ſi un voleur après avoir reſtitué ce
» qu'il avoit dérobé, étoit encore cou-
» pable d'injuſtice, & ne pouvoit ſous
» la Loi même expier ſon crime qu'en
» rendant le quadruple du larcin, quels
» feux n'attire point ſur ſa tête celui qui
» ne dérobe pas ſeulement en ſecret,
» mais qui ravit avec violence; qui ne
» rend pas ce qu'il a pris à celui ſur le-
» quel il l'a uſurpé, mais qui le donne à
» un autre; qui ne rend pas au quadruple;
» mais qui ne donne pas même la moitié
» de ce qu'il a exigé mal à propos; & qui
» ne vit pas ſous la Loi ancienne de
» Moïſe, mais ſous la nouvelle, qui eſt
» une Loi de grace?   N ij

S. Ambroise conseille aux Fidéles de ne point donner l'aumône, lorsqu'ils ne la peuvent faire, sans blesser les intérêts du prochain: *Si non potest alteri subveniri, nisi alter lædatur, commodius, est neutrum juvari, quàm gravari alterum.* N'ôtez point à l'un, dit-il encore, pour donner à l'autre; & n'exercez point la charité en dépouillant vos freres; car une telle misericorde, non-seulement vous seroit inutile, mais elle vous rendroit criminels, & augmenteroit votre condamnation; & vous devez sçavoir que Dieu veut qu'on lui offre des dons & des victimes, & nos pas des dépouilles? *Non spolia, sed dona quæruntur.*

Lib. 3. de Offic. c. 5. Epist. li. 4. Epist. 29.

In c. 19. Luc.

S. Augustin condamne aussi ceux qui font des oblations & des aumônes d'un bien illegitime; & il les accuse de vouloir rendre Dieu complice de leurs injustices, & d'agir avec lui comme s'ils avoient dessein de le gagner & de le corrompre, afin qu'il ne condamne pas au jour du Jugement leurs violences & leurs concussions.

In Psal. 49.

J. C. ayant dit : *Employez vos richesses injustes à vous faire des amis,* ce saint Docteur refute ceux, qui abusant de cette maxime, croyent qu'ils peuvent amasser du bien par toutes sortes de voyes, même criminelles, pourvu

Luc. 16. 9.

qu'ils en faſſent enſuite des aumônes.
» Quelques-uns, dit-il, entendant mal
» ces paroles, uſurpent & raviſſent le
» bien d'autrui, & ſous prétexte qu'ils
» en donnent une petite portion aux
» pauvres, ils s'imaginent accomplir
» ce precepte du Sauveur : car diſent-
» ils, ravir le bien d'autrui, c'eſt avoir
» des richeſſes injuſtes, & en diſtribuer
» une partie aux pauvres, & principa-
» lement aux Fidéles & aux Saints,
» c'eſt ſe faire des amis des richeſſes in-
» juſtes. Mais pour vous, ne prenez
» pas en ce ſens ce que dit le Sauveur
» du monde : Faites l'aumône d'un bien
» qui vous appartienne legitimement,
» & que vous ayez acquis par un tra-
» vail juſte & honnête ; car ne croyez
» pas pouvoir corrompre J. C. qui ſera   Serm.
» votre Juge, ni l'empêcher de pren-   113.
» dre contre vous le parti des pauvres
» que vous dépouillez, & de leur ren-
» dre juſtice.

   S. Gregoire Pape, enſeigne pareil-   Paſtor.
lement, que les aumônes, qui ne ſont   cura p.
pas faite d'un bien légitime, ne ſçau-   ad-
roient plaire à Dieu, ni appaiſer ſa Juſ-   mon.22.
tice, & il le prouve par l'Ecriture ; mais
comme nous avons rapporté ci-deſſus
la plûpart des autorités qu'il cite, nous
ne les expliquerons point en ce lieu,

afin d'éviterl es répetitions quifont toujours ennuyeufes.

Nous ajouterons feulement qu'il s'eft
élevé avec beaucoup de force contre
quelques Evêques , qui trompés par
l'illufion du démon, croyoient ne rien
faire d'illegitimè , en exigeant de l'argent de ceux aufquels ils conferoient
les Ordres facrés , pourvu qu'ils em-
ployaffent enfuite cet argent en aumônes. » Il ne faut pas , leur dit-il , s'ima-
» giner faire l'aumône , lorfqu'on diftri-
» bue aux pauvres un argent qu'on a re-
» çû pour s'être porté à ce qui étoit illi-
» cite ; car celui qui en reçoit contre
» l'ordre & contre la juftice , quoiqu'il
» ait intention d'en bien ufer dans la
» fuite, & de l'employer en bonnes œu-
» vres , bien-loin de fe purifier, & d'ac-
» querir de nouveaux mérites, fe fouil-
» le & charge fa confcience.Et en effet,
» Dieu n'a pour agréable que l'aumône
» qui eft faite d'un bien legitime & bien
» acquis ; & il reprouve celle qui pro-
» vient d'un crime , ou de quelque
» commerce honteux. Il y a une très-
» grande difference, dit encore ce Pe-
» re , entre faire l'aumône pour rache-
» ter & pour effacer fes péchés , & com-
» mettre des péchés pour avoir moyen
» de donner l'aumône : l'un eft très-

Epift.lib.
5. In-
dict. 2.
Ep. 112

» fatnt, & l'autre très-criminel: *Aliud*
» *est propter peccata eleemosynas facere,*
» *aliud propter eleemosynas peccata com-*
» *mittere.*

S. Pierre Chrysologue croit même serm.
que celui qui offre à Dieu ce qui pro- 54.
vient des fraudes & des injustices qu'il a
commises, augmente ses péchés, au
lieu de les effacer, parcequ'il a la témérité d'exposer aux yeux de Dieu les
dépouilles des pauvres qu'il a opprimés.

Enfin S. Thomas détermine qu'on ne 2. 2. q.
peut faire des aumônes d'un bien qui a ₃₂. art.
été volé, ou acquis par des injustices & 7.
des usures, & qu'il faut le restituer à
ceux à qui il appartient.

Nous avons parlé avec étendue de
cette matiere, parceque nous avons cru
qu'il étoit nécessaire d'instruire plusieurs
riches, qui après avoir commis de grandes injustices, opprimé les pauvres, &
exercé des usures énormes; qui après
avoir retenu le salaire des Ouvriers
qu'ils ont employés, fait languir de misere une infinité d'Artisans faute de les
payer, & frustré leurs créanciers les
plus légitimes; qui après avoir élevé
leur fortune sur le débris de celle des
autres, & s'être rendu puissans par leurs
concussions & par leurs exactions, vi-

vent enfuite dans une fauſſe paix & dans
une pleine ſécurité, & s'imaginent pouvoir ſe ſauver, pourvu qu'ils faſſent de
légeres aumônes, & qu'ils diſtribuent
quelque argent dans les lieux de leur
réſidence. Car c'eſt-là un artifice pernicieux dont le démon ſe ſert pour les
aveugler, & pour les faire mourir dans
l'impénitence.

En effet, que leur ſervent des aumônes faites d'un bien qui ne leur appartient pas, & qu'ils ont uſurpé & volé?
Ce n'eſt pas la, diſent les ſaints Peres,
une miſéricorde ni une charité; mais
une cruauté & une inhumanité. Ils ne
font pas pénitence, mais ils perſeverent
dans leurs péchés; & c'eſt en vain qu'ils
prétendent au ſalut éternel, tant qu'ils
retiennent entre leurs mains le fruit de
leurs iniquités, & qu'ils ne font pas
juſtice à leurs inférieurs, à leurs créanciers, & à tous ceux qu'ils ont opprimés.

Il faut qu'à l'exemple de Zachée ils
reſtituent le bien d'autrui, & qu'ils re-
parent tous les torts qu'ils ont cauſés
au prochain. Il faut qu'ils faſſent des
perquiſitions dans les Provinces, pour y
découvrir ceux à qui ils ont cauſé quelque dommage. Il faut qu'ils ſupputent
à quoi peuvent monter les uſures qu'ils

ont exigées. Il faut qu'ils rendent aux
veuves & aux orphelins les héritages
qu'ils leur ont injuftement enlevés. Et
enfuite ils pourront, s'ils en ont le
moyen, diftribuer des aumônes ; ils feront en état de fléchir la Juftice divine,
& d'obtenir la remiffion de leurs péchés ; ils femeront dans le fein des pauvres, avec efpérance d'en recueillir un
jour à venir une ample moiffon. Et en affiftant les veuves, les orphelins, & tous
ceux qui vivent dans la mifere & dans
la tribulation, ils fe feront des amis, qui
les recevront à la fin des fiécles dans les
Tabernacles éternels.

Nous reconnoiffons néanmoins, avant
que de finir ce Chapitre, qu'il y a quelquefois des rencontres où il eft permis
de diftribuer aux pauvres les biens mal
acquis. C'eft quand après avoir fait des
recherches très-exactes, & s'être infor-
mé avec tout le foin poffible, on ne
peut découvrir ceux à qui on a caufé du
préjudice, qu'on a dépouillés injuftement de leurs droits & de leurs poffeffions, & à qui par conféquent il faudroit reftituer ; car alors on doit, felon
S. Thomas, employer en aumônes ce
qu'on ne peut rendre aux véritables pro-
priétaires; on doit mettre entre les mains
des pauvres ce qu'on a ufurpé fur la

2. 2. q.
62. art. 5.
ad. 3.

N v

veuve & fur l'orphelin ; on doit enrichir les membres de J. C. des ufures
& des injuſtices qu'on a faites, fans
qu'on puiſſe ſe ſouvenir du nom & de la
qualité de ceux qui les ont ſouffertes.
Il faut en ces occaſions proportionner ,
autant qu'on le peut, les aumônes qu'on
diſtribue aux injuſtices qu'on a commiſes. Il faut même donner enſuite de ſon
bien légitime par eſprit de pénitence, &
pour ſatisfaire à la Juſtice divine qu'on
a irritée. Il faut principalement répandre ces ſortes d'aumônes dans les lieux
où l'on a exercé des violences, & commis des concuſſions. Et quand on eſt
coupable d'avoir opprimé & dépouillé
des Villes & des Provinces entieres, il
faut fonder des Hôpitaux & des Maſ-
ſons de Charité en faveur des Habitans
de ces Contrées-là, afin qu'ils y ſoient
aſſiſtés & ſecourus dans leurs infirmités
& dans leur vieilleſſe , & qu'ils recou-
vrent malades ce qu'on leur a ravi ou
à leurs ayeuls pendant leur ſanté. On
pourroit même payer en leur acquit
une partie des charges publiques , &
faire ainſi ſervir au ſoulagement commun un argent qui avoit été uſurpé ſur
le commun.

Il eſt même néceſſaire d'obſerver, que
de telles diſtributions , & que ces ſortes

de fondarions & d'établissemens ne sont pas à proprement parler des aumônes ; & qu'on les doit considerer comme de véritables restitutions que l'on applique aux pauvres & aux lieux saints, parce-qu'on ne connoît pas ceux à qui il faudroit les faire. Ainsi c'est une maxime constante, & qui ne reçoit aucune exception, Qu'il ne faut point employer en aumônes des richesses injustes, qui soient le fruit malheureux des usures, des concussions, & des violences qui ont été commises;& que la charité doit être faite d'un bien légitime & acquis par des voyes honnêtes & innocentes.

CHAPITRE VI.

Que l'on doit, tant que l'on peut, faire l'aumône pendant sa vie : Que ceux qui n'ont pas été en état de la faire de leur vivant, ou qui ont négligé de satisfaire à ce devoir, sont obligés de s'en acquitter au moins à leur mort ; & de se souvenir des pauvres dans leurs Testamens.

L'Aumône, en quelque tems que nous la fassions, est toujours une bonne œuvre, & contribue beaucoup à notre salut éternel : tout ce que nous avons ci-devant représenté, le prouve

N vj

invinciblement ; & quiconque en doute-
teroit, feroit incrédule, & rebelle à la
lumiere. Il faut néanmoins demeurer
d'accord, que les charités que nous
diftribuons nous-mêmes pendant notre
vie, font plus utiles & plus méritoires ;
que celles que nous ordonnons par notre teftament, & dont nous chargeons
nos héritiers : les raifons fuivantes le
juftifient avec évidence.

1°. Ceux qui donnent eux - mêmes
l'aumône aux pauvres, confacrent leurs
mains par cette diftribution, comme
nous l'avons ci-devant remarqué ; ils
s'humilient devant ceux qu'ils affiftent;
leur cœur s'attendrit dans ce faint Exercice ; plus ils donnent, plus ils aiment à
donner : car le propre de la charité eft
de fe communiquer ; au lieu que l'avarice eft infatiable, & veut tout retenir.

2°. En donnant de fon vivant, l'on fe
prive volontairement de l'ufage d'un
bien, dont on pourroit fe fervir pour
gouter les joyes & les plaifirs du fiécle,
& pour monter aux charges & aux dignités temporelles : l'on témoigne que
l'on aime la fainte pauvreté, & l'on
pratique la pénitence, & plufieurs autres vertus qui font une fuite de l'aumône.

3°. Celui qui donne pendant fa vie

donne un bien qui eſt proprement à lui, qu'il pouvoit retenir, & dont il eſpéroit de jouir encore pendant un long-tems. Mais celui qui ne fait l'aumône que par ſon teſtament, ne donne que ce qu'il ne peut plus retenir ni conſerver, dont il lui eſt impoſſible de jouir davantage, & qui appartient, pour ainſi dire, à ſes héritiers : ainſi il eſt en quelque maniere libéral du bien d'autrui.

4°. Les pauvres qui reçoivent les aumônes que nous leur diſtribuons pendant notre vie, prient pour nous, intercedent en notre faveur auprès de Dieu, attirent ſur nous les miſéricordes du Ciel, & nous obtiennent ſouvent la grace d'une pleine & entiere converſion. A la vérité, ils peuvent auſſi prier pour nous, en reconnoiſſance des libéralités que nous leur faiſons par notre teſtament, & ils y ſont obligés : mais alors leurs prieres ſuppoſent notre converſion, qui a dû s'opérer dès cette vie ; & quoiqu'elles puiſſent nous ſoulager, ſi nous ſommes retenus dans le Purgatoire, elles n'ont pas au moins la force de faire changer l'arrêt de notre condamnation, ſi nous avons eu le malheur de mourir dans la diſgrace de Dieu : car il Eccleſ eſt écrit, qu'en quelque lieu que tombe 11. 3. l'arbre, il y demeurera.

5°. Les aumônes que nous faisons étant encore en ce monde, augmentent nos vertus & nos mérites ; car nous sommes encore capables de croître en perfection, & de mériter : & par conséquent elles nous procurent un plus haut dégré de gloire que celui que nous aurions obtenu, si nous ne les avions point distribuées. Il n'en va pas ainsi de celles que nous ordonnons par notre testament ; elles peuvent bien appaiser la Justice divine, & expier les fautes pour lesquelles nous n'avons pas encore pleinement satisfait : mais elles ne sçauroient nous acquérir de nouveaux mérites, lorsqu'elles sont distribuées, parceque nous sommes déja morts, & que le tems de mériter finit avec cette vie.

Mais sans chercher davantage des raisons pour confirmer cette vérité, l'autorité du Sage suffit toute seule pour nous en convaincre. *Mon fils*, dit il, *si vous avez quelque chose, faites-en du bien à vous-même ; & présentez à Dieu de dignes offrandes : Souvenez-vous de la mort qui ne tarde point, & de cet arrêt qui vous a été prononcé, que vous devez aller au tombeau : car c'est-là l'arrêt qui enveloppe tout le monde, Que tout homme mourra très-certainement. Faites du bien à votre ami avant votre mort, & donnez l'au-*

Eccli. 14. 21. & seq.

mône au pauvre selon que vous le pourrez.
Ne vous privez pas des avantages du jour
heureux, & ne laissez perdre aucune partie
du bien que Dieu vous a donné. Ne laisse-
rez-vous pas aux autres les fruits de vos
peines & de vos travaux, dans le partage
qu'ils feront de votre bien ? Donnez & recevez, & sanctifiez votre ame : Faites des
œuvres de justice avant votre mort, parcequ'on ne trouve point de quoi se nourrir,
lorsqu'on est dans le tombeau.

L'on peut même remarquer dans ces
paroles du Sage la plûpart des raisons
que nous venons d'alléguer aux Fidéles,
pour les porter à faire leurs aumônes
pendant qu'ils sont encore pleins de vie
& de santé.

Mon fils, dit-il, si vous avez quelque
chose, faites-en du bien à vous-même, &
présentez à Dieu de dignes offrandes. Il
nous marque par là, que le meilleur
usage que nous puissions faire en cette
vie de nos richesses temporelles, c'est de
les distribuer en aumônes, & de les offrir à Dieu en la personne des pauvres ;
parceque c'est le moyen de nous en faire
du bien à nous-mêmes, & de nous les
rendre véritablement utiles.

Après avoir prononcé les paroles sui-
vantes : Souvenez-vous de la mort qui ne
tarde point, & de cet arrêt qui vous a été

prononcé, que vous devez aller au tombeau, il ajoute auſſitôt : *Faites du bien à votre ami avant votre mort, & donnez l'aumône au pauvre ſelon que vous le pouvez*, pour nous faire entendre, que nos aumônes doivent précéder notre mort, tant que nous le pouvons ; & que ce n'eſt pas agir prudemment que de les réſerver pour le tems auquel nous ne ſerons plus ſur la terre.

Ne vous privez pas, continue t-il, *des avantages du jour heureux, & ne laiſſez perdre aucune partie du bien que Dieu vous a donné*. En effet, c'eſt nous priver de pluſieurs grands avantages, que de différer nos aumônes après notre mort ; car ſi nous ne pratiquons pas les vertus dont on a parlé ci-devant ; nous ne participons pas aux prieres que les pauvres auroient faites pour notre converſion, & pour notre avancement ſpirituel; nous nous privons de pluſieurs dégrés de mérite & de gloire que nous aurions pû acquérir, comme nous l'avons expliqué.

Ne laiſſerez-vous pas aux autres, ajoute-t-il, les fruits de vos peines & de vos travaux, dans le partage qu'ils feront de vos biens ? C'eſt-là ce que font ceux qui négligent de donner l'aumône pendant leur vie : ils s'expoſent à mille pei-

ties & à mille travaux pour amaſſer des
richeſſes : Ils accumulent héritages ſur
héritages, & ils laiſſent preſque toujours à des héritiers ingrats des biens
dont ils auroient dû ſe faire des amis,
en aſſiſtant les pauvres.

*Donnez & recevez, & ſanctifiez votre
ame.* Ceux qui aſſiſtent les pauvres étant
encore ſur la terre, exercent ce ſaint
commerce ; ils leur donnent des biens
temporels & périſſables, & ils en reçoivent en échange de ſpirituels & d'éternels, & ils travaillent à leur propre
ſanctification.

*Faites des œuvres de juſtice avant vo-
tre mort, parcequ'on ne trouve point de
quoi ſe nourrir, lorſqu'on eſt dans le tombeau :* C'eſt ce que doivent craindre les
riches qui ne font point d'aumônes, ni
d'œuvres de juſtice avant leur mort ;
car ils ſe trouveront dans une extrême
pauvreté, lorſqu'ils paroîtront devant
leur Juge ſouverain ; ils ne ſe nourriront point en l'autre monde du fruit de
leurs travaux & de leurs charités ; & ils
y ſouffriront une faim & une ſoif très-
cruelle, pendant que les Elûs boiront &
ſe raſſaſieront dans un torrent de délices.

S. Baſile inſtruit dans l'Ecole de la Sageſſe, s'éleve avec beaucoup de force
contre ceux qui refuſant de donner l'au-

mône pendant leur vie, alléguent qu'ils
la feront par leur teſtament, & à l'heure
de leur mort ; & il leur parle en ces termes. » Je veux, dites-vous, jouir de
» mes biens pendant ma vie:mais quand
» je viendrai à mourir, je les laiſſerai
» aux pauvres par mon teſtament. Mi-
» ſérable que vous êtes, commencerez-
» vous à témoigner de la bonté & de la
» libéralité aux hommes, lorſque vous
» ne ſerez plus vous-même du nombre
» des hommes ? Et faut-il attendre que
» vous ne ſoyez plus qu'un cadavre,
» pour publier que vous aimez vos fre-
» res ? Aura-t-on grand ſujet de vous
» louer de votre libéralité, & de vous
» honorer, & vous ſera-t-on fort rede-
» vable, ſi l'on ne s'apperçoit de votre
» magnificence & de vos aumônes, qu'a-
» près que vous ſerez couché dans votre
» tombeau, & que l'on vous verra ré-
» duit en cendres. Dites-moi, je vous
» prie, par rapport à quel tems voulez-
» vous que Dieu vous récompenſe ? Se-
» ra-ce pour ce que vous avez fait pen-
» dant votre vie, ou ſera-ce pour ce qui
» ſuivra votre mort, & qui ne s'accom-
» plira qu'après que vous ne ſerez plus ?

Il dit, que réſerver à faire ſes aumônes après ſa mort, c'eſt abuſer pour les
voluptés, du tems qui nous eſt donné

Hom.
in di-
teſcen-
ws.

pour mériter: & prétendre mériter lorfqu'il n'en eft plus tems ; que c'eft vouloir acheter & trafiquer lorfque le marché eft fini, & chercher à combattre quand il n'y a plus de guerre ; que c'eft être libéral feulement fur le papier, & donner ce qui n'eft plus à foi.

Il ajoute, que ceux qui agiffent ainfi, fe préferent à Dieu pendant leur vie ; & qu'à leur mort ils ne préferent Dieu qu'à un ennemi, qui auroit peut-être leur bien ; que ce n'eft pas-là une aumône, mais une vengeance ; que s'ils ne mouroient point, ils ne donneroient jamais rien ; qu'ils traitent Dieu avec mépris ; & qu'ils ne lui donnent que leur refte, & ce qui ne fçauroit plus leur fervir.

Il conclut enfuite, que les Chrétiens qui fe conduifent par les lumieres de la Foi, & qui poffédent la véritable Sageffe, diftribuent aux pauvres des aumônes abondantes pendant leur vie, afin d'emporter avec eux l'argent qu'ils auront ainfi dépenfé ; & qu'il n'y a que les imprudens & les infidéles, qui à force d'épargner & de conferver leurs biens, les laiffent en ce monde lorfqu ils en fortent eux-mêmes.

C'eft donc une vérité conftante, qu'il faut, tant que l'on peut, faire fes au-

mônes de son vivant. Mais comme il
y a quelquefois des gens, qui n'ont simplement de bien que ce qu'il leur en faut
pour vivre dans la médiocrité & dans
la frugalité Chrétienne, & qui par conséquent ne sont pas en état d'assister les
pauvres autant qu'ils le voudroient, on
doit leur conseiller de faire quelques
charités par leur testament, pourvu
néanmoins qu'ils ne foulent point trop
leurs enfans, s'ils en ont quelques-uns
qui ne soient pas à leur aise.

Il faut à plus forte raison porter ceux
qui ont vêcu dans l'abondance, & qui
n'ont point donné l'aumône, ou qui ne
l'ont faite que foiblement, à laisser des
sommes considérables aux pauvres, afin
de réparer les fautes qu'ils ont commises par leur trop grande attache aux
biens de la terre, & pour satisfaire à la
Justice divine qu'ils ont irritée par leur
mollesse & par leur avarice.

Lorsque nous parlons ainsi, nous ne
faisons que nous conformer au grand
S. Jean Chrysostome. Sa doctrine que
nous allons rapporter, fortifiera même
la maxime que nous avons avancée,
qu'il est très-utile aux riches de faire
leurs aumônes pendant leur vie, & elle
prouvera en même tems que ceux qui
n'ont pas satisfait à cette obligation,

que leur impofoit la charité, doivent au moins fe fouvenir des pauvres dans leurs teftamens, & dans les actes qui contiennent leurs dernieres volontés.

Inftituez Jefus-Chrift votre héritier par votre teftament, dit ce faint Docteur. » A la vérité il eût fallu lui don- » ner de vos biens pendant votre vie, & » vos dons euffent été alors regardés » comme un effet de votre liberalité & » de votre charité. Mais puifque vous » ne vous êtes pas acquitté de ce devoir » pendant votre vie, que la néceffité où » vous êtes maintenant de mourir, vous » porte au moins à être libéral & ma- » gnifique. Lorfque J.C. nous a ordon- » né de faire l'aumône aux pauvres pen- » dant notre vie, il a eu deffein de nous » inftruire de la véritable fageffe, & de » nous porter à nous détacher des ri- » cheffes périffables, & à méprifer tou- » tes les chofes de la terre. Mais quand » vous ne donnez votre bien aux uns & » aux autres qu'à l'heure de votre mort, » & n'en étant plus, à proprement par- » ler, les maîtres, vous n'êtes pas cen- » fés les méprifer : ce n'eft plus vous qui » donnez, mais la néceffité : ce n'eft » pas à vous qu'on en a de l'obligation, » mais à la mort ; & vos dons ne font » pas un effet de votre amitié, mais de

Hom. 8. in Ep. ad Ephef.

» la violence que vous souffrez en quit-
» tant vos richesses. Quoique cela ne
» soit que trop véritable, on est néan-
» moins contraint de vous exhorter à
» vous conduire ainsi à l'heure de votre
» mort, afin de détruire au moins par ce
» moyen l'attache que vous avez eu
» pour vos biens ; & de réparer, autant
» qu'il vous sera possible, vos péchés
» passés. Examinez donc en vous-même
» les vols & les larcins que vous avez
» commis ; considerez dans quels excès
» votre avarice vous a précipité, & com-
» bien de choses elle vous a porté à re-
» tenir pour vous même, que vous au-
» riez dû distribuer aux pauvres. Resti-
» tuez ensuite au quadruple tout ce que
» vous reconnoîtrez avoir pris & usur-
» pé contre la justice. C'est ainsi que
» vous pouvez plaider votre cause de-
» vant Dieu, & vous le rendre favora-
» ble. Mais il y a des gens qui sont tom-
» bés dans un tel dégré de folie & d'a-
» veuglement, qu'ils ne voyent pas
» même sur le point de mourir leurs
» devoirs & leurs obligations, & qui se
» conduisent alors comme s'ils vou-
» loient provoquer la colere de Dieu,
» attirer sur eux-mêmes toute son in-
» dignation, & le porter à les punir
» avec toute sorte de rigueur,

S. Jean Chryſoſtome avertit encore en une autre de ſes Homelies, les riches qui n'ont pas donné l'aumône pendant leur vie, de s'acquitter au moins de ce devoir, lorſqu'ils ſe préparent à la mort, & qu'ils font leur Teſtament. » Vous n'avez pas, dit-il, nourri J. C. » pendant le cours de votre vie ; don- » nez lui au moins quelque choſe main- » tenant que vous allez mourir, que » vous n'êtes plus en état d'uſer de vos » biens, & que vous n'en ſerez plus » bientôt le maître. Comme il eſt plein » de bonté, il n'examinera pas avec cu- » rioſité ce que vous lui donnerez, & il » ne ſe rendra pas difficile à le rece- » voir. Si vous l'aviez nourri pendant » votre vie, vous lui auriez ſans doute » témoigné beaucoup plus d'amour, & » votre mérite en auroit été plus grand; » mais puiſque vous ne l'avez pas fait, » comprenez-le au moins au nombre » de vos héritiers avec vos enfans, car » c'eſt-là le remede qui vous reſte pour » réparer votre faute ; & ſi vous avez » peine à vous y réſoudre, faites reflé- » xion que le Pere Eternel a bien voulu » vous rendre le cohéritier de ſon pro- » pre Fils ; cette conſidération ſuffira » toute ſeule pour vous inſpirer des » penſées d'humanité & de charité. Et en

Hom, 18. in Ep. ad Rom.

» en effet, comment pourriez-vous vous
» excuſer & vous juſtifier en préſence
» de J. C. ſi vous refuſez de le choiſir
» pour être avec vos enfans un de vos
» héritiers, après qu'il vous a donné
» droit de monter au Ciel avec lui, &
» qu'il a même enduré la mort pour
» vous ? Faites-lui donc part de votre
» argent, qui vous ſera déſormais inu-
» tile, & dont même vous ne ſerez plus
» bientôt maître ; & en récompenſe il
» vous donnera un Royaume dont vous
» jouirez éternellement ; & en vous le
» donnant, il vous donnera auſſi les
» biens préſens de ce monde : car ſi vous
» le rendez cohéritier de vos enfans, il
» les protegera lorſqu'ils ſeront orphe-
» lins, & il les défendra contre les vio-
» lences qu'on leur fera, & contre les
» embûches qu'on pourra leur dreſſer.

Ce grand Saint ajoute enſuite pluſieurs autres raiſonnemens pour faire
comprendre aux riches qu'ils ſont entierement inexcuſables, ſi après avoir
négligé les pauvres pendant leur vie, ils
les oublient encore à leur mort, & qu'ils
méritent par-là d'être exclus pour toujours du Royaume des Cieux.

L'on pourroit joindre au témoignage
de S. Jean Chryſoſtome celui de S. Auguſtin, qui avertit ſouvent les riches de
faire

faire entrer J. C. en partage dans leur
fucceſſion avec leurs propres enfans,
afin de ſuppléer aux aumônes qu'ils
n'ont pas faites pendant leur vie, &
pour attirer ſur eux & ſur toute leur famille les graces & les bénédictions du
Ciel. Mais les autorités de ce ſaint Docteur étant aſſez connues, on ne les ex-
pliquera pas en particulier, de peur de
fatiguer les Lecteurs par un trop grand
nombre de paſſages, qui tendent tous à
prouver que les riches doivent avoir
ſoin de faire des aumônes abondantes
pendant leur vie; & que s'ils y ont manqué, ils ſont obligés de réparer ce défaut dans leurs Teſtamens, en rendant
aux pauvres ce qu'ils leur ont ôté, & en
puniſſant par de grandes libéralités
leur avarice & leur dureté paſſée.

CHAPITRE VII.

L'on refute les fauſſes raiſons que pluſieurs
riches allèguent pour s'exempter de
faire l'aumône.

TOUT ce que nous avons juſqu'à
préſent repréſenté touchant l'aumône, prouve ſans doute avec évidence, que les riches ſont abſolument obligés de la faire; & que s'ils s'en diſpen-

O

sent mal-à-propos, ils commettent un
péché considérable, & s'exposent à la
damnation éternelle. Mais afin de les
rendre entierement inexcusables, & de
leur ôter tout prétexte de se flater , &
de s'aveugler eux-mêmes dans une matiere où il leur est si important de ne se
pas tromper, il faut répondre aux raisons les plus ordinaires qu'ils ont coutume d'alléguer, pour justifier leur avarice , & pour excuser leur dureté envers
les pauvres.

Plusieurs d'entr'eux disent qu'ils ont
des enfans ; qu'ils sont obligés de les
nourrir & de les élever ; qu'il faut qu'ils
acquérent du bien , afin de les établir ,
de les pourvoir , & de les marier , lorsqu'ils seront plus avancés en âge ; que
S. Paul enseigne même que les peres &
les meres doivent amasser des richesses
pour leurs enfans ; qu'ils ont de grandes dépenses à faire pour entretenir leur
famille ; & qu'ainsi ils ne peuvent pas
donner l'aumône. Mais il n'est pas difficile de leur prouver que les enfans
dont ils sont chargés, ne doivent point
leur servir de prétexte, pour s'exempter
de faire l'aumône.

Car 1°. J. C. & ses Apôtres, en or-
donnant aux riches de faire l'aumône,
ne distinguent point entre ceux qui ont

. Cor.
2. 14.

des enfans, & ceux qui n'en ont point:
ils parlent généralement; & l'Evangile
nous apprend que le Sauveur du monde
condamnera à la fin des siécles tous ceux
qui ayant du bien, ne lui auront pas
donné à manger, qui ne l'auront pas vêtu, qui ne l'auront pas visité en la personne des pauvres qui sont ses membres.

2°. Lorsque les SS. Docteurs de l'Eglise ont parlé de l'aumône, ils n'ont point
non plus distingué entre les Fidéles qui
ont des enfans, & ceux qui n'en ont
point,& ils ont soutenu que tous les riches sont obligés de la faire par rapport à leurs biens & à leur fortune. Ils
ont même passé plus avant; car ils ont
condamné positivement ceux qui s'abstiennent de faire la charité & d'assister
les pauvres, à cause qu'ils ont des en-
fans. » Vous alléguez, leur dit S. Ba- Hom. in ditef-centes.
» sile, que vous avez besoin d'amasser
» de l'argent pour nourrir vos enfans:
» c'est-là une excuse plausible dont vous
» vous servez pour justifier votre ava-
» rice: vos enfans sont un prétexte spé-
» cieux dont vous abusez pour avoir
» lieu de satisfaire & de contenter vos
» passions. Je ne m'en prens point à vo-
» tre enfant, qui est certainement in-
» nocent de votre péché: mais sçachez

O ij

» qu'il a un autre maître & un autre
» conducteur au-deſſus de vous ; &
» qu'ayant reçu la vie de lui, il n'a pas
» abſolument beſoin de vous pour ſub-
» ſiſter. Dites-moi, je vous prie, cette
» parole de l'Evangile : *Si vous voulez*
» *être parfait, vendez ce que vous avez,*
» *& donnez-le aux pauvres*, ne regar-
» de-t-elle point ceux qui vivent dans
» le mariage ? Dites-moi encore, lorſ-
» que vous avez demandé à Dieu une
» heureuſe fécondité ; lorſque vous l'a-
» vez prié de vous rendre pere de plu-
» ſieurs enfans, avez-vous ajouté : Sei-
» gneur, donnez-moi des enfans, afin
» qu'ils ſoient cauſe que je n'obéiſſe
» point à vos préceptes : Donnez-moi
» des enfans, afin qu'ils m'empêchent
» d'entrer dans le Royaume de Cieux.

   » Je dis plus, continue ce ſaint Do-
» cteur, qui eſt-ce qui vous répondra
» des inclinations qu'ils auront dans la
» ſuite ? Et qui vous ſera caution, qu'ils
» uſeront ſagement des biens que vous
» voulez leur acquérir ? car les richeſſes
» ſont à pluſieurs une occaſion de diſſo-
» lution & de débauche ; & n'avez-vous
» pas ſouvent entendu cette parole de
» l'Eccléſiaſte : *J'ai vû une très-grande*
» *miſere, ſçavoir que les richeſſes ſervent*
» *ſouvent à tourmenter ceux qui les gar-*

Eccleſ. 5.
17. &c.
2.18.19.

» dent ; & encore cette autre : *Je laiſſe*
» *après moi , mon bien à un homme ; &*
» *qui ſçait s'il ſera ſage ou inſenſé ?* Pre-
» nez donc bien garde qu'après vous
» être donné mille inquiétudes & mille
« peines pour amaſſer des richeſſes ,
» vous ne les laiſſiez pas à d'autres, pour
» entretenir leurs péchés : car ſi cela
» étoit ainſi , vous ſeriez puni double-
» ment , & pour vos propres péchés , &
» pour ceux dont vous auriez été la cau-
» ſe. Votre ame ne vous eſt - elle pas
» plus proche & plus chere que tous vos
» enfans ; donnez-lui donc la premiére
» part dans votre ſucceſſion, en lui fai-
» ſant mériter la vie éternelle par des
» aumônes abondantes , & laiſſez en-
» ſuite à vos enfans de quoi vivre. Il ar-
» rive quelquefois que des enfans qui
» n'ont hérité aucuns biens de leur fa-
» mille, ne laiſſent pas de devenir fort
» riches , & de faire une grande fortu-
» ne: mais pour ce qui eſt de votre ame,
» ſi vous la négligez, & ſi vous la mé-
» priſez , auprès de qui pourra-t-elle
» trouver grace & miſéricorde ?

    S. Baſile s'éleve encore dans ſon Ho-
melie 21 , contre ceux qui tombent
dans l'avarice à l'occaſion de leur famille. Il leur dit que la vertu eſt le plus
grand tréſor qu'ils puiſſent laiſſer à

leurs enfans ; qu'il eſt inutile de leur amaſſer du bien, s'ils n'ont pas eû une bonne éducation, & s'ils ne ſont pas honnêtes gens, parcequ'ils diſſiperont en peu de tems tout ce qu'on leur aura conſervé avec tant de ſoin. Il ajoute que ceux qui diſtribuent de grandes aumônes, & qui traitent tout le monde avec bonté, acquiérent par là autant d'amis & de protecteurs à leurs enfans, qu'ils auront obligés de perſonnes ; qu'on s'empreſſera après leur mort de rendre de bons offices à leurs deſcendans, & que l'on comblera à jamais de bénédictions leur mémoire & leur poſtérité. Mais il ſoutient que les peres qui auront été avares, qui auront commis des injuſtices, qui auront dépouillé les veuves & les orphelins, pour amaſſer du bien à leurs enfans, loin de les enrichir, les expoſeront à la jalouſie & à la haine de tous les hommes ; qu'après leur mort chacun croira avoir droit de faire inſulte à leur famille, & de l'opprimer ; que l'on reprendra ſur leurs héritiers ce qu'ils auront uſurpé pendant leur vie ; & que leurs biens qui leur ont couté tant de ſueurs & tant de fatigues, ſe diſſiperont en peu d'années, & feront expoſés en proye à la cupidité & à la violence de leurs ennemis.

S. Augustin ne combat pas avec moins de force l'avarice des peres & des meres, & leur trop grande avidité pour les biens de la terre. Il repréfente dans fon Commentaire fur les Pfeaumes, combien ils font ridicules de fe donner tant de peine pour enrichir leurs enfans, & de ne jamais rien faire pour eux-mêmes, & de ne penfer point à enrichir leur propre ame. » Si on leur demande, dit il, » pourquoi & pour qui ils travaillent, ils » répondront que c'eft pour leurs enfans. » Si on demande encore à leurs enfans » pour qui ils travaillent, ils replique- » roht que c'eft pour leurs enfans. Que » l'on s'informe auffi à leurs petits en- » fans pour qui ils travaillent, ils diront » pareillement que c'eft pour leurs en- » fans. Donc, ajoute ce faint Docteur, » on ne fçauroit trouver perfonne qui » travaille pour foi-même, & pour fon » propre falut. *In Pfal. 125.*

Il foutient que c'eft un très - grand aveuglement à des gens mariés de dire que les tréfors qu'ils amaffent avec tant de foins & d'inquiétudes , font pour leurs enfans, puifqu'ils ne font pas affurés d'en avoir ; & que quand ils s'en verroient plufieurs, ils ne fçavent pas s'ils leur furvivront, & s'ils les auront pour héritiers : *Servas filiis, incertum eft, an futuris, an poffeffuris.* *In Pfal. 33.*

O iiij

Il dit que la plûparr des peres se servent du nom de leurs enfans, & de l'a-
mour qu'ils leur portent, afin de voiler
& de diffimuler leur cupidité pour les
biens de la terre : *Hac eft vox pietatis,*
excufatio iniquitatis. Et en effet, ce n'eft
pas tant pour leurs enfans qu'ils amaffent de fi grandes richeffes, que pour
eux-mêmes, & pour contenter leurs
paffions. Ce Pere en donne une preuve
évidente ; car leurs enfans viennent-ils
à mourir, ils confervent toujours leurs
biens, & ils ne ceffent point d'en acquérir de nouveaux.

Ce faint Docteur confeille aux peres
& aux meres de donner aux pauvres la
portion de leur fucceffion qu'auroient
eu leurs enfans qui viennent à mourir ;
& il affure qu'ils ne peuvent s'en difpenfer fans une efpece d'injuftice, parceque c'eft les fruftrer du droit que la nature leur avoit acquis.

Ils enfeigne encore, que s'ils ont de
la piété & de la religion, ils comprendront toujours J. C. au nombre de leurs
héritiers ; qu'ils l'appelleront à leur fucceffion avec leurs enfans, & qu'ils lui
feront part de leurs biens, en affiftant
fes membres qui font fur la terre.

S. Jerôme étoit auffi très-oppofé à
l'avarice des Chrétiens, qui s'abftien-

Marginal notes:
Ibid.

Serm. 86.
& lib de
decem
chordis
c. 12.

In Pfal.
35 x
Conc. v.
in Pfal.
48.

nent de faire l'aumône, afin d'enrichir
leurs enfans, & de leur amaſſer des biens
à l'infini. On en peut juger par ce que
nous allons repréſenter. Une Dame très-
illuſtre lui ayant écrit du fond des Gau-
les, pour le conſulter ſur pluſieurs difficultés qu'elle trouvoit dans l'Ecriture
ſainte, il répondit exactement à tous
ſes doutes, & puis il lui manda, qu'il Epiſt.
lui conſeilloit de garder une eſpece d'é- ¹⁵⁰·
galité entr'elle & ſes enfans; d'employer
autant de ſes biens pour le ſalut de ſon
ame, qu'elle en deſtinoit pour pourvoir chacun de ſes enfans ; d'adopter
J. C. au nombre de ſes héritiers, & de
le rendre le cohéritier de ſes propres
enfans.

Environ le même tems, un homme
nommé Julien, perdit en l'eſpace de
vingt jours ſa femme & deux grandes
filles qu'il étoit ſur le point de marier.
S. Jerôme lui écrivant pour le conſoler, lui manda, entr'autres choſes, qu'il
ne devoit pas exhéreder ſes deux filles
qui venoient de mourir, pour enrichir
celle qui lui reſtoit; qu'il étoit obligé
de leur donner la portion de ſes biens
qu'elles auroient eue, ſi elles avoient
vêcu; qu'il devoit l'employer à nourrir
les pauvres; & que c'étoit là la dot
qu'elles lui demandoient. » Réſervez; Epiſt 34·

» lui dit-il, à vos filles qui font allées à
» Dieu, les biens que vous aviez réfolu
» de leur donner ; ne fouffrez pas que
» leur fœur en profite & en devienne
» plus riche ; mais fervez-vous-en à
» racheter votre ame, & à faire fubfi-
» fter les pauvres.«Ce font là les coliers
que vos filles vous demandent, & les
pierreries dont elles veulent être or-
nées. Votre argent auroit été perdu,
fi vous leur en aviez acheté des étoffes de foye ; mais vous le conferverez,
fi vous l'employez à vêtir les pauvres.
Souvenez-vous donc que vos filles
vous demandent leur dot, & qu'étant
unies à leur célefte Epoux, elles ne veulent pas paroître pauvres, viles, &
méprifables, & qu'elles defirent que
vous leur donniez des ornemens qui
foient convenables à l'état où elles fe
trouvent maintenant.

Enfin, S. Grégoire Pape, confiderant qu'il n'arrive que trop fouvent,
que les peres & les meres, qui defirent
avec trop d'ardeur d'enrichir leurs enfans, fe laiffent aller à l'efprit d'avarice, il leur propofe l'exemple célébre
d'un pere très-faint, qui eut toujours
beaucoup d'éloignement de ce vice,
quoiqu'il fe trouvât chargé d'une famille très-nombreufe ; car il obferve

que l'Ecriture parlant de Job, marque expreſſément qu'il avoit ſept fils & trois filles ; & que cependant il étoit fort li- béral, & offroit continuellement pour eux des ſacrifices : ce qui étoit ſans doute le caractere d'une ame généreuſe & dé- tachée de toutes les choſes de la terre, Car il y auroit eu une infinité de peres qui n'auroient pas voulu faire tant de dépenſe en ſacrifices, & qui auroient cru que la conſidération de leurs enfans les obligeoit à être plus réſervés, & à ménager davantage leurs biens & leurs revenus. Mais il ne fut point ſuſceptible de cette penſée ; & le grand nombre des héritiers qu'il ſe voyoit, dit S. Grégoi- re, ne fut point cauſe que ſon cœur eut aucune attache à ſes poſſeſſions & à ſes héritages, ni qu'il déſirât de les aug- menter à l'infini.

3°. Il faut dire à ceux qui, pour s'exempter de faire l'aumône, allèguent qu'ils ont des enfans, qu'on ne leur de- mande pas qu'ils donnent tous leurs biens aux pauvres ; qu'on leur permet au contraire d'en acquérir par des voyes juſtes & honnêtes pour ſubvenir aux be- ſoins de leur famille, & pour lui don- ner moyen de ſubſiſter dans la ſuite des tems. Mais l'on prétend que cela ne doit pas les diſpenſer de faire des aumônes

proportionnées à leur condition & à
leur fortune.

L'on se contente de leur conseiller,
à l'exemple de S. Jean Chrysostome,
de mettre tous les jours, ou toutes les
semaines quelque chose à part de leurs
revenus, & de ce qu'ils retirent de leurs
travaux & de leur industrie, & de l'employer à nourrir & à entretenir les pauvres. On les exhorte, après S. Augustin, à comprendre J. C. au nombre de
leurs héritiers, & de lui donner en la
personne des pauvres, autant qu'ils
donnent à chacun de leurs enfans. On
leur dit enfin, que la qualité de peres
ne leur doit pas faire oublier celle de
Chrétiens; que pour être chargés d'une
famille, ils n'en doivent pas moins pratiquer l'Evangile; & que leurs enfans
ne doivent pas les porter à exhéreder
JESUS-CHRIST.

4°. Il faut encore leur représenter,
que s'ils avoient soin d'assister les pauvres, & de leur faire l'aumône, lorsqu'ils reçoivent leurs revenus, ils san-
ctifieroient par là le reste de leurs biens;
ils attireroient sur leurs enfans les graces du Ciel; ils mériteroient même que
Dieu benît leurs travaux & leurs entreprises, qu'il les protegeât, & qu'il les
fît jouir d'une heureuse abondance, qui

bien-loin de les corrompre & de les détourner de la perfection, leur donneroit moyen de le servir en paix & avec un esprit tranquille, & de pratiquer une infinité de bonnes œuvres.

5°. Si ceux qui ont des enfans se conduisoient selon les régles de l'humilité Chrétienne ; s'ils étoient contens de l'état où ils se trouvent établis par l'ordre de la Providence ; s'ils ne pensoient point à élever leurs enfans à des emplois & à des dignités beaucoup au-dessus de leur naissance & de leur condition, ils auroient ordinairement de quoi faire l'aumône, & ils ne craindroient point d'employer en charités une partie de ce qu'ils reçoivent, soit de leur travail, ou de leurs domaines. Mais la plûpart se laissent aller à des desseins d'ambition ; ils veulent faire leurs enfans plus grands & plus puissans qu'ils ne sont eux-mêmes, & ils leur achetent des titres & des charges qui ne conviendroient qu'à des personnes de qualité. De-là vient qu'ils évitent de dépenser, qu'ils épargnent, qu'ils accumulent tous leurs revenus, & qu'ils contractent même des dettes considérables. Et après cela ils viennent dire qu'ils n'ont pas moyen de faire l'aumône, & qu'il faut qu'ils satisfassent

leurs créanciers, & qu'ils établissent leurs
enfans. Mais toutes leurs excuses paroîtront vaines au jour du Jugement
dernier ; & ils reconnoîtront alors, mais
trop tard, que leur vanité s'est cachée
sous le nom de leurs enfans ; que s'ils
avoient moins aimé la grandeur & la
gloire ; que s'ils avoient pû se résoudre
à demeurer dans la médiocrité de leur
première condition, ils auroient facilement trouvé de quoi assister les pauvres

CHAPITRE VIII.

L'on continue à refuter les fausses raisons,
que les riches alléguent pour s'exempter
de faire l'aumône.

APRE's avoir combattu dans le
Chapitre précédent ceux qui se
dispensent de faire l'aumône, à cause
qu'ils ont des enfans ; il faut parler
dans celui-ci des autres prétextes dont
on se sert très-souvent pour s'exempter
ce devoir de charité & de justice.

1°. Plusieurs gens disent, que les tems
sont mauvais, que les biens diminuent
tous les jours, & qu'à peine ils ont des
revenus suffisans pour se nourrir, &
pour entretenir leur famille. Mais ce
langage se trouve ordinairement très-

faux, & n'eſt qu'une pure illuſion du Démon, qui veut les empêcher de racheter leurs péchés par l'aumône. Cela eſt évident ; car ceux-là même qui ſe plaignent ainſi de la miſere du tems, & qui diſent qu'ils ne ſont pas en état de contribuer aux bonnes œuvres qu'on leur propoſe, ni de ſecourir des familles réduites à la derniere miſere, dont on leur parle, s'oublient de leur prétendue néceſſité, quand l'occaſion ſe préſente de contenter leur luxe, leur ambition, & leurs autres paſſions. Ils trouvent de l'argent pour acheter des meubles ſomptueux, & des habits magnifiques; ils en trouvent pour aller aux ſpectacles & aux aſſemblées mondaines ; ils en trouvent pour gouter les plaiſirs & les voluptés du ſiécle ; ils en trouvent pour monter à des Charges & à des Dignités éclatantes. Ils ſont riches, diſent les ſaints Peres, ils ſont opulens, ils ſont magnifiques pour eux-mêmes, & pour tout ce qui regarde le monde ; & ce n'eſt qu'à l'égard de Dieu & de la charité qu'ils manquent de bien, & qu'ils ſont pauvres.

Chryſoſt. Homil. in 1. ad. Corinth. & Hom. 19. in 2. ad Cor.

2₀. Il y a des riches qui s'abſtiennent de faire l'aumône, & qui accumulent ſans ceſſe leurs revenus, de peur de manquer de bien dans la ſuite, pour rem-

placer par avance les pertes qui pourront leur arriver, & pour se mettre à
l'abri des disgraces & des infortunes
qu'ils craignent, & dont ils s'imaginent être menacés, quoiqu'on n'y voye
aucune apparence légitime. L'on peut
presque toujours dire, que leurs craintes & leurs inquiétudes ne sont fondées
que sur leurs imperfections & sur le
peu de foi ; que s'ils étoient détachés
des choses de la terre, & s'ils aimoient
l'humilité & la pauvreté, ils n'éten-
droient pas si loin leurs vues, & ils ne
prendroient pas tant de précautions
contre l'avenir ; qu'ils se reposeroient
sur la Providence de ce qui les regarde ;
qu'ils seroient bien aises de dépendre
d'elle, & que dans la préparation de leur
cœur ils accepteroient par avance toutes les adversités qu'il lui plaira de leur
envoyer dans la suite.

L'on peut ajouter qu'ils renoncent
dès maintenant à un bien spirituel &
très-précieux, dans la crainte d'un mal
futur, incertain, & purement temporel ; qu'ils s'occupent du soin de leurs
corps, & qu'ils négligent leurs ames ;
qu'ils donnent toute leur application &
toute leur prévoyance à la vie présente,
& qu'ils oublient la future ; parceque
voulant prévenir la pauvreté, ils se pri-

vent du mérite qu'ils pourroient acquérir en faisant l'aumône ; parceque voulant ne manquer de rien sur la terre , ils
s'exposent à manquer de tout en l'autre
monde ; parceque voulant s'assurer de
quoi subsister dans le tems , ils se mettent en danger de périr dans l'éternité.

Il faut leur représenter après S. Grégoire, Pape, que Job dit , que *ceux qui* Job. 6.
craignent la gelée , seront accablés par la 16.
neige : c'est-à-dire, que ceux qui auront Moral. l.
trop craint en ce monde la pauvreté, & 7. c. 11.
qui pour l'éviter auront cessé de faire
l'aumône , éprouveront en l'autre les
effets de la colere de Dieu.

Il faut les porter à faire refléxion à ce
que dit le Sage, que *celui qui observe les* Eccles.
vents ne seme point; & que celui qui consi- 14. 4.
dere les nues ne moissonnera jamais : car
ils apprendront de ses paroles , que si la
crainte d'être battus des vents de la pauvreté, les empêche de semer leur argent
dans le sein du pauvre ; que si à force de
considerer les nues de l'adversité, pour
voir si elles ne fondront point quelque
jour à venir sur eux, ils manquent à faire l'aumône, ils ne moissonneront point
à la fin des siécles, & ils ne recueille-
ront pas dans l'éternité les fruits que la
charité produit pour tous ceux qui l'e-
xercent ici-bas.

Il faut encore les exhorter à penser

Matth.6.
25. 31.
3 10

souvent à ces paroles de J. C. *Ne vous
mettez point en peine où vous trouverez
de quoi manger pour le soutien de votre
vie, ni d'où vous aurez des vêtemens pour
couvrir votre corps : ne vous mettez point
en peine pour le lendemain ; parceque le
lendemain se mettra en peine pour lui-même : à chaque jour suffit son mal ;* car s'ils
les méditent avec piété, ils reconnoîtront eux-mêmes qu'ils ont tort de
s'inquiéter ainsi pour l'avenir, & que les
épargnes continuelles qu'ils font, font
injurieuses à la Providence ; & en effet,
pourquoi craignent-ils qu'elle ne leur
manque dans le besoin ? Pourquoi ne
veulent-ils pas se reposer sur elle de ce
qui les concerne ? Pourquoi refusent-ils
de s'abandonner à sa conduite ? Ne sça-
vent-ils pas que Dieu a toujours soin de
ceux qui le servent avec fidélité, & qu'il
ne les abandonne point, lui qui n'abandonne pas même les moindres oiseaux
du Ciel ? Qu'ils fassent donc des aumônes proportionnées à leurs biens, sans
s'inquiéter ni se troubler à l'occasion de
l'avenir, puisqu'ils appartiennent à un
pere si bon, & si plein de tendresse, qui
tient entre ses mains tous les trésors de
la terre, & qui les distribue selon son
bon plaisir.

Et quand même il leur arriveroit dans la suite quelque adverſité, qu'ils ſouffriroient des pertes conſidérables, & qu'ils manqueroient même des choſes néceſſaires à la vie, ils ne devroient pas alors ſe repentir d'avoir fait la charité, & ſecouru les pauvres dans leurs beſoins : car ce ſeroit ſe priver du mérite de leurs aumônes, & détruire eux-mêmes ce qu'ils avoient édifié. S'ils étoient éclairés des véritables lumieres, & s'ils ſe conduiſoient par l'eſprit de l'Evangile, ils ſe réjouiroient au contraire d'éprouver eux-mêmes la pauvreté, après avoir pluſieurs fois ſoulagé celle des autres ; & ils regarderoient leur état comme un très-grand bonheur, parcequ'ils auroient droit d'attendre de recevoir dans le Ciel une récompenſe d'autant plus abondante, que leur vertu & leur charité auroit été moins récompenſée ſur la terre, & qu'ils y auroient éprouvé de plus grandes tribulations.

3°. Il ſe trouve quelquefois des gens qui alleguent, qu'ils ont des creanciers, que la juſtice veut qu'ils les ſatisfaſſent, & qu'ils les payent ; que cela emporte tout leur argent comptant : qu'il ne leur reſte rien au bout de l'année, & qu'ainſi ils ne ſont pas obligés de faire l'aumône.

L'on avoue que cette raiſon, quand elle eſt ſincere & véritable, mérite qu'on y faſſe attention, & qu'elle peut en dè certaines rencontres diſpenſer de faire l'aumône : car ordinairement les dettes vont avant les charités ; on les doit d'a- bord payer ; & enſuite l'on peut faire l'aumône, & aſſiſter les pauvres. Et s'il y avoit des perſonnes qui fiſſent de grandes charités, & qui nourriſſent beaucoup de pauvres, & qui cependant negligeaſſent d'acquitter leurs dettes le- gitimes, & de ſatisfaire leurs crean- ciers, on les blâmeroit, & l'on diroit à juſte titre, que leurs charités ſeroient mal reglées.

Mais il n'arrive que trop ſouvent que les avares abuſent de cette raiſon, qui paroît plauſible à l'exterieur, & qu'ils s'en ſervent pour pallier & pour juſtifier leur cupidité. Ils forment inceſſamment de nouveaux projets ; ils accumulent héritages ſur héritages ; ils conſtituent tous les jours des rentes ; ils augmen- tent à l'infini leurs domaines ; & parce- qu'ils n'ont pas ſouvent aſſez d'argent dans leurs coffres pour payer toutes ces acquiſitions, ils en empruntent, ils contractent des dettes, & ils diſent après cela, qu'ils ont des creanciers, qu'ils ſont obligés de les ſatisfaire, &

qu'ainfi ils ne font pas en état de rien
donner aux pauvres. Comme leur avarice eft infatiable, ils ont fouvent recours à ce moyen ; & à peine ont-ils
acquitté ces fortes de dettes, qu'ils en
contractent d'autres de même nature,
afin d'avoir toujours prétexte de s'exempter de faire la charité aux pauvres.

· C'eft-là une illufion vifible & un artifice groffier du demon, qui les aveugle,
& qui veut les détourner de l'aumône,
parcequ'il fçait qu'elle pourroit leur
obtenir la remiffion de leurs péchés.
Quand on dit, qu'il faut payer fes dettes, avant que de faire l'aumône, cela
s'entend des dettes qui ont été contractées de bonne foi, qui font une fuite de
la décadence des familles, & qui fur-
viennent par des malheurs qu'on ne
pouvoit éviter. Mais il y auroit de l'injuftice d'appliquer cette maxime aux
dettes dont il s'agit ; car elles font les
productions d'une avarice fordide, &
d'une paffion defordonnée pour les
biens de la terre. Si on y avoit égard,
quand il s'agit de l'aumône, il fuffiroit
pour s'exempter de la faire, d'avoir deffein de devenir fort riche, & d'y travailler avec ardeur ; plus on auroit de cupidité, & moins on feroit obligé de fecourir
les pauvres ; & le precepte que J.C. a le

plus recommandé dans l'Evangile, feroit aneanti par la malice du demon, &
par l'avarice des hommes.

Il faut même ajouter, que les dettes
dont on fe trouve chargé de bonne foi,
ne déchargent pas toûjours de l'obligation de faire l'aumône, ou qu'au moins
elles n'en exemptent pas entierement.
Car lorſqu'elles ne ſont pas exceſſives,
qu'on eſt aſſuré qu'on a plus de bien
qu'il n'en faut pour les acquitter, que
les creanciers ne ſont pas preſſés de recevoir leur fond, & qu'il leur ſuffit de
toucher leurs arrerages, l'on peut partager ſon revenu en trois portions ; en
deſtiner une à la charité ; en employer
une autre à payer ce que l'on doit ; &
fe ſervir de la troiſiéme pour ſa ſubſiſtance. A la vérité on ne ſe liberera pas
fitôt de ſes dettes ; mais il n'importe, il
vaut mieux en être plus longtems chargé, & faire cependant l'aumône. Cette
conduite attirera une abondance de graces ſur ceux qui la tiendront. Ils ſatis-
feront à la juſtice, ſans manquer à la miſericorde, ils ſeront charitables, & cependant ils ne feront tort à perſonne :
car ils nourriront les pauvres, & ils ne
laiſſeront pas de payer leurs creanciers.

Après avoir refuté les fauſſes raiſons
dont quelques riches injuſtes ſe ſervent

pour s'exempter de donner l'aumône, l'on pourroit examiner, si les femmes qui vivent sous la puissance de leurs maris, peuvent la faire, & si elles y sont effectivement obligées. Mais comme cette question a été expliquée dans le livre de *la Vie des gens mariés*, chapitre 31. l'on se contente de renvoyer les Lecteurs à ce traité, où ils verront ce que S. Augustin & S. Thomas enseignent sur ce sujet.

LA VIE
DES RICHES.
LIVRE QUATRIEME.

CHAPITRE PREMIER.

Qu'entre tous les vices les riches doivent surtout craindre l'avarice : l'on explique en quoi elle consiste.

L'Orsque l'on dit, qu'entre tous les vices les riches doivent sur tout craindre l'avarice, l'on ne prétend pas

qu'elle soit le plus grand des péchés; car
l'on demeure d'accord que l'idolatrie,
l'homicide, l'adultere, & le larcin font
des crimes beaucoup plus énormes; mais
l'on suit l'experience de tous les siecles,
qui a fait reconnoître que la plûpart de
ceux qui possedent des biens temporels,
se laissent dominer par ce vice. Il n'en
faut point chercher de preuves ailleurs
que dans le nouveau Testament.

　　Nous y lisons, qu'un homme dont les
terres avoient extraordinairement rapporté, s'entretenoit de ces pensées en
lui-même. *Que ferai-je ? car je n'ai*
point de lieu où je puisse serrer tout ce que
j'ai recueilli. Voici, disoit il, ce que je
ferai : j'abattrai mes greniers, & j'en
bâtirai de plus grands, & j'y amasserai
toute ma recolte & tous mes biens, & je
dirai à mon ame : Mon ame tu as des biens
en reserve pour beaucoup d'années, repose
toi, mange, boi, fais bonne chere. L'on
voit par ce recit, qu'il ne pensoit point
aux pauvres au milieu de son abondance, qu'il ne se mettoit point en peine de
leur faire part des fruits qu'il avoit re-
cueillis, & que sa cupidité le portoit à
les reserver tout entiers pour lui seul.

　　J. C. recommande avant toutes choses aux riches dans l'Evangile, de fuir
l'avarice, parceque c'est leur péché le
　　　　　　　　　　　　　　plus

Luc. 12.
10. &
seq.

plûs ordinaire : *Gardez-vous,* leur dit-il, Luc. 15. *de toute avarice ; car en quelque abondance qu'un homme soit, sa vie ne dépend point des biens qu'il possede.* Que votre Heb. 13. vie, leur dit aussi S. Paul, *soit exempte* 5. *d'avarice : soyez contens de ce que vous avez, puisque Dieu dit lui-même : Je ne vous laisserai point, & je ne vous abandonnerai point.*

Mais il n'est pas nécessaire de s'étendre beaucoup, pour prouver aux riches qu'ils doivent fuir l'avarice ; car ordinairement ils demeurent assez d'accord que tous les Chrétiens sont obligés d'éviter & de combattre ce vice. Il faut plutôt leur expliquer en quoi il consiste, parcequ'ils se trompent souvent sur ce point, & qu'ils n'appellent pas avarice, ce qui en est une très-réelle, & très-véritable.

S. Paul nous en donne une idée exacte dans les paroles que nous venons de citer ; car après avoir dit aux Fidéles : *Que votre vie soit exempte d'avarice ;* il ajoute aussitôt, *Soyez contens de ce que vous avez,* voulant nous marquer par-là, que c'est tomber dans l'avarice, que de ne se pas contenter du bien que l'on possede legitimement, quand il suffit pour vivre selon sa condition, & de brûler du désir d'augmenter sa fortune, &

de chercher toujours à amaſſer richeſſes
ſur richeſſes, poſſeſſions ſur poſſeſſions.
Cependant c'eſt la diſpoſition de la
plûpart des gens du monde : ne mettant
point de bornes à leurs convoitiſes, ils
ne croyent jamais être aſſez riches : ils
travaillent toujours à le devenir davantage ; & quelques biens qu'ils puiſſent
poſſeder, ils en déſirent toujours de plus
grands ; & par conſéquent ils vivent
dans une avarice continuelle. Cette vérité paroîtra encore avec plus d'évidence, lorſque nous aurons expliqué ce que
les ſaints Peres enſeignent ſur ce ſujet.

S. Baſile dit, que ceux-là ſont coupables du crime de péculat, qui détournent les deniers publics, & qui s'appliquent à eux ſeuls ce qui appartient à
tout le monde : mais que pour tomber
dans l'avarice, c'eſt aſſez de ne ſe contenter pas de ce qui devroit ſuffire :
Quis, quæſo, eſt avarus? Ille qui eo, quod
ſatis eſſe debet, non eſt contentus.

S. Jean Chryſoſtome ſoutient auſſi
que l'avarice n'eſt autre choſe que l'a-
mour du bien, & le déſir de devenir
riche.

Vouloir avoir plus de choſes qu'on
n'en a beſoin ; déſirer de devenir riche ;
avoir de l'attache à ſes propres richeſſes,
& les conſerver avec trop d'ardeur, c'eſt
avarice ſelon S. Auguſtin.

Homil.
in illud
ex Evan-
gel. Deſ-
truam
horrea.
Hom.13.
in Matth.

Serm.
177.
Serm.85.

La même doctrine se trouve dans S. Jerôme. » Vous êtes absolument obli-
» gée de fuir l'avarice, écrit ce Pere à
» sainte Euſtoquie : mais ne vous ima-
» ginez pas que pour éviter ce péché,
» il vous ſuffiſe de ne pas déſirer, & de
» ne pas prendre le bien d'autrui, puiſ-
» que c'eſt un crime, qui eſt même puni
» par les loix civiles. Vous devez outre   Epiſt 18.
» cela n'avoir point d'attache à celui
» qui vous appartient, & le conſiderer
» comme s'il étoit à autrui. *Si vous n'a-*
» *vez pas été fidéles*, dit J. C. *dans un*
» *bien étranger, qui vous donnera le vô-*
» *tre propre?* Ce qui nous apprend que
» l'or & l'argent ne ſont à notre égard
» qu'un bien étranger, & un fardeau
» qui nous accable, & que nos vérita-
» bles richeſſes ſont toutes ſpirituelles.

S. Thomas nous apprend auſſi en peu
de paroles en quoi conſiſte ce péché:
L'avarice, dit-il, eſt un déſir immoderé   2. 2. 4.
d'avoir des richeſſes : Celui-là eſt un   118, art.
avaricieux, ajoute-t-il, qui aime & qui   1. & 3.
recherche avec trop d'empreſſement les
richeſſes, & qui ſe plaît trop dans leur
poſſeſſion, quoiqu'il ſoit très-éloigné
de vouloir prendre le bien d'autrui.

Ainſi, pour ne point tomber dans l'a-
varice, il ne ſuffit pas de ne point voler,
de ne point exercer d'uſure, de ne point

commettre d'injuſtices viſibles ; mais il
faut outre cela n'avoir point d'attaché
à ſon propre bien ; il faut éviter les déſirs immoderés des richeſſes, il n'en faut
point rechercher plus que la néceſſité ne
le demande ; il faut ſe maintenir dans
une ſainte mediocrité. Et comme peu
de Chrétiens ſe conduiſent de la ſorte, il
eſt vrai de dire, qu'il y en a auſſi très-
peu qui ſoient exempts de ce péché.

Or quand on dit, que pour éviter l'a-
varice, il ne faut point rechercher des
biens temporels au-de-là de ſes beſoins, cela doit être pris au ſens que lui
donnent, non les mondains, mais les
ſaints Peres. Car les gens du ſiecle ne re-
connoiſſant ordinairement point d'autres regles de leurs beſoins que celles de
leurs cupidités, ils s'imaginent ſouvent
ne déſirer rien d'inutile & de ſuperflu,
parcequ'ils écoutent & qu'ils ſuivent
leurs paſſions qui ſont inſatiables, qui
ne ſe contentent jamais des biens préſens, & qui en demandent toujours de
nouveaux & de plus abondans. Mais
les ſaints Docteurs de l'Egliſe nous enſeignent que les beſoins des Chrétiens
ſe réduiſent à peu de choſe, parcequ'ils
cherchent à ſatisfaire, non leurs paſſions, mais la ſeule nature ; parcequ'ils
ſe regardent ici bas comme des voya-

geurs & des étrangers, qui ne doivent point s'embarraſſer ni ſe charger de tout ce qui pourroit rendre leur courſe plus lente & plus difficile; parcequ'ils aiment la pauvreté & la pénitence, & qu'ils veulent en ſuivre les regles & les maximes; parcequ'ils ſçavent que la voye qui conduit au Ciel eſt étroite, & qu'il faut ſe faire violence pour y entrer.

C'eſt pourquoi, pour être exempt d'avarice, il faut ſe contenter de biens fort médiocres; il faut aimer la ſimplicité par rapport à ſon état & à ſa condition, il faut ſe retrancher pluſieurs choſes que les autres ne font point difficulté de s'accorder; il faut vivre ſelon la Foi & ſelon l'Evangile, & non pas ſelon les modes & les coutumes du ſiecle. Ceux qui ſe conduiſent autrement tomberont dans ce vice, ou s'ils le ſurmontent, ce ſera en ſuccombant ſous d'autres péchés, qui mettront encore de grands obſtacles à leur ſalut éternel.

CHAPITRE II.

L'on explique la grandeur & l'énormité du péché d'avarice.

AFIN que les riches conçoivent une ſainte herreur de l'avarice, qu'ils la combattent en toutes rencontrès & qu'ils faſſent tous leurs efforts pour la ſurmonter, il faut leur prouver par l'Ecriture & par les ſaints Peres, qu'elle eſt un très-grand péché, & qu'elle a ſouvent provoqué la colere de Dieu, non ſeulement contre des particuliers, mais contre des villes & des nations entieres.

Salomon repréſente que les pécheurs qui veulent opprimer les Juſtes, ſe perdent eux-mêmes, & qu'ils ſouffrent ſouvent les maux qu'ils s'efforçoient de faire ſouffrir aux autres. *Leurs pieds*, dit-il, *courent au mal, & ils ſe hâtent de répandre le ſang : mais c'eſt en vain qu'on jette le filet devant les yeux de ceux qui ont des aîles. Ils dreſſent eux-mêmes des embûches à leur propre ſang : ils tendent des pieges pour perdre leurs ames.* Il ajoute enſuite, que ce malheur arrive aux avares, & que les biens qu'ils acquiérent ou qu'ils retiennent injuſtement entre leurs mains, les précipitent dans la damnation éternelle : *Telles ſont les voyes de tous les avares*, dit-il, *elles ſurprennent les ames de ceux qui ſont engagés dans cette paſſion.*

L'Eccléſiaſtique nous repréſente encore plus vivement l'énormité du péché des avares : *Rien*, dit-il, *n'eſt plus déteſtable que l'avare. Pourquoi la terre & la*

*Prov. 1.
16. 17.
18.*

Verſ. 19

*Chap. 10.
v. 10.*

cendre s'élevent-elles d'orgueil ? Il n'y a
rien de plus injuste que d'aimer l'argent ,
parcequ'un tel homme vendroit son ame ,
& qu'il s'est dépouillé tout vivant de ses
propres entrailles. Celui qui aime l'or, n'est
point innocent , & celui qui recherche la
corruption en sera rempli : l'or en a fait, Cap. 31.
tomber plusieurs , & sa beauté a été leur 33. 6. 7.
perte. L'or est un sujet de chute à ceux
qui lui sacrifient : malheur à ceux qui le
recherchent avec ardeur : il fera perir tous
les insensés.

Rien , ajoute l'Ecclésiastique, n'est Cap. 14.
pire que celui qui s'envie sa propre subsi- 6. & seq.
stance ; & cette disposition même est la peine de sa malice. S'il fait du bien à quelqu'un, c'est sans y penser & malgré lui ;
& enfin il découvrira sa malignité. L'œil
de l'avare est insatiable dans son iniquité , il ne sera point satisfait qu'il ne desse-
che son ame , & qu'il ne la consume entiérement. L'œil malin ne tend qu'au mal , il
se plaindra le pain qu'il mange ; il est affamé & triste à sa propre table.

Ces paroles de l'Ecclésiastique nous
marquent en particulier les differens dégrés de la malice des avares. Ils sont
cruels à eux-mêmes ; car ils se refusent
les choses qui leur seroient nécessaires
pour subsister honnêtement , & ils voudroient ne jamais rien dépenser , afin

d'accumuler toujours leurs revenus.

Ils font inhumains envers le prochain; car ils ne lui font prefque jamais aucun bien; ou s'ils lui en font, c'eft à regret, & il faut qu'ils y foient forcés par quelques circonftances & par quelques évenemens, dont ils ne foient par les maîtres.

Leur impieté va même jufqu'à un tel excès, qu'ils négligent entierement leur propre falut,& qu'ils font toujours dans la difpofition de trahir leur confcience, & de vendre leur ame pour le moindre intérêt temporel. Et en effet, ils font fourds à la voix de la juftice; ils violent les loix les plus faintes; ils meprifent la Religion,ils oppriment la veuve & l'orphelin; & ils font prêts à commettre toute forte d'iniquité, pour augmenter leurs biens,& pour acquerir de nouvelles poffeffions. Ils font en toutes rencontres la cour aux Grands; ils affectent de ne jamais rien leur dire qui puiffe leur déplaire, & qui foit contraire à leurs paffions; ils leur témoignent toujours de la complaifance, pour captiver leurs bonnes graces, & pour fe conferver leur credit; ils applaudiffent à toutes leurs volontés; ils diffimulent même leurs vices, pour ne pas dire qu'ils les excufent, & qu'ils les juftifient; ils facrifient l'intérêt du prochain à leur fortune & à leur ambition,& pourvu qu'ils deviennent plus riches & plus grands, ils ne se mettent point en peine de ce que deviennent les autres.

L'on peut encore juger de la grandeur du péché d'avarice par les effroyables châtimens qu'il a attirés sur ceux qui s'y sont abandonnés. *Mon indigna-* *tion*, dit Dieu par la bouche d'Isaïe, *s'est* *émue contre mon peuple, à cause de l'ini-* *quité de son avarice, & je l'ai frappé : je* *me suis caché de lui dans ma colere : il s'en* *est allé comme un vagabond, en suivant les* *égaremens de son cœur. J'étendrai ma* *main sur les habitans de la terre*, dit-il *encore dans Jéremie, je donnerai leurs* *femmes à des étrangers, & leurs champs à* *d'autres qui en hériteront, parceque depuis* *le plus petit jusqu'au plus grand, tous s'é-* *tudient à satisfaire leur avarice.*

L'on trouve aussi dans S. Jacques des preuves de l'énormité de ce vice ; car il dit ; que les avares qui laissent consumer leurs richesses par la pourriture ; & manger leurs vêtemens par les vers,plûtôt que d'en faire part aux pauvres,s'amassent un trésor de colere pour les derniers jours.

Enfin S. Paul met l'avarice au nombre des péchés les plus énormes : il l'ap-

Isaï. 57. *17.*

Jerem. 6. *12.& cap.* *8. 10.*

Jacob. *5. 2. 3.*

P v

pelle une idolâtrie ; il affure qu'elle eſt la racine de tous les maux , qu'elle fait perdre la lumiere de la Foi, & qu'elle exclut du paradis ceux qui la ſuivent : il ne veut pas même qu'on la nomme parmi les Fidéles :

1. Cor.6. 9. 10. Ephef. 5. 3. 5.

Qu'on n'entende pas ſeulement, leur dit-il, *parler parmi vous, ni de fornication , ni de quelque impureté que ce ſoit, ni d'avarice , comme on n'en doit point ouïr parler parmi les Saints : car ſçachez que nul fornicateur , nul impudique , nul avare , ce qui eſt une idolàtrie, ne ſera héritier du Royaume de J. C. & de Dieu.*

2. Tim. 6. 10.

L'amour du bien , ajoute-t il , eſt la racine de tous les maux , & quelques-uns en étant poffédés , ſe ſont égarés de la Foi , & ſe ſont embarraſſés dans une infinité d'afflictions & de peines.

Si l'on conſulte la doctrine des ſaints Peres , l'on y trouvera encore de nouvelles preuves de l'énormité de ce péché. S. Baſile obſerve qu'Iſaïe n'attribue

In cap. 2. Iſa.

pas moins la condamnation & la réprobation du peuple Juif à ſon avarice, qu'à ſes autres crimes , à ſes ſuperſtions, & à ſon idolâtrie. En effet, lorſque ce Prophéte parle des péchés qui ont attiré la vengeance divine ſur cette Nation, il y comprend le déſir immoderé des richeſ-

Ifa.2. 6. 7. 8.

ſes. *Vous avez rejetté la maiſon de Jacob , qui eſt votre peuple , dit-il à Dieu, parce-*

qu'ils ont été remplis de superstitions comme autrefois, qu'ils ont eu des augures comme les Philistins, & qu'ils se sont attachés à des enfans étrangers. Leur terre, ajoute-t-il, est remplie d'or & d'argent, & leurs trésors sont infinis : leur pays est plein de chevaux, & leurs chariots sont innombrables, & leur terre est remplie d'idoles.

Ce saint Docteur soutient même, que ceux qui se laissent dominer par l'avarice, deviennent les ennemis du genre humain ; parcequ'ils retiennent pour eux seuls des biens qui étoient destinés pour tous les autres hommes; parcequ'ils trafiquent de la misere de leurs freres, & qu'ils prennent occasion de leur pauvreté, pour s'enrichir eux-mêmes ; parcequ'ils se réjouissent lorsque leurs propres hétitages sont chargés de grains & de fruits, & que ceux de leurs voisins sont désolés par des grêles & par des tempêtes.

Hom. in illud Evangelii Destruam horrea mea, &c.

La description que S. Hilaire fait d'un avare, doit jetter la terreur dans tous les esprits; car il le représente comme un homme, qui non seulement est accablé de soins & de troubles, mais qui vit dans l'aveuglement, qui n'a point de Religion,& qui renonce à tous les sentimens de l'humanité. » Un avare, dit-il, est un homme, qui devant

In Psal. 135.

» bientôt mourir, & être dépouillé de
» fon propre corps, craint néanmoins
» d'être privé de fon argent. Il eft ac-
» cablé d'affaires, toujours trifte, tou-
» jours dans l'inquiétude : il ne jouit ja-
» mais d'aucun repos : il appréhende
» toujours de faire quelque perte : il né-
» glige les devoirs de l'honnêteté ; il
» n'obferve point les loix de l'amitié ;
» il s'éloigne de l'humanité ; il ignore
» abfolument la Religion, & il a de
» l'averfion pour tout ce qui reffent la
» bonté & la charité.

S. Ambroife, pour nous faire comprendre combien l'avarice eft pernicieufe, rapporte trois exemples célébres des
défordres qu'elle a produits parmi les

Lib. 2. de
Offic. c.
26. Ifraëlites. Il remarque qu'Acham ayant
réfervé quelque chofe des dépouilles de
la ville de Jericho, contre la défenfe que
Dieu en avoit faite, les Ifraëlites furent
enfuite vaincus à l'attaque d'une place
beaucoup moins confiderable, pour punition de fa défobéiffance ; & il remar-
Jofue 7. que à cette occafion, qu'il faut que ce
vice foit bien redoutable, puifque Jo-
fué, qui avoit eu le pouvoir d'arrêter le
Soleil au milieu de fa courfe, ne put le
réprimer dans le cœur de cet homme,
ni en prévenir les fuites funeftes.

Il dit que ce fut par des préfens & par

de grandes promesses que l'on entreprit de séduire le Prophéte Balaam, & de l'engager à maudire le peuple de Dieu, & qu'il fallut des prodiges pour le détourner de cet attentat, & pour réprimer à l'exterieur son avarice.

Numeri 22.

Il ajoute que ce fut ce vice qui porta Dalila à trahir le fort Samson son mari, & à le livrer entre les mains de ses ennemis.

Judic. 16.

Il faut joindre à ces trois exemples celui du malheureux Judas, dont la trahison sacrilege fut un effet de l'avarice honteuse qui le tyrannisoit depuis plusieurs années, & qui le précipita enfin dans le plus grand de tous les crimes.

Mais c'est principalement dans S. Chrysostome que l'on voit des images affreuses de l'avarice, & qui sont très-propres à en faire concevoir une juste horreur. » L'avarice, dit ce Pere, perd » insensiblement les ames, & les jette » dans un honteux abaissement : elle » étouffe toute la générosité qui leur est » naturelle, & elle rend ceux qu'elle » possede timides, lâches, fourbes, men- » teurs, voleurs, médisans, & esclaves » de tous les vices.

Hom. 63. in Matth.

Un avare, dit encore ce Pere, est un homme inutile à tout. » Il n'est propre, » ni à conduire des armées, ni à gou-

Hom. 80. in Mat.

» verner des peuples. Il ne peut rien
» faire utilement, ni dans les charges
» publiques, ni dans les affaires parti-
» culieres. S'il veut choifir une femme,
» il ne fe met pas en peine d'en cher-
» cher une qui foit réglée, fage &
» modefte. Il ne demande autre chofe,
» finon qu'elle foit riche. S'il a une
» maifon à acheter, il n'en prend pas
» une qui foit propre à un homme de
» condition ; mais il choifit celle qui fe
» pourra louer davantage. S'il a befoin
» de ferviteurs, il prend toujours ceux
» qui lui coutent moins.

» C'eft avec grande raifon que le Sa-
» ge a dit, Qu'il n'y a rien de plus in-
» jufte qu'un avare : car l'avare eft fon
» ennemi à lui-même, & il eft l'enne-
» mi commun de tous les hommes. Il
» a de la peine que la terre ne porte pas
» des épis d'or; que l'or ne coule pas
» dans les rivieres, & que les monta-
» gnes ne produifent pas des rochers
» d'or. Quand les faifons font bonnes,
» il les croit mauvaifes, & la profpé-
» rité publique fait fon affliction parti-
» culiere. Lorfqu'il fe prefente une oc-
» cafion d'agir, où il ne voit rien à ga-
» gner, il n'a que de la froideur & de
» l'indifference; mais lorfqu'il y a quel-
» que profit à faire, il court, il vole, il eft

» infatigable. Il hait tous les hommes,
» soit pauvres, soit riches : Les pau-
» vres, de peur qu'ils ne lui demandent
» quelque chose ; & les riches, parce-
» qu'il ne possede pas tout ce qu'ils
» ont. Il croit que tout ce qui est aux
» autres, devroit être à lui : ainsi il
» hait tous les hommes, comme s'ils
» lui ravissoient tout ce qu'ils ont, &
» qu'il ne possede pas. Il amasse tou-
» jours, & il n'est jamais content : Il
» s'enrichit toujours, & il est toujours
» pauvre & miserable.

Le portrait que le même S. Jean
Chrysostôme fait d'un avare dans une
autre de ses Homelies sur S. Matthieu,
est encore plus horrible. » Représentez- Hom. 1 8L.
» vous, dit-il, un homme noir & hi-
» deux, qui jette le feu par les yeux, &
» qui ait au lieu de bras & de mains, deux
» épouvantables dragons qui lui sortent
» des épaules : qu'il y ait dans sa bou-
» che, au lieu de dents, des épées tran-
» chantes, pressées les unes contre les
» autres ; & qu'il coule de sa bouche une
» source d'un poison mortel ; que son
» ventre soit plus dévorant qu'une four-
» naise, & qu'il consume en un moment
» tout ce qu'on y jette ; que ses pieds
» ayent des aîles, & soient plus legers
» & plus prompts que la flamme la plus

» vive ; qu'il ait au lieu de vifage une
» tête mêlée de chien & de loup ; que fa
» parole ne foit point celle d'un hom-
» me, mais plutôt un hurlement qui
» n'ait rien que de trifte & de terrible;
» enfin qu'il ait un feu dans les mains,
» & des flambeaux ardens pour mettre
» le feu par tout. Peutêtre que ce que
» je vous dis, vous fait horreur ; mais
» ce n'eft pas encore tout. Repréfentez-
» vous donc encore, que ce monftre de-
» vore tous ceux qu'il rencontre , qu'il
» fuce leur fang , & qu'il fe faoule de
» leur chair. Il femble que je dis beau-
» coup ; mais c'en eft encore trop peu.
» L'avare eft fans comparaifon plus
» cruel que ce que je vous viens d'ex-
» pliquer. C'eft la mort même, qui n'é-
» pargne perfonne ; c'eft l'enfer qui en-
» gloutit tout ; c'eft l'ennemi commun
» de tous les hommes, qui voudroit
» qu'il n'y en eût plus un feul , afin que
» ce qu'ils ont tous, ne fût qu'à lui feul.
» Mais l'excès de fa paffion ne s'arrête
» pas encore là. Après avoir détruit
» dans fon cœur tous les hommes, il
» voudroit encore anéantir toute la ter-
» re , & en changer la fubftance en cel-
» le de l'or. Il ne voudroit pas voir feu-
» lement des campagnes, mais des mon-
» tagnes , des fontaines , & des fleu-
» ves d'or.

Il ajoute enfuite, que les avares n'o-
fant tuer les autres hommes, ni tremper
leurs mains dans leur fang, fouhaitent
au moins leur mort pour avoir leurs
biens. » Tout le monde fçait affez, dit-il,
» que ceux qui font frappés de ce mal,
» s'ennuient de ce que leurs peres vivent
» trop longtems ; qu'ils ont eux-mêmes
» de la peine à devenir peres ; & que
» cette affection fi tendre que la nature
» infpire pour les enfans, ne touche
» point leur cœur. On en a vû même qui
» n'ont pas craint de procurer la fterili-
» té à leurs femmes, & de faire violen-
» ce à la nature ; & s'ils n'ont pas été
» affez cruels pour tuer leurs enfans
» après leur naiffance, ils l'ont été affez
» pour les empêcher de naître.

N'en voilà que trop pour convaincre
tous les Fidéles de l'énormité de l'avarice, & pour leur faire comprendre
qu'ils la doivent fuir & la combattre de
toutes leurs forces. Nous efperons néanmoins que ce que nous repréfenterons
dans le Chapitre fuivant contribuera
encore à augmenter l'averfion qu'ils en
ont déja conçue.

CHAPITRE III.

Que l'avarice est insatiable, & que rien ne la peut contenter : qu'elle expose à mille peines & à mille troubles ceux qui en sont possedés : qu'elle les aveugle, & qu'elle les empêche de s'appercevoir qu'elle les domine & les tyrannise.

NOus avons dit dans le premier Chapitre de ce Livre, que l'avarice consiste à ne se contenter point des biens que l'on possede, à désirer d'en avoir toujours de nouveaux, & à augmenter continuellement ses richesses & ses possessions; il faut maintenant prouver que c'est-là son propre caractere, qu'elle est effectivement insatiable, & que rien ne la peut satisfaire.

Ecclef. 4. 8. 9. *En considerant toutes choses*, dit Salomon, *j'ai trouvé une grande vanité sous le Soleil : tel est seul & n'a personne après lui, ni enfant, ni frere, & néanmoins il travaille sans cesse : ses yeux sont insatiables de richesses : & il ne lui vient point dans l'esprit de se dire à soi-même : Pourqui travaillai-je, & pourquoi me privai-je moi-même de l'usage de mes biens?*

Ibid. c. 8. 9. *L'avare*, dit le même Salomon, *croit n'avoir jamais assez d'argent : Avarus non implebitur pecunia.*

Il veut encore nous marquer que l'avarice ne sçauroit être assouvie par les biens temporels, & qu'elle en désire toujours de nouveaux, lorsqu'il dit: *Que la sangsue a deux filles qui disent toujours : Apporte, apporte : & qu'il y a trois choses insatiables, & une quatriéme qui ne dit jamais, c'est assez : L'enfer, la matrice sterile, la terre qui ne se saoule point d'eau; & le feu qui ne dit jamais, c'est assez.* Car toutes ces choses sont la figure de l'avarice ; & elles nous apprennent par leur insatiabilité, qu'il est impossible de remplir les désirs des avares, & que plus ils ont de biens, plus ils en veulent avoir.

Prov. 30. 15. 16.

S. Basile est très-éloquent sur ce sujet. Vous alleguez, dit-il aux amateurs du monde, que vous êtes pauvres, & je le croi aussibien que vous ; car celui-là est pauvre, qui a besoin de plusieurs choses ; & c'est ordinairement l'avarice des hommes qui les rend pauvres. Vous avez déja dix talens; cela ne vous suffit pas, vous voulez-en amasser vingt ; & bien-loin que votre convoitise diminue & se ralentisse, lorsque vos biens augmentent, elle en devient plus forte & plus violente, semblable à la soif des yvrognes, qui croît toujours à proportion qu'ils boivent davantage. Voyez-

Hom. in ditescen. tes.

vous un riche, vous vous efforcez auſſitôt d'égaler ſa fortune, & dès que vous
êtes devenus auſſi riches que lui, vous
vous propoſez d'en imiter un autre qui
l'eſt encore plus ; & ainſi vous ne finiſ-
ſez jamais.

Loin de rendre graces à Dieu des
biens que vous poſſedez, vous en cherchez toujours de nouveaux. Vous joignez maiſon à maiſon, héritage à héritage, & vous trouvez mille prétextes
differens pour dépouiller vos voiſins de
leurs poſſeſſions. Vous dites tantôt que
leur maiſon obſcurcit la vôtre, tantôt
que leur voiſinage eſt une occaſion de
querelle, & vous ne ceſſez point de les
tourmenter, juſqu'à ce qu'ils vous ayent
abandonné ce qu'ils poſſedoient le plus
legitimement. La mere, ajoute-t-il, a
des bornes qu'elle ne paſſe point, & la
nuit ne s'étend jamais audelà de la me-
ſure du tems qui lui eſt marqué ; mais
pour ce qui eſt de la paſſion dont l'avare
eſt poſſedé, elle ne ſçauroit être arrê-
tée par aucunes bornes : c'eſt un feu
dévorant, qui croît toujours tant qu'il
trouve des alimens, & qui ne modere
point ſon activité, qu'il n'ait tout réduit en cendres.

Hom. 14. Enfin, ce ſaint Docteur enſeigne,
que l'avarice de la plûpart des hommes

insatiable, parce qu'ils ne suivent point d'autre regle dans leur conduite, que leurs passions, qui sont elles-mêmes insatiables.

» Les grands biens, dit S. Jean Chry- Nom. 63. in Matt.
» sostome, rendent encore plus ava-
» res ceux qui les possedent : Plus nos
» richesses s'augmentent, plus nous les
» aimons: plus on est riche, plus on
» devient pauvre, parcequ'on en dé-
» sire le bien avec plus de violence, &
» qu'on s'imagine avoir encore besoin
» de plus de choses.

S. Augustin, & les autres saints Pe- Lib. 2. Evang. q. 29.
res de l'Eglise, comparent ordinaire-
ment les avares aux hydropiques, qui
en bûvant ne sçauroient jamais étancher leur soif: car les riches ont beau
augmenter leurs biens, ils ne font jamais satisfaits, & ils en désirent toujours de plus abondans.

» Les bêtes feroces, dit encore S. Serm. 367.
» Augustin, ne courent après la proie
» que lorsqu'elles sont pressées de la
» faim, & elles s'en abstiennent dès
» qu'elles sont rassasiées. Il n'y a que
» l'avarice des riches qui soit insatia-
» b'e ; elle ravit & elle enleve toujours
» quelque chose, & rien ne la peut ar-
» rêter. Elle ne craint point Dieu, &
» elle n'a aucuns égards pour les hom-

» mes. Elle n'épargne ni peres , ni mé-
» res , ni freres ; elle ne garde point la
» foi aux amis ; elle opprime la veuve;
» elle ufurpe le bien des pupiles ; elle
» prive de la liberté les ferviteurs qui
» en jouiffoient déja ; elle entreprend
» même de faire de faux teftamens.

Lib. 15.
Moral.
c. 12. Enfin , S. Gregoire Pape , enfeigne
que l'avarice des riches ne s'éteint point
par la poffeffion des biens qu'ils acquie-
rent, & qu'au contraire elle en devient
plus ardente & plus violente: c'eftpourquoi il la compare au feu , qui prend
toujours de nouvelles forces à mefure
qu'on y jette du bois & des alimens.

Il s'enfuit de cette infatiabilité de
l'avarice , qu'elle expofe les hommes à
une infinité de peines & de troubles. Ils
paffent les nuits à compter leur argent ,
& à chercher de nouveaux moyens d'en
acquerir de plus en plus; ils quittent
leur patrie , & ils traverfent les mers &
les regions les plus reculées, fous l'efpérance de faire quelque gain , ils perdent
le boire & le manger pour courir après
la fortune , ils fouffrent volontiers les
infultes & les mépris de ceux dont ils fe
flatent de pouvoir tirer quelque avantage; & ils fe privent de leur repos &
de toutes les douceurs de la vie, pour
amaffer des richeffes , dont ils n'ufent

jamais, & pour avoir seulement la peine de les garder.

Joignez à cela qu'ils sont continuellement tourmentés de la crainte de les perdre ; ils tremblent à la vue de tous ceux qui sont en état de leur nuire ; ils se figurent toujours mille infortunes qui n'arrivent jamais : ils s'imaginent que tous les malheurs sont prêts de fondre sur leur tête, & pour user des termes du Prophéte, ils craignent où il n'y a aucun sujet de craindre.

» Celui, dit S. Gregoire Pape, qui
» s'abandonne à l'avarice, méprise ses
» propres biens, & désire ceux du pro-
» chain; & comme il lui est souvent im-
» possible de les avoir, il s'occupe si
» fortement de cette pensée, qu'il passe
» les jours sans rien faire, & les nuits
» sans dormir ; il abandonne ses affaires
» les plus importantes, parcequ'il est
» tout possedé de ce désir criminel. Il
» forme sans cesse de nouveaux des-
» seins ; il se trouble & il s'inquiéte
» pour les faire réussir. Mais après qu'il
» a obtenu l'accomplissement de ses
» désirs, il est tourmenté d'une autre
» douleur, sçavoir de l'inquiétude de
» conserver ce qu'il a acquis avec beau-
» coup de travail. C'est pourquoi il
» craint les embuches de ceux qui por-

Lib. 4.
Moral.
c. 18.

» tent envie à fa profpérité, & il ap-
» prehende qu'on n'en ufe envers lui,
» comme il fçait en avoir ufé envers les
» autres. Il redoute tous ceux qui font
» plus puiffans que lui, craignant qu'ils
» ne veuillent le perdre & le ruiner. Et
» quand il voit un pauvre; il fe figure
» que c'eft un voleur caché & déguifé.
» D'ailleurs, il eft dans une continuelle
» inquiétude , que les biens qu'il a
» amaffés ne fe gâtent & ne fe corrom-
» pent par la négligence de ceux à qui
» il en a commis la garde. Et comme la
» crainte eft une véritable peine, il eft
» certain que dans tous ces differens
» embarras, ce malheureux fouffre tout
» ce qu'il apprehendoit de fouffrir.

Mais voici le comble du malheur de
ceux qui font dominés par l'avarice; ils
ne voyent & ne connoiffent point la
grandeur des maux qui les accablent ;
ils font captifs & chargés de chaînes,
fans le fçavoir ; ils font tout couverts
de plaïes & de bleffures mortelles , &
ils ne s'en apperçoivent pas même : car
c'eft le propre de cette paffion de fe cacher à ceux dont elle poffede le cœur,
& de les aveugler. Ils appellent prudence & œconomie, ce qui n'eft qu'une
épargne fordide & honteufe, & une attache criminelle aux biens de la terre.
Ils

Ils se croyent justes & innocens, dès
qu'ils ne commettent point d'injustices
visibles, & qu'ils ne prennent pas ou-
vertement le bien d'autrui, sans considerer que la charité & la justice nous
obligent à faire part aux pauvres de celui qui nous appartient légitimement.
Ils ne pensent qu'à s'enrichir sur la terre, eux qui doivent se regarder ici-bas
comme des étrangers, & soupirer sans
cesse après la Jérusalem céleste. Ils vivent donc dans l'aveuglement; & ils
sont d'autant plus à plaindre qu'ils ne
se plaignent pas eux-mêmes, qu'ils ne
conhoissent point leur propre misere, &
qu'ils se croyent très-sages & très-éclairés, pendant qu'ils marchent dans d'é-
paisses ténébres, qui les précipiteront
enfin dans l'abîme de la perdition.

CHAPITRE IV.

Qu'il n'est point permis aux riches d'aug-
menter leurs biens à l'infini; & que les
acquisitions continuelles qu'ils font, ne
peuvent être attribuées qu'à leur avari-
ce insatiable.

LA plûpart de ceux qui passent pour
d'honnêtes gens dans le monde, ne
font aucun scrupule d'augmenter con-

tinuellement leurs biens, & d'accumuler tous les ans ce qui leur reste de leurs
revenus, après qu'ils ont entretenu leurs
familles, & distribué aux pauvres quelques légeres aumônes; & il ne leur vient
pas même dans l'esprit qu'il y ait rien
en cela d'illégitime. Cependant ces sortes d'épargnes ne sont point permises à
ceux qui ont de quoi subsister honnêtement selon leur condition, & qui ne
sont pas chargés d'un grand nombre
d'enfans. Les riches qui font des acquisitions à l'infini, tombent très-certainement dans le péché d'avarice; ils retiennent entre leurs mains le bien d'autrui, car leur superflu appartient aux
pauvres; & ils se rendent coupables
aux yeux de Dieu d'une injustice très-
criminelle, lors même qu'ils sont loués
& approuvés par les gens du siécle.
Comme ces maximes sont très-importantes & d'un grand usage dans la Morale Chrétienne, & que l'on prévoit
d'ailleurs que les mondains se révolte-
ront contr'elles, & qu'ils soutiendront
qu'elles sont outrées & excessives, il
faut les confirmer par l'Ecriture & par
les saints Peres.

Eccles. 4.
v. 9.
Tel est seul, dit le Sage, & n'a person-
ne avec lui, ni enfant, ni frere, & néan-
moins il travaille sans cesse; ses yeux sont

insatiables de richesses, & il ne lui vient point dans l'esprit de se dire à lui-même, Pour qui travaillai-je, & pourquoi me privai-je moi-même de l'usage de mes biens. Nous avons déja cité ces paroles dans le Chapitre précédent, pour faire voir que l'avarice est insatiable : Nous les alléguons maintenant pour prouver que ceux qui n'ont point de suite après eux, se rendent coupables, lorsqu'ils pensent continuellement à augmenter leurs biens & leur fortune; & nous sommes persuadés que les Lecteurs demeureront d'accord qu'elles le justifient très-clairement.

Nous avons encore une preuve de cette vérité dans Isaïe ; car il nous apprend que Dieu a rejetté & réprouvé les Juifs, parceque leur avarice les portoit à amasser des biens & des trésors à l'infini: *Vous avez rejetté,* dit à Dieu ce Prophète, *la maison de Jacob, qui est votre peuple, parcequ'ils ont été remplis de superstitions comme autrefois, qu'ils ont eu des augures comme les Philistins, & qu'ils se sont attachés à des enfans étrangers : leur terre est remplie d'or & d'argent, & ils ne mettent point de bornes ni de fin à leurs trésors.* Si Dieu a ainsi puni les Juifs, qui étoient un peuple charnel, parcequ'ils ne cessoient point de se remplir

Isa. 2. et 7.

Q ij

d'or & d'argent, & d'accumuler tréfors
fur tréfors, l'on peut juger qu'il n'épar-
gnera pas les Chrétiens, qui font nés
de l'efprit, & qui doivent imiter la pauvreté de J. C. s'ils font affez aveugles
pour fe laiffer aller à un pareil défaut.

Ifa. 5. 8.   *Malheur à vous*, dit Dieu lui-même
par la bouche du même Ifaïe, *qui joi-*
gnez maifon à maifon, & qui ajoutez les
terres aux terres, jufqu'a ce qu'enfin le
lieu vous manque. Serez-vous donc les
feuls qui habiterez fur la terre? C'eft encore là la condamnation des Chrétiens
qui brûlent du defir d'augmenter continuellement leurs héritages, qui n'ont
point de repos jufqu'à ce qu'ils ayent
réuni à leurs terres & à leurs poffeffions
tout ce qui les joint; qui pour agrandir exceffivement leurs maifons, &
pour en faire des palais, achetent à
quelque prix que ce foit celles de leurs
voifins, & qui pour contenter leur avarice & leur ambition, voudroient, pour
ainfi dire, habiter feuls dans tout le
monde, & en être les maîtres abfolus.

     Le Prophéte Baruch reproche même
aux Princes, & aux Grands de la terre,
comme un péché confidérable, de n'a-
voir point mis de bornes à leurs acqui-

Baruch 3. 16 17 18.   fitions: *Où font maintenant*, dit-il, *ces*
Princes des Nations, qui dominoient fur

les bêtes de la terre, qui se jouoient des oiseaux du Ciel, qui amassoient dans leurs trésors l'argent & l'or, auquel les hommes mettent toute leur confiance, & qui ne cessoient point de faire de nouvelles acquisitions : *Et non est finis acquisitionis eorum.* Si les grands Seigneurs péchent, lorsqu'ils ne se moderent pas, & qu'ils veulent toujours agrandir leurs domaines & leurs possessions ; les particuliers qui font la même chose, & qui joignent sans cesse héritages à héritages, peuvent-ils être innocens ? Ne sont-ils pas au contraire coupables d'une avarice insatiable ? Et par conséquent ne méritent-ils pas d'être punis ?

Les saints Peres se sont aussi élevés contre cette avarice des riches, qui veulent toujours croître en biens & en fortune. S. Basile expliquant ces paroles d'Isaïe que nous avons citées : *Leur terre est remplie d'or & d'argent ; & ils ne mettent point de bornes ni de fin à leurs trésors,* dit que si un peuple entier a mérité d'être condamné de Dieu à cause de sa trop grande abondance, les particuliers qui desirent avec passion de s'enrichir, ne sçauroient à plus forte raison s'excuser ni se justifier en sa présence. Puis il ajoute, que si quelqu'un se fondant sur de fausses raisons, qui lui sem-

In cap. 2. Isaiæ.

blent néanmoins plaufibles, s'imaginé que la convoitife des richeffes n'eft pas un péché, qu'il fe fouvienne de ce précepte de l'Evangile, qui condamne le trop grand empreffement pour les biens temporels : *Ne vous amaffez point*, dit le Sauveur du monde, *des tréfors fur la terre.*

Matth. 6. 19.

Ce faint Docteur avance une maxime qui devroit faire trembler la plûpart des riches ; car il prétend que ceux qui accumulent fans ceffe biens fur biens, héritages fur héritages, & qui font de grandes fortunes dans le fiécle, n'ont pas ordinairement beaucoup de tendreffe pour les pauvres ; il foutient même qu'ils n'aiment pas le prochain comme eux-mêmes ; parceque s'ils l'aimoient autant qu'ils le doivent, ils partageroient avec lui leurs biens, au lieu de les réferver pour eux feuls, & ils ne voudroient pas être riches pendant qu'il manque de toutes chofes.

Hom. in diesfcentes.

Si les gens du monde faifoient une refléxion férieufe fur cette doctrine de S. Bafile, ils n'auroient pas tant d'ardeur & tant d'empreffement pour amaffer des richeffes à l'infini, & pour augmenter de plus en plus leurs biens : car ils comprendroient que la charité ne leur permet point de faire continuellement des acquifitions, pendant que les pauvres fouffrent la faim & la foif, & font accablés de mifere.

Et s'ils ne fe portoient pas à partager également avec eux leurs propres biens, ils penferoient au moins à leur procurer des fecours confiderables, & ils mettroient enfin des bornes à leurs richeffes & à leurs tréfors, pour être plus en état de les fecourir, & de les affifter. Mais comme la plûpart d'entr'eux ne travaillent qu'à acquérir de jour en jour de nouvelles poffeffions, fans fe mettre en peine des pauvres, il eft vrai de dire que cette inégalité étrange qu'ils mettent entr'eux & le prochain, prouve avec évidence, que bien-loin de l'aimer comme eux - mêmes, ils ne l'aiment point du tout.

S. Jean Chryfoftome déclare, que ceux qui amaffent fans ceffe de nouveaux tréfors fur la terre, & qui cherchent avec trop de foin à s'y établir, ne s'y regardent pas certainement comme des étrangers, & qu'ils donnent même lieu aux Infidéles de les accufer de ne pas croire qu'il y ait une autre vie, qu'ils defirent & qu'ils recherchent. » C'eft, » dit-il, notre avidité pour les biens » temporels qui eft caufe que les Payens » ne croyent rien de tout ce que nous

Honv. 12.
in Matth.

» leur difons ; car ils veulent reconnoî-
» tre la vérité de notre religion, non par
» nos paroles , mais par nos actions , &
» par notre conduite. Quand ils nous
» voyent occupés à bâtir des maifons
» magnifiques , à embellir nos jardins ,
» à faire des bains délicieux , & à ache-
» ter de grandes terres , ils ne peuvent
» croire que nous nous regardions ici-
» bas comme des étrangers , qui fe pré-
» parent à quitter la terre, pour aller vi-
» vre en un autre lieu. Si cela étoit ain-
» fi , difent-ils, ils vendroient tout ce
» qu'ils ont en ce monde , & ils l'en-
» voyeroient par avance au lieu où ils
» defirent d'aller. Voilà comment ils
» raifonnent, lorfqu'ils confiderent la
» maniere dont la plûpart des hommes
» fe conduifent. Nous voyons que les
» perfonnes riches achetent des mai-
» fons , principalement dans les villes
» & dans les lieux où ils croyent devoir
» paffer leur vie. Nous faifons nous au-
» tres tout le contraire : Nous nous
» tuons , & nous confommons tout no-
» tre tems & tout notre bien, pour avoir
» quelques héritages & quelques mai-
» fons fur cette terre, où nous nous
» croyons étrangers,& que nous devons
» bientôt quitter , & nous ne donnons
» pas même de notre fuperflu pour ache-

» ter le Ciel, quoique nous le puiſſions
» faire avec ſi peu d'argent, & que
» l'ayant une fois acheté, nous devions
» le poſſeder éternellement.

S. Ambroiſe, pour confondre l'ava- Lib de
rice de ceux qui font toujours de nou- Nab. c. 5.
velles acquiſitions, dit après le Prophéte Iſaïe, qu'ils agiſſent comme s'ils
vouloient habiter tout ſeuls ſur la terre,
& n'avoir plus de voiſins ; mais qu'ils
ont beau faire, ils en auront toujours,
qui ſeront l'objet de leur envie & de
leur convoitiſe, parcequ'après qu'ils
auront dépouillé ceux qui habitent proche d'eux, ils s'en trouveront d'autres,
qui ſeront encore leurs voiſins, & ainſi
à l'infini.

Il ajoute enſuite, que la terre entiere Ibid. c. 5.
ne peut maintenant aſſouvir leurs deſirs
& leurs convoitiſes ; mais que bientôt
après elle renfermera leurs corps dans
un très-petit eſpace, & que fort peu de
mottes & de gaſons ſuffiront pour leur
dreſſer un tombeau.

L'on trouve auſſi dans S. Auguſtin la Lib. 6. de
condamnation de ceux qui ne mettent civ. Dei
point de bornes à leurs biens, & qui   c. 9. &
veulent toujours en acquérir de nou-   Ep. 120.
veaux. Car il enſeigne que nous ne ſom- c. 11.
mes pas Chrétiens pour la vie préſente,
mais pour la future ; c'eſt-à-dire, qu'en

Q v

qualité de Chrétiens nous devons tendre à la vie éternelle, & qu'il ne nous est point permis de nous arrêter aux choses de la terre, ni d'en faire l'objet de nos complaisances.

Serm.6:. Il représente encore, que nous ne sommes que des étrangers & des voyageurs en ce monde, & que notre vie s'écoule & s'évanouit comme une foible vapeur, & comme une ombre, conformément à cette parole du Prophéte Royal : *L'homme passe sa vie dans des ombres, & c'est en vain qu'il s'inquiéte : il amasse des trésors, & il ne sçait qui en recueillera le fruit.*

Pfal. 38. 10.

Il s'ensuit de ces principes, que ceux qui ne cessent point d'accumuler biens sur biens, héritages sur héritages, sont des fous & des insensés. En effet, n'est-ce pas une extrême imprudence de travailler continuellement, & de se donner tant de peine & tant d'inquiétude pour amasser des trésors sur la terre, où nous ne sommes que des voyageurs & des étrangers, & où nous ne demeurons qu'un moment, & de ne penser point à nous rendre dignes du Ciel, qui est notre véritable patrie, & où nous devons habiter dans tous les siécles des siécles ? Et ne faut-il pas être hors de son bon sens, pour donner tout son tems & toute son pplication à la vie présente, que le Christianisme nous oblige de mépriser ; & de ne rien faire cependant pour la vie future, pour laquelle seule néanmoins nous sommes Chrétiens ?

» Pourquoi est-ce que l'homme, dit ᴴᵒᵐ· ᴶᴸ· ⁱⁿ ᴱᵛᵃⁿᵍ· S. Grégoire à ce propos, s'empresse » tant d'amasser ici-bas des richesses , » puisqu'il ne doit pas y demeurer long- » tems ? Qu'il fasse reflexion à la brié- » veté de sa course, & il comprendra » que le peu de bien qu'il possede, lui » suffit. Il craint peutêtre de manquer » de quelque chose pendant sa vie ; » mais comme elle est toujours très- » courte, il a tort de s'inquiéter sur ce » sujet ; & c'est en vain qu'on pense à » faire de grandes provisions, lorsqu'on » est sur le point d'arriver au lieu qui est » le terme & la fin de son voyage.

Ceux qui courent avec tant d'ardeur après les biens de la terre, & qui ne ces-sent point d'en acquérir de nouveaux , lorsqu'ils en ont déja suffisamment, sont donc inexcusables devant Dieu & de-vant les hommes; & il y a certainement de la folie & de l'extravagance dans leur conduite.

Ils ne doivent point dire, qu'ils ne se considerent pas eux-mêmes ; que s'ils étoient seuls, ils ne se mettroient en

peine de rien , & qu'ils n'épargneroient
point : mais qu'ils ont des enfans , &
qu'ils font obligés de leur amaffer du
bien , & de leur laiffer de quoi vivre.
Car c'eft-là une vaine excufe dont leur
avarice fe couvre très-fouvent : mais on
l'a déja détruite au Chapitre 7. du Livre
précédent ; ainfi on ne s'y arrête pas davantage.

L'on ajoutera feulement, qu'on n'interdit pas aux peres toutes fortes d'acquifitions : l'on reconnoît au contraire,
qu'il leur eft permis de penfer à l'éta-
bliffement de leurs enfans, & d'épargner
quelque chofe pour les mettre en état
de fubfifter honnêtement felon leur
condition. Mais l'on foutient qu'ils font
obligés de fe conduire en ces rencontres
avec beaucoup de retenue & de modération ; qu'il faut qu'ils n'agiffent &
qu'ils n'entreprennent rien que par l'Efprit de Dieu , & qu'ils n'ayent point
d'autre deffein que de fatisfaire à leur
devoir, & aux obligations que la nature
& la piété leur impofent ; qu'il eft néceffaire qu'ils veillent beaucoup fur
eux-mêmes, afin de pouvoir diftinguer &
féparer de leurs propres paffions , l'a-
mour faint & Chrétien dont ils font redevables envers leurs enfans ; & qu'ils
doivent bien prendre garde de ne pas

suivre leur avarice & leur ambition, lorsqu'ils s'imaginent ne travailler que pour leurs familles & pour l'établissement de leurs enfans.

Il leur seroit encore inutile d'alléguer qu'il leur peut survenir des pertes dans la suite des tems ; que les biens diminuent tous les jours ; que les fortunes qui paroissent les plus solides & les plus affermies, changent souvent en un instant ; & qu'il n'est que trop ordinaire de voir les maisons les plus riches se ruiner, & tomber dans la décadence. Car ce sont-là encore de vains prétextes dont l'avarice & l'amour propre se servent très-souvent pour mieux réussir dans leurs entreprises.

On se figure mille infortunes qui n'arriveront peutêtre jamais ; l'on pense continuellement à toutes sortes de disgraces, & on s'imagine en être déja accablé ; on se représente des paralysies, des hydropisies, des langueurs, & plusieurs autres maladies, & l'on croit en être menacé, quoique l'on jouisse d'une parfaite santé ; l'on prévoit de loin la vieillesse ; l'on dit qu'elle est sujette à de fréquentes infirmités, & qu'elle a de grands besoins, sans considerer qu'on n'est pas assuré d'y arriver jamais.

Sur toutes ces considérations, qui

font vaines & imaginaires, l'on se détermine à accumuler biens sur biens, héritages sur héritages, afin, dit-on, de remplacer par avance les pertes qui pourront arriver dans la suite ; afin de se mettre en état de ne succomber pas sous les infortunes que l'on craint ; afin d'avoir de quoi subsister commodément dans sa vieillesse. Ainsi l'on succombe présentement sous la tyrannie de l'avarice, & l'on contente sa passion pour les biens de la terre, dans la vue d'éviter des maux très-incertains, qui n'arrivent souvent jamais, & qui ne sont pas même des maux, lorsqu'on en juge par les principes de la Foi.

L'on ne blâmeroit peut être pas absolument ces sortes de pensées & de résolutions, si on se faisoit justice à soi-même ; si on ne portoit point les choses trop loin, & si l'on demeuroit dans les termes de la modestie & de la frugalité Chrétienne. Mais l'on tombe très-souvent en de grands excès sous ces belles apparences ; & au lieu de ne travailler qu'à prévenir la nécessité, & à s'en garantir, l'on s'abandonne à l'avarice, à l'ambition, & à plusieurs autres passions, que l'on devroit reprimer, si l'on suivoit l'esprit & les maximes de l'Evangile. L'on peut encore consulter

ce qu'on a repréſenté ſur ce ſujet dans
le Chapitre 7. du Livre précédent, lorſqu'on a combattu les fauſſes raiſons
dont la plûpart des riches ſe ſervent
pour s'exempter de faire l'aumône. Ce
qu'on a dit contre eux, détruit auſſi les
vaines prétentions des avares, qui s'i-
maginent que l'incertitude de l'avenir
leur donne droit de faire toujours des
épargnes, & de nouvelles acquiſitions.

CHAPITRE V.

Que l'avarice eſt très-ſouvent le péché
dominant des vieillards : combien ils
ſont coupables & même ridicules de s'y
abandonner : que ce vice eſt ordinaire-
ment un de ceux que l'on ſurmonte les
derniers : comment on le peut vaincre.

LES autres paſſions s'amortiſſent &
s'éteignent ordinairement avec le
tems : mais pour ce qui eſt de l'avarice,
elle croît & elle ſe fortifie très-ſouvent
dans le cœur des hommes à proportion
qu'ils avancent en âge, & qu'ils vieilliſ-
ſent. S. Auguſtin enſeigne même qu'elle
ſuccede pour l'ordinaire aux autres vices, & qu'elle régne avec d'autant plus
d'empire & de violence, que les autres
péchés ont moins de force & d'activi-

té : il le prouve par l'exemple de ce qui
se passe dans le corps humain, où lorsqu'un sens est éteint & supprimé, les
autres en deviennent plus vifs & plus
purs. C'estpourquoi il avertit les veuves de veiller continuellement sur elles-
mêmes, de peur d'être surprises & vain-
cues par l'avarice, après qu'elles ont renoncé aux autres passions, & cessé d'u-
ser du mariage. » Prenez bien garde,

Lib. de
bono vi-
duit. c.
21.

» leur dit-il, de ne vous pas laisser do-
» miner par la cupidité des richesses, lors
» même que vous renoncez au mariage,
» & ayez soin que votre cœur ne se por-
» te pas à l'amour de l'argent, après qu'il
» a cessé d'aimer un mari ; parceque
» l'expérience que nous avons des cho-
» ses humaines ne nous fait que trop
» connoître que souvent l'avarice croît
» & se fortifie dans ceux qui ont sur-
» monté l'incontinence, & qui s'éloi-
» gnent de toutes sortes de voluptés. Car
» comme l'on voit dans le corps hu-
» main, qu'un des sens étant supprimé,
» les autres en deviennent plus forts &
» plus vifs ; que ceux qui sont privés de
» la vue, entendent plus clair que les
» autres, & discernent aussi plus facile-
» ment les objets en les touchant ; qu'au
» contraire ceux qui voyent, n'ont pas
» le toucher si subtil, & que la nature

» se récompense de la perte qu'elle souf-
» fre de quelques sens, par la force &
» par la vivacité des autres : ainsi il ar-
» rive souvent que la cupidité qui n'a
» pas la liberté de jouir des voluptés
» charnelles, se porte avec plus d'ardeur
» à l'amour de l'argent, & qu'étant con-
» trainte & retenue d'un côté, elle se
» répand d'un autre avec beaucoup de
» violence.

Cela étant ainsi, il est évident que les
vieillards sont très-souvent enclins &
portés à l'avarice ; car comme ils ne
sont plus propres à gouter les joyes &
les plaisirs du siècle, qu'ils manquent de
force pour commettre la plûpart des autres péchés, & qu'ils auroient même
honte de s'y abandonner & d'y succomber, leur concupiscence veut se dédom-
mager du côté de l'argent, & elle les fait
presque toujours tomber dans l'avarice.

Tout âge, dit S. Jean Chrysostome, Homil.
n'est pas attaqué par toutes sortes de 10. in
vices : les premiéres années de la vie Matth.
sont remplies d'imprudence & de foiblesse d'esprit. L'âge un peu plus avan-
cé est sujet aux plaisirs & aux passions ;
& le reste de la vie est principalement
exposé à l'avarice.

S. Basile observe à ce propos, qu'il Hom. in
n'est pas rare de voir des gens, qui ayant diverses.

vaincu les autres vices, & pratiquant presque toutes les vertus Chrétiennes, qui jeûnant avec sévérité, qui priant continuellement, & qui faisant de très-grandes pénitences, sont encore attachés à leurs richesses, ne peuvent se résoudre à les dépenser honnêtement, ni à les distribuer en aumônes, & les accumulent en toutes rencontres.

Il dit que leur avarice rend inutiles leurs vertus, & que tant qu'ils seront dans cette disposition, ils ne tireront presque aucun avantage pour leur salut éternel des bonnes œuvres extérieures auxquelles ils s'exercent.

Il les compare à un homme, qui ayant entrepris un long & pénible voyage, pour aller voir une belle ville, s'arrête au pied des murailles dans la premiere hôtellerie qu'il rencontre, sans se mettre en peine de passer les portes, ni de pénétrer jusques dans les rues & dans les places publiques; & qui se prive par ce moyen du fruit de toutes ses sueurs & de toutes ses fatigues.

Les vieillards doivent faire beaucoup d'attention à ces instructions que S. Basile propose aux riches, car elles leur sont encore plus utiles & plus nécessaires qu'aux autres Fidéles, à cause de l'état où ils se trouvent. Ils seroient sans

toute très-malheureux , si après avoir
surmonté la plûpart de leurs passions, &
pratiqué plusieurs vertus Chrétiennes ,
ils avoient encore de l'attache aux biens
de la terre , & s'ils se laissoient dominer
par le vice de l'avarice ; car ils perdroient le mérite de leurs combats & de
leurs travaux, & ils renonceroient, pour
ainsi dire , à la vue & à la jouissance de
la Jerusalem céleste , qui étoit le terme
de leur course & de leur pelerinage.

Il faut encore qu'ils pensent à ce qu'ils
diroient eux-mêmes , s'ils voyoient un
homme qui sur la fin de son voyage, &
lorsqu'il est sur le point d'arriver à sa
patrie , feroit de grandes provisions, &
se chargeroit de beaucoup d'ustenciles
& de bagages , comme s'il avoit encore
une longue traite à faire ; il est certain
qu'ils l'accuseroient de folie & d'extravagance, & ils auroient raison : car quoi
de moins prudent & de plus irrégulier
qu'une telle conduite. C'est néanmoins
ainsi qu'ils agissent eux-mêmes. Ils sont
sur le déclin de leur voyage, & ils n'ont
presque plus de chemin à faire pour arriver à leur patrie: leurs membres foibles & tremblans les avertissent à tous
momens que la résolution de leurs corps
est proche; ils voyent que leurs sens s'é-
teignent les uns après les autres, & que

tout dépérit en eux ; ils ne sçauroient ouvrir les yeux, sans appercevoir de tous côtés des présages de leur mort prochaine ; ils sont sur le point de descendre dans le tombeau & d'entrer dans l'éternité ; & cependant ils cherchent encore des biens temporels, & ils y ont de l'attache : c'est faire provision d'une infinité de choses qui ne leur sont presque plus nécessaires ; c'est mettre sur leurs épaules des fardeaux, qu'ils n'ont plus la force de porter, & qui les accableront dans la foiblesse où ils sont réduits ; c'est s'arrêter dans l'hôtellerie, lorsqu'ils devroient entrer dans leur patrie, & s'y reposer.

Ils diront sans doute, qu'ils ont raison de rechercher des biens temporels, & de craindre de dépenser ceux qu'ils possedent, parcequ'ils en ont besoin pour subvenir à leurs infirmités, & pour se procurer les commodités qui conviennent à leur âge & à leur disposition. Mais on leur répondra, qu'on n'a pas dessein de les priver de leur nécessaire, ni de les réduire à la pauvreté, lorsque leurs infirmités semblent demander qu'on les secoure & qu'on les assiste avec plus de soin que jamais, & que l'on veut seulement leur insinuer, qu'ils doivent éviter les desirs immodé-

rés des richesses, fuir l'avarice, posséder
leur propre bien sans passion, & faire
tout leur possible pour s'en détacher.
Car puisqu'ils sont si proches de leur
mort, & qu'ils espérent de jouir bientôt
de Dieu dans la Jerusalem céleste, n'est-
il pas juste qu'ils travaillent sans cesse à
séparer leur cœur de tout ce qui pourroit l'appesantir & l'arrêter ici-bas, &
qu'ils le purifient de plus en plus des
moindres taches qui pourroient retar-
der pour eux cette ineffable jouissance.

Et d'ailleurs, quand même il arriveroit qu'ils souffriroient à la fin de leur
vie quelques incommodités de la pauvreté, cela ne devroit pas les porter à
se repentir d'avoir pratiqué le désinté-
ressement dont on leur parle ; car ce
seroit pour eux un très-grand bonheur
de ressembler dans leur vieillesse à J. C.
qui a voulu vivre & mourir pauvre sur
la terre ; & ils auroient tout lieu d'espérer que la pauvreté qu'ils éprouveroient
en cette vie, leur procureroit en l'autre
des trésors infinis de gloire, & les conduiroit par une voye sure & infaillible
à la félicité éternelle.

Il ne nous reste plus, pour finir ce
Traité, que d'expliquer, non seulement
aux vieillards, mais à tous les Fidéles,
ce qu'ils doivent faire pour vaincre &

pour furmonter ce défaut, & ce péché,
qui feroit feul capable de les exclure
du Royaume des Cieux, s'ils n'avoient
foin de le combattre & de le réprimer.
Ce n'eft point certainement en amaf-
fant des tréfors, ni en accumulant poffeffions fur poffeffions, qu'ils pourront
en triompher, & en remporter une pleine victoire. Bien-loin de cela, plus ils
auront de richeffes, plus ils en defire-
ront; & leur foif pour les biens de la
terre, femblable à celle des hydropiques, croîtra toujours à proportion
qu'ils croîtront eux-mêmes en fortune
& en dignités. Mais s'ils veulent éteindre
cette paffion, ils doivent méprifer les
chofes temporelles, & s'en féparer autant qu'il leur eft poffible; car elle eft
un feu qui s'enflamme & qui croît toujours, tant qu'on y jette du bois, & qui
fe rallentit & s'amortit, dès qu'il ne
trouve plus rien qui entretienne fon
activité.

Homil.
63. in
Math.
» Rien, dit S. Jean Chryfoftome,
» n'eft capable de guérir cette foif fi
» violente de l'argent, que de retran-
» cher d'abord le defir d'en acquérir de
» nouveau: plus vous la fatisferez, plus
» elle s'irritera. Votre avarice croîtra à
» proportion de votre bien; mais auffi-
» tôt que vous cefferez de vouloir vous

» enrichir, vous arrêterez la cause du
» mal. Ne continuez donc point à de-
» sirer d'être riche, de peur que desirant
» toujours ce que vous n'aurez jamais,
» vous ne rendiez votre maladie incu-
» rable. Celui qui commence à mépri-
» ser le bien, continue ce Pere, arrête
» le cours de cette passion ; mais celui
» qui veut toujours en amasser, l'aug-
» mente de plus en plus. Quand il au-
» roit trente millions dans ses coffres,
» il en desireroit encore autant ; & s'il
» les avoit, il porteroit encore plus loin
» ses desirs; & son avarice croissant tou-
» jours il souhaiteroit de pouvoir chan-
» ger en or les montagnes, la terre & la
» mer ; tant il est vrai que cette passion,
» ou plûtôt cette manie, n'a point de
» bornes, & qu'elle allume dans l'ame
» une soif qui ne peut jamais s'éteindre.

Ainsi, pour surmonter l'avarice, il
faut, non pas travailler à s'enrichir, ni
à augmenter sa fortune, mais mépriser
les biens de la terre, & s'en éloigner. Il
faut, non pas faire de grandes acquisitions, mais vuider son cœur de l'amour
des choses temporelles. Il faut, non pas
chercher à s'établir avantageusement
dans le monde, mais s'y considerer comme un étranger, & participer le moins
que l'on peut à son bonheur & à ses

avantages. Heureux ceux qui sont dans cette disposition ; ils passeront par les biens de la terre, sans s'y arrêter ; ils les possederont, sans en être possedés ; ils en useront, sans en contracter aucune souillure ; ils pourront même être fort riches, si Dieu le permet ainsi, sans néanmoins tomber dans l'avarice.

Ce sont là les vérités les plus importantes, que nous avons cru devoir expliquer aux Fidéles, pour leur marquer leurs obligations les plus essentielles par rapport aux biens temporels , dont ils ont l'administration. Nous ne leur avons proposé aucunes maximes, sans les prouver par l'Ecriture & par les saints Peres: ainsi nous espérons qu'ils les recevront avec respect, non pas à cause de nous, mais parcequ'elles ont été puisées dans ces sources sacrées , & qu'elles sont appuyées sur des fondemens si fermes & si inébranlables. Nous prions Dieu de les graver profondement dans leur cœur, & de leur donner la force de les réduire en pratique , afin qu'après avoir usé saintement des richesses temporelles, ils puissent jouir dans le Ciel du souverain bonheur qui a été préparé aux Elus avant tous les siécles.

Fin de la Vie des Riches.

Li

LA VIE
DES PAUVRES.

CHAPITRE PREMIER.

De la grandeur & de l'excellence de la Pauvreté.

LA plûpart des hommes se forment une idée très-fausse de la pauvreté. Ils la craignent & ils la redoutent; ils font tous leurs efforts pour l'éviter & pour s'en garantir; ils estiment malheureux tous ceux qui y sont réduits; & ils la regardent comme le plus grand de tous les maux. Rien néanmoins de tout cela n'est véritable, ni bien fondé. Elle n'est point à craindre, comme on se l'imagine : bien-loin de la fuir, il faudroit la rechercher : non seulement elle n'est pas un mal, & elle ne rend point malheureux ceux qu'elle accompagne, mais elle est un très-grand bien en elle-même, & elle contribue au bonheur de

R

tous ceux qui l'aiment, & qui s'y soumettent volontiers, Nous esperons que
les Lecteurs en feront pleinement persuadés, lorsqu'ils auront fait une réflexion ferieuse fur tout ce que nous allons repréfenter de fa grandeur & de
fon excellence.

Pfal.27.
28.
Pf.9.9.
12.
Pf.10.5.
Pf.21.25.
Pf.33.6.
Pf.71.4.
72.13.

Le Prophéte Royal nous affure que
ce font les pauvres qui mangent avec
fruit le pain de la Vérité & de la Sageffe, & qui en font raffafiés ; que Dieu eft
le refuge du pauvre & fon appui dans
fes befoins & au tems de la tribulation;
qu'il n'oublie point fes cris & fes gemiffemens ; qu'il le regarde toujours ;
qu'il ne méprife & ne rejette point fa
priere ; & qu'au contraire il l'écoute favorablement & l'exauce toujours ; qu'il
fera juftice au pauvre de fon peuple ;
qu'il fauvera les enfans des pauvres, &
qu'il humiliera ceux qui les calomnient ; qu'il délivrera le pauvre d'entre
les mains du puiffant, & le foible qui
n'avoit aucun fecours ; qu'il aura pitié
du pauvre & de l'indigent, & qu'il fauvera les ames des pauvres.

Ce font là autant de titres & de fondemens de la grandeur & de l'excellence de la pauvreté. Et de vrai, quoi de
plus grand & de plus excellent, que de
fe nourrir & de fe raffafier du pain de la

Vérité & de la Sageſſe, d'avoir Dieu lui-
même pour Protecteur; de pouvoir le
prier en tout tems avec une pleine liberté, & d'être comme aſſuré qu'on ſera
toujours écouté de ſa ſouveraine Majeſté; d'éprouver en toutes rencontres des
effets de ſa bonté & de ſa tendreſſe, &
d'attendre avec confiance de ſa miſéricorde le ſalut éternel ? Les pauvres cependant jouiſſent de tous ces avantages
& de toutes ces prérogatives, & l'on ne
ſçauroit en douter après tant de témoignages differens du Prophéte Royal que
l'on vient de rapporter.

Salomon, ſon fils, étoit auſſi très-
perſuadé de la grandeur & de l'excellence de la pauvreté, puiſqu'il marque expreſſément que Dieu regarde les pauvres comme l'ouvrage de ſes mains,
qu'il s'intereſſe à tout ce qui les concerne, & que l'honneur qu'on leur rend, &
les injures qu'on leur fait, remontent
juſqu'à lui. *Celui*, dit-il, *qui mépriſe &*
qui opprime le pauvre, fait injure à celui Prov. 14.
qui l'a créé : & celui qui en a compaſſion, 31.&cap.
rend honneur à Dieu. 17. 5.

C'eſt encore pour nous donner une
haute idée de la pauvreté, que l'Eccle-
ſiaſtique dit : *Que la priere du pauvre* Eccli. 21.
s'élevera de ſa bouche juſqu'aux oreilles 6.
de Dieu, & que le Seigneur ſe hâtera de
lui faire juſtice.   R ij

Mais c'est principalement par le nouveau Testament qu'il faut juger de sa grandeur & de son excellence. J. C. en a fait le fondement de la beatitude, lorsqu'il a dit dans le Sermon de la Montagne : *Heureux les pauvres d'esprit, parceque le Royaume des Cieux est à eux.*

Matth. 5. 3.

Il nous apprend dans l'Evangile, que la voye la plus sure & la plus courte pour arriver à la perfection, c'est de distribuer son bien aux pauvres ; & de se rendre soi-même pauvre.

Matt. 19. 21.

Il y déclare que les pauvres sont les plus nobles de ses membres ; qu'il tient fait à lui-même tout le bien qu'on leur fait ; & qu'au jour du Jugement dernier, en couronnant ses Elus, il ne fera mention que des aumônes qu'ils leur auront distribuées.

Matt. 25.

Il faut ajouter, & c'est là le comble d la grandeur & de l'excellence de la pauvreté, que J. C. a été lui-même pauvre, qu'il a préferé cet état à tous les Empires & à toutes les Couronnes du monde ; qu'il est né, qu'il a vécu, & qu'il est mort pauvre, & qu'ainsi il a consacré la pauvreté en sa personne, & l'a rendue plus grande & plus précieuse que toutes les richesses & tous les trésors de la terre : *Vous sçavez*, dit S. Paul aux Corinthiens, *quelle a été la bonté de Notre*

1 Cor. 2. 9.

Seigneur J. C. qui etant riche, s'est rendu
pauvre pour l'amour de vous, afin que vous
devinssiez riches par sa pauvreté.

La doctrine des saints Peres contribuera encore à nous faire connoître de
plus en plus l'excellence & les prérogatives de la pauvreté. S. Basile observe
qu'il faut qu'elle soit bien forte & bien
puissante, puisqu'elle donna le pouvoir
à Elie, pauvre & indigent, d'ouvrir le
Ciel dans le tems d'une famine publique, & d'en faire descendre une pluie
abondante, qui rendit la fertilité à la
terre, ce qu'on ne pouvoit esperer de
la grandeur & de l'opulence de tous les
Rois qui gouvernoient alors le monde :
car avec toutes leurs richesses & tous
leurs trésors ils n'avoient pas le credit
de faire tomber la moindre goute de
rosée sur les campagnes.

Hom. in famem & siccita- tem.

» L'ame d'un pauvre, qui est volontai-
» rement pauvre, dit S. Jean Chrysosto-
» me, brille comme de l'or, elle éclate
» comme une pierre précieuse, elle fleu-
» rit comme une rose. Il n'y a point de
» ver qui la ronge, de voleur qui la dé-
» pouille, de soin des choses du mon-
» de qui l'inquiéte. Voulèz-vous voir la
» rare beauté de cette ame? Voulez-vous
» apprendre les richesses de cette excel-
» lente pauvreté? A la verité elle ne com-

Hom. 48. in Matt.

» mande pas aux hommes, mais elle
» commande aux Demons: elle n'appro-
» che pas de la personne de l'Empe-
» reur ; mais elle approche de Dieu
» même : elle ne combat pas avec les
» hommes : mais elle a des Anges pour
» compagnons de milice. Elle ne pos-
» sede pas plusieurs coffres pleins d'or
» & d'argent : mais elle jouit d'une si
» grande abondance, qu'elle regarde
» tout l'Univers comme un véritable
» neant. Elle n'a pas besoin de servi-
» teurs ; mais les passions sont ses ser-
» vantes : & leurs mouvemens qui
» commandent aux Rois même, lui
» sont soumis comme des esclaves. Elle
» considere la Royauté, l'or, & les
» choses du monde les plus précieuses,
» comme des bagatelles, & des jeux
» d'enfans.

Le même S. Jean Chrysostome enseigne, que cette parole de Salomon:
*Seigneur, ne me donnez, ni la pauvreté,
ni les richesses*, étoit propre au tems de
la Loi écrite, sous laquelle la pauvreté
passoit pour un mal : mais qu'elle ne
convient point aux Disciples de l'Evangile, qui bien-loin de craindre la pauvreté, doivent la regarder comme un
bien, & un très-grand avantage, puisque J. C. a dit : *Ne vous mettez point en*

Hom. 18.
in Epist.
ad Heb.
Proverb.
30. 8.

Matt. 10.
9. 10.

peine d'avoir de l'or , ou de l'argent , ou
d'autre monnoye dans votre bourſe : ne
préparez pour le chemin , ni ſac , ni deux
habits , ni ſouliers , ni bâton : & qu'il n'a
pas eu lui-même dans toute la terre où
repoſer ſa tête.

Ibid. &
8. 20.

Ce ſaint Docteur paſſe encore plus
avant ; car il prouve que les hommes
n'ont aucune raiſon legitime d'appre-
hender la pauvreté. » Vous craignez
» peutêtre, leur dit-il , de mourir de
» faim : mais cette crainte eſt très-mal
» fondée : car où troûver des gens qui
» tombent dans cette extrémité. Ecou-
» tez comment parle le Sage ſur ce ſu-
» jet : *Conſiderez*, dit-il , *tout ce qu'il y a*
» *eu d'hommes parmi les nations , & ſça-*
» *chez que jamais perſonne qui a eſperé*
» *au Seigneur , n'a été confondu dans ſon*
» *eſperance. Qui eſt l'homme qui ſoit de-*
» *meuré ferme dans les Commandemens*
» *de Dieu , & qui en ait été abandonné ;*
» *Qui eſt celui qui l'a invoqué, & qui ait été*
» *mépriſé de lui?* Faites auſſi réflexion que
» J. C. dit dans l'Evangile : *Conſiderez*
» *les oiſeaux du Ciel , ils ne ſement point,*
» *ils ne moiſſonnent point , & ils n'amaſ-*
» *ſent point dans des greniers : mais votre*
» *Pere celeſte les nourrit.*

Hom. 4.
in Epiſt.
ad Phi-
lipp.

Eccl 1.
11. 12.

Matt. 6.
16.

» Vous n'auriez pas non plus raiſon
» de vous affliger de ce que vous ne

R iiij

» voyez pas autour de vous un grand
» nombre de ſerviteurs & de domeſti-
» ques : car c'eſt-là un très-grand bon-
» heur ; c'eſt n'être pas ſoumis à plu-
» ſieurs Maîtres ; c'eſt être exempt d'u-
» ne infinité de ſoins & d'inquiétudes ;
» c'eſt jouir d'une véritable liberté.

» Ce ſeroit auſſi ſans ſujet que vous
» reſſentiriez de la peine de ce que vous
» n'avez pas des vaſes, des lits, & des
» meubles d'or & d'argent; car ceux qui
» ent ont, n'en tirent pas plus de ſervi-
» ce, que vous n'en tirez des vôtres.
» L'on ne dort pas mieux dans un lit re-
» levé d'or & d'argent, que dans un au-
» tre qui eſt ſimple & modeſte, & ce que
» l'on mange, n'a pas meilleur goût dans
» des vaſes d'argent, que dans de la terre.

» Vous ne devez point avancer, qu'é-
» tant pauvres, on vous mépriſera : car
» c'eſt le vice qui eſt digne de mépris,
» & ſouvent même les pauvres, qui
» ont de la vertu, ſont plus honorés
» que les riches.

» Ce ſeroit auſſi mal à propos que
» vous vous plaindriez de n'être pas en
» état de vous faire craindre : car cela
» n'eſt pas à deſirer.

» Vous ne devez point enfin alle-
» guer, que vous craignez vous-mêmes,

» la puissance des autres , & que vous
» apprehendez que l'on n'attente con-
» tre votre personne ; car S. Paul dit : Rom. 13.
» *Voulez-vous ne point craindre les Puif-*
» *sances ? Faites bien , & elles vous loue-*
» *ront :* & l'on sçait que c'est ordinaire-
» ment aux riches que l'on porte envie,
» & que l'on dresse des embuches.

S. Pierre Chrysologue fait en peu de Serm. 18.
paroles un éloge parfait de la pauvreté , lorsqu'il dit qu'elle est la compa-
gne , la parente , & même la mere de
toutes les vertus.

Mais écoutons S. Bernard sur ce sujet ; car il a été le grand Panegyriste de
la pauvreté.

Il dit que J. C. l'a tant aimé, qu'en- Serm. 4.
core qu'il fût le Maître souverain de de ad-
tout l'Univers, il n'a pas néanmoins vou- ventu.
lu avoir sur la terre où réposer sa tête.

Il enseigne, qu'une des fins pour les- Serm. 1.
quelles ce divin Sauveur est descendu du in vigil.
Ciel en terre, a été pour apprendre aux naralis
hommes le prix & l'excellence de la Domini.
pauvreté. » Elle étoit répandue sur la
» terre depuis un fort long tems, dit-il, &
» elle s'y faisoit sentir en plusieurs ma-
» nieres differentes : mais les hommes
» ne connoissoient pas sa grandeur &
» son excellence : c'est pourquoi le Fils
» de Dieu est descendu ici-bas, afin de

R v.

» s'y foumettre lui-même , & de la
» pratiquer pendant fa vie mortelle,
» & de nous apprendre par fon exem-
» ple à l'eftimer & à l'a regarder com-
» me quelque chofe de fort grand &
» de fort recommandable.

Serm. 4. In natal. Domini in Cœnâ Domini Sermone altero.

Il ajoute , que J. C. a voulu qu'elle fût le figne par lequel on pût le recon-noître dans la creche : qu'il l'a lui-mê-me prêchée aux hommes,& que l'ayant confacrée en fa perfonne , il l'a mer-veilleufement relevée , & l'a rendue plus précieufe que tout les tréfors du monde.

Epift. 303.

Il nous affure qu'elle éleve à la digni-té des Rois ceux qui s'y foumettent volontairement , parcequ'après qu'elle leur a infpiré un faint dégoût pour tous les biens temporels , ils en font comme les maîtres & les arbitres fouverains.

Il foutient même qu'elle les met dès cette vie en poffeffion du Royaume des Cieux : & il le prouve par ces paroles de J. C. dans le Sermon de la Monta-gne : *Heureux les pauvres d'efprit , parce-que le Royaume des Cieux eft à eux.*

Quiconque auroit donc la témerité de douter de la grandeur & de l'excel-lence de la pauvreté , contrediroit ou-vertement les divines Ecritures & les faints Docteurs de l'Eglife , & il feroit refractaire à la lumiere.

CHAPITRE II.

Des grands avantages que la pauvreté procure aux hommes.

CE que l'on a repréſenté dans le Chapitre précedent, ſuffit ſans doute pour prouver la grandeur & l'ex-cellence de la pauvreté : L'on eſpere néanmoins que l'explication des avan-tages ſpirituels qu'elle procure aux Fi-déles, contribuera encore à convaincre de plus en plus les Lecteurs Chrétiens de cette vérité. Or les ſaints Peres nous en marquent pluſieurs très-conſidera-bles ; & nous allons les rapporter avec toute l'exactitude & toute la fidélité dont nous ſerons capables.

1°. Ces ſaints Docteurs enſeignent qu'elle rend forts, généreux & intrépi-des ceux qui l'aiment & qui la culti-vent : qu'elle les met en état de s'oppo-ſer aux entrepriſes & aux injuſtices des méchans ; qu'elle leur donne une ſainte confiance, lorſqu'il s'agit de parler pour la vérité, & de défendre la religion : & qu'elle leur inſpire une fermeté d'ame, qui les porte à entreprendre les plus grandes choſes, ſans rien craindre, & ſans jamais ſe rebuter. Au lieu que ceux

qui font poffedés de l'amour des biens
temporels, & qui cherchent à faire fortune, & à s'avancer dans le monde, font
prefque toujours timides & lâches, n'o-
fent fe déclarer pour la juftice, ufent d'u-
ne infinité de ménagemens politiques
de peur d'offenfer les grands, dont ils
efpérent quelques avantages, & fe condamnent fouvent à un honteux filence,
lorfque leur confcience & les intérêts
de la vérité demanderoient qu'ils éle-
vaffent leur voix, & qu'ils parlaffent
avec une fainte générofité. L'on en fait
tous les jours l'experience dans le monde ; & il n'y a perfonne qui ne fçache
que cela eft très-véritable. Il faut néanmoins entendre parler S. Jean Chryfoftome fur ce fujet : car outre qu'il eft
très-éloquent, il entre dans un détail
capable de convaincre les efprits les
plus incredules.

Tom. 4.
Serm.
17.

» Un homme riche, dit ce Pere, eft
» expofé à une infinité d'occafions très-
» dangereufes, qui lui font perdre la
» paix & le repos de l'efprit. Il craint
» pour fa maifon, pour fes domefti-
» ques, pour fes terres, pour fon or &
» pour fon argent : il apprehende qu'on
» ne lui raviffe ce qu'il poffede, & ce
» qui le rend maître de plufieurs chofes,
» l'en rend en même tems efclave. Un

» pauvre au contraire qui n'a point d'ar-
» gent, & qui n'est nullement embar-
» raffé de tous ces foins, eft un lion qui
» fouffle le feu par les narines : il a l'a-
» me généreufe, & s'élevant audeffus de
» toutes les chofes du monde, il n'y a
» rien qu'il n'entreprenne, & qu'il n'e
» xecute pour le fervice de l'Eglife,
» foit qu'il faille ufer de corrections &
» de remontrances, foit qu'il faille em-
» ployer les punitions & les châtimens,
» foit qu'il faille fouffrir une infinité
» de maux & de perfécutions pour J.C.
» Comme il a une fois méprifé la vie, il
» n'a nulle peine a s'acquitter de tous ces
» devoirs. Car dites-moi, je vous prie,
» que pourroit-il craindre ? Seroit-ce
» qu'on lui ôtât fes richeffes ? Cela ne
» fe peut dire avec vérité. Seroit-ce
» qu'on le bannît de fon pays ? Il a pour
» fa ville toute la terre ? Seroit-ce qu'on
» lui ôtât fes gardes, & qu'on le pri-
» vât de fes délices ? Il a renoncé à tou-
» tes ces chofes : fa converfation eft
» dans le Ciel, & il ne refpire qu'après
» l'autre vie. Quand il faudroit mourir
» & verfer fon fang, il eft tout prêt de
» le faire. C'eft ce qui le rend beaucoup
» plus puiffant & plus riche que les ty-
» rans, que les Rois, que les peuples,
» & que tous les hommes du monde.

» Ce difcours non-feulement ne tient
» rien de la flaterie, mais il eft très-vé-
» ritable : & afin que vous compreniez
» que ceux qui ne poffedent rien, ont
» plus de liberté que les autres à parler
» généreufement, confiderez combien
» il y avoit d'hommes riches & puiffans
» au tems d'Herode : & cependant qui
» eft-ce qui a ofé fe produire ? Qui eft-
» ce qui a eu affez de courage pour re-
» prendre ce tyran, & pour venger le
» violement des Loix de Dieu ? Ce n'a
» pas été aucun des riches ; mais un
» homme pauvre & indigent, qui n'a-
» voit ni lit, ni table, ni couvert. S.
» Jean, cet illuftre habitant du défert,
» a été le premier & le feul qui a repris
» ce tyran avec une fainte liberté, qui a
» découvert fon mariage inceftueux , &
» qui a prononcé hautement la fenten-
» ce de fa condamnation en préfence de
» tous ceux qui l'écoutoient. Avant lui,
» le grand Elie, qui ne poffedoit pour
» tout bien qu'une peau de mouton, fut
» le feul qui eut la générofité de repren-
» dre Achab, ce Prince fi criminel & fi
» impie.

» Et certes, il n'y a rien qui faffe par-
» ler avec une fi grande liberté, qui don-
» ne tant de confiance au milieu des pe-
» rils les plus preffans, qui infpire tant

» de réfolution, & qui rend les hom-
» mes fi invincibles ; que de ne rien
» poffeder, & de n'être point embar-
» raffé dans les affaires du monde. Ceux
» donc qui veulent devenir forts & gé-
» néreux, doivent embraffer la pauvre-
» té , méprifer la vie préfente , & ne
» point craindre la mort. Un homme
» qui fera dans cette difpofition, pour-
» ra rendre plus de fervice à l'Eglife,
» non-feulement que les riches & les
» Magiftrats , mais que les Rois mê-
» me : car les riches & les Rois ne font
» rien que par le moyen de leurs ri-
» cheffes : au lieu qu'un homme qui fe
» trouve en cet état , fe fert fouvent de
» l'occafion des plus grands perils & de
» la mort même , pour faire les plus
» grandes actions , & des chofes tout-
» à-fait extraordinaires. Comme donc
» il n'y a point d'or dont le prix ne doi-
» ve ceder à celui du fang, auffi cette
» maniere d'agir eft-elle incomparable-
» ment plus excellente & plus noble
» que celle des riches.

2°. Les faints Peres nous apprennent
que les pauvres , c'eft-à-dire, ceux qui
n'ont point d'attache aux biens de la
terre, qui ne défirent point d'en acquerir, & qui s'en paffent volontiers, font
ordinairement inébranlables au milieu

Chryf.
Hom.
21. in
Epift. ad
Rom. &
Hom. 3.
in Epift.
ad Phi-
lipp.

des plus grandes tribulations , & invincibles à tous leurs ennemis, & même aux
démons. Et en effet, qui seroit capable
de les affoiblir & de les intimider, &
quel mal pourroit-on leur faire ? N'aimant point les richesses temporelles, ils
ne craignent point d'en être privés : les
fraudes , les tromperies , les injustices
de leurs adversaires ne font aucune impression sur leur esprit : rien ne trouble
la paix interieure de leur ame : & la malignité du démon même ne sçauroit leur
causer aucun véritable préjudice. Semblables à un homme , qui élevé sur la
pointe d'un rocher , ou sur la cime d'u-
ne haute montagne, voit sans rien
craindre l'agitation de la mer , & l'im-
petuosité de ses vagues , ils considérent
avec un œil tranquille toutes les entreprises de leurs ennemis : les injures les
plus attroces n'ebranlent point leur
constance , & leur esprit ne s'abandonne
point au trouble , ni aux murmures ,
parceque rien ne sçauroit leur nuire ,
& que leur cœur étant élevé audessus
de toutes les choses d'ici-bas , n'aime
& ne cherche que Dieu seul, dont nulle creature & nulle puissance ne sçauroit les séparer , sans qu'ils y consen-
tent eux-mêmes.

Il faut ajouter que Laban poursui-

vant Jacob, qui s'en retournoit en Judée, ne put l'arrêter, ni lui faire aucun
mal, parcequ'il ne trouva rien entre ses
mains qui lui appartînt. C'est-là, disent s. Cæsa-
les saints Peres, une figure du bonheur Serm. 6.
dont jouïssent les véritables pauvres : le
démon ne sçauroit leur causer aucun
préjudice ; & quoiqu'il soit plein de malignité, il lui est impossible de rien usurper sur eux, parcequ'ils ne possedent
aucuns de ses biens. Ainsi, bien-loin de
s'estimer malheureux de ce qu'ils manquent de plusieurs choses qui leur semblent nécessaires, ils doivent au contraire regarder leur indigence comme
la source & le principe de leur bonheur,
parcequ'elle les éleve en quelque maniere au-dessus du monde entier, & du
démon même, & qu'elle les met en état
de ne craindre ni leurs menaces, ni
leurs persécutions.

3°. Non seulement ceux qui n'ont
point d'attache aux biens de la terre,
& qui aiment la pauvreté, ne reçoivent
aucun préjudice de la part de leurs ennemis, soit visibles, ou invisibles ; mais
ils sont en quelque maniere indépen-
dans de tous les hommes : car ils ne sont
point obligés de leur faire la cour, de
se rendre assidus auprès d'eux, ni de se
soumettre à toutes leurs volontés justes,

ou injuſtes : comme ils n'eſperent &
n'attendent rien d'eux , ils ne penſent
point à captiver leurs bonnes graces, ni
à s'inſinuer dans leur eſprit par de baſſes
complaiſances , ni par des flateries in-
téreſſées : ils leur parlent en toutes rencontres avec une généroſité Chrétienne ; & ne ſe laiſſant point éblouir par
le vain éclat de leurs richeſſes , de leur
puiſſance, & de leur grandeur, ils ſont
véritablement libres , & ils vivent en
quelque maniere dans l'indépendance.

Il n'en va pas ainſi de ceux qui courent après la fortune, & qui cherchent
à s'établir avantageuſement dans le
monde : Ils n'oſeroient preſque ouvrir
la bouche devant les grands & devant
les riches de la terre, de peur d'encourir
leur indignation , & de ſe les rendre
contraires : Ils applaudiſſent à tout ce
qu'ils diſent , & à tout ce qu'ils font :
Ils ne paroiſſent devant eux qu'avec
crainte & avec tremblement ; & ils ſe
conduiſent en leur préſence comme de
lâches Mercenaires, & comme de véritables eſclaves. Il n'eſt point néceſſaire
d'alléguer des preuves de ce que nous
avançons ; car l'expérience juſtifie que
cela n'eſt que trop véritable.

4°. Les riches ſont preſque toujours
accablés de ſoins & d'inquiétudes : Ils

craignent qu'on ne les dépouille de leurs
biens : Ils se figurent mille accidens &
milles infortunes, & ils s'affligent comme s'ils y étoient deja tombés : Ils regardent presque tous les hommes comme autant d'ennemis qui veulent usurper leurs possessions, & renverser leur
fortune. Et quand même ils ne seroient
point troublés par ces vaines craintes &
par ces terreurs paniques, la seule administration de leurs biens leur est toujours très-pénible : car ils sont obligés
de soutenir des procès & des contesta-
tions, pour se défendre de l'injustice de
ceux qui les attaquent, & qui veulent
usurper leurs droits : Il faut qu'ils interrompent souvent leur repos pour vaquer aux affaires qui leur surviennent :
Ils ne sont presque point maîtres de leur
tems ; il ont toujours des ordres à donner, & des différends à terminer;ils sont
obligés de se répandre très-souvent au
dehors ; ils vivent dans le trouble &
dans le tumulte, & ils n'ont presque
point de paix véritable.

La pauvreté est donc infiniment plus
avantageuse que les grands biens : car
ceux qui l'aiment, & qui en font leurs
chastes délices, n'ont pas sujet de craindre qu'on les en dépouille : ils ne sont
point exposés à la jalousie & à l'envie

de leurs adverſaires : les infortunes
qui font trembler les riches , ne les inquiétent & ne les troublent point : ils
n'ont ni procès à pourſuivre , ni conteſ-
tations à ſoutenir : ils jouiſſent d'un
profond repos ; ils peuvent donner tout
leur tems à la priére & aux exercices de
piété:rien ne les empêche de vivre dans
un parfait recueillement , & de vaquer
aux affaires de leur ſalut ; & la paix
qu'ils goutent , eſt d'autant plus ſolide
& plus permanente , qu'elle ne dépend
point des hommes , ni des choſes extérieures.

Serm. 6. 5.º. S. Auguſtin parle d'un autre avantage très-conſiderable que la pauvreté
procure aux hommes. Il dit qu'elle eſt
cauſe qu'ils ſe paſſent d'une infinité de
choſes que les riches ſe croyent néceſſaires ; qu'ils gardent les régles de la
ſobriété & de la tempérance Chrétienne ; & qu'ils menent une vie auſtere &
pénitente : car ils ſe contentent preſque
toujours des alimens les plus communs;
tous les mets qu'on leur préſente , leur
paroiſſent bons & agréables au gout ;
ils s'en nourriſſent , & ils s'en raſſaſient
avec plaiſir ; quelquefois même ils ſe
réduiſent au pain & à l'eau; & ce qui eſt
merveilleux , ils ſe portent ſouvent
mieux & ils ont plus de force que les

riches qui vivent dans la bonne chere, qui mangent les viandes les plus déli-cates, & qui recherchent les vins les plus exquis.

Cela doit humilier les riches, & con-soler les pauvres : car quoi de plus hu-miliant pour les uns, que d'avoir besoin de tant de choses pour subsister, & de se trouver si éloignés à l'extérieur de l'état de la pénitence? Et quelle plus grande consolation pour les autres, que de vi-vre d'une maniere qui peut leur tenir lieu de pénitence, & contribue à dé-truire leurs passions, & à mortifier leur vieil homme?

6°. S. Gregoire Pape enseigne, que Hom. 30. inEvang. lorsque nous embrassons la Foi de J. C. nous devons prendre la résolution de combattre contre le démon, & de lui faire une guerre continuelle; & il ajou-te, que si nous voulons être invincibles à cet ennemi infernal, & triompher de sa malice, nous devons nous dépouil-ler, autant que nous le pouvons, des biens temporels, de peur qu'ils ne lui donnent quelque avantage sur nous, & qu'ils ne nous affoiblissent dans cette sainte milice : Les véritables pauvres sont donc très-heureux; car ne possé-dant rien sur la terre, Satan ne sçauroit presque leur faire aucun mal; il a beau

les attaquer, ils demeurent inébranlables; & tous les coups qu'il leur porte,
retombent sur lui-même.

Ce n'est pas la même chose des riches avares; car il exerce sur eux un
empire absolu; il les tient captifs, & il
les terrasse presque toujours dans les
combats qu'il leur livre : il remue & il
excite leurs passions par l'espérance des
biens qu'il leur promet; il les intimide
par la vue des maux dont il les menace;
il ébranle leur constance, & il les fait
tomber dans l'abîme du péché par la
seule crainte de la pauvreté qu'ils regardent comme la plus grande des miseres.

Serm. 59.
in Cant. 7°. La doctrine de S. Bernard nous
fera aussi comprendre combien la pauvreté nous est avantageuse. Il observe
que pendant que les hommes ont reçu
de Dieu sur la terre des biens temporels
pour récompense du culte qu'ils lui ren-
doient, ils ne se sont point regardés
dans ce monde comme des étrangers,
ils n'ont point gémi sur la terre, & ils
n'ont point soupiré après le Ciel : que
bien-loin de cela, prenant le lieu de
leur exil pour leur véritable patrie, ils
n'ont pensé qu'à se divertir, & à faire
bonne chere; & qu'ainsi on n'a point
entendu ici-bas la voix de la tourterelle,

c'eſt-à dite, qu'ils n'ont point pouſſé de
ſoupirs, ni verſé de larmes. Mais qu'a-
près que Dieu a eu promis aux hommes
le Royaume desCieux pour récompenſe
de leur vertu & de leurs combats, ils
ont commencé à ſe conſiderer ici-bas
comme des étrangers & des exilés, à
deſirer la ſainte Sion,& à ſoupirer après
la Jéruſalem céleſte.

C'eſt-là un illuſtre témoignage du malheur des riches & du bonheur des pauvres. Les premiers poſſédant de grands
biens, ne regardent point la terre comme un lieu d'exil & de banniſſement;
ils ne ſouhaitent point d'en ſortir au
plûtôt, & leur cœur n'eſt point preſſé
du deſir de la ſainte Sion. Mais pour ce
qui eſt des pauvres ; comme ils manquent ſouvent des choſes les plus néceſſaires, & que le monde eſt plein pour
eux d'amertume, ils ſe dégoutent facilement de la vie préſente; ils reconnoiſſent que la terre leur tient lieu d'é-
xil ; ils regardent le Ciel comme leur
ſeule & véritable patrie ; ils ſoupirent
ſans ceſſe après les Tabernacles éternels, & ils prient Dieu de toute la ferveur de leur cœur de les y introduire,&
de les y cacher dans le ſecret de ſa face
adorable.

8°. La vanité & l'orgueil accompa-

gnent très-fouvent les grandes richeffes : ceux qui les poffedent jugent prefque toujours d'eux - mêmes par leurs
biens ; ils s'imaginent avoir beaucoup
de mérite , parcequ'ils vivent dans l'a-
bondance; ils fe préferent à ceux qui
jouiffent d'une moindre fortune ; ils fe
portent même à les méprifer. C'eſt pourquoi S. Paul avertit fon Difciple Timothée , d'ordonner aux riches de ne pas
concevoir des penfées d'élévation, & de
ne fe láiffer point aller à la vanité.

Les pauvres au contraire n'ont ordinairement que de bas fentimens d'eux-
mêmes ; ils refléchiffent fouvent fur leur
néant & fur leurs miferes ; ils vivent
dans une crainte falutaire;ils fe foumettent volontiers , non-feulement à leurs
fupérieurs , mais auffi à leurs égaux ; &
ils croyent n'être nés que pour obéir. Le
Sage veut nous marquer cette vérité,
lorfqu'il dit , que *l'indigence des pauvres
les tient dans la crainte.*Ainfi la pauvreté
contribue au bonheur des hommes,puif-
qu'elle les maintient dans l'humilité, &
qu'elle les anéantit à leurs propres yeux.

9°. Enfin , tous ceux qui font inftruits
des vérités de l'Ecriture & des maximes
des faints Peres, fçavent que les pauvres marchent dans les fentiers de la
vertu , & operent leur falut avec beaucoup

Tim.6.
17.

Prov.10.
25.

coup plus de facilité que les riches : car
leur état & tout ce qui les environne est
conforme à la piété Chrétienne ; les alimens dont ils usent, les vêtemens qu'ils
portent, & les travaux ausquels ils s'appliquent , conviennent à la pénitence : .
L'anéantissement extérieur dans lequel
ils vivent,& les mépris ausquels ils sont
continuellement exposés,les préservent
de l'orgueil & de la vanité , & contribuent à humilier leur cœur ; ne desirant
& n'espérant rien dans le monde , ils
évitent une infinité de tentations ausquelles les riches succombent très-souvent ; ils parlent & ils agissent en toutes rencontres avec une sainte liberté :
ils ne craignent point de se déclarer
pour la justice ; & ils défendent géné-
reusement la vérité , comme on l'a représenté au commencement de ce Chapitre.

Il est donc certain que la pauvreté
procure aux hommes de très - grands
avantages. C'est ce qui nous donne droit
de conclure qu'elle est très-grande &
très-excellente en elle-même, & que
tous les Fidéles doivent l'estimer & la
respecter.

CHAPITRE III.

L'on explique quels sont les véritables
pauvres devant Dieu.

PUISQUE nous avons entrepris de
faire l'éloge de la pauvreté, & de
prouver aux Fidéles qu'ils peuvent en
tirer des avantages très-considérables
par rapport à leur salut éternel, nous
croyons qu'il est à propos de leur expliquer dans ce Chapitre, quels sont les
véritables pauvres devant Dieu ; car
tous ceux qui ne possedent rien à l'extérieur, ne doivent pas toujours être
considerés dans le Christianisme comme des pauvres ; & S. Ambroise enseigne que toute sorte de pauvreté n'est
pas sainte, mais seulement celle qu'une
vie innocente & irréprochable rend recommandable; nous voyons même dans
l'Evangile, que J. C. ne dit pas indifféremment que tous les pauvres sont heureux, mais seulement les pauvres d'esprit.

In cap.
16. Luc.

Matth.5.
3.

Voici donc quels sont les pauvres
qui méritent d'être loués & estimés.
Celui-là est véritablement pauvre, dit
S. Ambroise, qui ne commet point de
grands crimes, qui n'est sujet à aucuns

In cap.6.
Luc.

vices, qui vit avec tant de pureté, que le Prince de ce monde ne trouve rien en lui qui lui appartienne, & qui a foin d'imiter celui qui étant riche, s'eſt fait pauvre à cauſe de nous.

Ce ſaint Docteur parlant de ſon frere Satire, dit qu'encore qu'il fût riche des biens de la fortune, il étoit néanmoins pauvre d'eſprit, parce qu'il ne ſe réjouiſ-ſoit point, comme les autres hommes, d'avoir des richeſſes, qu'il ne regardoit point comme peu conſidérables celles qu'il poſſédoit, & qu'il ſçavoit s'en contenter.

Lib. de obitu fratris ſui Sati-ri.

C'eſt-là l'idée que ce grand Saint nous donne des véritables pauvres. Il veut qu'ils menent une vie irreprochable à l'extérieur ; qu'ils combattent généreu-ſement leurs paſſions ; que leur vie ſoit ſi pure, que le demon ne puiſſe former contr'eux aucune accuſation légitime ; qu'ils ayent ſoin de ſe conformer en toutes rencontres à la pauvreté de J. C. qu'ils ne mettent point leur joye dans les biens de la terre ; qu'ils ſoient con-tens de ceux qu'ils poſſédent par l'ordre de Dieu ; & qu'ils ne courent point avec avidité après la fortune.

La doctrine de S. Auguſtin nous ap-prendra auſſi à juger de ceux qui peu-vent paſſer pour pauvres devant Dieu :

car lorſqu'il explique ces paroles du
Pſal. 11. 5.
Prophéte Royal : *A cauſe de l'affliction
des miſérables, & du gémiſſement des
pauvres, je me leverai maintenant, dit
le Seigneur*, il demande quels ſont les
Expoſit. in pſal. 93.
pauvres en faveur deſquels le Seigneur
doit ſe lever pour les défendre ; & il répond que ce ſont ceux qui ne s'appuyent
point ſur les biens temporels dont ils
jouiſſent, ni ſur les honneurs qu'ils poſſedent, & qui ne mettent leur eſpérance que dans celui auquel on peut
eſpérer, ſans craindre d'être trompé. Il
ſoutient au contraire, que ceux qui dans
les injures & les oppreſſions qu'ils ſouffrent, ne penſent qu'à recourir aux
Grands de la terre, & qui n'implorent
point le ſecours & la miſéricorde de
Dieu, ne ſont pas du nombre des véri-
Tnarrat. in Pſal. 9.
tables pauvres. Il ajoute enſuite, que
ceux-là ſeuls eſpérent uniquement en
Dieu, qui n'ont que de l'indifférence &
du mépris pour toutes les choſes de la
terre.

Iu Pſal. 13.
Ce grand Saint déclare, que pour être
pauvre devant Dieu, il ne ſuffit pas de
ne poſſéder aucuns biens temporels ;
mais qu'il ne les faut point aimer ; que
les Fidéles qui en ont le cœur détaché,
ſont de véritables pauvres, quoiqu'ils
manient & qu'ils adminiſtrent à l'exté-

rieur de grandes richeſſes ; & que ceux
au contraire qui ne poſſedant rien, deſirent avec ardeur de s'enrichir & d'a-
maſſer des tréſors ſur la terre , ne ſont
point pauvres en la préſence de Dieu,
parcequ'il regarde, non les mains, mais
le cœur , & qu'il conſidere comme des
riches tous ceux qui veulent effectivé-
ment le devenir.

Enfin, ce ſaint Docteur enſeigne, que In Pſ. 71 & 73.
ceux qui ne préſument point de leurs
mérites, qui ne ſe glorifient en aucune
maniere de leur propre juſtice, qui donnent à Dieu ſeul toute la gloire des bonnes œuvres qu'ils pratiquent , qui ſont
convaincus de leur propre néant, & qui
ſe maintiennent dans une profonde humilité, ſont pauvres devant le Seigneur,
lors même qu'ils vivent à l'extérieur
dans l'abondance.

S. Jean Chryſoſtome parlant du mérite de la pauvreté, ſoutient que ce n'eſt
pas à proprement parler celui qui ne
poſſede rien, qui eſt pauvre ; mais celui qui deſire toujours pluſieurs choſes
différentes ; & que tout de même on ne
doit pas regarder comme des riches
tous ceux qui ont de grands biens à l'extérieur ; mais ſeulement ceux qui ne
manquent de rien, parcequ'ils ne deſi-
rent rien. Il dit enſuite à tous les Fidé- Hom. 2. in Ep. ad Philipp.

les, qu'ils peuvent devenir riches quand ils le voudront , fans que perfonne ait le pouvoir de les en empêcher ; qu'ils n'ont qu'à méprifer les biens de la terre, & à les regarder comme un véritable néant ; qu'ils n'ont qu'à renoncer au defir de devenir riches , & de faire fortune ; qu'ils n'ont qu'à fe contenter de ce qu'ils poffédent légitimement ; & qu'en même tems ils feront riches & dans l'opulence : mais que s'ils s'abandonnent aux convoitifes de leur cœur , s'ils cherchent à augmenter continuellement leurs biens & leurs revenus, s'ils brûlent d'un defir infatiable d'amaffer de grandes richeffes , ils feront toujours pauvres & toujours miférables.

Lib. 2. de Jacob. c. 9.
S. Ambroife dit auffi à ce propos, que celui-là n'eft point pauvre , qui ne croit pas l'être, qui fçait fe paffer d'une infinité de chofes que les autres s'imaginent leur être néceffaires , & qui a la force de s'élever au-deffus des folles prétentions de la plûpart des hommes , qui jugent de leurs befoins par la grandeur de leurs paffions.

Philipp. 4.11.12.
Le grand Docteur des Nations dit dans fon Epître aux Philippiens : *J'ai appris à me contenter de l'état où je me trouve : Je fçai vivre pauvrement ; je fçai vivre dans l'abondance. Ayant éprouvé*

de tout, *je suis fait à tout*, *au bon traite-*
ment & à la faim, *à l'abondance & à l'in-*
digence. C'eſt-là, ſelon S. Gregoire, la
diſpoſition où doivent être tous les vé-
ritables pauvres : Il faut qu'ils ſe con- Hom 19.
in zcch.
tentent de l'état où ils ſe trouvent par
l'ordre de la divine Providence : Il faut
qu'ils ſçachent également vivre dans la
pauvreté & dans l'abondance : Il faut
que les bons & les mauvais traitemens
leur ſoient indifférens : Il faut qu'ils ſe
ſoumettent ſi parfaitement à toutes les
volontés de Dieu, que rien ne les re-
bute, lorſqu'il s'agit de marcher dans
la voye de ſes Commandemens.

Ce ſaint Pape explique enſuite, qui
ſont ceux qui ſçavent vivre dans la pauvreté, ou dans l'abondance. » Celui-là,
» dit-il, ſçait vivre pauvrement, qui ne
» perd point courage, & qui ne tombe
» point dans l'abattement, lorſqu'il ſouf-
» fre l'indigence ; qui ne ceſſe point au
» milieu de la miſere la plus extrême
» qu'il éprouve, de rendre graces à
» Dieu, & qui n'en prend point occa-
» ſion de deſirer, ni de rechercher avec
» plus d'ardeur qu'auparavant les biens
» temporels. Celui-là, ajoute-t-il,
» ſçait vivre dans l'abondance, qui ne
» s'éleve point des biens qu'il poſſede ;
» qui ne s'en ſert point pour nourrir &

» pour entretenir fa vanité ; qui ne les
» retient pas pour lui feul ; mais'qui les
» partage charitablement avec ceux qui
» font dans le befoin.

Ces maximes des faints Peres doivent
convaincre les Lecteurs de la vérité de
ce que nous avons dit dès le commencement de ce Chapitre, que ceux qui
ne poffedent aucuns biens , ne méritent
pas toujours d'être mis au nombre des
véritables pauvres ; car il n'arrive que
trop fouvent que leur cœur eft plein de
cupidité pour les richeffes temporelles,
lors même qu'ils vivent dans une grande pauvreté à l'extérieur. L'on en voit
qui fe plaignent & qui murmurent de
ce qu'ils font privés des commodités de
la vie; comme fi les pauvres devoient
avoir tout à fouhait, & ne manquer jamais de rien. Il y en a plufieurs a qui la
pauvreté devient une occafion de chute
& de fcandale , & qui pour l'éviter, ou
pour en fortir, lorfqu'ils y font réduits,
s'abandonnent à de grands excès , &
commettent toutes fortes d'injuftices.
Et même parmi ceux qui paroiffent les
plus fages & les plus modérés, il eft rare
d'en trouver qui aiment leur état, qui
fçachent s'en contenter, qui fe réjouif-
fent de fouffrir la pauvreté ; & qui beniffent Dieu de ce qu'il les conduit par

cette voye. Ils tombent même quelquefois dans la préfomption ; ils s'attribuènt la gloire des bonnes œuvres qu'ils pratiquent, au lieu de la deférer à Dieu feul ; & ils deviennent orgueilleux au milieu de leur indigence, qui devroit contribuer à les humilier & à les anéantir à leurs propres yeux. Cependant les témoignages des faints Docteurs de l'Eglife que nous avons expliqués, prouvent avec évidence que les véritables pauvres doivent éviter tous ces défauts ; & que c'eft à tort que ceux qui y fuccombent, fe flatent d'être de leur nombre, & de pouvoir participer à leurs mérites, & aux récompenfes qui leur font préparées.

CHAPITRE IV.

Que ceux qui defirent continuellement d'être riches, & d'acquérir de grands biens, ne font pas de véritables pauvres devant Dieu.

NOUS avons infinué dans le Chapitre précédent, que ceux qui aiment & qui defirent les richeffes, ne font pas de véritables pauvres devant Dieu. Comme cette maxime eft très-importante dans la Morale Chrétienne, il faut la confirmer par les autorités des saints Peres de l'Eglise.

S. Basile expliquant ces paroles du Prophéte Royal : *Le pauvre a crié, & le Seigneur l'a exaucé*, dit que Dieu n'écoute pas favorablement toutes sortes de pauvres ; mais seulement ceux qui aiment la pauvreté, qui sont pauvres par choix & par inclination, & qui préférent la Loi de Dieu à tous les trésors du monde ; il soutient même, que ceux qui ne possédant rien à l'extérieur, desirent avec passion des richesses , & les recherchent avec trop d'avidité, nonseulement ne tirent aucun avantage de leur pauvreté ; mais que la cupidité qui régne dans leur cœur,les rend criminels aux yeux de Dieu, & mérite qu'il les condamne comme de véritables avares.

S. Ambroise enseigne, que ce n'est pas tant la possession extérieure des biens temporels, que l'ardeur avec laquelle on les desire, qui fait les riches : *Non census divitem , sed animus facit :* C'estpourquoi il regarde comme de véritables riches tous ceux qui aiment les ríchesses, & qui desirent avec trop d'empressement d'en acquérir : Il dit même qu'ils sont quelquefois plus coupables devant Dieu que tous les riches ; parceque ce ne sont pas les richesses , mais

Pf. 33.6.
In Pf.33.

Epist.lib.
3. Epist.
25.

l'affection des richesses qui rend les hommes criminels : *Non censûs , sed affectus in crimine est.* In cap. 6 Lucæ.

S. Augustin remarque à ce propos, Serm. 85. que, selon S. Paul, ce n'est pas proprement ceux qui sont déja riches, qui tombent dans les piéges du démon, mais ceux qui brûlent de desir pour les richesses, & qui cherchent à en acquérir. *Ceux* , dit cet Apôtre, *qui veulent deve-* 1. Tim. 6. 10. *nir riches , tombent dans la tentation & dans les piéges du diable , & en divers desirs inutiles & pernicieux , qui précipitent les hommes dans l'abîme de la perdition & de la damnation : car l'amour du bien est la racine de tous les maux.*

Il observe encore , que le même S. Paul, qui avertit son Disciple Timothée, d'ordonner aux riches d'être charitables & bienfaisans, de se rendre riches en bonnes œuvres , de donner l'aumône de bon cœur, de faire part de leurs biens à ceux qui en ont besoin, déclare que ceux qui veulent devenir riches , tombent, comme on vient de l'observer, dans la tentation & dans les piéges du diable ; & il conclut de là, que la principale obligation des pauvres est d'éviter les desirs & la recherche des biens temporels, comme celle des riches est de faire l'aumône , & de secourir ceux qui font dans la mifere.

In Pf. 85. C'eftpourquoi il foutient que les pauvres qui defirent de pofféder des richeffes, doivent être mis au nombre des riches, & que Dieu les regarde comme
s'ils en poffédoient déja, parcequ'il a
plus d'égard à la volonté qu'aux biens
extérieurs : *Non enim attendit Deus fa-*
cultatem, fed voluntatem.

Serm. 14. Il enfeigne même dans un de fes Sermons, qu'un riche qui a mis des bornes à fes richeffes & à fes defirs, eft plus
heureux & plus à eftimer, qu'un pauvre
qui penfe toujours à faire fortune,
& qui s'occupe continuellement des
moyens d'amaffer des biens temporels.
Cela eft très - véritable ; car un riche
qui fçait fe contenter de ce qu'il poffé-
de, & qui en fait un bon ufage, évite
une infinité de péchés & de tentations
que le defir immodéré des richeffes en-
traîne prefque toujours après foi : au
lieu que ceux qui travaillent à devenir
riches, font expofés aux mouvemens les
plus impétueux des paffions, étouffent
en plufieurs rencontres les remords de
leurs confciences, ferment les yeux à la
vérité, & fe laiffent fouvent aller à de
très-grandes injuftices, qui les précipitent enfuite dans des difgraces & dans
des malheurs qui les accablent, & dont

Dieu se sert pour les punir de leurs cupidités immoderées.

Ainsi, tous ceux qui ne possedent
rien à l'extérieur, ne sont pas pour cela
pauvres devant Dieu ; car souvent ils
regardent avec comp'aisance les richesses de la terre ; ils les desirent avec ardeur ; ils en recherchent avec empressement la possession, & ils s'estiment
malheureux d'en être privés. Il faut,
pour être un véritable pauvre, estimer
la pauvreté, la regarder comme un g'and
trésor, & la préférer à tous les biens du
monde. Il faut avoir le cœur & l'esprit
pauvre, c'est-à-dire, être détaché de
toutes les choses temporelles, les mépriser, & les considerer comme un véritable néant. Il faut louer Dieu, lorsque l'on souffre quelque nécessité, &
que l'on manque des choses nécessaires
à la vie. Il faut être content de son état,
ne point desirer d'en sortir, éviter même, si on ose le dire, les occasions de
s'enrichir & de faire fortune, ou au
moins ne les pas rechercher. Et parceque le nombre de ceux qui se conduisent selon ces maximes, est très-petit,
il est certain qu'il y a très-peu de véritables pauvres dans le monde, & même parmi les Chrétiens.

L'on ne prétend pas néanmoins que

tous ceux qui travaillent à acquérir des biens temporels par des voyes honnêtes & légitimes, & qui ne les desirent point avec trop d'empressement & d'inquiétude, péchent, ni qu'ils soient criminels devant Dieu ; car il est permis de pourvoir à sa propre subsistance, & les peres de famille sont obligés d'amasser du bien pour nourrir & pour entretenir leurs enfans. Mais l'on a seulement intention d'insinuer aux Fidéles, qu'ils doivent éviter la trop grande ardeur pour les biens de la terre ; & que ceux qui les recherchent avec une avidité insatiable, se privent de la gloire & du mérite de la pauvreté ; & que s'ils ne changent point de sentimens, ni de conduite, ils seront un jour à venir condamnés avec les avares & les riches injustes, dont le cœur aura été dominé par l'amour de leurs richesses.

CHAPITRE V.

L'on examine s'il est permis de prier pour obtenir des richesses & des biens temporels.

COMME la plûpart des pauvres, non-seulement desirent d'obtenir & d'amasser des biens temporels ; mais

qu'ils prient très-souvent Dieu de leur
en donner, & de les mettre en état d'en
acquérir, l'on croit qu'il eſt à propos
d'examiner à fond cette queſtion, s'il
eſt permis de demander à Dieu des biens
temporels, afin que les Fidéles, & ſurtout les pauvres, ſçachent comment ils
doivent prier, & quel objet ils peuvent
donner à leurs priéres.

S. Baſile inſtruiſant les Solitaires,
leur parle d'une maniere à faire croire,
qu'il n'eſt point permis de prier pour des
choſes temporelles. » Lorſque vous **Conſti.**
» vous appliquez à la priére, leur dit-il, **Mona-**
» prenez bien garde de ne pas demander **ſtic. c. 16.**
» à Dieu une choſe pour une autre, de
» peur de l'irriter contre vous. Ne lui de-
» mandez ni les richeſſes, ni la gloire
» humaine, ni l'autorité & la puiſſance,
» ni nulle autre choſe du nombre de cel-
» les qui paſſent ſi promptement ; mais
» demandez-lui le Royaume de Dieu,
» & il vous donnera tout ce qui vous
» eſt néceſſaire pour la ſubſiſtance de
» votre corps, ainſi qu'il a lui-même
» dit: Cherchez premiérement le Royau-
» me & la Juſtice de Dieu, & toutes ces
» choſes vous ſeront données comme
» par ſurcroit. Ne lui demandez ni les
» richeſſes, ni la gloire du monde, ni la
» ſanté du corps: car c'eſt lui qui vous

» a formé ; il connoît ce qui eſt utile à
» chacun de vous, ou de la ſanté, ou de
» la maladie, & il aura ſoin de votre
» conſervation.

» Notre Roy, ajoute-t-il, eſt très-
» magnifique & très-majeſtueux; il ſouf-
» fre avec peine que nous ne lui deman-
» dions que des choſes baſſes & de vil
» prix,& que nous ne le pryions de nous
» donner que ce qui ne nous eſt nulle-
» ment avantageux. Ne l'irritez donc
» point par votre priére, & ne lui de-
» mandez que des choſes qui méritent
» de vous être accordées par la libérali-
» té d'un Roy & d'un Dieu.

Mais on a déja obſervé que ce ſaint
Docteur adreſſe ces paroles à des Solitaires, qui ſont obligés de tendre à la
vertu la plus éminente, & qui ne doivent ſoupirer qu'après le Ciel : c'eſtpourquoi ce n'eſt pas là une régle que
l'on puiſſe propoſer à tous les Fidéles,
car ils n'ont pas toujours les mêmes
dons de la grace que ceux qui vivent
dans une entiére ſéparation du monde ;
& on ne doit pas par conſéquent exiger
d'eux la même perfection. Ainſi il faut
paſſer aux autres ſaints Peres qui ont
écrit pour l'inſtruction de tous les enfans de l'Egliſe, même de ceux qui ſont
engagés dans le ſiécle.

S. Ambroife enfeigne que les Chrétiens qui ont le Ciel pour patrie, ne devroient point prier Dieu pour obtenir de lui des biens temporels, qui font toujours très-peu confidérables, & qui ne peuvent contribuer qu'à les attacher à la terre. » Lorfque vous priez, leur » dit il, demandez de grandes chofes, » c'eft-à-dire, les biens éternels, & non » pas ceux qui font caducs & périffa- » bles. Demandez des biens céleftes & » divins, afin d'imiter les Anges du Ciel. » Ne demandez point de l'argent, car » il eft fujet à la rouille : ne demandez » point de l'or, car ce n'eft qu'un fim- » ple métal : ne demandez point des hé- » ritages, car ils ne font que de la terre. » Les priéres que l'on fait pour ces for- » tes de chofes, ne montent point juf- » qu'au trône de Dieu, & il n'écoute » que celles qu'on lui adreffe pour obte- » nir des biens qui foient dignes d'être » accordés par fa fouveraine magnifi- » cence.

In Octc var. 12. Pf. 118.

Ce faint Docteur dit encore en un au-tre lieu, que les Fidéles ne devroient efpérer & rechercher que les biens éter-nels. Mais il ajoute que fi leur foibleffe les porte à defirer les temporels, ils font au moins obligés de ne les demander qu'à Dieu feul, de qui tout procéde, &

De Abel &Cain,l. 1. c. 5.

qui eſt le Maître & le Seigneur de l'U-
nivers.

Hom. 2.
in Evang. S. Gregoire expliquant l'Hiſtoire de
l'Aveugle de Jéricho, obſerve, qu'il ne
demanda rien autre choſe à J. C. que la
Luc. 18.
41. vûe ; qu'il ſe contenta de lui dire, *Domine, ut videam : Seigneur, faites que je
voye* ; & qu'il ne le pria point de lui donner des richeſſes, ni aucune des commodités de la vie préſente, quoiqu'il fût
fort pauvre. Il ajoute que l'exemple de
cet homme doit nous apprendre à ne
point demander à Dieu des honneurs,
ni des biens temporels, mais ſeulement
la lumiére intérieure, qui éclaire nos
ames, afin que nous puiſſions connoître nos devoirs & nos obligations.

Mat. 6.
33.
Lib. 15.
Moral.
c. 27. Ce ſaint Pape conſidérant que J. C.
dit dans l'Evangile : *Cherchez premiérement le Royaume & la Juſtice de Dieu,
& toutes les autres choſes vous ſeront données comme par ſurcroît*, remarque que ce
divin Sauveur veut nous apprendre par
ces paroles, que les biens ſpirituels &
éternels ſont notre unique néceſſaire,
& que toutes les choſes de la terre ne
nous ſont données que comme un ſup-
plément & un viatique, à cauſe des néceſſités de la vie préſente. Il ſoutient
que ceux qui ne prient que pour obtenir
les biens préſens, & qui ne penſent

point aux éternels, s'attachent à l'ac-
cessoire, & oublient le principal. C'est
un reproche que l'on pourroit faire à
une infinité de Chrétiens ; car combien
y en a-t-il qui négligent les biens éternels, & qui ne s'en occupent jamais,
pendant qu'ils donnent tout leur tems
& toute leur application à ceux de la
terre, & qu'ils font des vœux & des
priéres pour les obtenir, & pour s'en
conserver la possession ?

Quoique S. Bernard ait principalement écrit pour l'édification & pour
l'instruction des Moines & des Solitaires, il a néanmoins parlé de cette question, Si l'on peut prier pour les biens
temporels ? & il n'a pas même été si sé-
vére, ni si rigide à cet égard que S. Ambroise & S. Gregoire : car il demeure
d'accord qu'on peut, ou plûtôt qu'on
doit demander à Dieu trois sortes de
biens, sçavoir ceux du corps, ceux de
l'ame, & ceux de l'éternité. » Ne vous
» étonnez pas, dit-il à ses Religieux
» dans un de ses Sermons, si je vous dis
» qu'il faut demander à Dieu les biens
» du corps ; car ils procedent de lui aus-
» si-bien que ceux de l'esprit, & c'est de
» sa main libérale que nous les rece-
» vons. Nous devons donc le prier de
» nous les donner, afin que nous puis-

Serm.
5. in
Quadr.

» fions le fervir , & lui rendre le culte
» qui lui eft dû. Mais nous fommes obli-
» gés de faire des priéres beaucoup plus
» fréquentes & plus ferventes pour les
» néceffités de notre ame , c'eft-à-dire,
» pour obtenir la grace de Dieu , & les
» vertus Chrétiennes. Et pour ce qui eft
» de la vie éternelle , où nous jouirons
» d'une fouveraine beatitude quant au
» corps & quant à l'ame , nous devons
» la demander à Dieu de toute la pléni-
» tude de notre cœur.

» Mais il y a trois défauts & trois
» écueils à craindre & à éviter dans ces
» trois fortes de demandes : la fuper-
» fluité dans la premiére ; l'impureté
» dans la feconde ; la préfomption dans
» la troifiéme : car on recherche quel-
» quefois les biens temporels pour le
» plaifir & pour la volupté : plufieurs
» s'efforcent d'acquérir les vertus par
» pure oftentation , & dans le deffein de
» fe faire eftimer ; & il y en a qui man-
» quant d'humilité , s'imaginent que la
» vie éternelle eft dûe à leurs mérites.
» Lorfque nous parlons ainfi , nous n'a-
» vons pas deffein de nier que les graces
» que nous avons reçues , ne fortifient
» nos priéres , & ne nous mettent en
» état de prier avec confiance : mais
» nous voulons marquer qu'elles ne

» nous donnent pas une entiere certi-
» tude d'obtenir tout ce que nous de-
» mandons, & qu'elles nous doivent
» seulement porter à espérer que la
» même miséricorde qui nous les a dé-
» parties, nous en accordera encore de
» plus abondantes.

» Il faut donc, ajoute ce Pere, lors-
» que nous prions pour les choses tem-
» porelles, nous restraindre au seul né-
» cessaire ; lorsque nous demandons à
» Dieu les vertus Chrétiennes, éviter
» toute impureté d'intention, & nous
» soumettre à sa sainte volonté ; & lors-
» que nous prions pour obtenir la vie
» éternelle, le faire avec beaucoup
» d'humilité, ne presumer que de la mi-
» séricorde divine, & n'espérer qu'en
» elle seule.

» Ainsi, bien-loin que S. Bernard dé-
» fende aux Fidéles de prier pour les
» biens temporels, il les y porte au con-
» traire ; mais il les avertit de ne les pas
» demander à Dieu pour en faire la ma-
» tiere de leur luxe & de leurs débau-
» ches, & de ne les rechercher que pour
» les nécessités de la vie présente.

S. Thomas enseigne aussi qu'on peut
prier pour obtenir les biens temporels,
poúrvu néeanmoins qu'on n'en fasse
pas sa fin derniere, & qu'on ne les re-

cherche que par rapport à l'autre vie.

2. 2. q.
83. art.
6.

» Il eſt permis, dit-il, de demander
» à Dieu dans la priére, ce qu'il eſt per-
» mis de deſirer : or il eſt permis de de-
» ſirer les biens temporels, non pas pour
» eux-mêmes, ni pour en faire ſa fin der-
» niere, mais comme des moyens dont
» on ſe ſert pour tendre à la beatitude.
» Et en effet, ils ne contribuent pas ſeu-
» lement à entretenir la vie de nos corps;
» ils cooperent même aux œuvres de pié-
» té que nous pratiquons ; & par conſé-
» quent il eſt licite de les demander à
» Dieu, & de le prier pour les obtenir.

Pour ce qui eſt de S. Auguſtin, il a
parlé de cette queſtion en pluſieurs de
ſes ouvrages, & il l'a traitée avec toute
l'exactitude poſſible; c'eſt pourquoi nous
avons réſervé l'explication de ſa doctrine après celle des autres ſaints Peres,
afin de pouvoir l'expoſer aux Lecteurs
avec plus d'étendue, & d'en tirer les
conſéquences néceſſaires.

In pſal.
11. & 25.

Il enſeigne, qu'invoquer, c'eſt appeller quelqu'un à ſoi, & vouloir lui être
uni ; & que par conſéquent ceux qui ne
prient Dieu que pour obtenir de lui des
biens & des avantages temporels, ne
l'invoquent pas, mais les choſes qu'ils
deſirent obtenir par ſon moyen, & qu'ils
s'efforcent de le rendre le miniſtre de

leur avarice & de leurs paſſions. » Vous
» invoquez , dit-il, ce que vous aimez,
» vous invoquez ce que vous recher-
» chez, vous invoquez ce que vous voulez
» recevoir. C'eſt pourquoi ſi vous priez
» Dieu pour avoir de l'argent pour ac-
» quérir un héritage, pour obtenir une
» dignité ſéculiere, vous invoquez, à pro-
» prement parler, ces choſes que vous
» deſirez ,& vous demandez à Dieu qu'il
» favoriſe vos cupidités, & qu'il les faſſe
» réuſſir. O avare, ajoute ce Pere, pour-
» quoi invoquez-vous Dieu ? C'eſt afin   c enc.
» qu'il vous fourniſſe les moyens de fai- in Pſ. 30.
» re un gain conſidérable. Vous ne l'in-
» voquez donc pas , mais ce gain tem-
» porel. Parceque votre ſerviteur , vo-
» tre fermier , vos vaſſaux, vos Officiers
» ne ſçauroient vous procurer le gain
» que vous recherchez , vous invoquez
» Dieu : c'eſt donc vous ſervir de lui
» pour parvenir à ce gain ; c'eſt par
» conſéquent lui faire injure & le mé-
» priſer.

Il ſoutient que ceux qui ne prient & Serm. 251
qui n'adorent Dieu que pour obtenir de
lui des biens temporels, appartiennent
à l'ancien Teſtament, quoiqu'ils vivent
ſous le nouveau ; que portant à l'extérieur le nom de Chrétiens, ils ſont de
véritables Juifs quant au cœur & à l'eſprit,& qu'on les doit conſiderer comme

des mercenaires & des efclaves.

In Pf. 51. Il déclare que les Chrétiens doivent fervir Dieu gratuitement, & l'aimer d'un amour chafte, c'eft-a-dire, à caufe de lui-même, & non pas à caufe des biens In Pf. 32. extérieurs qu'il leur donne ; que comme une femme doit aimer fon mari, & s'attacher à lui à caufe de lui-même, & non pas à caufe e fes richeffes ; & qu'elle feroit très-criminelle, fi elle l'abandonnoit lorfqu'il tombe dans la pauvreté, & qu'il n'eft plus en état de lui rien donner ; ils font auffi obligés de fervir & d'aimer Dieu à caufe de lui-même, & non pas pour obtenir de lui des biens & des avantages temporels, & que s'ils ceffent de l'adorer & de lui être fidéles, dès qu'il ne les comble plus de biens, ils font connoître qu'ils font des merce- In Pf. 55. naires & des ames venales. » Mes Fre-
» res, ajoute ce faint Docteur, aimons
» Dieu d'une maniere pure & chafte,
» c'eft-à-dire, fans efpérer aucune ré-
» compenfe : car celui-là n'a pas le cœur
» chafte, qui ne fert Dieu que dans la
» vûe de la récompenfe. Mais quoi, di-
» rez-vous, Ne ferons-nous point ré-
» compenfés du culte que nous rendons
» à Dieu ? Nous le ferons fans doute ;
» mais Dieu fera lui-même la récom-
1. Joan. » penfe de notre culte ; car *Nous le ver-*
5. 2. *rons*

rons tel qu'il est ; & J. C. dit lui-même :
Celui qui m'aime, garde mes Commande- Joan.
mens : celui qui m'aime, sera aimé de mon 14. 21.
Pere, & je l'aimerai aussi ; & je me dé-
couvrirai à lui.

Ce grand Saint reconnoît néanmoins qu'on peut & qu'on doit même
demander à Dieu les biens temporels ,
parcequ'ils viennent de lui, comme de
leur source & de leur origine , parcequ'il les accorde aux hommes par pure
bonté, parcequ'il en dispose selon son
bon plaisir : mais il marque en même
tems comment il les faut désirer , &
avec quelles conditions on doit lui en
demander la jouissance.

Il avertit les Fidéles de n'en pas con- In Psal.
cevoir une grande estime , & de les re- 61.
garder au contraire comme des choses
très-peu considerables, parcequ'ils sont
communs à tous les hommes, & que
Dieu les donne indifféremment aux
bons & aux méchans. Il soutient que
c'est un extrême aveuglement de les
poursuivre & de les rechercher avec ardeur , comme font la plûpart des gens
du monde. Il ajoute, que si on les demande à Dieu, on ne doit pas les lui demander tout seuls , ni pour eux-mêmes,
mais par rapport à la vertu & au salut
éternel.

T

Il dit qu'il y a cette difference entre
les biens futurs, & ceux de cette vie,
qu'on peut & qu'on doit même prier
Dieu de toute la plenitude de son cœur
pour obtenir les premiers ; au lieu qu'il
ne faut lui demander les autres qu'avec
réserve & avec retenue, & même en
tremblant, de peur d'en recevoir quelque préjudice, & d'y trouver des occasions de chute & de scandale.

Il conclut enfin, que les Chrétiens ne
doivent demander à Dieu les biens temporels que sous cette condition, si c'est
sa sainte volonté, & s'ils leur sont utiles
pour leur sanctification. » Mes freres,
» leur dit il, lorsqu'il s'agit des choses
» temporelles, nous vous avertissons, &
» nous vous exhortons de ne rien de-
» mander à Dieu de déterminé; mais de
» vous contenter de le prier de vous
» donner ce qu'il sçait vous être le plus
» avantageux : car vous ne connoissez
» pas vous-mêmes ce qui vous est le
» plus utile : quelquefois ce que vous
» croyez vous être utile, vous nuit ;
» & ce que vous pensez vous être nui-
» sible, vous est très-utile : vous êtes
» des malades, & il ne vous appartient
» pas de prescrire à votre Medecin
» quels remedes il doit vous appliquer
» pour vous guerir,

Tous les Fidéles, tant les riches que les pauvres, trouvent dans ces maximes des saints Peres des regles très-importantes pour leur conduite.

1°. Ils devroient être tellement détachés des biens temporels, qu'ils ne penfaffent qu'à ceux de l'éternité: il faudroit qu'ils euffent tant d'ardeur & tant de zéle pour la vertu & pour la perfection Chrétienne, qu'ils ne reffentiffent que de l'indifference pour le monde,& pour tout ce qui lui appartient : il feroit à fouhaiter qu'ils oubliaffent jufqu'à un tel point la terre, que toute leur converfation fût dans le Ciel, pour ufer des termes de l'Apôtre. S'ils étoient dans ces faintes difpofitions, prefque toutes leurs prieres ne regarderoient que le Ciel, & il feroit très-rare qu'ils euffent même la penfée de prier pour des chofes temporelles. L'on pourroit alors leur propofer la doctrine de S. Bafile & de S. Ambroife, & les porter à n'offrir leurs vœux à Dieu que pour obtenir de lui des dons fpirituels, les vertus Chrétiennes, la grace fanctifiante, & la gloire éternelle.

2°. Comme les biens temporels nous font néceffaires pendant cette vie mortelle, & qu'ils viennent de Dieu, on peut les lui demander : mais il ne faut

pas en faire le capital de ses prieres : car
si l'on en usoit de la sorte, l'on seroit
mercenaire, l'on imiteroit les Juifs; l'on
se conduiroit par l'esprit de la Loi écrite, qui étoit un esprit de servitude ; on
n'invoqueroit pas Dieu, mais les choses temporelles que l'on rechercheroit,
& l'on auroit en quelque maniere dessein de le rendre le ministre & le complice de son avarice & de ses passions.

Il faut se restraindre au seul nécessaire, & ne rien demander qui puisse fa-
voriser l'ambition, la vanité , & la mollesse de la vie.

Il ne les faut demander que sous cette
condition , si c'est la volonté de Dieu,
& si l'on en peut tirer quelque utilité
pour le salut éternel.

Il faut, lorsque l'on prie pour les
obtenir , élever son esprit vers le Ciel,
redoubler son ardeur pour les biens spirituels & éternels , & demander à Dieu
sa grace avec beaucoup plus de zéle &
de ferveur qu'on ne lui demande tous
les avantages temporels.

Mais la plûpart des hommes se conduisent d'une maniere toute opposée :
ils ne pensent qu'aux biens de ce monde; ils s'en occupent entiérement , ils
les désirent & ils les recherchent de toute la plenitude de leur cœur ; & cepen-

dant ils n'ont que de l'indifference & de la froideur pour ceux de l'autre vie ; ils ne s'appliquent point à les considerer ; ils ne les désirent pas même. De là vient qu'ils prient continuellement, & avec une ardeur extraordinaire pour les richesses de la terre, pour les honneurs du siecle, pour la santé de leurs corps, & pour l'avancement de leur fortune ; & qu'ils ne demandent point à Dieu les vertus Chrétiennes, & les biens de l'éternité, ou qu'ils ne les lui demandent que par coutume, que du bout des levres, sans ferveur, sans application, & même sans les désirer. Ainsi l'on peut leur appliquer ces paroles du Pseaume : *Dominum non invocaverunt : ils n'ont point prié ; ils n'ont point invoqué le Seigneur :* car ils ne le prient, & ils ne l'invoquent que pour des néans, & pour des choses qu'ils devroient négliger & mépriser ; & ils ne lui demandent point les biens souverains & éternels, qui devroient occuper toutes leurs pensées, & faire les chastes délices de leur cœur.

CHAPITRE VI.

L'on examine s'il est permis d'avoir soin du lendemain, si l'on peut penser à l'avenir : & si l'on ne fait rien d'illegitime en usant de prévoyance dans ce qui regarde les choses temporelles.

IL sera aussi très-utile aux pauvres de sçavoir, s'il leur est permis de penser à l'avenir, de pourvoir non-seulement à leurs besoins presens, mais aussi à ceux qu'ils pourront éprouver dans la suite, de reserver & d'amasser quelque chose pour s'en servir lorsqu'ils seront vieux, infirmes, & malades. Cela regarde aussi les riches; car ils ont grand intérêt d'être instruits de la maniere dont ils doivent se conduire dans l'administration de leurs biens par rapport à l'avenir, afin de ne rien faire d'illegitime, & qui puisse les souiller devant Dieu.

Pour éclaircir cette difficulté, il faut avoir recours à l'Ecriture & aux saints Peres de l'Eglise. J. C. dit à ses Disciples dans le Sermon de la Montagne: *Ne vous mettez point en peine où vous trouverez de quoi manger pour le soutien de votre vie, ni d'où vous aurez des vêtemens pour couvrir votre corps : la vie n'est-elle pas plus que la nourriture, & le corps*

Matth. 6. 25. & seq.

plus que le vêtement ? Confiderez les oifeaux du Ciel : ils ne femenc point, ils
ne moiffonnent point , & ils n'amaffent
point dans des greniers : mais votre Pere
celefte les nourrit : n'êtes-vous pas beaucoup plus excellens qu'eux ? Et qui eft celui d'entre vous qui puiffe avec tous fes
foins ajouter à fa taille la hauteur d'une
coudée ? Pourquoi auffi vous mettez-vous
en peine pour le vêtement ? Confiderez
comment croiffent les lys des champs: ils
ne travaillent point , & ils ne filent point,
& cependant je vous déclare que Salomon
même dans toute fa gloire n'a jamais été
vêtu comme l'un d'eux. Si Dieu a donc
foin de vêtir de cette forte une herbe des
champs, qui eft aujourd'hui , & qui fera
jettée demain dans le four : combien aura-
t il plus de foin de vous vêtir , ô homme de
peu de foi ? Ne vous mettez donc point en
peine , & ne dites point : Où trouverons-
nous de quoi manger, de quoi boire , de
quoi nous vêtir , comme font les Payens
qui recherchent toutes ces chofes : car votre Pere fçait que vous en avez befoin.
Cherchez donc premierement le Royaume & la Juftice de Dieu, & toutes ces chofes vous feront données comme par fur-
croît. C'eft pourquoi ne vous mettez point
en peine pour le lendemain : car le lendemain fe mettra en peine pour lui-même.
A chaque jour fuffit fon mal.   T iiij

S. Pierre adreſſe ces paroles à tous les

1. Petr.
3. 6. 7.

Fidéles : *Humiliez-vous ſous la puiſſante main de Dieu, afin qu'il vous éleve quand le tems en ſera venu, jettant dans ſon ſein toutes vos inquiétudes, parcequ'il a ſoin de vous.*

S. Paul défend aux Chrétiens, toutes ſortes d'inquiétudes. *Ne vous inquiétez de rien*, leur dit-il dans ſon Epître aux Philippiens : *mais en quelque état que vous ſoyiez, preſentez à Dieu vos deman-des par des ſupplications & des prieres accompagnées d'actions de graces.*

Philip.
5. 6.

Le Roy Prophéte déclare, que tou-tes les inquiétudes des hommes leur ſont inutiles, & qu'ils n'en tirent aucun avantage : *Certes*, dit-il, *tout homme vivant eſt un abîme de vanité : l'homme paſſe ſa vie dans des ombres, & c'eſt en vain qu'il s'inquiéte : il amaſſe des tréſors, & il ne ſçait qui en recueillera le fruit.*

Pſ. 38.8.
9. 10.

Les ſaints Peres qui ont interprété ces divins Oracles, nous marquent en particulier quels ſoins & quelles inquié-tudes l'Ecriture défend aux Fidéles ; ainſi il faut entrer dans le détail de leur doctrine.

S. Jean Chryſoſtome expliquant dans un de ſes Sermons ces paroles de J. C. que nous avons déja citées : *Conſi-derez les oiſeaux du Ciel, ils ne ſement point, ils ne moiſſonnent point, & ils n'a-*

massent rien dans des greniers ; mais vôtre Pere celeste les nourrit : n'êtes-vous pas beaucoup plus excellens qu'eux ? parle ainsi à ses Auditeurs : » Quoi donc me » direz-vous , voulez-vous nous em- » pêcher de semer ? J. C. ne défend » point de semer ; mais il défend d'avoir » trop de soin de ce qui est même le » plus nécessaire : il ne défend point de » travailler ; mais il ne veut pas qu'on » travaille avec défiance & avec inquié- » tude. Il vous permet, & il vous com- » mande même de vous nourrir ; mais » il ne veut pas que ce soin vous tour- » mente , & vous embarrasse l'esprit.

Hom. 21 in Matth.

» Retranchons à l'avenir , ajoute ce » saint Docteur , tous ces soins qui ne » contribuent qu'à nous déchirer inuti- » lement l'esprit, puisque soit que nous » nous inquiétions, ou que nous ne nous » inquiétions pas , c'est Dieu seul qui » nous donne toutes ces choses , & » qui nous les donne d'autant plus » abondamment que nous nous en in- » quiétons moins. A quoi nous servi- » ront tous nos soins , tous nos em- » pressemens , & tous nos troubles, » qu'à nous tourmenter, & à nous fai- » re ressentir la douleur de nous y être » abandonnés ? Celui qui est invité à un » festin magnifique, ne se met pas en

Homil. 22. in Matth.

T v

» peine s'il y trouvera de quoi man-
» ger ; & celui qui va à une source, ne
» s'inquiéte point s'il y étanchera sa
» soif. Puis donc que nous avons la
» providence de Dieu qui est plus ma-
» gnifique que les festins les plus som-
» ptueux, & plus abondante que les
» sources les plus profondes, ne nous
» inquiétons point, & n'entrons point
» dans la défiance.

Ainsi, selon S. Chrysostome, J. C.
ne nous empêche pas de travailler, de
pourvoir à nos besoins temporels, ni de
penser à l'avenir ; mais il nous défend
de le faire avec trouble, & avec inquiétude ; & il veut que lors même que
nous travaillons, & que nous prenons
les précautions nécessaires pour nous
établir, & pour nous assurer de quoi
vivre, nous nous reposions uniquement
sur sa providence, que nous n'espérions
qu'en sa bonté, & que nous soyions
persuadés que lui seul peut bénir nos
travaux, & faire réussir nos entreprises.

S. Jerôme examinant ces autres paroles de J. C. *Ne vous mettez point en*
peine où vous trouverez de quoi manger
pour le soutien de votre vie, ni d'où vous
aurez des vêtemens pour couvrir votre
In cap.
6 Matt. *corps*, observe aussi que ce divin Sauveur ne nous interdit pas les soins rai-

fonnables & neceſſaires qui regardent
la vie préſente, mais ſeulement les vaines inquiétudes qui ne ſervent qu'à
nous troubler, & qui ſont preſque toujours une marque de l'imperfection de
notre foi, & de notre peu de confiance en
la bonté & en la providence de Dieu.

S. Gregoire Pape eſt dans la même
penſée, que J. C. en nous défendant
de nous mettre en peine pour le lendemain, ne nous défend pas de penſer aux
néceſſités de la vie préſente : Il croit même qu'il nous permet tacitement de
nous y appliquer, pourvu que ſe ſoit
ſans nous troubler, ſans porter trop loin
notre prévoyance, ſans nous défier de
ſa bonté paternelle, & ſans nous appuyer ſur notre propre ſageſſe; car ayant
rapporté ces paroles de J. C. *Ne vous*
mettez point en peine pour le lendemain,
& ces autres de S. Paul : *N'ayez point*
ſoin de votre chair pour accomplir ſes con-
voitiſes, il dit que tant que l'on vit dans
cette chair corruptible, on ne peut pas
en abandonner entiérement le ſoin,
mais qu'on le doit modérer avec prudence & avec diſcretion. Il ſoutient que
le Sauveur ne nous défendant que l'inquiétude du lendemain, & ne parlant
que de l'avenir, ne veut pas nous interdire toutes ſortes de ſoins par rap-

Lib. 9
Moral. c
40.

Matth.
6. 34.

Rom.
14. 14.

E vj.

port au prefent ; & il ajoute que S. Paul retranchant les foins de la chair qui regardent l'accompliffement des convoitifes , ne les condamne pas lorfqu'ils fe rapportent aux néceffités de la vie préfente,

Matth. 6. 33.
S. Auguftin obferve, que J. C. difant: *Cherchez premierement le Royaume & la Juftice de Dieu*, ne nous défend pas abfolument de chercher les chofes temporelles; mais qu'il veut que nous cherchions d'abord le Royaume de Dieu , De Serm. Dom. in monte , lib. 2. c. 16. & enfuite les biens de la terre : qu'il veut que nous regardions le Royaume de Dieu comme notre bien principal & effentiel , & que nous y rapportions tout le refte : qu'il veut que nous établiffions notre fin derniere dans le Royaume de Dieu , & que nous nous fervions des biens de la terre comme de moyens & de dégrés pour nous y élever.

Matth. 6. 34.
Ce faint Docteur expliquant ces autres paroles de J. C. *Ne vous mettez point en peine pour le lendemain*, dit qu'il faut bien prendre garde, lorfqu'on voit quelque ferviteur de Dieu qui a foin que Ibid. 6. 37. les chofes néceffaires à la vie ne lui manquent point, ou à ceux de qui la conduite lui a été confiée , de ne pas juger auffitôt qu'il contrevient à ce Comman-

dement de Notre Seigneur , & qu'il se
met en peine pour le lendemain , puisqu'on voit dans l'Ecriture que J. C. qui Joan.
étoit servi par les Anges, a bien voulu 12.
avoir quelque argent en reserve , & une
bourse pour le garder : que les Apôtres Act. 11.
prévoyant une famine qui devoit arriver , firent des provisions : & que S. 1. Thess.
Paul travailloit des mains pour avoir 2.
de quoi vivre. Il ajoute , qu'il paroît par 2. Thess. 4.
tous ces exemples, que Notre Seigneur 1.
ne condamne pas ceux qui recherchent
les choses necessaires à la vie , mais
seulement ceux qui servent Dieu pour
les avoir , en sorte que leurs actions
n'ont pas pour fin son Royaume , mais
l'acquisition de ces biens passagers. Il
conclut ensuite , que ce Commandement de J. C. Cherchez premiérement
le Royaume & la Justice de Dieu , se
réduit à cette regle , d'avoir en vue le
Royaume de Dieu, lorsque nous recherchons ces sortes de biens.

S. Thomas enseigne aussi, que Dieu 1. 2. q.
ne défend pas les soins raisonnables & 108. art.
nécessaires qui regardent les choses 3. ad 5.
temporelles , & qu'il ne condamne que 55 art.
ceux qui sont mal reglés & à contre- 6. & 7.
tems ; & il marque en particulier les
défauts qu'on doit y éviter.

Il dit 1o. Qu'il faut prendre garde de

tems de la famine qu'il prévoyoit, juſtifie, auſſibien que celui de J. C. & des
Apôtres, que S. Auguſtin allegue, qu'il
eſt légitime d'uſer de prévoyance pour
l'avenir.

Prov. 6. Ils ajoutent, que le Sage veut auſſi
6. 7. 8. nous-inſinuer cette vérité, lorſqu'il renvoye les pareſſeux à la fourmi, pour
apprendre d'elle à travailler, & à faire
tout ce qui dépend d'eux pour avoir de
quoi ſubſiſter.

Ils ſoutiennent même que ſi on ne
penſoit point à l'avenir, le genre humain periroit en peu de tems, parcequ'on ne laboureroit point la terre,
qu'on ne planteroit point d'arbres,
qu'on n'entreprendroit point d'édifices,
qu'on ne penſeroit point à pourvoir ſes
enfans, ni à leur épargner du bien, &
qu'on négligeroit de travailler pour la
poſterité.

Il eſt donc conſtant, que non-ſeulement les pauvres, mais tous les hommes, peuvent s'occuper du ſoin des choſes temporelles, & penſer à l'avenir;
qu'ils y ſont obligés en une infinité de
rencontres; qu'ils ſe rendroient même
coupables, s'ils ne le faiſoient pas : mais
il faut qu'ils évitent de tomber dans
les défauts que condamnent les ſaints
Peres & les Docteurs de l'Egliſe, com-

me on l'a expliqué dans toute la suite de ce Chapitre.

CHAPITRE VII.

Que les pauvres ne doivent point presu-
mer de leur pauvreté, ni s'y confier :
qu'ils font obligés de témoigner beau-
coup de gratitude & de reconnoissance
à ceux qui les assistent ; mais qu'il ne
leur est point permis de s'y attacher,
ni de les regarder comme leurs seuls
& véritables protecteurs.

L'O N trouve partout des perils &
des écueils, & il n'y a point de
condition où l'on n'ait plusieurs défauts
à combattre & à éviter. J'ai éprouvé, *2. Cor.*
dit S. Paul, *des perils au milieu des vil-* *11. 26.*
les : J'ai éprouvé des perils au milieu des
déserts : J'ai éprouvé des perils sur la mer.
Ainsi il ne faut pas s'imaginer que les
pauvres n'ayent rien à craindre, ni
qu'ils puissent vivre dans une pleine se-
curité : Ils ont leurs défauts & leurs imperfections, comme tous les autres
hommes ; & ils font obligés de les
combattre & de les surmonter.

S'il n'est point permis aux riches de
présumer de leurs richesses, ni de s'y
confier ; les pauvres ne doivent pas non

plus se prévaloir de leur pauvreté, ni
mettre leur confiance ; car elle leur deviendroit très nuisible ; & bien-loin de
les sanctifier, elle contribueroit à leur
perte & à leur ruine. Il faut qu'ils soient
persuadés que l'on peut en faire un
très-mauvais usage aussibien que des richesses, & que la damnation sera également le partage des méchans pauvres
& des méchans riches. Il faut qu'ils fassent réflexion qu'il ne suffit pas de souffrir la privation extérieure des biens de
la terre ; mais qu'on doit en avoir le
cœur vuide & entiérement dégagé. Il
faut qu'ils considérent que tous ceux
qui vivent dans un état, qui est saint &
parfait par lui-même, ne sont pas saints
ni parfaits. Il faut qu'ils apprennent de
S. Paul, que tous ceux qui courent dans
la carriere, ne remportent pas le prix ;
mais ceux-là seulement qui la fournis-
sent jusqu'à la fin avec un courage infatigable. Il faut qu'ils se souviennent
que ce même Apôtre avertit tous les
Fidéles d'opérer leur salut avec crainte
& avec tremblement ; & qu'il dit que
celui qui est debout, doit bien prendre
garde de ne pas tomber.

Ces considerations les maintiendront
dans une humble défiance d'eux-mêmes, & leur feront comprendre qu'ils

2. Cor.
9. 24.

Philip.
2. 22.
1 Cor.
10. 12.

ne doivent pas s'élever dans le secret
de leur cœur, ni se croire parfaits, sous
prétexte qu'ils vivent dans la pauvreté,
puisqu'on en peut abuser , & qu'elle est
souvent une source de péchés & de corruption pour ceux qui ne la regardent
pas par les yeux de la foi , & qui n'ont
pas soin de la sanctifier par une vie sainte & irréprochable , & par les exercices de la charité.

Outre la présomption , les pauvres
ont encore à combattre l'ingratitude :
car il n'arrive que trop souvent, qu'ils
n'ont pas soin de remercier les riches
qui leur font l'aumône,& qui les secourent dans leur misere ; qu'ils négligent,
& qu'ils refusent même de rendre les
sommes qu'on leur a prêtées pour les
tirer de quelque mauvaise affaire; qu'ils
évitent de voir ceux à qui ils ont les
dernieres obligations , & qu'ils les
fuient même ; qu'ils traitent leurs bienfaicteurs comme s'ils étoient leurs véritables ennemis, & qu'ils s'emportent
quelquefois jusqu'à un tel excès, qu'ils
les outragent de paroles, qu'ils ternis-
sent leur réputation , & qu'ils publient
contr'eux de noires calomnies , pen-
sant se décharger par-là des biensfaits
qu'ils ont reçûs de leur part, & pouvoir
faire croire dans le public qu'ils ne leur
font plus redevables.

L'Ecclesiastique nous décrit les différens dégrés d'ingratitude où ils tombent. *Plusieurs*, dit il, *ont regardé ce qu'ils empruntoient, comme s'ils l'avoient trouvé, & comme s'il étoit à eux, & ont fait de la peine à ceux qui les avoient secourus. Ils baisent la main de celui qui leur prête son argent, jusqu'à ce qu'ils l'ayent reçû, & ils lui font des promesses avec des paroles humbles & soumises. Mais quand il faut rendre, ils demandent du tems; ils font des discours pleins de chagrin & de murmure, & ils prennent prétexte que le tems est mauvais. S'ils peuvent payer ce qu'ils doivent, ils s'en défendent d'abord, & après cela ils en rendent à peine la moitié, & ils veulent que l'on considere ce peu comme un gain que l'on fait. Que s'ils n'ont pas de quoi rendre, ils font perdre l'argent à leur creancier; ils encourent gratuitement son inimitié: ils le payent en injures & en outrages, & ils lui rendent le mal pour la grace, & le bien qu'il leur a fait.*

Eceli 2. & seq.

Le pécheur & l'impur, ajoute le Sage, *fuit celui qui a répondu pour lui: le pécheur s'attribue le bien de son répondant, & ayant le cœur ingrat, il abandonne son liberateur: Un homme répond pour son prochain, & celui pour qui il a répondu, ayant perdu toute honte, l'abandonne ensuite.*

Ibid. v. 21. 22. 23.

C'eſt-là un défaut très-conſiderable, que les pauvres doivent éviter avec un extrême ſoin. Il faut qu'ils honorent & qu'ils reſpectent leurs bienfaicteurs, qu'ils leur rendent toutes ſortes de déferences & de ſoumiſſions, qu'ils conſervent toujours la memoire de leurs liberalités ; qu'ils en parlent ſouvent par eſprit de gratitude, & qu'en toutes rencontres ils leur en témoignent leur reconnoiſſance. *Prêtez à votre prochain au tems de ſa néceſſité,* dit encore le Sage, *mais vous auſſi rendez dans le tems ce qu'il vous aura prêté: Tenez votre parole, & agiſſez avec lui fidélement, & vous trouverez toujours ce qui vous ſera néceſſaire. N'oubliez jamais la grace que vous fait celui qui répond pour vous ; car il a expoſé ſon ame pour vous aſſiſter.* _{Ibid ꝟ 3. 20.}

Les ſaints Peres parlent auſſi de l'obligation qu'ont tous les hommes, & principalement les pauvres, de témoigner de la reconnoiſſance à leurs bienfaicteurs, de conſerver la memoire de leurs liberalités, & d'éviter à leur égard tout ce qui pourroit reſſentir l'ingratitude.

S. Baſile repréſente, que ceux qui empruntent, parlent toujours avec douceur, avec honnêteté, & avec ſoumiſſion ; qu'ils font mille proteſtations de _{In Pſ. 14.}

fidélité ; qu'ils promettent folemnellement de rendre exactement au tems
marqué, & qu'ils témoignent avoir les
derniéres obligations à ceux qui les affiftent ; mais qu'ils changent de langage, lorfqu'il s'agit de payer & de s'acquitter, qu'ils fe plaignent qu'on les
traite avec dureté ; qu'on veut les ruiner, & qu'on les réduit au défefpoir ;
qu'ils difent par tout qu'ils aimeroient
mieux avoir affaire à des tigres & à des
barbares qu'à ceux qu'ils appelloient un
peu auparavant leurs amis & leurs protecteurs ; & qu'ils les chargent très-
fouvent d'injures & de maledictions.
C'eftpourquoi ce faint Docteur avertit
les Fidéles d'être très-refervés à em-
prunter, foit de l'argent, ou quelqu'autre chofe, afin de ne fe mettre pas en
danger de tomber dans une pareille
ingratitude.

Hom.15.
de Matt. S. Jean Chryfoftome fait auffi de
grandes plaintes contre ceux qui ne témoignent aucune reconnoiffance à leurs
bienfaicteurs : il dit que leur ingratitude eft prefque toujours fondée fur un
orgueil fecret qui eft caché dans leur
cœur, & qui fait qu'ils ont honte de
dépendre des autres, & de leur être redevables ; que c'eft pour cela qu'ils oublient facilement les obligations qu'ils

leur ont, qu'ils les chaſſent même de
leur memoire, lorſqu'elles s'y préſentent malgré eux,& qu'ils ſont ingenieux
à trouver de vaines raiſons pour ſe perſuader à eux-mêmes qu'ils ne leur doivent rien, & que s'ils ont autrefois reçû quelques bienfaits de leur part, ils
leur en ont fait dans la ſuite de bien
plus conſiderables. Il ajoute que leur
ingratitude tarit pour eux la ſource des
graces du Ciel, qu'elle les rend très-
criminels aux yeux de Dieu, & qu'elle
mériteroit qu'il les accablât de maux
& de miſéres, comme autrefois les
Juifs pour un pareil péché,& qu'il les
rejettât pour toujours.

Enfin S. Ambroiſe dit, qu'un hom- Lib. 1.
me qui a le cœur plein de gratitude, ſe de Abrah
ſouvient toujours des bienfaits qu'il a 3.
reçus ; & il enſeigne au contraire que
les oublier facilement c'eſt le caractere des ingrats.

Mais les pauvres qui combattent ainſi
le vice de l'ingratitude, doivent avoir
ſoin de ne pas tomber dans un autre,
qui pour lui être oppoſé, ne laiſſeroit
pas de leur cauſer beaucoup de préjudice. Il eſt vrai qu'ils ſont obligés de témoigner de la reconnoiſſance à ceux de
qui ils reçoivent des graces & des faveurs ; mais ils ne doivent pas s'y atta-

cher, y mettre leur confiance, ni les regarder comme leurs seuls & véritables protecteurs. Les riches sont les canaux par où les biens de la terre coulent vers eux ; mais il y a une source supérieure, d'où ils sont dérivés. Les riches sont des montagnes qui communiquent les pluyes & les eaux aux campagnes & aux vallées ; mais c'est du Ciel qu'elles viennent & qu'elles descendent. Les riches distribuent aux autres de l'or, de l'argent, du bled, & plusieurs choses de cette nature ; mais tout cela appartient au grand Pere de famille, qui ne leur en a confié que l'administration, & qui s'en est reservé le souverain domaine.

Les pauvres doivent donc, lors même qu'ils les remercient, qu'ils les honorent,& qu'ils les appellent leurs bienfaicteurs, élever les yeux de leur esprit vers célui de qui tous les biens procedent, lui faire hommage de tout ce qu'ils reçoivent, reconnoître que c'est lui qui les nourrit, & qui les fait subsister, & lui en rendre de continuelles actions de graces. Il faut qu'ils disent avec le Prophéte Royal : *Nous avons levé nos yeux vers les montagnes pour voir d'où nous viendra le secours dont nous avons besoin ; nous avons regardé les riches qui possedent*

possedent des trésors infinis, & qui nous en
font part en plusieurs rencontres : nous
avons considéré les Grands de la terre qui
nous favorisent, & qui nous assistent dans
nos besoins ; mais nous reconnoissons qu'ils
ne sont point nos véritables protecteurs.
Notre secours vient du Seigneur qui a fait
le Ciel & la terre ; c'est lui qui a mis ses
biens entre les mains des riches, & qui se
sert de leur ministère pour les faire passer
jusqu'à nous. C'est donc lui que nous en
devons remercier ; c'est en lui seul que nous
devons mettre notre confiance ; c'est en sa
bonté & en sa miséricorde que nous devons
espérer ; & si nous implorons la charité des
riches, si nous nous adressons à eux dans
nos nécessités ; si nous les honorons ; si nous
leur témoignons de la gratitude, c'est
parceque nous considerons Dieu en leur personne, & que nous les regardons comme les
ministres de sa Providence, les dépositaires de sa bonté & de sa miséricorde, &
les distributeurs de ses trésors. Les actions
de graces que nous leur rendons, ne sont
qu'une effusion & une émanation de notre
gratitude envers Dieu ; nous sçavons qu'il
est notre Pere & notre souverain Seigneur ;
c'est à lui seul que nous voulons nous attacher ; c'est en lui seul que nous mettons
toute notre confiance ; nous nous reposons
sur sa providence de tout ce qui nous regar-

V

de ; & nous espérons que si nous lui sommes fideles, il aura toujours soin de nous, & qu'il ne nous abandonnera jamais.

CHAPITRE VIII.

En quelle disposition il faut souffrir la perte & la privation des biens temporels.

ENTRE les pauvres, les uns n'ont jamais possedé aucuns biens, & en ont toujours été privés ; les autres en ayant eu autrefois, les ont perdus par des disgraces & des infortunes ausquelles ils n'ont point contribué, & quelquefois même ils les ont dissipés par leur mauvaise conduite, par leurs profusions, & par leurs débauches. Il faut parler aux uns & aux autres dans ce Chapitre, & leur expliquer comment ils doivent souffrir la perte & la privation des richesses temporelles.

A l'égard de ceux qui se sont ruinés par leur faute & par leurs déréglemens, il suffit de leur dire, qu'ils doivent être persuadés qu'ils méritent d'être privés des biens temporels, puisqu'ils en ont si mal usé, qu'ils s'en sont servis pour offenser l'Auteur de la nature, & qu'ils en ont fait la matiére de leurs débauches & de leurs crimes ; qu'ils doivent

confiderer que la juftice exige qu'ils
fouffient la difette, après avoirabufé
de l'abondance, & qu'ils fe nourriffent
d'un pain de larmes & de douleur, après
avoir tant de fois flaté leurs fens, fuivi
leurs paffions, & obéi à leur concupif-
cence; qu'ils doivent regarder leur pauvreté comme la jufte peine de leurs défordres, s'y foumettre & l'accepter par
efprit de pénitence, & l'offrir à Dieu
pour l'expiation de leurs péchés.

Pour ce qui eft de ceux qui ont perdu
leurs biens par des difgraces & des infortunes qu'ils ne fe font point attirées
par leur faute, ils doivent adorer les ordres de la divine Providence, qui juge
à propos de les faire marcher par les
voyes de l'adverfité & de la tribulation;
ils doivent regarder leur pauvreté comme un exercice que Dieu leur envoye ;
ils doivent travailler à fe mettre en état
de fouffrir en paix la privation des
biens temporels où ils fe trouvent réduits. Et afin de les faire entrer dans ces
penfées & dans ces fentimens, il faut
leur expliquer plufieurs grandes vérités
que les faints Peres nous enfeignent.

S. Cefaire d'Arles foutient que Job
étoit encore heureux après avoir perdu
toutes fes poffeffions, parcequ'il poffédoit Dieu qui eft le bien fouverain, &

qui remplit tous les defirs & toutes les facultés de ceux qui lui font fidéles. » Il » avoit perdu en un inftant tous fes » biens, dit ce grand Evêque; il n'é- » toit rien refté dans fa maifon; il avoit » été réduit à la mendicité; il étoit cou- » ché fur un fumier tout couvert de vers » depuis la tête jufqu'aux pieds. Quelle » plus grande miféie que la fienne? » Mais quelle félicité plus parfaite & » plus accomplie que celle dont il jouif. » foit intérieurement, puifqu'ayant per- » du tout ce qu'il avoit reçû de Dieu, il » poffédoit Dieu lui-même, qui lui » avoit donné toutes chofes?

S. Auguftin nous apprend, que les mondains & les méchans fouffrent or- dinairement la perte des biens tempo- rels avec beaucoup de peine & de cha- grin, parcequ'ils font deftitués de la vertu & de la juftice intérieure qui pourroit les confoler en ces rencontres; parceque leur cœur eft encore plus vui- de des biens de la grace, que leurs mains ne le font de ceux de la fortune; parce- que n'ayant plus rien à l'extérieur, ils n'épiouvent point dans le fecret de leur confcience une certaine onction fpiri- tuelle, qui les foutiendroit, & les forti- fieroit au milieu des difgraces qui leur arrivent; parceque leur ame ne jouit

point d'une paix folide , qui les empêcheroit de fuccomber fous les adverlités
qui les accablent, & qui les jettent dans
le défefpoir.

Ce faint Docteur dit au contraire, In Pf. 53.
que les Juftes qui n'aiment point les & 56.
biens de la terre, & qui n'y mettent
point leur confiance, demeurent fermes
& inébranlables, lorfqu'ils les perdent ,
& qu'ils en font dépouillés ; qu'ils difent alors avec Job , *Le Seigneur nous
les avoit donnés , & le Seigneur nous
les a ôtés* : qu'à l'exemple des oifeaux ils
prennent leur effort vers le Ciel , lorfque la terre leur manque, & vient à
fondre fous leurs pieds ; & qu'ils louent
également Dieu dans la bonne & dans
la mauvaife fortune , parcequ'ils n'aiment & qu'ils ne cherchent que lui feul.

Ce grand Saint déclare même que les
Juftes ne devroient reffentir aucune
douleur , lorfqu'on leur prend & qu'on
leur enleve leurs biens ; & que le Prophéte Royal veut nous le marquer,
quand il dit , en parlant des méchans ,
Vous trompez & vous faites du mal com- Pfal. 51.
me un rafoir affilé : car comme nous n'en- 2.
durons aucun mal, lorfqu'un rafoir nous Expofit.
coupe les poils inutiles,& que nous n'en in Pf. 51.
formons aucunes plaintes ; ainfi toute
l'injuftice des méchans & des pécheurs,

qui nous dépouillent de nos biens & de nos droits, ne devroit point faire d'impression fur notre efprit, ni nous porter à nous plaindre, parcequ'ils ne nous retranchent que des chofes inutiles, & aufquelles il ne faut pas que notre cœur s'arrête.

Libr. I. Moral. c. 4.

Le Pape S. Gregoire enfeigne, que l'on reconnoît qu'on a poffedé un bien fans attache, lorfqu'on le perd fans douleur : *Numquam fine dolore amittitur, nifi quod fine amore poffidetur.*

Le grand S. Bafile dit même, que s'affliger avec excès de la perte des biens & des honneurs temporels, c'eft une efpéce d'infidélité, & une marque qu'on ne fe conduit pas par l'efprit du Chriftianifme, qui nous porte à l'amour de la pauvreté, & nous infpire une fainte indifférence pour toutes les chofes de la terre.

Il faut que les Fidéles s'occupent fouvent de ces grandes maximes, afin de ne fe point troubler à la vûe des pertes & des tribulations qui leur arrivent. Il faut qu'ils foient tellement affermis dans la vertu, que les difgraces extérieures qu'ils éprouvent, ne fervent qu'à les porter & à les unir plus étroitement à Dieu. Il faut qu'ils vivent dans un détachement général de toutes les chofes temporelles ; qu'ils en usent avec actions de graces, lorsqu'elles sont présentes ; mais qu'ils les perdent sans s'en plaindre, & même, s'il est possible, sans en ressentir aucune douleur. L'on avoue que c'est là un état fort parfait, & qu'il est rare de trouver des gens qui soient dans cette disposition ; & aussi ne blâme-t-on pas tous ceux qui ne sont pas encore montés à ce dégré de perfection ; l'on se contente de le proposer aux Fidéles, afin qu'ils sçachent à quoi ils doivent tendre, & qu'ils s'humilient à leurs propres yeux, lorsqu'ils considerent combien ils sont éloignés de pouvoir pratiquer les instructions que les saints Peres nous donnent dans leurs Homélies, & dans leurs Traités de Morale.

Il ne nous reste plus à parler que de ceux qui n'ont jamais possedé aucunes richesses temporelles, & qui sont nés dans la pauvreté. Bien-loin de s'en plaindre & de s'en affliger ; ils doivent en loüer Dieu, & l'en remercier. Ils doivent s'estimer heureux d'être exempts des soins & des embarras qui accompagnent presque toujours les biens de la terre. Ils doivent considerer, que plus ils sont pauvres, plus ils sont conformes à J. C. qui étoit riche & le souve-

rain Dominateur du Ciel & de la terre,
s'est rendu pauvre à cause de nous, & a
voulu consacrer la pauvreté en sa personne. Mais nous n'en dirons pas maintenant davantage sur ce sujet, parceque
nous parlerons dans la suite de l'obligation qu'ont les pauvres de louer & de
benir Dieu, de les avoir fait naître dans
un état qui peut infiniment contribuer à
leur salut éternel.

CHAPITRE IX.

Contre les mauvais artifices dont quelques
pauvres usent, pour s'attirer des aumô-
nes : qu'il n'est point permis à ceux qui
ont du bien, ou qui peuvent gagner
leur vie par quelque travail légitime,
de recevoir la charité des Fidéles : qu'on
ne doit jamais rien faire d'illicite &
d'injuste, pour sortir de l'état de la
pauvreté.

LEs maximes que nous devons expliquer dans ce Chapitre, sont très-
importantes pour la conduite spirituelle
des pauvres ; c'est pourquoi il faut qu'ils
y fassent une réflexion sérieuse, & qu'ils
les gravent profondément dans leur
cœur, afin de les pratiquer, & de ne
s'en éloigner jamais.

10. Ils ne doivent point avoir recours à de vains artifices, commettre des menfonges, ni fuppofer des incommodités & des maladies pour s'attirer des aumônes : car tout cela n'eft point permis, & pourroit même les priver du mérite de leur pauvreté. Cependant rien de plus commun parmi eux que ces fortes de déguifemens & de fupppofitions. Ils repréfentent leur pauvreté beaucoup plus grande qu'elle n'eft effectivement ; ils difent tous les jours qu'ils manquent de toutes chofes, même des plus nécef-faires à la vie, quoique cela ne foit pas véritable ; ils feignent des maux & des incommodités, dont ils font exempts ; ils contrefont les boiteux, les borgnes, & les aveugles ; ils alléguent des infor-tunes & des pertes de biens qu'ils n'ont point fouffertes ; ils repréfentent qu'ils font de naiffance, & qu'ils ont été rui-nés par des guerres & par des incendies ; & ils avancent plufieurs autres chofes femblables contraires à la vérité, fans en avoir aucun fcrupule, parcequ'ils manquent de lumiére, & qu'ils ne font pas inftruits des vérités de l'Ecriture & de la Doctrine des faints Peres.

Il faut donc leur repréfenter qu'en agiffant ainfi, ils offenfent griévement Dieu, parcequ'ils témoignent fe défier

de la bonté & de sa miséricorde, comme
s'il ne les portoit pas tous dans son sein,
comme s'il ne s'intéressoit pas à tout ce
qui les concerne, comme si sa providence ne s'étendoit pas sur tous leurs besoins, comme s'il n'étoit pas assez puissant pour les nourrir & pour les faire
subsister. Il faut les avertir qu'en se ser-
vant de ces sortes d'artifices, ils mettent
leur confiance dans le mensonge & dans
la fausseté, ce qui seroit seul capable,
quand même ils n'auroient point d'autres péchés, de provoquer contre eux la
colere du Ciel. Il faut leur dire que Dieu
qui a promis de protéger les pauvres, de
les assister, & de leur fournir les secours
nécessaires, ne s'est point engagé à favo-
riser leurs fraudes & leurs tromperies,
ni à les faire réussir ; & qu'au contraire
il a déclaré qu'il hait le mensonge, &
qu'il punira tous ceux qui le commettent. Il faut leur déclarer que le meilleur
moyen d'attirer sur eux les aumônes &
les charités des Fidéles, c'est de leur exposer simplement & sans artifice leurs
besoins & leur misere, d élever en même tems les yeux de leur esprit vers
Dieu, & de le prier avec ferveur & avec
humilité de toucher le cœur des riches
en leur faveur, & de les porter à les secourir. Il faut même leur proposer un

Ps. 7.

modéle de priére, dont ils pourroient se servir, lorsqu'ils s'adreſſent aux riches pour recevoir d'eux quelques aſſiſtances ; & on ne ſçauroit leur en fournir un plus excellent que ce'ui qui eſt tiré du Pſeaume 122. Qu'ils diſent donc en ces rencontres : *Nous avons élevé nos yeux vers vous, ô Seigneur, qui habitez dans les Cieux : comme les yeux des ſerviteurs ſont ſur la main de leurs maîtres ; & comme les yeux de la ſervante ſont ſur la main de ſa maîtreſſe ; ainſi nous tenons nos yeux arrêtés ſur le Seigneur notre Dieu, juſqu'à ce qu'il ajt pitié de nous. Ayez pitié de nous ; Seigneur, ayez pitié de nous ; nous ſommes étrangement accablés de miſere ; notre ame eſt étrangement accablée : elle eſt devenue l'opprobre des riches, & le mépris des ſuperbes.*

2°. C'eſt une vérité conſtante, que ceux qui ont du bien, ne doivent point demander l'aumône, ni la recevoir, lorſqu'on la leur préſente. Cela eſt évident : car ils ne ſont pas du nombre des pauvres, & par conſéquent ils ne ſçauroient légitimement vivre de charités ; & s'ils le font, ils ne ſont pas en ſureté de conſcience ; ils commettent une injuſtice viſible ; & ils volent les véritables pauvres.

L'on doit porter le même jugement

de ceux qui étant encore jeunes, & jouïſ-
ſant d'une pleine ſanté, croupiſſent dans
la pareſſe & dans la fainéantiſe, ſans ſe
mettre en peine de travailler, ni de s'occuper à quelque exercice honnête &
utile : ils prennent le bien d'autrui, lorſqu'ils reçoivent les aumônes des Fidéles , qui ne doivent être appliquées
qu'aux véritables pauvres : ils commettent même une eſpéce de vol ſacrilege ;
car ils uſurpent & ils profanent une
choſe ſainte , c'eſt-à-dire, les dons de
la charité ; & ils empêchent que les
membres de J. C. qui languiſſent de
miſere, ne ſoient ſecourus dans leurs
beſoins.

L'on reconnoît néanmoins que cette
maxime peut ſouffrir des exceptions en
pluſieurs rencontres : car il arrive quelquefois que le bien & le travail de certaines perſonnes ne ſuffiſent pas pour
les faire ſubſiſter avec toute leur famille. Ils peuvent alors légitimement recevoir les choſes qu'on leur preſente,
comme des ſecours extraordinaires que
Dieu leur envoye. Mais avant que d'en
uſer ainſi, il faut qu'ils retranchent toutes les dépenſes inutiles & ſuperflues,
qu'ils faſſent tous leurs efforts pour n'ê-
tre à charge à perſonne, & qu'ils ſe
ſoient réduits au ſeul néceſſaire : car il

ne leur est point permis de se servir des aumônes des Fidéles, pour entretenir leur luxe & leur vanité, ni pour vivre dans la bonne chere & dans les plaisirs.

3°. Les pauvres doivent bien prendre garde de ne jamais rien faire d'injuste & de criminel, pour sortir de la misere qu'ils souffrent : car ce seroit se précipiter dans un mal réel & effectif, pour éviter ce qui n'en a que les apparences ; ce seroit préférer la chair à l'esprit ; ce seroit renoncer à la gloire du Paradis, pour se procurer ici-bas quelques soulagemens temporels ; ce seroit perdre son ame pour la conserver, c'est-à-dire, se priver de la vie éternelle, pour vivre pendant quelques momens sur la terre, qui n'est pour nous qu'un lieu d'exil & de bannissement.

Quoique cela soit horrible à penser, il ne se trouve néanmoins que trop de personnes qui tombent dans un tel excès, & qui pour se délivrer de l'état de la pauvreté qui leur déplaît, & qui les chagrine, commettent des injustices visibles, & s'abandonnent à des péchés très-énormes : *La pauvreté*, dit le Sage, *en a fait tomber plusieurs dans le péché, & celui qui cherche à s'enrichir, détourne sa vûe de la Loi de Dieu.* En effet, combien voit-on de gens qui crainte de

Eccli. 27. 1.

tomber dans la pauvreté, ou pour en
fortir lorfqu'ils s'y trouvent réduits,
violent la Loi de Dieu, & fe foumettent
à la tyrannie du démon. Les uns exercent des ufures énormes, & fe déterminent à faire profiter leur argent par toutes fortes de voyes juftes, ou injuftes.
Les autres commettent des fraudes &
des injuftices dans le commerce, & ont
deux poids & deux balances, lorfqu'il
s'agit de vendre ou d'acheter ; ce que
l'Ecriture dit être abominable devant
Dieu. D'autres font la cour aux Grands,
dans l'efpérance d'en obtenir des graces
& des faveurs; ils évitent de leur déplaire, en quoi que ce foit ; ils diffimulent
leurs vices ; ils approuvent généralement tout ce qu'ils font, quelque injufte
qu'il puiffe être, & ils proftituent leur
ame au vain fantôme d'une fortune incertaine dont ils fe flatent. D'autres enfin violent les Loix les plus faintes de la
vocation, s'ingerent d'eux-mêmes dans
les Dignités de l'Eglife, ufurpent le Sa-
cerdoce, entreprennent de prêcher, &
de courir dans la carriere Evangélique,
quoique le Seigneur ne les ait point en-
voyés, comme dit le Prophéte en leur

Jerem.
12. 9. reprochant leur témérité.

Ces fortes de gens réuffiffent quelquefois dans le deffein qu'ils ont de fe

tirer de la misere & de faire fortune; ils
amassent quelques biens temporels ; ils
s'établissent dans le siécle ; ils avancent
leurs familles ; ils possedent l'esprit des
Grands; ils montent aux Dignités : mais
ils s'éloignent de la justice ; ils souillent
leur conscience de plusieurs péchés , &
ils perdent leur ame. *O lucra damnosa*,
s'écrie S. Augustin à leur occasion, *in-
venis pecuniam, perdis justitiam !* O que In Psal.
ce gain que vous faites , vous cause de ⁶¹.
dommage : vous amassez de l'argent,
& vous perdez la justice.

Ceux qui sont réduits à la pauvreté ,
ne doivent donc jamais se porter à rien
d'illégitime , pour en sortir , parcequ'ils
n'ont rien de plus précieux que leur salut , & qu'il leur seroit très-inutile d'acquérir des richesses, & de faire fortune,
s'ils perdoient en même tems leur ame.
Il faut qu'ils préférent la piété & la vertu à tous les biens de la terre; qu'ils cherchent avant toutes choses le Royaume
de Dieu & sa justice, & qu'ils sacrifient
toutes sortes d'intérêts & de prétentions
pour s'en rendre dignes. Il faut qu'ils
regardent comme des tentations & comme des piéges du démon les vains prétextes & les fausses couleurs dont on se
sert dans le siécle, pour déguiser les usures , les simonies , & tous les trafics il-

licites. Il faut qu'ils prient Dieu de les mettre en état de n'aimer que lui, de ne defirer & de ne chercher que lui, & de ne fe complaire qu'en lui feul. Il faut enfin qu'ils lui demandent avec ferveur l'efprit de défintéreffement & de pauvreté, en forte que rien ne foit capable de les porter à faire aucune chofe contre la juftice & contre leur devoir, quand même il devroit leur en revenir de très-grands avantages, & des Royaumes entiers.

CHAPITRE X.

Que les pauvres doivent fupporter fans impatience, & même en paix, toutes les peines & toutes les incommodités de la pauvreté.

CHAQUE état & chaque condition a fes devoirs & fes obligations; & à moins que ceux qui s'y trouvent engagés, ne s'en acquittent, ils ne fçauroient plaire à Dieu, ni opérer leur falut. Ainfi les Grands font obligés de fe fervir de leur grandeur & de leur puiffance pour faire du bien à leurs inférieurs, & pour protéger ceux que l'on opprime & que l'on perfécute. Ainfi les riches font obligés de nourrir & d'aſſiſter ceux qui ſont dans le beſoin, & qui manquent des choſes néceſſaires. Ainſi les Solitaires ſont obligés de fuir la fréquentation du monde, & de mener une vie de retraite & de ſilence.

Pour ce qui eſt des pauvres, la patience eſt leur partage; car ils ſont expoſés à une infinité de peines & d'incommodités, & il faut qu'ils les ſouffrent en paix, ou au moins ſans s'en plaindre, & ſans en mumurer, s'ils veulent marcher ſurement dans la voye du ſalut.

L'Eccléſiaſtique nous marque très-clairement cette vérité; car après avoir délaré que les pauvres ſont preſque toujours la proye des riches, c'eſt-à-dire, qu'ils ont à endurer de leur part beaucoup de violence & de mauvais traitemens, il ajoute, que leur pauvreté leur devient très-nuiſible, lorſqu'ils s'abandonnent aux plaintes & aux murmures : *Les richeſſes*, dit-il, *ſont bonnes à celui dont la conſcience eſt ſans péché, & la pauvreté eſt très-mauvaiſe au méchant qui a le murmure dans la bouche :* car c'eſt comme s'il diſoit, que les pauvres, qui ſont accablés de maux & de miſeres, doivent les ſouffrir avec patience, & que lorſqu'ils ſe laiſſent aller à des plaintes & à des paroles de murmure

Eccli. 13. 25.

Verſ. 30.

contre Dieu, non-seulement ils ne tirent aucun avantage de leur pauvreté,
mais qu'ils en reçoivent un très-grand
préjudice.

Salomon en étoit très-persuadé, puifqu'il prioit Dieu de ne permettre pas
qu'il tombât dans une extrême pauvreté, de peur que perdant la patience, il
ne vînt à murmurer contre Dieu, &
qu'il n'encourût ainsi son indignation :
Seigneur, lui difoit-il, *ne me donnez ni
la pauvreté, ni les richeſſes : donnez-moi
feulement ce qui me fera néceſſaire pour
vivre, de peur qu'étant raſſaſié, je ne fois
tenté de vous renoncer, & de dire : Qui
eſt le Seigneur ? Ou qu'étant contraint par
la pauvreté, je ne dérobe, & que je ne viole par un parjure le nom de mon Dieu.*

Proverb.
10. 8. 9.

　　L'Apôtre S. Jacques ne recommande preſque rien autre choſe aux pauvres
que la patience, parcequ'en effet il n'y
a point de vertu qui leur foit plus néceſſaire par rapport aux maux & aux
miſeres dont ils font preſque toujours
accablés. *Mes freres*, leur dit-il, *perſe-
verez dans la patience juſqu'à l'avenement
du Seigneur. Vous voyez que le labourcur,
dans l'eſpérance de recueillir le fruit précieux de la terre, attend patiemment que
Dieu envoye les pluyes de la première &
de l'arrière faiſon : ſoyez ainſi patiens, &*

Jacob. 5.
7. 8. 9.

affermiſſez vos cœurs, car l'avenement du Seigneur eſt proche.

Mais comme les exemples font ordinairement plus d'impreſſion ſur les eſprits que les paroles & les preceptes, S. Jacques parle enſuite aux pauvres de la patience des Prophétes & de J. C. même. *Prenez, mes freres, leur dit-il* Verſ. 10. *encore, pour exemple de patience dans* 11. *les afflictions les Prophétes qui ont parlé au Nom du Seigneur. Vous voyez que nous les appellons bienheureux de ce qu'ils ont tant ſouffert. Vous avez appris quelle a été la patience de Job, & vous avez vû la fin du Seigneur.*

Comme cet Apôtre propoſe pour modéle aux Fidéles la patience de Job, il faut qu'ils y faſſent une réflexion ſerieuſe, & qu'ils conſiderent avec attention ce que l'Ecriture nous en dit, afin de s'en édifier, & de s'en ſervir pour leur conduite ſpirituelle.

Job étoit un grand Seigneur : *Il avoit,* Job. 1. dit le Texte ſacré, *ſept fils & trois filles ; il poſſédoit ſept mille moutons, trois mille chameaux, cinq cens paires de bœufs, & cinq cens âneſſes. Il avoit de plus un très-grand nombre de domeſtiques, & il étoit grand & illuſtre parmi tous les Orientaux.* Mais en un ſeul jour il perdit tous ſes troupeaux, ſes domeſtiques, & ſes

enfans par différens accidens que l'E-
criture raconte. Et au milieu de tant de
difgraces, bien-loin de fe plaindre &
de s'impatienter, il ne cefla point de
publier les bontés de Dieu, & de louer
fa juftice. *Je fuis*, dit-il, *forti nud du*
ventre de ma mere, & j'y retournerai nud.
Le Seigneur m'avoit tout donné, le Sei-
gneur m'a tout ôté ; il n'eſt arrivé que ce
qu'il lui a plû ; que le nom du Seigneur
foit beni.

Satan le frappa enfuite d'une effroya-
ble playe depuis la plante des pieds jufqu'à la tête. Mais ce faint homme étant
couché fur un fumier avec fa tranquil-
lité ordinaire, fe fervoit d'un morceau
d'un pot de terre pour ôter la pourriture qui fortoit de fes ulceres. Sa propre
femme le perfécutant aufli, & voulant
le porter à maudire Dieu, il fe contenta
de lui répondre : *Vous parlez comme une*
femme qui n'a point de fens : fi nous avons
reçû les biens de la main du Seigneur, pour-
quoi n'en recevrons-nous pas aufli les
maux ? Et l'Ecriture ajoute, que *dans*
toutes ces chofes Job ne pécha point par fes
lévres, & qu'il ne dit rien contre Dieu
qui fût indifcret.

S. Jacques fait encore mention de la
patience de J. C. & c'eſt à jufte titre,
car elle eſt le grand exemplaire des

Cap. 1.

Cap. 1.
22.
Cap. 2.
10.

Chrétiens. Ce divin Sauveur a été exposé aux plus grandes rigueurs de l'hyver au tems de sa naissance; il a souffert pendant tout le cours de sa vie les incommodités & les privations de la pauvreté; il a parcouru les Villes & les Bourgades, & a traversé très-souvent les régions les plus éloignées de la Judée pour y annoncer l'Evangile; il a fait ses voyages à pied aussibien pendant le froid que pendant le chaud, jusqu'à en être fatigué, comme on le voit dans l'histoire de la Samaritaine; il a souvent manqué de plusieurs choses; & l'on sçait qu'à sa passion il a été chargé d'opprobres, deshonoré par des soufflets & par des crachats, flagellé, couronné d'épines & attaché à une croix infame, sans en former aucunes plaintes.

Si les pauvres jettoient souvent les yeux sur ce prodige de patience & de douceur, bien-loin de se plaindre des incommodités qui font une suite & un appanage de leur état, ils s'en réjouiroient, & ils les regarderoient comme des faveurs du Ciel, parceque dans la vérité il n'y a point de plus grand bonheur pour des Chrétiens, que de participer en ce monde aux peines & aux douleurs de J. C. afin d'entrer dans la gloire éternelle par la même voye qu'il y est lui-même entré.

Nous trouvons auſſi dans les ſaints
Peres pluſieurs maximes importantes,
qui tendent toutes à former les pauvres
à la douceur & à la patience dans les
peines & dans les miſeres auſquelles ils
ſont expoſés.

Serm. 64.
de Tem-
pore. S. Ambroiſe examinant pourquoi
Dieu, qui eſt le Pere commun de tous
les hommes, & qui les a tous créés, ne
leur diſtribue pas à tous également les
biens temporels, dit que la raiſon de
cette différente conduite de Dieu envers les hommes, eſt priſe de differens
deſſeins qu'il a ſur eux ; que voulant
ſauver les uns par les exercices de la
charité envers les pauvres, il met de
grandes richeſſes entre leurs mains, afin
qu'ils en ſoient de fidéles diſpenſateurs,
& qu'ils s'en ſervent pour ſe faire des
amis dans le Ciel ; & qu'ayant réſolu
de conduire les autres à la felicité éternelle par la voye des tribulations, il
ne leur donne aucuns biens, afin que
ſouffrant tous les jours de nouvelles incommodités ils puiſſent ſe ſanctifier
par la patience, qui, ſelon S. Jacques,
produit des œuvres parfaites, c'eſt-à-
dire, conduit à la perfection ceux qui
la pratique.

S. Auguſtin ſe ſert de l'exemple de
la patience & de l'ardeur avec laquelle

les mondains recherchent les honneurs
& les richesses du siecle, pour prouver
aux Fidéles que rien ne doit les rebuter,
ni les décourager, lorsqu'il s'agit d'obtenir les biens eternels. Il leur dit, qu'il
leur seroit honteux que la charité eût
moins de force & de pouvoir sur eux,
que la cupidité n'en a sur les gens du
siecle; que si les négocians traversent les
mers & les regions les plus éloignées, &
s'exposent à mille dangers differens
pour faire fortune; que si les avares
perdent le sommeil & le repos, & se
privent de toutes les commodités de la
vie pour augmenter leurs trésors; que
si les ambitieux ne se lassent jamais de
briguer & de poursuivre de nouvelles
dignités; à plus forte raison ils doivent
supporter sans se plaindre & sans se
troubler, les peines & les incommodités de la pauvreté, qui doit leur procurer un jour à venir une gloire ineffable & immortelle.

S. Bernard nous donne aussi des
instructions très-importantes sur ce sujet. Il observe que J. C. après avoir dit
dans le Sermon de la Montagne : *Heureux les pauvres d'esprit*, ajoute aussitôt : *Heureux ceux qui sont doux*, parceque ceux qui vivent dans la pauvreté,
ont besoin de beaucoup de douceur

Lib. de
Patientiâ
c.7.&17.

Serm. 1.
in Festo
Sanct.r.
omnium

pour ne s'impatienter pas des miseres
& des privations qu'ils souffrent ; & il
déclare, que s'ils s'en plaignoient, &
s'ils en murmuroient, leur pauvreté
leur deviendroit entierement inutile,
pour ne pas dire, qu'ils seroient très-
coupables devant Dieu.

Serm. 4.
de Ad-
ventu.
Il soutient en un autre de ses Sermons,
que ceux là sont de faux pauvres, qui
veulent toujours avoir toutes leurs aises, & ne manquer jamais de rien.

Serm. 35.
de diver-
se.
Il enseigne au contraire, que la perfection consiste à se réjouir, lorsqu'on
est privé des choses les plus nécessaires
à la vie.

Mais voici le capital de sa doctrine
sur les souffrances ; & il faut que les
pauvres s'en instruisent avec un très-
grand soin, puisqu'ils ont tant à souffrir, & qu'ils sont très-souvent exposés
à la faim, à la soif, à la nudité, & à
d'autres miseres de cette nature.

Serm. 34.
in Caut.
Il dit, qu'il y en a qui murmurent,
lorsqu'il leur arrive des humiliations &
des adversités ; qu'il y en a d'autres qui
les supportent en patience ; & qu'il s'en
trouve qui les endurent volontiers &
même avec joye : que les premiers qui
se plaignent & qui murmurent, sont
des pécheurs : que les seconds qui font
paroître de la patience, sont exempts

de

de faute; mais que les troifiémes qui
fouffrent volontiers & avec joye, font
juftes & parfaits.

C'eft aux pauvres à examiner en eux-
mêmes dans quel dégré ils fe trouvent.
S'ils s'impatientent & s'ils murmurent
à l'occafion des peines & des miferes
qu'ils éprouvent, ils péchent, & leur
condamnation eft certaine, à moins
qu'ils ne changent de penfées, & qu'ils
ne faffent une ferieufe & folide pénitence.

S'ils fe foumettent avec patience aux
peines & aux tribulations de leur état,
ils font à la vérité exempts de faute, &
ils ont un commencement de juftice ;
mais s'ils veulent tendre à la perfection,
ils ne doivent pas en demeurer-là ; il
faut qu'ils embraffent volontiers & avec
joye les privations & les peines aufquelles ils font expofés : il faut qu'ils
s'écrient avec le Roy Prophéte : *Il nous* Pfal.118.
eft bon, il nous eft avantageux que vous 71.
nous ayez humiliés, afin que nous nous
inftruifions de votre loi, & que nous ap-
prenions à garder vos préceptes : Il faut
qu'ils imitent le zéle de l'Apôtre S.
Paul, & qu'ils difent avec lui : *Nous* 1. Cor.
fommes remplis de confolation, nous fom- 7. 4.
mes comblés de joye au milieu de toutes nos
fouffrances. S'ils ne fe fentent pas enco-

X

reaſſez parfaits , pour entrer dans ces
ſentimens de David & de S. Paul, qu'ils
s'en humilient, qu'ils en gemiſſent dans
le ſecret de leur cœur, qu'ils prient
Notre Seigneur J. C. de les fortifier &
d'augmenter leur ferveur, afin qu'ils
puiſſent déſormais porter ſa croix avec
joye , & avec une ſainte allegreſſe. Et
en attendant qu'il leur accorde cette
grace , qu'ils ſouffrent au moins en patience les maux & les tribulations que
Dieu leur envoye, & ils mériteront
par-là qu'il les éleve dans la ſuite à un
plus haut point de perfection.

CHAPITRE XI.

Que les pauvres doivent vivre dans une
profonde humilité : L'on explique à
quoi les engage cette vertu.

QUOIQUE l'humilité ſoit abſolument néceſſaire à tous les Chrétiens , & que ſans elle toutes leurs vertus exterieures & toutes leurs bonnes
qualités leur deviennent inutiles , il y a
néanmoins des états & des genres de vie
auſquels elle convient d'une maniére ſi
particuliere, que tout le monde s'attend
de la voir paroître avec éminence dans

ceux qui s'y trouvent engagés, & qu'on
ne les sçauroit souffrir lorsqu'ils s'en
éloignent, soit par leurs paroles, ou
par leurs actions. Tels sont les pauvres:
on est tellement persuadé qu'ils doivent
être humbles, qu'on les méprise &
qu'on les condamne, dès qu'ils font paroître de l'orgueil & de l'ostentation
dans leur conduite, & qu'ils refusent
de porter les humiliations qui sont at-
tachées à leur condition. *Il y a trois sor-*
tes de personnes, dit le Sage, que mon Eccli. 25.
ame hait, & dont la vie m'est insuppor- 3. 4.
table, un pauvre superbe, un riche men-
teur, & un vieillard fou & insensé.

Ainsi ceux qui vivent dans la pauvreté, doivent non-seulement être humbles dans le secret de leur cœur, mais
faire paroître dans tout leur exterieur
un air de modestie, de simplicité, &
d'humilité; afin de ne scandaliser point
ceux qui conversent avec eux, & de les
édifier au contraire.

Leurs propres intérêts les obligent
même à être humbles & anéantis à
leurs yeux, & il est facile de le prouver
par l'exemple de ce qui se passe tous les
jours dans le monde. Ils trouvent partout des sujets d'humiliation; tout le
monde les méprise; on leur fait des in-
sultes continuelles, & on les outrage

X ij

en toutes rencontres. C'est pourquoi le Prophéte Royal dit en leur nom dans un de ses Pseaumes : *Nous sommes étrangement accablés de mépris ; notre ame est étrangement accablée , elle est devenue l'opprobre des riches & le mépris des superbes.*

Psal. 122.
4. 5.

L'Ecclesiastique décrit en particulier les humiliations & les mépris qu'ils ont à souffrir. *Comme l'humilité , dit-il , est en abomination au superbe , ainsi le pauvre est en horreur au riche. Si le riche est ébranlé , ses amis le soutiennent ; mais si le pauvre commence à tomber , ses amis même contribuent à sa chûte. Si le riche est trompé , plusieurs l'assistent : S'il parle insolemment , on le justifie : mais si le pauvre a été trompé , on lui fait encore des reproches : & s'il parle sagement , on ne veut pas l'écouter. Que le riche parle , tous se taisent , & ils relevent ses paroles jusqu'au Ciel : Que le pauvre parle , on dit : Qui est celui-ci ? Et s'il fait un faux pas , on le fait tomber tout-à-fait.*

Eccli. 13.
24. & se-
quent.

L'Apôtre S. Jacques parle aussi des mépris ausquels ils sont exposés : & il se plaint en des termes très-forts d'un abus qui commençoit dès-lors à s'introduire dans l'Eglise ; car si un riche entroit dans l'assemblée des Fidéles , on lui faisoit beaucoup de civilité , & on

Jacob. 2.
2. 3.

lui préfentoit une place honorable ; & au contraire on laiſſoit les pauvres debout , & on les regardoit avec indifférence.

Or tant de mépris & de mauvais traitemens troubleroient le repos des pauvres, agiteroient leur conſcience , porteroient leur amour propre à ſe revolter , & les jetteroient dans le déſeſpoir, s'ils n'avoient renoncé à tout déſir de gloire & d'eſtime, & s'ils n'avoient d'eux-mêmes des ſentimens bas & ravalés. Et par conſéquent ils ont un très-grand intérêt d'être humbles : car ſans cela ils ne jouiront jamais d'aucune paix, & ils feront toujours dans le trouble & dans l'agitation.

Il faut ajouter , que les ſaints Peres reconnoiſſent que l'humilité eſt ſi néceſſaire & ſi eſſentielle à la pauvreté, qu'ils enſeignent, qu'il n'y a de véritables pauvres que ceux qui ſont humbles & anéantis à leurs propres yeux. S. Jean Chryſoſtome expliquant ces paroles de l'Evangile : *Heureux les pauvres d'eſprit* ' , *parceque le Royaume des Cieux eſt à eux* , ſoutient qu'elles doivent être rapportées & appliquées à l'humilité. » Qui ſont ceux , dit-il , que » le Sauveur du monde appelle pau- » vres d'eſprit ? Ce ſont les humbles,

Matth. 5. 3.

Hom. 15. in Matth.

X iij

» & ceux qui ont le cœur contrit: car
» par le mot, d'esprit, il entend le
» cœur & la volonté. Comme il y en
» a plusieurs qui sont humiliés malgré
» eux, & seulement par la nécessité de
» leur état, il ne les comprend point
» dans cette beatitude ; mais il ne l'é-
» tend que sur ceux qui s'abaissent &
» s'humilient volontairement. C'est à
» ceux-là qu'il donne le premier rang
» entre tous ceux qu'il appelle heureux.

S. Jerôme déclare, que les pauvres
dont J. C. parle dans la première beatitude, sont ceux dont le Prophéte fait
mention, lorsqu'il dit : *Que le Seigneur*
sauvera ceux qui sont humbles de cœur &
d'esprit : Humiles spiritu salvabit.

» Par les pauvres d'esprit, dit aussi
» S. Augustin, on doit entendre les
» humbles, & ceux qui craignent Dieu,
» c'est-à-dire, ceux qui n'ont point
» l'esprit enflé d'orgueil. Et certes,
» Notre Seigneur voulant parler des
» beatitudes, il ne devoit pas commen-
» cer par une autre que par celle qui
» conduit à la souveraine sagesse : car,
» selon l'Ecriture, le commencement
» de toute sagesse, c'est l'humilité, ou
» la crainte de Dieu, comme au con-
» traire l'orgueil est le commencement
» de tout péché.

In c. 5.
Matth.

Ps. 33. 18.

Lib. 1.
de serm.
Domini
in monte
cap. 1.

Ps 110.
9.

Eccli. 10.
15.

Le Pape S. Leon obſerve auſſi , que
ſi J. C. avoit ſeulement dit , Heureux
les pauvres , parceque le Royaume des
Cieux eſt à eux , on n'auroit pas facilement compris de quels pauvres il vouloit parler , & qu'on ſe ſeroit imaginé
que toute ſorte de pauvreté , même celle qu'on ſouffre involontairement &
par une dure néceſſité , ſuffit pour
mériter le Royaume des Cieux ; mais
qu'ayant ajouté : Heureux les pauvres
d'eſprit , il nous a appris , que c'eſt aux
humbles & à ceux qui ſont anéantis à
leurs propres yeux , que la felicité éternelle eſt promiſe.

Hom. de eo quod ſcriptum eſt, videns Jeſus tucbas.

Il eſt donc certain , que les pauvres
ont une obligation particuliere de ſuivre & de pratiquer l'humilité ; & que
lorſqu'ils s'en éloignent , ils ne ſont
plus de véritables pauvres devant Dieu
au jugement des ſaints Peres. Mais en
quoi conſiſte leur humilité , dira-t-on,
& à quoi les oblige-t-elle ? C'eſt ce qu'il
faut expliquer avant que de finir ce
Chapitre.

1°. Pour être humbles , ils doivent
ſouffrir en paix les mépris & les inſultes que la pauvreté leur attire : Si on ne
les regarde pas dans les compagnies : ſi
on ne tient point compte d'eux dans le
public : ſi les Grands de la terre refuſent

de les écouter : fi on leur dénie juftice;
fi on les opprime, & fi on ufurpe leurs
droits, ils ne doivent point en être fur-
pris, ni en murmurer : Ils doivent même en remercier Dieu, & faire réflexion qu'il n'y a rien d'extraordinaire
qu'on les traite de la forte, puifque felon les Ecritures, ils ont les humiliations pour partage, & que c'eft par la
patience qu'ils feront fauvés.

2o. Il faut qu'en toutes rencontres ils
honorent les grands & les riches ; qu'ils
leur parlent toujours avec refpect; qu'ils
leur témoignent toutes fortes de déferences ; qu'ils leur foient très-foumis ;
qu'ils leur obéïffent exactement, &
qu'ils les regardent comme leurs fupe-
rieurs, & comme des perfonnes que la
Providence a établies pour les conduire
& pour les gouverner. En agiffant de la
forte, ce fera Dieu même qu'ils hono-
reront ; car il a mis les biens temporels
& les grandeurs humaines entre les
mains des riches, afin de faire éclater
en eux fa grandeur & fa magnificence,
de recevoir en leurs perfonnes une partie des hommages qui font dûs à fa fouveraine Majefté, & d'executer par leur
minifterè fes ordres & fes volontés fur
le refte des hommes.

3o. Ils doivent éviter avec foin de

manifester les chofes qui pourroient les faire eftimer, leur attirer de l'honneur, & les diftinguer du commun. C'eft pourquoi, s'ils font iffus d'une famille confidérable, s'ils ont eu autrefois du bien, s'ils ont exercé des emplois d'importance, s'ils ont été en des paffes honorables, ils feront bien de n'en point parler, & de laiffer ignorer tout cela à ceux qui ne connoiffent point leur extraction, & qui ne fçavent pas ce qu'ils ont été autrefois, ni comment ils ont vêcu dans les premiers tems de leur jeuneffe. L'humilité demanderoit même en quelque maniére, qu'ils révélaffent les circonftances de leur vie & de leur état, qui font propres à leur attirer du mépris & des humiliations de la part des hommes.

Mais la plûpart des pauvres tiennent une conduite toute oppofée : ils affectent de dire, qu'ils font de naiffance ; qu'ils appartiennent à des perfonnes de diftinction ; qu'ils ont autrefois poffedé du bien, ou qu'au moins leurs ancêtres ont été riches ; qu'il y a eu de grandes dignités dans leur famille. Et en même tems ils cachent avec foin tout ce qui leur eft peu honorable ; ils ne parlent point de leurs parens qui font de la lie du peuple ; ils gardent un profond fi-

X v.

lence sûr tout ce qui pourroit les rabaiſſer & les faire mépriſer. L'on peut juger par-là combien ils ſont éloignés de
la véritable humilité, qui conſiſte à fuir
l'éclat & la gloire humaine , & qui inſpire l'amour de l'abjection & des humiliations, conformément à cette parole de S. Paul : *Non alta ſapientes , ſed*
humilibus conſentientes : N'aſpirez point
à ce qui eſt élevé : mais accommodez-vous
à ce qui eſt de plus bas & de plus humble.

Rom. 12. 16.

Ceux qui ne ſont pas du nombre des
pauvres, doivent auſſi être exacts à ſuivre cette regle de l'humilité Chrétienne. Il y a preſque toujours dans leurs
familles des circonſtances peu honorables , ſelon le jugement des hommes ;
on y trouve auſſi quelquefois des endroits qui les relevent, & qui les illuſ-
trent. S'ils ſont véritablement humbles,
ils éviteront de divulguer ce qui pourroit leur attirer de la gloire & de l'eſtime ; & s'ils ne publient pas eux-mêmes les évenemens qui contribueroient
à les rabaiſſer , & à ternir leur réputation dans le monde ; au moins ils ne
s'irriteront point contre ceux qui les
divulgueront : ils ſeront diſpoſés à recevoir les humiliations que Dieu leur
envoyera , & ils ne s'en plaindront
point lorſqu'elles arriveront effectivement.

CHAPITRE XII.

Que les pauvres ne sont pas exempts de faire l'aumône : l'on explique les différentes maniéres dont ils peuvent la faire.

L'ON s'imagine ordinairement que le précepte de l'aumône ne regarde que les riches, & que les pauvres n'y sont point obligés. C'est-là une erreur grossiere, qui vient de ce que la plûpart des Fidéles ne connoissent pas la nature de l'aumône, ni ses differentes espéces : nous la combattrons dans ce Chapitre, en prouvant à ceux qui ne possedent point de biens temporels, ou qui en ont fort peu, qu'ils ne sont pas exempts de ce devoir de la charité Chrétienne ; & nous leur expliquerons en même tems comment ils peuvent s'en acquitter.

S. Chrysostome après avoir représenté, que si nous sommes tombés dans quelques péchés, nous devons les effacer par nos pénitences, par nos larmes, par nos prieres, & par nos aumônes, ajoute ensuite : » Vous me direz peut-» être, que vous n'avez point d'argent » pour faire l'aumône ; mais quelque » pauvre que vous soyez, vous avez » un verre d'eau froide que vous pou-

Hom. 32. in Ep. ad Heb.

X vj.

» vez donner ; vous avez des pieds pour
» visiter les malades , & pour aller dans
» les prisons ; vous avez une maison
» pour y recevoir les hôtes & les étran-
» gers. Ainsi ceux qui ne font pas l'au-
» mône , & qui n'exercent point la mi-
» sericorde envers leurs freres , sont en-
» tiérement inexcusables , & ils ne sçau-
» roient se justifier.

Nous apprenons de la doctrine de ce
Pere , que même les plus pauvres sont
obligés de faire l'aumône ; & que s'ils
n'ont point d'argent à distribuer aux
pauvres , ils peuvent au moins les con-
soler , en leur rendant des visites , &
d'autres bons offices pendant leurs maladies , & lorsqu'ils sont retenus dans
les prisons.

Lib. de viduis. S. Ambroise considerant que la veuve de l'Evangile qui ne mit que deux
oboles dans le tronc , fut si hautement
louée par le Sauveur du monde , dit que
son exemple prouve que même les plus
pauvres peuvent toujours faire l'aumône , & que lorsqu'ils ont le cœur plein
de charité ; il leur est facile de trouver
de quoi assister les pauvres. Et afin de
leur ôter tout prétexte de s'exempter de
ce devoir , il leur déclare , qu'encore
qu'ils soient absolument hors d'état de
donner aucun argent à leurs freres , ils

ne doivent pas néanmoins s'imaginer
être dispensés de l'aumône, parcequ'ils
peuvent, & qu'ils doivent même la faire en d'autres maniéres, en consolant
les affligés, en donnant conseil à ceux
qui en ont besoin, & en exerçant plusieurs autres bonnes œuvres, qui sont
souvent plus utiles au prochain que
l'argent qu'on pourroit lui distribuer.

» Ceux, dit-il, qui n'ont qu'un bien   Lib. 2.
» médiocre, & qui suffit à peine à leurs   de Offic.
» nécessités domestiques, ne sont pas   c. 15.
» en état de soulager la pauvreté des
» autres : mais ils peuvent au moins
» leur donner conseil, & leur témoi-
» gner beaucoup de bonne volonté ; &
» cette maniere de les assister est sou-
» vent plus louable que l'aumône qui
» se fait en argent. L'empressement
» qu'Abraham témoigna pour délivrer
» son neveu des mains de ses ennemis
» qui l'emmenoient prisonnier, méritoit
» autant de louanges, que s'il l'avoit
» racheté à prix d'argent. Joseph ne
» rendit pas de moindres services à Pha-
» raon par les bons conseils qu'il lui
» donna, que s'il eût mis beaucoup d'ar-
» gent dans ses coffres. Il sauva l'E-
» gypte entiére pendant une horrible
» famine, par la prévoyance qu'il eut

» d'amasser tout le bled durant plu-
» sieurs années de fertilité. L'argent
» se consume & se dissipe : mais on est
» toujours capable de donner des con-
» seils. Souvent, quelque bonne vo-
» lonté que l'on ait, on ne peut pas,
» faute de moyens, secourir ceux qui
» en ont besoin ; plus on fait de bien au
» prochain, moins on est en état de lui
» en faire dans la suite, parcequ'on s'é-
» puise à la fin. Il n'en va pas ainsi des
» bons conseils que l'on donne aux au-
» tres ; la source n'en tarit point, quoi-
» qu'elle coule toujours.

S. Augustin prouve aussi dans son
Commentaire sur les Pseaumes, que
tous les hommes, & même les plus pauvres, sont obligés de faire l'aumône,
& que rien ne peut les en exempter ;
mais il explique en même tems les differentes manieres dont ils peuvent satisfaire à ce précepte. Le Prophéte
Ps. 36.
22.
Royal ayant dit : *Le juste a de la compassion, & il donne de son propre bien.*
Ce saint Docteur se propose cette ob-
jection : Mais s'il est pauvre, comment
voulez-vous qu'il donne ? Et il ré-
Conc. 2.
in Psal
6.
pond ainsi : » Il ne laisse pas d'être ri-
» che, quoiqu'il n'ait rien à l'exterieur.
» Vous le croyez pauvre, parceque
» vous voyez ses coffres vuides ; mais

» vous ne confiderez pas que fa con-
» fcience eft pleine de Dieu même. Il
» ne poffede aucun bien à l'exterieur ;
» mais fon cœur brûle des flammes de
» la charité : or cette charité a beau
» donner , elle ne s'épuife point , &
» elle trouve toujours de quoi conti-
» nuer fes liberalités. Si elle a des biens
» exterieurs , elle les donne volontiers,
» fi elle en eft deftituée , elle témoigne
» au moins de la bienveillance ; elle
» donne confeil , quand l'occafion s'en
» prefente ; elle fecoure tous ceux
» qu'elle peut. Et s'il arrive qu'il ne
» lui foit pas même poffible de donner
» confeil , ni aucun fecours au pro-
» chain , elle défire au moins de l'affif-
» ter ; elle prie pour lui , quand il eft
» dans l'affliction ; & ce qu'elle fait
» alors , eft quelquefois plus agréable à
» Dieu , que fi elle diftribuoit du pain
» à des pauvres. Ainfi celui dont le
» cœur eft plein de charité , a toujours
» quelque chofe qu'il peut donner.

» La bonne volonté , ajoute ce faint
» Docteur , n'eft jamais inutile & fans
» agir. C'eftpourquoi , lorfque vous
» avez quelque chofe de refte , & que
» vous n'en faites point part à celui qui
» eft dans le befoin , vous n'avez point
» certainement cette bonne volonté.

» Les pauvres même s'entre-servent
» mutuellement, & ils trouvent dans
» leur bonne volonté de quoi se donner
» les uns aux autres. Vous voyez tous
» les jours parmi eux, que celui qui
» voit clair, conduit celui qui est aveu-
» gle, & que n'ayant point d'argent à
» lui donner, il lui prête ses yeux. D'où
» vient, je vous prie, qu'il lui prête
» ainsi ses membres, sinon parcequ'il
» est plein de bonne volonté? Cette
» bonne volonté est le trésor des pau-
» vres : ils le possedent en paix & sans
» aucun trouble : les voleurs ni les tem-
» pêtes ne sçauroient les en dépouil-
» ler, & par consequent ils sont tou-
» jours riches & opulens, quoiqu'ils
» paroissent nuds & pauvres à l'ex-
» terieur.

Conc. 1.
in Psal.
103.

» Ne méprisez point les pauvres qui
» vous prient, dit encore S. Augustin,
» & ne les rebutez point avec hauteur,
» lors même que vous ne sçauriez leur
» donner ce qu'ils vous demandent. Si
» vous êtes en état de les assister, fai-
» tes-le de bon cœur ; si vous ne le pou-
» vez pas, témoignez-leur au moins de
» la bonté & de la douceur. Dieu se
» contente de la bonne volonté, & il
» la couronne, lorsque l'on manque
» de richesses, & que l'on n'a effective-

* ment rien que l'on puisse donner.

Ce saint Docteur dit encore sur le Pseaume 125. que ceux qui ne possedent aucuns biens temporels, ne laissent pas d'être obligés à l'aumône, & qu'au défaut d'argent, ils peuvent prêter leurs pieds aux boiteux, leurs yeux aux aveugles, & leurs forces aux malades & aux vieillards.

Il ajoute enfin, que J. C. ayant déclaré, que celui qui donnera en son nom seulement un verre d'eau froide, ne sera point privé de sa récompense, & qu'ayant même dispensé ceux qui la donnent, de la faire chauffer, il est évident qu'il n'y a personne qui ne puisse faire l'aumône, puisqu'il n'y a rien de plus facile que de trouver de l'eau froide, & de s'en servir pour soulager le prochain, & pour étancher sa soif.

Matth. 10. 42.

In Ps. 125.

S. Leon Pape observe que les pauvres se passent de très-peu de choses, qu'ils se contentent d'avoir de quoi soutenir leur vie, & couvrir leurs corps, & qu'ils seroient de faux pauvres, s'ils recherchoient les délices dans le vivre, & les ornemens dans les habits. Il conclut de-là qu'il est très-rare de trouver des personnes qui ne puissent pas faire l'aumône.

Ser. n. 2. de jejunio deci mi mensis.

. Les autres saints Peres enseignent

auſſi que tous les Fidéles ſont toujours

Rom. 9.
en état d'aſſiſter le prochain. S. Gre-
in Evan.
goire Pape dit que celui qui n'a point
d'argent qu'il puiſſe donner aux pauvres , doit au moins parler d'eux aux
riches , & les porter à ſoulager leur
miſere.

Serm. 4.
de Ad-
ventu.
S. Bernard conſeille à ceux qui ſont
eux-mêmes pauvres , de témoigner de
la compaſſion aux autres pauvres , &
de leur parler avec bonté & avec charité , & il ſoutient que c'eſt-là leur faire l'aumône.

S. Pierre Chryſologue , à l'exemple
de S. Auguſtin , ordonne à ceux qui ne
ſont pas avantagés des biens de la for-
Serm.
122.
tune , de ſervir les pauvres , de travailler pour eux , & de leur rendre tous les
bons offices dont ils ſont capables , afin
Job.29
15.
d'imiter le ſaint homme Job , qui ſe
rendoit l'œil de l'aveugle , le pied du
boiteux , & le pere des pauvres.

Ainſi nulle raiſon ne peut diſpenſer
les Fidéles de faire l'aumône. S'ils n'ont
point d'argent , ou s'ils n'en ont qu'autant qu'il leur en faut pour vivre dans
la mediocrité, on ne les oblige pas d'en
donner aux pauvres ; mais il faut qu'ils
pratiquent d'autres œuvres de charité
qui ſuppléent aux diſtributions manuel-
les qu'ils ne peuvent pas faire. Ils doi-

vent compatir à la miſére de leurs freres, les conſoler dans leurs maux, &
leur témoigner toute ſorte de bonté &
de tendreſſe. Ils doivent leur parler d'u-
ne maniére douce & honnête, qui leur
faſſe connoître qu'ils les aiment ſincerement, & qu'ils s'intéreſſent à tout ce
qui les concerne. Ils doivent leur donner conſeil, s'ils en ſont capables, prendre ſoin de leurs affaires, & agir pour
eux dans les occaſions que la divine
Providence leur préſente. Ils doivent
les viſiter dans leurs maladies, les ſecourir dans leurs tribulations, & leur
rendre toutes les aſſiſtances dont ils
peuvent avoir beſoin. Ils doivent parler
aux riches en leur faveur, leur repréſenter leur miſére, & les engager à leur
faire la charité. Ils doivent ſurtout
prier beaucoup pour eux, attirer ſur
eux les graces du Ciel, & demander à
Dieu pour eux la patience, la ſoumiſſion à toutes ſes volontés, & les autres
vertus qui leur ſont néceſſaires pour
operer leur ſalut.

Ce ſont-là autant d'aumônes differentes, dont leur propre miſere ne
ſçauroit les exempter, parcequ'il ne
faut que de la charité & de la bonne
volonté pour s'en acquitter. Elles ſont
ſouvent beaucoup plus utiles aux pau-

vres que l'argent qu'ils pourroient leur
diftribuer ; l'experience & la raifon le
juftifient tous les jours. Qu'ils aiment
donc véritablement le prochain, qu'ils
ayent un grand défir de l'obliger, & de
lui être utiles ; qu'ils fe dévouent tout
entiers à fon fervice : ils trouveront
alors mille occafions differentes de lui
faire l'aumône, & de lui rendre une infinité de bons offices ; & la charité qu'ils
exerceront envers lui , contribuera à
leur propre fanctification, & leur pro-
curera le falut éternel.

CHAPITRE XIII.

Que les pauvres doivent rendre à Dieu de
continuelles actions de graces de ce qu'il
les a mis dans un état où ils trouvent plu-
fieurs facilités pour operer leur falut.

LES amateurs du fiecle & les ido-
lâtres de la fortune ne craignent
rien tant que la pauvreté ; ils en ge-
miffent, ils s'en affligent, & ils la regardent comme le plus grand de tous
les maux. C'eftpourquoi ils font bien
éloignés de rendre au Seigneur des
actions de graces , lorfqu'il permet
qu'ils y tombent: Mais pour ce qui eft
de ceux qui fe conduifent par les maxi-

mes de l'Evangile, & qui vivent de
l'Efprit de Dieu, ils le louent, & ils le
remercient de tout leur cœur, après
même qu'il les a privés de tous leurs
biens, & qu'il les a réduits à la pauvreté, parcequ'ils y trouvent plufieurs facilités pour leur falut.

Lorfqu'ils confidérent les défordres
& les crimes où les richeffes précipitent
une infinité de perfonnes ; lorfqu'ils
voyent que la plûpart de ceux qui ont
de grands biens, menent une vie molle
& fenfuelle, & qu'ils s'éloignent entierement des voyes de la pénitence,
lorfqu'ils font réflexion que ceux qui
font à leur aife ici bas, ont très-fouvent de l'attache à la vie prefente, &
qu'ils ne défirent prefque point la Jerufalem célefte, lorfqu'ils lifent dans
l'Evangile, que J. C. a publié le bonheur des pauvres, & qu'il a au contraire donné fa malediction aux riches ; ils
s'eftiment mille fois heureux de n'avoir
aucuns biens, & de fouffrir la pauvreté, ils en louent & ils en beniffent la divine Providence, & ils lui chantent des
Hymnes & des Cantiques, pour lui en
témoigner leur gratitude. Ils prient
Dieu avec ferveur de ne pas permettre
que leurs yeux s'arrêtent fur les biens
de la terre, de peur qu'ils n'en foient

éblouis : & qu'ils n'ayent le malheur de
les aimer, & de les défirer. Ils le prient
de les confirmer dans l'amour de la pauvreté, & de leur faire la grace d'y per-
févérer jufqu'à la fin de leurs jours. Ils
le prient d'éloigner d'eux les occafions
des grandes fortunes, qui font ordinairement les piéges dont le démon fe fert
pour furprendre & pour terraffer les
enfans des hommes.

Et parcequ'ils font dans ces fentimens, & qu'ils portent ces penfées profondément gravées dans leur efprit &
dans leur cœur, les biens, les dignités,
& les établiffemens avantageux des
gens du monde ne les tentent point, &
bien-loin de les rechercher, ils les craignent & ils les fuyent. Ils fouffrent
en paix les peines & les tribulations
aufquelles ils font expofés. Ils fe ré-
jouiffent même lorfqu'on les humilie,
& qu'on les méprife, parcequ'ils regardent tout cela comme des fuites & des
appanages de leur pauvreté, qu'ils aiment uniquement & qu'ils préferent à
tous les tréfors de la terre.

Mais la plus grande gratitude qu'ils
puiffent témoigner à Dieu, qui les a
fait naître pauvres, ou qui a permis
qu'ils le foient devenus dans la fuite,
c'eft d'avoir toujours devant les yeux la

vie & les exemples de J. C. qui étant
riche, s'eſt rendu pauvre pour l'amour
de nous, c'eſt de conformer toutes leurs
actions à celles de ce divin Sauveur,
c'eſt de n'eſtimer que ce qu'il a eſtimé,
& de condamner tout ce qu'il a condamné ; c'eſt de ne ſe conduire que par
ſon eſprit, & de ne marcher qu'à la
lueur de ſa loi & de ſes préceptes ; c'eſt
de le faire regner dans leur cœur, & de
lui aſſujettir toutes les puiſſances de
leur ame ; c'eſt de n'agir, de ne parler,
de ne rien faire que pour lui ſeul. Tous
ceux qui vivront ainſi, ſeront de véritables pauvres en ſa préſence, & ils
jouiront un jour à venir du Royaume
des Cieux qu'il a promis dans ſon Evangile aux amateurs & aux diſciples de
la pauvreté.

F I N.

CATALOGUE
DES LIVRES
De *M.* GIRARD DE VILLE-THIERRY.

LE véritable Pénitent, ou les devoirs d'une Ame pénitente, contenus dans les sept Pseaumes de la Pénitence, 2 vol.   5 l.

La Vie des Clercs, Evêques, Prêtres, Diacres, & autres Ecclésiastiques, où les devoirs & les obligations des Ecclésiastiques sont rapportés & prouvés par l'Ecriture Sainte, par les Conciles, & par les Peres, 2 vol.   5 l.

Le Chrétien dans la tribulation & dans l'adversité, le Chrétien malade & mourant, 2 vol.   5 l.

Le Chrétien étranger sur la terre, ou les sentimens & les devoirs d'une ame fidéle qui se regarde comme étrangére en ce monde, tirés de plusieurs Pseaumes différens,   2 l. 10 s.

La Vie des Justes, où l'on explique les principaux devoirs & les obligations de ceux qui tendent à la justice Chrétienne.   2 l. 10 s.

Des Eglises & des Temples des Chrétiens,   2 l. 10 s.

Traité des Vertus Théologales & Cardinales, 2 l. 10 s.

Le chemin du Ciel, ou les sentimens & les devoirs d'une ame chrétienne qui tend au Ciel,   2 l. 10 s.

La Vie des Vierges, ou les devoirs & les obligations des Vierges Chrétiennes,   2 l. 10 s.

La Vie des gens mariés, ou les devoirs de ceux qui s'engagent dans le Mariage,   2 l. 10 s.

Traité de la Vocation à l'état Ecclésiastique,   2 l. 10 s.

La Vie des Veuves, ou les devoirs & les obligations des Veuves Chrétiennes,   2 l. 10 s.

La Vie des Religieux & des Religieuses, ou les obligations de ceux qui embrassent la Vie Monastique,   2 l. 10 s.

La Vie de J. C. dans l'Eucharistie, & la Vie des Chrétiens qui se nourrissent de l'Eucharistie,   2 l. 10 s.

Deux Traités, l'un de la Flaterie & des Louanges, l'autre de la Médisance,   2 l. 10 s.

La Vie des Riches & des Pauvres,   2 l. 10 s.

Lightning Source UK Ltd.
Milton Keynes UK
UKHW03f1840160818
327365UK00006B/372/P